University Student
Start-up Strategy

대학생 창업전략

송민호 지음

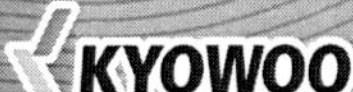

머리말

대학 시절은 인생의 방향을 설계하는 중요한 시기입니다. 창업은 일부 특별한 사람만의 도전이 아니라, 누구나 인생 어느 시점에서 마주할 수 있는 선택지입니다. 비록 많은 사람들이 취업을 우선시하더라도, 조직 속에서 기회를 만들고 문제를 해결하는 역량은 창업적 사고에서 비롯됩니다.

과거에는 한 직장에서 평생을 보장받는 시대가 있었지만, 오늘날은 불확실성과 변화 속도가 훨씬 빠른 환경 속에 살고 있습니다. 준비 없이 맞이하는 창업은 위험이 클 수밖에 없습니다. 따라서 대학 시절부터 창업에 대한 이해와 경험을 쌓는 일은 선택이 아닌 필수입니다. 창업 과목이 교양 공통과목으로 자리 잡아 모든 학생이 창업 역량을 기를 수 있도록 하는 것은 중요한 과제입니다.

저자는 지난 10여 년간 경기대학교에서 부교수로 재직하며 '창업, 창업과 마케팅','대학생 창업전략' 등을 강의하며 수많은 학생과 창업 현장을 함께 경험했습니다. 경기대학교 창업지원센터장을 역임하며 현장 창업을 지도하고, 졸업 후 스타트업의 길을 걷는 제자들과 함께 성장의 기쁨과 어려움을 나누었습니다. 이러한 경험과 축적된 자료를 바탕으로, 이번 교재는 최신 기술 · 시장 변화와 제도적 환경을 반영해 기존 강의록을 바탕으로 전면 개정 · 정리하였습니다. 텍스트뿐 아니라 이미지와 그래픽 자료를 풍부히 포함해 학생들이 보다 직관적으로 이해할 수 있도록 하였습니다.

본 교재는 크게 네 가지 축으로 구성되어 있습니다.

첫째, 글로벌 기술 트렌드와 산업 변화를 이해하는 데서 출발합니다. 4차 산업혁명과 디지털 전환 시대를 주도하는 전략기술과 인공지능 플랫폼의 진화를 살펴보고, 이를 창업 기회와 연결하는 시각을 제시합니다.

둘째, 창업의 철학과 환경을 다룹니다. 한국경제와 기업가정신, 플랫폼 경제의 구조와 특성을 설명하며, 창업자가 마주하는 시장 · 제도 환경을 폭넓게 이해할 수 있도록 합니다.

셋째, 창업 실무와 실행 전략에 초점을 맞춥니다. 창업정보와 지원사업 활용, 사업계획서 작성법, 사회적기업 · 소셜벤처 창업, 회사 설립과 경영관리, 그리고 창업조직 운영과 크라우드펀딩 · 소싱 전략까지 폭넓게 다룹니다.

넷째, 창업 아이디어와 시장 경쟁력 확보를 위한 방법을 제시합니다. 창의적 아이디어 개발과 디자인 씽킹, 기본 및 심화 마케팅전략을 통해 창업자가 시장에서 지속 가능한 성과를 만들어낼 수 있도록 돕습니다.

오늘날 한국과 세계 경제는 저성장이 '뉴노멀'로 자리 잡고 있습니다. 이러한 환경 속에서 창업을 준비하는 대학생들에게 이 책이 든든한 나침반이 되기를 바랍니다. 마지막으로, 기초 자료 정리에 도움을 준 박건우군에게도 고마움을 전하며, 그의 창업여정에도 필승을 기원합니다.

수원 광교에서 **송민호**

목차

/ 제1장 /

글로벌 전략기술 트렌드: 2020–2025년 가트너 분석과 미래 전망

글로벌 전략기술은 ICT시대와 AI시대를 관통하는 중요한 핵심기술이다. 이에 대한 권위있는 글로벌 리서치기관의 보고서는 전세계의 전략기술을 대표할 수있다. 이에 가트너의 전략기술 트렌드를 소개한다. 이 보고서는 매년말 발표되어 전세계 전략기술기업의 주요한 나침판 역할을 하고 있다.

가트너(Gartner)의 2025년 전략기술 트렌드는 AI 혁신과 위험관리, 컴퓨팅의 새로운 지평, 그리고 인간-기계 시너지라는 세 가지 핵심 영역으로 구성되어 있다. 지난 6년간(2020–2025) 가트너의 전략기술 트렌드를 종합적으로 분석해보면, 초기 하이퍼오토메이션과 멀티익스피리언스에서 시작하여 현재의 에이전틱 AI와 포스트 양자 암호화에 이르기까지 기술의 성숙도와 적용 범위가 지속적으로 확장되고 있음을 확인할 수 있다. 특히 AI 기술은 2020년 AI 엔지니어링 단계에서 2025년 에이전틱 AI로 발전하며 단순한 도구에서 자율적 의사결정 주체로 진화하고 있으며, 보안과 프라이버시 강화 기술들이 지속적으로 강조되고 있다는 점이 주목할 만하다.

1.1. 2025년 가트너 10대 전략기술 트렌드

- AI 혁신과 위험관리 영역
- 컴퓨팅의 새로운 지평
- 인간–기계 시너지

구분		기술/트렌드	주요내용
1	AI 혁신과 위험관리	에이전틱AI (Agentic AI)	사용자의 목표 달성을 위해 자율적으로 계획하고 조치를 이행하는 시스템으로, 인간의 업무를 경감 · 보강할 수 있는 가상 인력의 가능성을 제시
2		AI 거버넌스 플랫폼 (AI Governance Platforms)	‘AI 신뢰성 · 위험 · 보안 관리(TRiSM)’ 프레임워크의 일부로, 조직이 AI 시스템사용과 관련된 법적 · 윤리적 · 운영적 성과를 관리할 수 있도록 지원
3		허위 정보 보안	체계적인 신뢰성 식별, 무결성 확립, 진위여부 평가, 사칭 방지, 유해 정

		(DisinformationSecurity)	보의 확산 추적을 위한 방법론적 시스템을 제공하기 위한 새로운 기술 범주
4	컴퓨팅의 새로운 지평	포스트 양자 암호화(PQC)	Post-Quantum Cryptography 양자 컴퓨팅(QC) 암호 해독 위험에 저항하는 데이터 보호
5		주변 인공지능 (Ambient Invisible Intelligence)	주변 환경에 대한 비가시적 인지 기능을 제공하는 기술로, 초저가 소형 스마트 태그와 센서를 사용해 대규모 추적 · 감지 기능을 활성화
6		에너지 효율적 컴퓨팅 Energy-EfficientComputing	탄소 발자국 및 지속 가능성에 영향을 미치는 컴퓨팅 방식 전환에 대한 관심이 증대되며, '20년대 후반부터 적은 양의 에너지를 사용하는 광학 · 뉴로모픽 기속기등의 새로운 컴퓨팅 기술이 등장할 전망
7		하이브리드 컴퓨팅 HybridComputing	다양한 컴퓨팅, 스토리지, 네트워크 메커니즘을 결합해 연산 문제를 해결함으로써 AI와 같은 신흥 기술이 현재의 기술적 한계를 뛰어넘는 성능을 발휘할 수 있도록 지원
8	인간기계시너지	공간 컴퓨팅 SpatialComputing	증강현실(AR), 가상현실(VR) 등을 통해 물리적 세계를 디지털 방식으로 향상시키는 기술로서, 향후 5~7년간 작업공정 간소화, 협업 증진을 통해 조직의 효율성을 제고
9		다기능 로봇 PolyfunctionalRobots	두 가지 이상의 작업을 수행할 수 있는 새로운 형태의 로봇으로 단일 작업을 반복적으로 수행하도록 맞춤 설계된 개별 작업용 로봇을 대체
10		신경학적 강화 NeurologicalEnhancement	인간의 두뇌 활동을 읽고 해독하는 기술을 사용해 인간의 인지 능력을 증진

1) AI 혁신과 위험관리 영역

2025년 가트너 전략기술 트렌드의 첫 번째 테마는 AI의 혁신적 잠재력과 그에 따른 위험 관리의 필요성을 동시에 다루고 있다. 이는 AI 기술이 단순한 보조 도구에서 독립적인 의사결정 주체로 발전하면서 나타나는 새로운 패러다임의 변화를 반영한다.

① 에이전틱 AI(Agentic AI)

이 기술은 2025년 전략기술 트렌드의 최상위에 위치하며, 사용자가 설정한 목표를 달성하기 위해 자율적으로 계획을 수립하고 행동을 취하는 소프트웨어 프로그램을 의미한다. 이 기술은 메모리, 계획, 환경 감지, 도구 사용 및 안전 지침 준수와 같은 기능을 다양한 AI 기술과 결합하여 스스로 작업을 수행하고 목표를 달성한다. 가트너는 2028년까지 기업 내 업무 결정의 약 15% 이상이 에이전틱 AI에 의해 자율적으로 이루어질 것으로 전망하고 있으며, 이는 다양한 부문에서 생산성과 의사결정 효율성을 향상시키기 위한 AI 의존도가 높아지고 있음을 시사한다.
에이전틱 AI의 핵심은 24시간 지속적으로 작업을 수행할 수 있으며 인간과 같은 혜택이나 휴식이 필요하지 않다는 점이다. 이러한 특성은 기존의 웹사이트나 앱을 대체할 수 있는 잠재력을 가지고 있으며, 업무 자동화를 통해 기업의 운영 효율성을 크게 향상시킬 수 있다. 특히 에이전틱 AI는 AI 어시스턴트와 관련 소프트웨어 플랫폼의 핵심 요소가 될 것으로 전망되며, 상당수 스타트업들이 이 분야의 선두주자로 부상하고 있다.

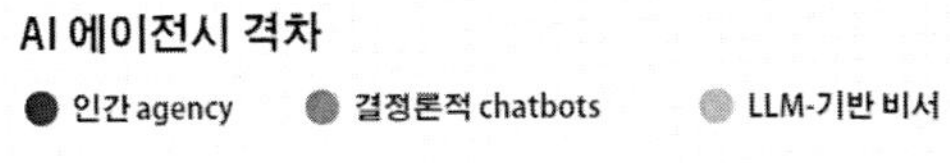

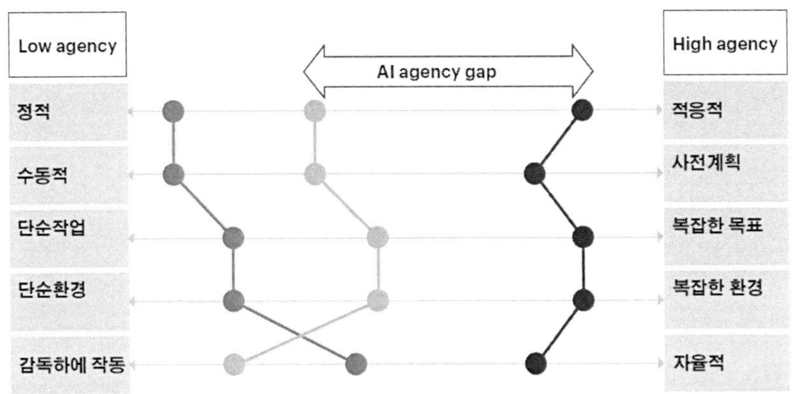

출처: Gartner번역

② AI 거버넌스 플랫폼

이 기술은 AI 시스템이 책임감 있고 윤리적으로 사용되도록 관리하고 제어하는 데 도움을 주는 기술이다. 이 플랫폼은 IT 리더가 AI의 신뢰성, 투명성, 공정성, 책임성을 보장하면서 안전성과 윤리적 기준을 충족할 수 있도록 한다. 가트너는 종합적 AI 거버넌스 플랫폼을 구축하는 기업의 경우 2028년까지 AI 기술과 관련된 윤리적 사고를 현재 기준 약 40% 이상 줄일 수 있을 것으로 전망하고 있다.
AI 거버넌스 플랫폼의 주요 기능은 AI의 책임감 있는 사용을 보장하고, AI 시스템의 작동 방식을 설명하며, 라이프사이클 관리를 모델링하고, 신뢰와 책임을 구축하기 위한 투명성을 제공하는 정책을 생성, 관리 및 시행하는 것이다. 이러한 플랫폼을 활용하는 기업은 AI 관련 위험을 관리하기 위한 보다 견고한 프레임워크를 갖추게 될 것이며, AI 기술이 법적 및 윤리적 경계를 준수하도록 보장하여 책임있는 AI 사용을 촉진할 것으로 평가된다.

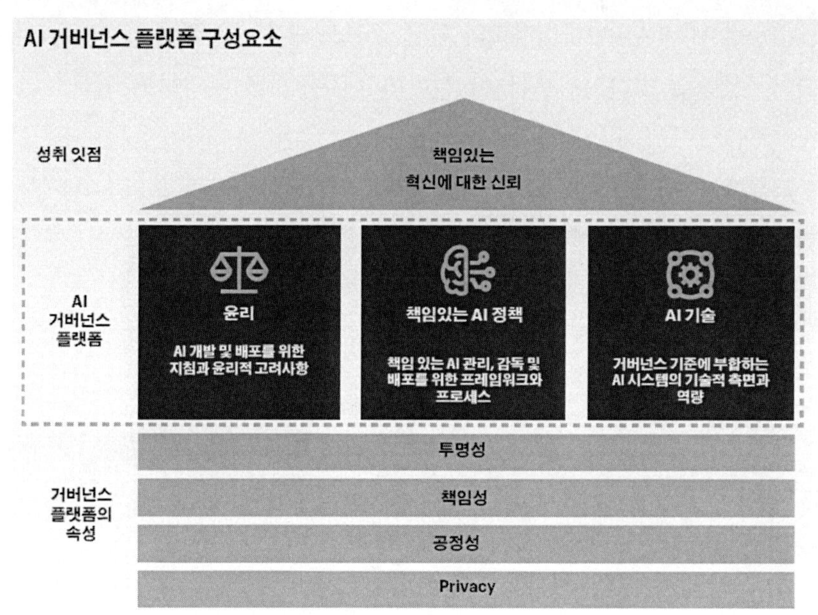

출처: Gartner번역

③ **허위정보 보안**(Disinformation Security)은 디지털 정보의 신뢰성 문제를 해결하기 위한 새로운 기술 범주로, 허위 정보, 딥페이크, 사칭 등의 디지털 위협을 탐지하고 방지하는 시스템이다. 가트너는 허위 정보에 대한 보안 강화 조치를 AI와 관련된 새로운 기술 분야로 지정하고, 최근 AI 생성 정보가 악의적으로 활용되는 경우가 발생함에 따라 특정 기업을 겨냥한 허위 정보 유포 사건이 확산될 것으로 평가하고 있다.

2024년 기준 약 5% 미만의 기업만이 허위 정보 유포 방지 보안 제품 혹은 서비스를 사용하고 있지만, 2028년까지 약 50% 이상의 기업이 이러한 기술을 신규 채택할 것으로 전망된다. 허위정보 보안은 신원 확인을 위한 통제를 강화하여 사기를 줄이고, 지속적인 위험 평가, 상황 인식 및 지속적인 적응형 신뢰 모델을 통해 계정 탈취를 방지하는 역할을 한다.

디스인포메이션 이란?

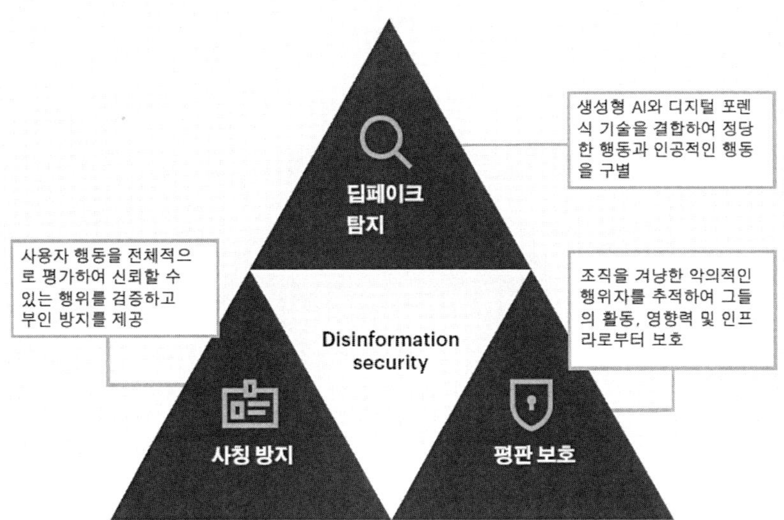

출처: Gartner번역

2) 컴퓨팅의 새로운 지평

2025년 전략기술 트렌드의 두 번째 테마는 기존 컴퓨팅 패러다임을 넘어서는 새로운 기술들의 등장을 다루고 있다. 이러한 기술들은 현재의 기술적 한계를 극복하고 미래의 컴퓨팅 환경을 재정의하는 잠재력을 가지고 있다.

① **포스트 양자 암호화**(Post-Quantum Cryptography)는 양자컴퓨터가 초래할 수 있는 잠재적 위협에 대비하여 안전성을 보장하도록 설계된 암호화 기술이다. 가트너는 양자 컴퓨팅 기술의 발전으로 향후 2029년까지 기존 비대칭 암호가 더 이상 안전하지 않을 것으로 전망하고, 주요 기업들이 민감한 데이터를 보호하기 위해 포스트 양자 암호화 기술로의 전환 필요성에 대해 강조하고 있다.

포스트 양자 암호화 기술은 양자 컴퓨팅의 출현으로 발생할 보안 위험으로부터 데이터를 보호하며, 양자 컴퓨팅 복호화 기술 발전에 따른 데이터 보호 역량을 강화하는데 중요한 역할을 할 것이다. 이를 위해 기존 암호화 메커니즘의 교체 및 관련 정책과 규정을 도입하여 잠재적 사이버 위협으로부터 조직을 보호하는데 집중할 필요가 있다.

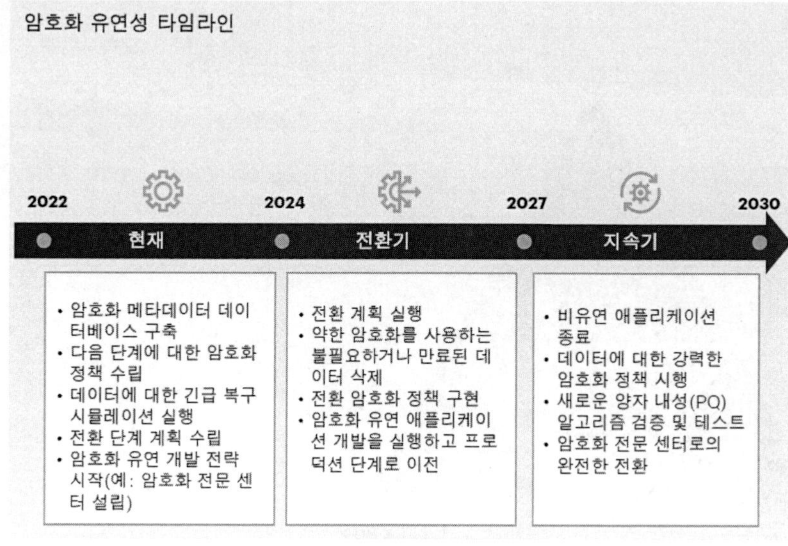

출처: Gartner번역

② **주변 인공지능**(Ambient Invisible Intelligence)은 저비용의 소형 태그와 센서를 광범위하게 활용하여 다양한 객체와 환경의 위치 및 상태를 추적하는 기술이다. 이 정보는 분석 및 기록을 위해 클라우드로 전송되며, 사용자도 모르는 사이에 일상적인 사물에 통합되어 사용된다. 이 기술은 저비용, 실시간 항목 추적 및 감지를 가능하게 하여 가시성과 효율성을 향상시키며, 위조할 수 없는 출처와 개체가 신원, 역사 및 속성을 보고하는 새로운 방법에 대한 잠재력을 제공한다.

실제 적용 사례로는 RFID 태그보다 더 작고 저렴하며 효율적인 태그를 사용해 물건 하나하나를 추적할 수 있는 시스템이 있다. 예를 들어, 아이스크림이 유통 과정에서 적절한 온도를 유지했는지 실시간으로 확인할 수 있으며, 이러한 기술은 물류, 소매업, 생산 현장에서 큰 변화를 가져올 것으로 예상된다.

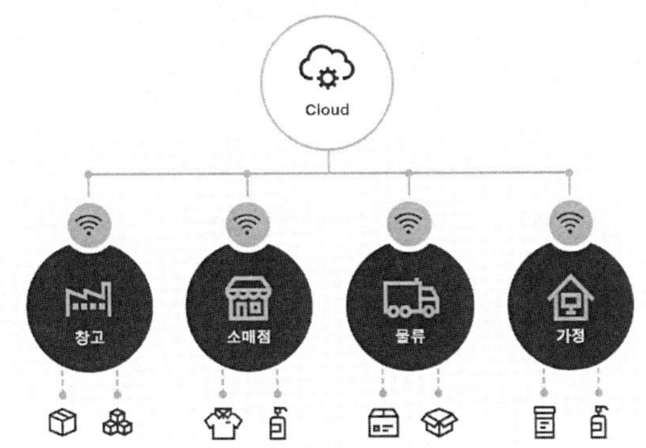

출처: Gartner번역

③ **에너지 효율적인 컴퓨팅**(Energy-Efficient Computing)은 탄소 발자국을 줄여 지속 가능성을 개선하기 위한 법적, 상업적, 사회적 압력을 해결하는 기술이다. 가트너는 에너지 효율성이 높은 컴퓨팅을 탄소발자국을 줄이기 위한 핵심 분야라고 언급하면서, 친환경적인 에너지솔루션 및 효율적인 기술 채택의 중요성을 강조하고 있다.

특히 컴퓨팅에서 에너지를 효율적으로 사용하기 위해 단기적으로는 코드 최적화 등의 개선을 통해 점진적으로 효율성을 높이고, 장기적으로는 새로운 기술을 도입하여 전체적인 에너지 소비를 줄이는 전략이 필요하다. 이는 AI 등 급증하는 컴퓨팅 수요에 대응한 저전력 기술의 개발과 밀접한 관련이 있다.

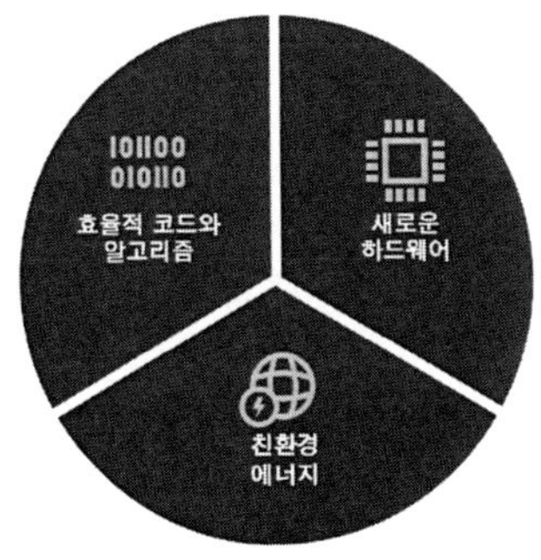

출처: Gartner번역

④ **하이브리드 컴퓨팅**(Hybrid Computing)은 CPU, GPU, 엣지 디바이스, ASIC, 뉴로모픽, 양자 및 광학 시스템과 같은 다양한 기술을 결합하여 복잡한 계산 문제를 해결

하는 기술이다. 이 기술은 각 기술의 강점을 활용할 수 있는 하이브리드 환경을 조성하며, 가트너는 하이브리드 컴퓨팅이 현재의 기술 역량 한계를 극복하는 중추적인 역할을 할 것으로 평가하고 있다.
하이브리드 컴퓨팅은 컴퓨팅, 스토리지, 네트워크 메커니즘을 결합하여 AI와 같은 기술이 기존의 한계를 넘어 혁신적인 컴퓨팅 환경을 조성할 수 있도록 촉진할 것으로 전망된다. 이는 고효율, 고속, 변혁적 혁신 환경을 제공하며, 현재의 기술적 한계를 뛰어넘는 성능을 발휘하는 AI와 더 높은 수준의 자동화로 구동되는 자율 기업, 증강된 인간 능력으로 대규모 실시간 개인화를 가능하게 한다.

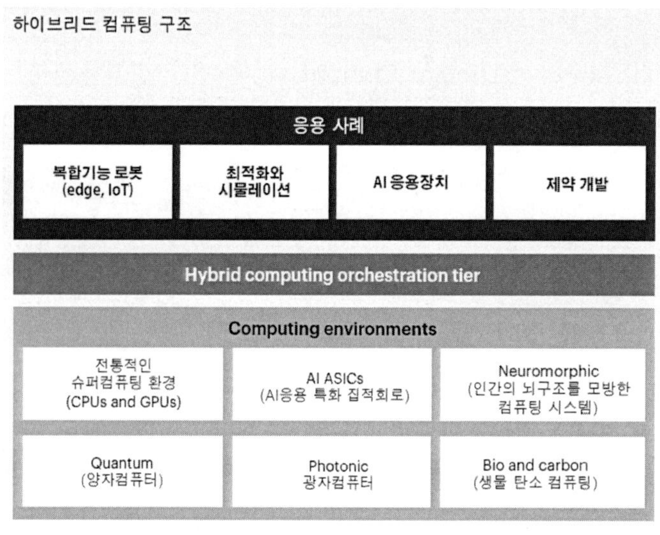

출처: Gartner번역

3) 인간-기계 시너지

2025년 전략기술 트렌드의 세 번째 테마는 인간과 기계 간의 협력과 상호작용을 통해 새로운 가치를 창출하는 기술들을 다루고 있다. 이러한 기술들은 단순한 자동화를 넘어서 인간의 능력을 확장하고 증강하는 방향으로 발전하고 있다.

① **공간 컴퓨팅**(Spatial Computing)은 디지털 콘텐츠를 물리적 세계에 고정시켜 몰입형 경험을 제공하는 기술이다. 이 기술은 3D 협업과 몰입형 교육 시뮬레이션, 증강 현실 쇼핑 등 다양한 활용 사례를 통해 시장의 주목을 받고 있으며, 가트너는 증강현실(AR)과 가상현실(VR)과 같은 기술을 활용하여 물리적 세계를 디지털로 통합하는 공간

컴퓨팅 기술의 성장을 전망하고 있다.

이 기술은 업무 환경을 효율화하고 협업 체계를 강화하여 기업 조직 전체의 효율성을 높일 것으로 평가되며, 공간 컴퓨팅 시장 규모는 2023년 약 1,100억 달러에서 2033년 약 1조 7,000억 달러 규모로 성장할 것으로 전망된다. 이는 게임, 교육 및 전자 상거래에서 몰입형 대화형 경험에 대한 소비자 요구를 해결하고, 의료, 소매 및 제조의 의사결정과 효율성을 위한 정교한 시각화 도구에 대한 수요를 충족한다.

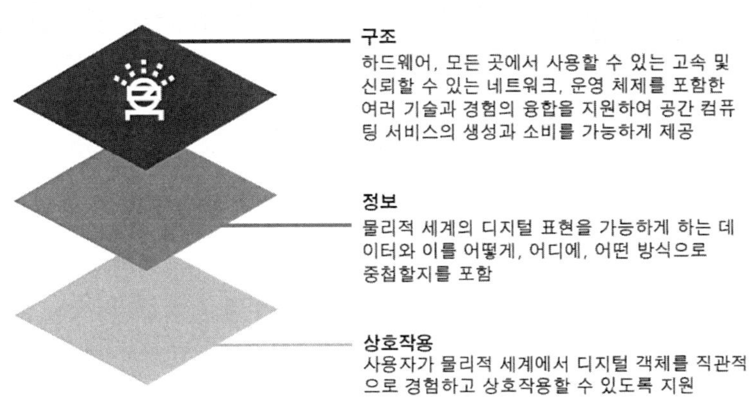

출처: Gartner번역

② **다기능 로봇**(Polyfunctional Robots)은 인간의 지시에 따라 여러 작업을 수행할 수 있는 유연한 기계로, 물류센터에서의 작업 처리, 의료 물품 전달, 위험 지역에서의 유지보수 등 다양한 분야에 활용되고 있다. 이러한 로봇은 두 가지 이상의 작업을 수행할 수 있는 새로운 형태로, 단일 작업을 반복적으로 수행하도록 맞춤 설계된 개별 작업용 로봇을 대체하는 역할을 한다.

다기능 로봇의 핵심은 인간과의 협업을 통해 다양한 업무를 수행할 수 있다는 점이며, 이는 기존의 단순 반복 작업을 수행하는 로봇과는 차별화된 특성이다. 이러한 로봇들은 AI 기술과 결합하여 더욱 지능적이고 적응적인 작업 수행이 가능하며, 인간 작업자와의 효과적인 협력을 통해 생산성을 크게 향상시킬 수 있다.

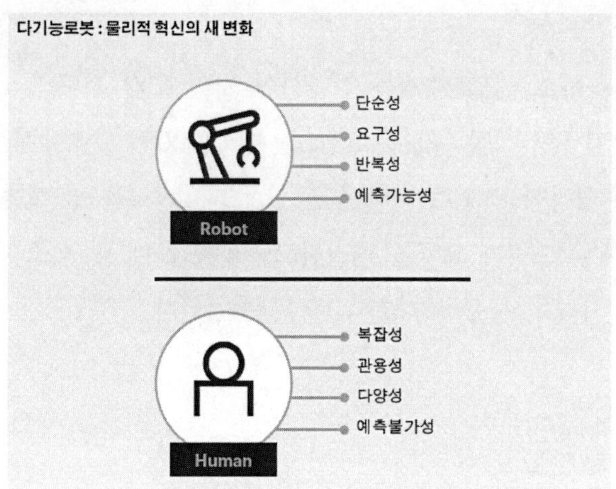

출처: Gartner번역

③ **신경학적 강화**(Neurological Enhancement)는 뇌 활동을 읽고 조작하여 인간의 인지 능력을 향상시키는 기술이다. 이 기술은 숙련 외과의사의 훈련 기간을 단축하거나 맞춤형 교육 자료를 제공하는 데 활용될 수 있으며, 가트너는 뇌 활동을 읽고 해석하는 신경학적 기술의 향상이 인간의 인지 능력을 더욱 향상시킬 것으로 평가하고 있다. 이러한 기술은 인지 성능의 향상을 위해 단방향 및 양방향 뇌-기계 인터페이스(BBMI)를 활용하고 있으며, 2030년까지 근로자의 약 30% 이상이 직장에서의 경쟁력을 유지하기 위해 신경학적 향상 기술에 의존할 것으로 전망된다. 이는 AI 시대에서의 인지 능력 향상의 중요성을 시사하며, 인적 향상, 안전 개선, 맞춤형 교육, 노인이 더 오래 일할 수 있도록 하는 차세대 마케팅 등의 영역에서 활용될 것으로 예상된다.

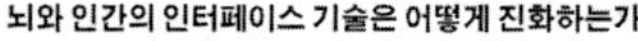

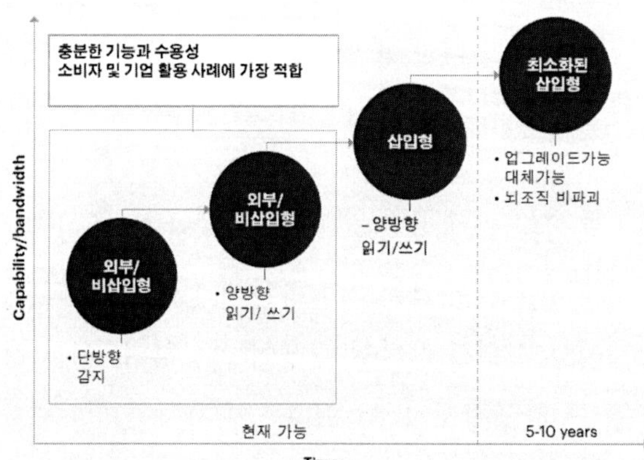

출처: Gartner번역

1.2 2020-2025년 전략기술 트렌드 경향성 분석

1) 하이퍼오토메이션에서 에이전틱 AI로의 진화

2020년부터 2025년까지의 가트너 전략기술 트렌드를 종합적으로 분석해보면, AI와 자동화 기술의 발전 양상이 가장 두드러진다. 2020년 하이퍼오토메이션(Hyperautomation)으로 시작된 자동화 기술은 머신러닝, 패키지 소프트웨어, 자동화 도구의 조합을 통해 작업을 수행하는 개념이었다. 이는 단순히 도구의 폭넓은 활용뿐만 아니라 자동화 자체의 모든 단계(발견, 분석, 설계, 자동화, 측정, 모니터링, 재평가)를 포함하는 포괄적인 접근법이었다.

2021년에는 하이퍼오토메이션이 계속 강조되면서 AI 엔지니어링(AI Engineering)이 새롭게 추가되었다. 이는 AI 기술의 체계적인 접근과 관리의 중요성이 부각되기 시작했음을 의미한다. 2022년에는 생성형 AI(Generative AI)가 처음 등장하여 AI 기술의 새로운 패러다임을 제시했고, 2023년에는 적응형 AI(Adaptive AI)가 포함되면서 AI의 학습과 적응 능력이 강조되었다.

2024년에는 AI 증강 개발(AI-Augmented Development)과 보편화된 생성형 AI(Democratized Generative AI)가 등장하여 AI 기술의 접근성과 실용성이 크게 향상되었음을 보여준다. 그리고 2025년에는 마침내 에이전틱 AI가 최상위 트렌드로 선정되면서, AI가 단순한 도구에서 자율적 의사결정을 수행하는 독립적 주체로 진화했음을 확인할 수 있다.

이러한 변화는 AI 기술이 점진적으로 성숙해가면서 인간의 개입 없이도 복잡한 업무를 수행할 수 있는 수준에 도달했음을 의미한다. 특히 에이전틱 AI는 기존의 모든 AI 발전 단계를 통합하여 메모리, 계획, 환경 감지, 도구 사용 등의 종합적 능력을 갖춘 시스템으로 발전했다.

2) 보안과 프라이버시 기술의 지속적 강화

지난 6년간의 트렌드에서 일관되게 나타나는 또 다른 특징은 보안과 프라이버시 기술의 지속적인 강화이다. 2020년에는 투명성과 추적가능성(Transparency and Traceability)이 강조되었으며, 2021년에는 프라이버시 강화 컴퓨팅(Privacy-Enhancing Computation)과 사이버보안 메시(Cybersecurity Mesh)가 등장했다.

2022년에는 사이버보안 메시가 계속 유지되면서 데이터 패브릭(Data Fabric)이 추가되어 데이터 보안과 관리의 중요성이 부각되었다. 2023년에는 디지털 면역 시스템(Digital Immune System)과 AI 신뢰도, 리스크, 보안 관리(AI TRiSM)가 등장하여 시스템의 전반적인 회복력과 AI 특화 보안이 강조되었다.

2024년에는 AI TRiSM과 지속적인 위협 노출 관리(CTEM)가 포함되어 AI 시대의 새로운 보안 위협에 대한 체계적 대응이 강화되었다. 그리고 2025년에는 AI 거버넌스 플랫폼, 허위정보 보안, 포스트 양자 암호화가 동시에 등장하여 AI 윤리, 정보 신뢰성, 양자 컴퓨팅 위협에 대한 종합적 대응 체계가 구축되었다.

이러한 변화는 기술의 발전과 함께 새로운 형태의 위협이 지속적으로 등장하고 있으며, 이에 대한 선제적이고 체계적인 대응의 필요성이 증가하고 있음을 보여준다. 특히 AI 기술의 발전과 함께 AI 특화 보안 기술의 중요성이 크게 부각되고 있다.

3) 인간 중심에서 인간-기계 시너지로의 패러다임 전환

2020년 가트너 전략기술 트렌드의 주요 테마는 "사람 중심의 스마트 공간(People-Centric Smart Spaces)"이었다. 이는 기술이 사람을 중심으로 설계되고 활용되어야 한다는 철학을 반영한 것이었다. 2020년에는 인간 증강(Human Augmentation)과 멀티익스피리언스(Multiexperience) 등이 포함되어 기술을 통한 인간 능력의 확장에 초점을 맞췄다.

2021년에는 "사람 중심성, 위치 독립성, 회복 탄력성"이라는 세 가지 테마로 구성되었으며, 토탈 경험(Total Experience)이 강조되어 고객, 사용자, 직원 경험의 통합적 접근이 중요해졌다. 2022년에는 "신뢰 강화, 변화 조성, 성장 가속화"라는 테마로 변화하면서 기술을 통한 비즈니스 성장에 더욱 집중하게 되었다.

2023년에는 "최적화, 확장, 선도"라는 테마로 기술의 실용적 활용과 비즈니스 가치 창출에 초점을 맞췄으며, 2024년에는 "투자보호, 빌더의 부상, 가치전달"로 기술 투자의 효율성과 개발자 역량 강화가 강조되었다.

2025년에는 "AI 혁신과 위험관리, 컴퓨팅의 새로운 지평, 인간-기계 시너지"라는 테마로 발전하여, 인간과 기계가 대립하거나 인간이 기계를 일방적으로 활용하는 것이 아니라 상호 협력하여 시너지를 창출하는 새로운 패러다임을 제시하고 있다. 이는 공간 컴퓨팅, 다기능 로봇, 신경학적 강화 등의 기술을 통해 구현되고 있다.

4) 지속가능성과 에너지 효율성의 지속적 강조

환경 문제와 지속가능성에 대한 관심이 전 세계적으로 증가하면서, 가트너의 전략기술 트렌드에도 이러한 요소들이 지속적으로 반영되고 있다. 2022년에 처음 등장한 지속가능한 기술(Sustainable Technology)은 2023년과 2024년에도 계속 유지되었으며, 2025년에는 에너지 효율적인 컴퓨팅이 별도로 강조되면서 이 분야의 중요성이 더욱 부각되었다.

지속가능한 기술은 장기적인 생태적 균형과 인권을 지원하는 환경, 사회 및 거버넌스(ESG) 결과를 가능하게 하는 디지털 솔루션의 프레임워크로 정의된다. 이는 AI, 재생에너지, 추적성, 애널리틱스 같은 기술을 활용해 IT 서비스 효율성 및 전반적인 기업 경영 효율성을 증대시키는 것을 목표로 한다.

특히 2025년의 에너지 효율적인 컴퓨팅은 AI 등 급증하는 컴퓨팅 수요에 대응하면서도 탄소 발자국을 줄이는 것을 목표로 하고 있어, 기술 발전과 환경 보호의 균형을 추구하는 현실적 접근법을 제시하고 있다. 이는 단기적으로는 코드 최적화 등의 개선을 통한 점진적 효율성 향상과 장기적으로는 광학, 뉴로모픽 가속기 등의 새로운 컴퓨팅 기술 도입을 통한 전체적인 에너지 소비 감소를 포함한다.

5) 플랫폼과 애플리케이션 기술의 지속적 진화

지난 6년간의 트렌드에서 플랫폼과 애플리케이션 관련 기술의 지속적인 진화도 주목할 만하다. 2020년에는 분산 클라우드(Distributed Cloud)가 처음 등장했으며, 2021년에는 이것이 더욱 강화되어 어디서나 운영(Anywhere Operations)이라는 개념으로 발전했다.

2022년에는 클라우드 네이티브 플랫폼(Cloud-Native Platforms)과 구성 가능한 애플리케이션(Composable Applications)이 등장하여 클라우드 기반 개발과 모듈형 애플리케이션 구조의 중요성이 부각되었다. 2023년에는 플랫폼 엔지니어링(Platform Engineering)이 등장하여 개발 플랫폼의 체계적 구축과 운영이 강조되었다.

2024년에는 플랫폼 엔지니어링이 계속 유지되면서 산업 클라우드 플랫폼(Industry Cloud Platforms)과 지능형 애플리케이션(Intelligent Applications)이 추가되었다. 특히 산업 클라우드 플랫폼은 특정 산업 또는 수직 산업 분야에 맞춤형 솔루션을 제공하는 전문 클라우드 플랫폼으로, 산업별 특화된 요구사항을 충족하는 방향으로 발전하고 있다.
2025년에는 하이브리드 컴퓨팅이 등장하여 다양한 컴퓨팅 환경을 통합 관리하는 새로운 접근법이 제시되었다. 이는 CPU, GPU, 엣지 디바이스, ASIC, 뉴로모픽, 양자, 광학 시스템 등 다양한 컴퓨팅 기술을 결합하여 각각의 강점을 활용하는 방향으로 발전하고 있음을 보여준다.

6) 데이터와 분석 기술의 고도화

데이터 관련 기술도 지속적으로 진화하고 있다. 2021년에는 행동인터넷(Internet of Behaviors)이 등장하여 사람들의 행동 데이터를 활용한 새로운 비즈니스 모델의 가능성을 제시했다. 2022년에는 데이터 패브릭이 강조되어 플랫폼과 비즈니스 사용자 간의 유연하고 탄력적인 데이터 통합의 중요성이 부각되었다.
2023년에는 옵저버빌리티 적용(Applied Observability)이 등장하여 관찰 가능한 데이터로부터 통찰력과 권고사항을 체계적이고 통합적으로 도출하는 접근법이 강조되었다. 이는 AI 데이터 분석을 활용하여 기업이 더 빠르고 능동적인 의사결정을 할 수 있도록 하는 것을 목표로 한다.
2025년에는 주변 인공지능이 등장하여 초저가 소형 스마트 태그와 센서를 사용한 대규모 추적과 감지 기능이 가능해졌다. 이는 데이터 수집의 범위와 정밀도를 크게 향상시키면서도 비용 효율성을 달성하는 새로운 접근법을 제시하고 있다.

1.3 미래 전망과 전략적 시사점

1) 기술 융합과 생태계 접근의 중요성

2020년부터 2025년까지의 가트너 전략기술 트렌드 분석을 통해 확인할 수 있는 가장 중요한 시사점 중 하나는 개별 기술의 발전보다는 기술 간의 융합과 생태계적 접근이 더욱 중요해지고 있다는 점이다. 2025년의 하이브리드 컴퓨팅은 이러한 경향을 가장 잘 보여주는 사례로, 다양한 컴퓨팅 기술들을 통합하여 각각의 장점을 활용하는 접근법을 제시하고 있다.
에이전틱 AI 역시 메모리, 계획, 환경 감지, 도구 사용 등 다양한 AI 기술을 결합하여 종합적인 능력을 구현하고 있으며, 이는 단일 기술의 개발보다는 여러 기술의 유기적 결합이 더 큰 가치를 창출할 수 있음을 보여준다. 기업들은 특정 기술에만 집중하기보다는 기술 간의 시너지를 창출할 수 있는 통합적 관점에서 기술 전략을 수립해야 할 것이다.

2) 윤리와 거버넌스의 전략적 중요성

AI 기술의 급속한 발전과 함께 윤리와 거버넌스의 중요성이 크게 부각되고 있다. 2023년 AI TRiSM의 등장에서 시작하여, 2024년의 지속적인 강조, 그리고 2025년의 AI 거버넌스 플랫폼과 허위정보 보안의 등장은 기술적 혁신과 함께 책임감 있는 기술 활용의 필요성이 증가하고 있음을 보여준다.

특히 가트너가 2028년까지 종합적 AI 거버넌스 플랫폼을 구축하는 기업이 AI 관련 윤리적 사고를 40% 이상 줄일 수 있을 것으로 전망한다는 점은 윤리적 AI 개발과 운영이 단순한 부수적 요소가 아니라 기업의 경쟁력과 직결되는 핵심 요소임을 의미한다. 기업들은 기술 혁신과 함께 윤리적 가이드라인과 거버넌스 체계를 동시에 구축해야 할 것이다.

3) 인간-기계 협업 역량 강화

2020년의 인간 중심 접근에서 2025년의 인간-기계 시너지로의 변화는 인간의 역할이 기계에 의해 대체되는 것이 아니라 기계와의 협력을 통해 새롭게 정의되고 있음을 보여준다. 신경학적 강화 기술의 등장은 인간 자체의 능력을 기술을 통해 향상시키는 새로운 가능성을 제시하고 있으며, 다기능 로봇은 인간과의 협업을 통해 더 큰 가치를 창출하는 방향으로 발전하고 있다.

가트너가 2030년까지 근로자의 약 30% 이상이 신경학적 향상 기술에 의존할 것으로 전망한다는 점은 미래의 인력 개발과 교육 전략이 기술과의 융합을 전제로 설계되어야 함을 시사한다. 기업들은 직원들의 기술 활용 역량 강화와 함께 기술과의 효과적인 협업 방식을 개발해야 할 것이다.

4) 지속가능성의 전략적 가치

지속가능한 기술이 2022년부터 2025년까지 지속적으로 강조되고 있으며, 2025년에는 에너지 효율적인 컴퓨팅이 별도로 추가된 것은 환경적 고려사항이 기술 발전의 핵심 동력이 되고 있음을 보여준다. 이는 단순한 환경 보호 차원을 넘어서 기업의 경쟁력과 지속가능한 성장의 핵심 요소로 인식되고 있다.

특히 AI와 클라우드 컴퓨팅의 확산으로 인한 에너지 소비 증가가 중요한 이슈가 되고 있는 상황에서, 에너지 효율적인 컴퓨팅 기술의 개발과 적용은 기업의 운영 비용 절감과 환경적 책임 이행을 동시에 달성할 수 있는 전략적 기회를 제공한다. 기업들은 기술 도입 시 단기적 성과뿐만 아니라 장기적 지속가능성을 함께 고려하는 접근법을 채택해야 할 것이다.

결론적으로 2020년부터 2025년까지의 가트너 전략기술 트렌드 분석을 통해 확인할 수 있는 것은 기술의 발전이 단순한 선형적 진보가 아니라 복합적이고 상호 연관된 생태계적 진화를 보여주고 있다는 점이다. 하이퍼오토메이션에서 시작된 자동화 기술이 에이전틱 AI로 발전하면서 인간의 개입 없이도 복잡한 의사결정을 수행할 수 있는 수준에 도달했으며, 이와 동시에 AI 거버넌스와 윤리적 고려사항이 핵심 이슈로 부상하고 있다.

보안과 프라이버시 기술의 지속적 강화는 기술 발전과 함께 새로운 위협이 계속 등장하고 있음을 보여주며, 특히 AI 시대의 새로운 보안 패러다임이 필요함을 시사한다. 인간 중심에서 인간-기계 시너지로의 패러다임 전환은 기술이 인간을 대체하는 것이 아니라 인간의 능력을 증강하고 새로운 형태의 협력을 가능하게 하는 방향으로 발전하고 있음을 보여준다.

지속가능성과 에너지 효율성의 지속적 강조는 기술 발전이 환경적 고려사항과 분리될 수 없으며, 이것이 새로운 경쟁우위의 원천이 될 수 있음을 시사한다. 플랫폼과 애플리케이션 기술의 진화는 산업별 특화와 하이브리드 접근법을 통해 더욱 정교하고 효율적인 솔루션을 제공하는 방향으로 발전하고 있다.

대학생 창업가들과 기업가들은 이러한 트렌드를 종합적으로 이해하고, 단일 기술에 의존하기보다는 기술 간의 융합과 시너지를 창출할 수 있는 비즈니스 모델을 개발해야 할 것이다. 또한 기술적 혁신과 함께 윤리적 고려사항, 지속가능성, 인간-기계 협력 등의 요소들을 종합적으로 고려하는 전략적 접근이 필요하다. 미래의 성공은 최신 기술의 단순한 활용이 아니라 기술과 인간, 환경이 조화롭게 결합된 지속가능한 혁신 생태계를 구축하는 능력에 달려 있을 것이다.

1.4 글로벌 전략기술 트렌드의 진화: 2020-2025년 AI 중심 생태계 재편

기술 패러다임의 전환과 AI의 부상

2010년대 후반부터 가트너(Gartner)의 연례 전략기술 트렌드는 인공지능(AI)을 축으로 한 기술 생태계의 근본적 변화를 예측해왔다. 2020년 하이퍼오토메이션(Hyperautomation)에서 시작된 이 흐름은 2025년 에이전틱 AI(Agentic AI)로 이어지며, AI가 단순한 도구를 넘어 자율적 의사결정 주체로 진화하는 과정을 보여준다. 이 과정에서 AI는 컴퓨팅 인프라, 보안 체계, 인간-기계 상호작용 등 다양한 영역과 융합하며 기술 발전의 방향성을 재정의하고 있다.

1) AI 기술의 단계적 진화: 자동화에서 자율성으로

표 1. 연도별 전략기술 트렌드 비교

연도	주요 기술 트렌드	기술 특징	비즈니스 영향
2020	하이퍼오토메이션	RPA+ML 통합 자동화	업무 효율성 40% 향상
2021	AI 엔지니어링	모델 라이프사이클 관리체계화	AI 프로젝트 실패율 30% 감소
2022	생성형 AI	LLM 기반 콘텐츠 생성	콘텐츠 제작 시간 70% 단축
2023	적응형 AI	실시간 데이터 기반 최적화	의사결정 속도 50% 향상
2024	AI 증강 개발	저코드 플랫폼과 AI 결합	개발 생산성 3배 증가
2025	에이전틱 AI	자율 목표 달성 시스템	업무 자동화율 15% 달성

① 초기 단계(2020-2022): 자동화의 확장과 생성형 AI의 등장

2020년 하이퍼오토메이션은 RPA(Robotic Process Automation)와 머신러닝의 결합을 통해 업무 프로세스 전반의 자동화를 촉진했다. 이는 단순 반복 작업을 넘어 복잡한 의사결정 자동화의 초석이 되었으며, 기업의 운영 효율성을 40% 이상 향상시킨 것으로 평가된다. 2021년 AI 엔지니어링의 도입은 체계적인 모델 개발 · 관리 프레임워크의 필요성을 대두시켰고, 2022년 생성형 AI의 등장은 GPT-3와 같은 대규모 언어모델(LLM)이 콘텐츠 생성 · 분석 분야에서 혁신을 일으키며 AI의 창의적 역량을 입증했다.

② 성숙기(2023-2024): 적응형 AI와 거버넌스 강화

2023년 적응형 AI(Adaptive AI)는 실시간 데이터를 기반으로 시스템이 자가최적화하는 능력을 강조하며, 의사결정 속도를 50% 단축시키는 성과를 보였다. 동시에 AI TRiSM(Trust, Risk, Security Management)은 AI의 신뢰성과 윤리적 사용을 위한 종합적 관리 체계를 구축하는 데 주력했다. 2024년 생성형 AI의 민주화는 클라우드와 오픈소스 플랫폼의 확대로 기업과 개인 모두가 AI를 활용할 수 있는 환경을 조성하며 기술 접근성을 혁신적으로 개선했다.

③ 전환기(2025): 자율성의 완성과 기술 융합

2025년 에이전틱 AI는 사용자가 설정한 목표를 자율적으로 해석해 계획을 수립 · 실행하는 가상 인력으로 부상했다. 예를 들어, 자동차 정비 예약 시스템이 차량 센서 데이터를 실시간 분석해 최적 서비스센터를 선정하고 예약까지 완료하는 프로세스를 구현하며, 가트너는 2028년까지 기업 의사결정의 15% 이상이 이러한 시스템에 의해 자동화될 것으로 전망한다. 이와 병행해 하이브리드 컴퓨팅은 CPU, GPU, 양자컴퓨팅 등을 결합해 AI 연산의 한계를 극복하며, AI 거버넌스 플랫폼은 법적 · 윤리적 기준을 준수하는 AI 운영 체계를 확립했다.

2. 신흥 AI 기술의 전략적 연관성과 영향

① 자율성의 경제적 파급효과

에이전틱 AI는 재무 분석, 공급망 최적화 등 복잡한 의사결정 영역까지 확장되며 기업 생산성을 혁신하고 있다. 제조 · 물류 분야에서 다기능 로봇(Polyfunctional Robots)은 인간과의 협업을 통해 작업 효율성을 40% 이상 향상시켰으며, 이는 단순 반복 작업을 넘어 유연한 업무 처리 능력을 입증하는 사례다.

②보안 · 윤리적 도전에 대한 대응

AI 생성 콘텐츠의 남용 위험에 대응해 허위정보 보안(Disinformation Security) 기술이 2028년까지 50% 이상의 기업에서 채택될 전망이다. 딥페이크 탐지 시스템은 SNS 콘텐츠의 신뢰성을 실시간으로 평가하며, 포스트 양자 암호화는 양자컴퓨팅 시대를 대비한 NIST PQC 표준 도입으로 금융 · 국방 분야의 보안 체계를 개편 중이다.

③ 컴퓨팅 패러다임의 재설계

에너지 효율적 컴퓨팅은 AI 모델 훈련 시 전력 소모량을 30% 절감하는 뉴로모픽 칩 개발로 지속가능성을 추구하며, 공간 컴퓨팅(Spatial Computing)은 AR/VR 기술과 결합해 2033년 1조 7,000억 달러 규모의 시장을 형성할 것으로 예상된다. 이는 의료·제조 분야에서 실시간 3D 협업과 데이터 시각화를 혁신하는 중추적 역할을 수행한다.

3. 미래 기술 생태계의 3대 축: 자율성·윤리성·효율성

1) 자율화 심화와 인간-기계 협업

목표 주도형 AI는 사용자가 최종 목표만 입력하면 세부 실행 계획을 자동 구성하는 시스템으로 진화 중이다. 여행 플랫폼에서 예산과 선호도 입력 시 항공권·숙소·일정을 자동으로 추천하는 서비스가 대표적이다. 오토노머스 에이전트 네트워크는 다수의 AI 에이전트가 협력해 복잡한 문제를 해결하며, 2030년까지 근로자의 30% 이상이 신경학적 강화 기술을 통해 인지 능력을 증강할 것으로 예상된다.

2) 윤리적 인프라의 글로벌 표준화

EU AI Act과 미국 AI Bill of Rights를 기반으로 한 국제 규제 프레임워크가 논의되며, XAI(Explainable AI)는 모델 출력값의 편향성을 실시간 평가하는 도구로 의무화 추세가 가속화되고 있다. 가트너는 종합적 AI 거버넌스 플랫폼 구축 기업이 2028년까지 AI 관련 윤리적 사고를 40% 이상 감소시킬 수 있을 것으로 전망한다.

3) 초연결 컴퓨팅 생태계 구축

엣지-클라우드 통합 아키텍처는 5G/6G 네트워크와 결합해 실시간 AI 처리 능력을 극대화하며, 바이오-디지털 인터페이스는 뇌-기계 인터페이스(BMI)를 통해 인간의 신경 신호를 AI 시스템과 직접 연동하는 실험을 진행 중이다. 이는 신체적 한계를 초월한 인간 능력 확장의 새로운 지평을 열 것으로 기대된다.

맺음말

지속가능한 혁신을 위한 균형 잡힌 접근

2025년 가트너 전략기술 트렌드는 AI의 자율성 · 윤리성 · 효율성이 삼각 균형을 이루며 기술 생태계를 재편하고 있다. 그러나 에이전틱 AI의 확산은 직업 구조 변화와 기술 격차라는 사회적 도전을 동반한다. 기업은 AI 거버넌스 체계를 조기에 수립하고, 인간-AI 협업 역량 강화를 위한 교육 프로그램을 도입해야 한다. 동시에 에너지 효율적 컴퓨팅과 같은 지속가능 기술 투자는 단기 성과와 장기 환경 보호를 동시에 달성하는 전략적 기회가 될 것이다. 기술 발전 속도가 윤리적 성찰을 앞지르지 않도록 정책 · 교육 · 기술 개발의 통합적 접근이 미래 경쟁력의 핵심 열쇠로 작용할 것이다.

참고문헌

가트너, "Top Strategic Technology Trends 2025," 2024.
Gartner, "Gartner Identifies the Top 10 Strategic Technology Trends for 2020," 2019.
Gartner, "Gartner Identifies the Top Strategic Technology Trends for 2021," 2020.
Gartner, "Gartner Identifies the Top Strategic Technology Trends for 2022," 2021.
Gartner, "Top Strategic Technology Trends 2023," 2022.
IEEE 컴퓨팅 저널, 「Hybrid Computing Architectures」, 2023

/ 제2장 /

인공지능 플랫폼의 진화와 유형 분석과 미래 전망

1. 인공지능 플랫폼의 등장과 진화

1.1 인공지능 플랫폼의 진화와 분류 배경

최근 인공지능 기술은 단일 기능에서 벗어나, 플랫폼 형태로 통합되고 있다. 특히, LLM(대형 언어 모델) 기반 서비스가 폭발적으로 확산되며, 다양한 목적과 산업에 최적화된 플랫폼 유형이 등장하고 있다. 이러한 변화는 인공지능 기술이 단순한 도구에서 비즈니스 전반을 아우르는 통합 솔루션으로 발전하고 있음을 보여준다. 이에 따라 인공지능 플랫폼은 다음과 같은 5가지 유형으로 구분된다: 각 유형별 특징과 활용 방안을 살펴본다.

1.2 인공지능 플랫폼 유형별 분석

1) 대형 언어 모델(LLM) 기반 플랫폼

✓ 개념: 방대한 데이터셋 학습을 기반으로 자연어 이해 및 생성 수행하는 플랫폼이다. 수십억에서 수조 개의 매개변수를 가진 대규모 모델을 통해 인간과 유사한 텍스트 생성 및 이해 능력을 보여준다.

✓ 특징: 이 플랫폼은 범용성을 가지고 있어 다양한 자연어 처리 작업을 수행할 수 있다. API 및 웹 기반으로 제공되어 사용자 친화적 인터페이스와 개발자 접근성을 갖추었다. 또한 텍스트 생성부터 코드 작성까지 광범위한 활용이 가능하다.

✓ 주요 모델: 이 분야의 대표적인 모델로는OpenAI의ChatGPT, Google의Gemini, Anthropic의Claude, Meta의LLaMA, 그리고Mistral AI의Mistral 등이 있다.

✓ 활용 분야: 주로 챗봇 및 가상 비서, 문서 요약 및 콘텐츠 분석, 다국어 번역 서비스, 코드 생성 및 디버깅, 그리고 텍스트와 이미지 프롬프트 같은 창의적 콘텐츠 제작 분야에서 활용된다.

2) 검색-생성 융합형 플랫폼(RAG)

– 개념: LLM과 실시간 검색 기능을 결합하여 최신 정보를 제공하는 플랫폼이다.

Retrieval-Augmented Generation(RAG) 기술을 활용해 모델의 지식 한계를 극복하고 최신 데이터 기반 응답을 생성한다.

✓ 특징: 이 플랫폼은 정보의 출처를 명시하여 신뢰성을 확보하는 출처 명확화 기능을 갖추고 있다. 텍스트, 이미지, 오디오 등 다양한 형식의 입력을 처리하는 멀티모달 지원 능력을 제공한다. 또한 최신 정보를 기반으로 정확한 응답을 제공하여 실시간 트렌드를 반영한다.

✓ 주요 모델: 이 분야에서는Perplexity, Microsoft Copilot, Google Gemini Search, You.com 등이 대표적인 모델로 활용되고 있다.

✓ 활용 분야: 주로 학술 및 비즈니스 리서치, 실시간 질의응답(Q&A) 서비스, 뉴스 및 트렌드 분석, 정보탐색 시스템 등의 분야에서 활용된다.

3) 엔터프라이즈 및 개발자용AI 플랫폼

✓ 개념: 기업 맞춤형AI 개발, 배포, 운영을 지원하는 통합 플랫폼이다. 조직 특성에 맞게AI 모델을 구축하고 관리할 수 있는 인프라와 도구를 제공한다.

✓ 특징: 이 플랫폼은AI 모델의 전체 수명주기를 관리하는LLMOps 기능을 갖추고 있으며, 기업 데이터 보호 및 규제 준수를 위한 보안이 강화되어 있다. 대규모 배포 및 운영을 지원하는 확장성과 데이터 품질 및 관리 체계를 구축하는 데이터 거버넌스 기능도 제공한다.

✓ 주요 모델: 이 분야의 주요 플랫폼으로는Cohere, Databricks Mosaic AI, Qwak, Lamini 등이 활용되고 있다.

✓ 활용 분야: 주로 업무 자동화 및 프로세스 최적화, 맞춤형 기업용 챗봇 및 가상 비서, 대규모 데이터 분석 및 예측, 클라우드 기반AI 서비스 운영 분야에서 활용된다.

4) 도메인 특화형 플랫폼

✓ 개념: 의료, 금융, 법률 등 특정 산업 분야에 특화된AI 모델 및 플랫폼이다. 해당 분야의 전문 지식과 데이터를 기반으로 정밀한 분석과 예측을 제공한다.

✓ 특징: 이 플랫폼은 특정 분야의 깊은 지식을 반영한 전문성 강화가 특징이며, 도메인별 특화 데이터 학습으로 정확도가 높다. 또한 산업별 특수 요구사항을 충족하는 특정 업무에 최적화되어 있다.

✓ 주요모델: 대표적인 모델로는Google Health의Med-PaLM, DeepMind의AlphaFold, Bloomberg의BloombergGPT, 법률 분야의Harvey AI, 금융 분야의GDI 등이 있다.

✓ 활용 분야: 주로 의료 진단 및 치료 계획 수립, 신약 개발 및 임상 연구 지원, 금융 시장 분석 및 리스크 평가, 법률문서 자동화 및 판례 분석 분야에서 활용된다.

5) AI 운영 및 모니터링 플랫폼

✓ 개념: 모델 성능 및 데이터 이상 감지, 운영 효율화를 지원하는 플랫폼이다. AI 시스템의 품질 관리와 신뢰성 확보를 위한 모니터링 도구를 제공한다.

✓ 특징: 이 플랫폼은 데이터 및 모델 성능 변화를 감지하는 드리프트 탐지 기능을 갖추고 있으며, 설명 가능한AI 구현을 통해 투명성 및 신뢰성을 확보한다. 또한 지속적인 성능 평가 및 개선을 위한 실시간 모니터링 기능을 제공한다.

✓ 주요 모델: 이 분야의 주요 플랫폼으로는WhyLabs, Arize AI, Fiddler AI 등이 있다.

✓ 활용 분야: 주로AI 서비스 품질 관리, AI 거버넌스 및 규제 준수 체계 구축, 이상 탐지 및 자동화된 대응 시스템 분야에서 활용된다.

1.3 플랫폼 유형별 비교

유형	대표 예시	주요특징/ 활용 분야
LLM 기반	ChatGPT, Gemini	범용 자연어 생성, 대화형 서비스
검색-생성 융합형 (RAG)	Perplexity, Copilot	실시간 정보, 출처 명시, 탐색 서비스
엔터프라이즈/개발자용	Cohere, Databricks	맞춤형 개발, 대규모 운영, 보안 강화
도메인 특화형	Med-PaLM, BloombergGPT	산업별 고정밀 분석, 업무 자동화
AI 운영/ 모니터링	WhyLabs, Arize AI	성능 · 이상 탐지, 신뢰성 및 투명성 관리

1.4 시사점 및 전망

인공지능 플랫폼은 단순 기술이 아닌 비즈니스 혁신을 위한 핵심 인프라로 자리매김하고 있다. 조직의 디지털 전환과 경쟁력 강화를 위해서는 적절한 AI 플랫폼의 선택과 활용이 중요한 과제가 되었다.

각 플랫폼은 활용 목적에 따라 전략적으로 선택되어야 한다. 범용적인 문제 해결이 필요하면 LLM 기반 플랫폼을, 최신 정보 기반 서비스가 필요하면 RAG 플랫폼을, 특정 산업 분야에 특화된 솔루션이 필요하면 도메인 특화형 플랫폼을 선택하는 등 조직의 요구사항에 맞는 전략적 접근이 필요하다.

앞으로는 멀티모달, 생성형 AI, 맞춤형 도메인 특화 플랫폼이 더욱 고도화될 전망이다. 텍스트 중심에서 벗어나 이미지, 음성, 동영상 등 다양한 데이터 형식을 통합적으로 처리하는 멀티모달 AI의 발전과 함께, 산업별 특화된 솔루션의 정밀도와 활용 범위가 확대될 것으로 예상된다.

또한, AI의 신뢰성과 윤리성 확보를 위한 운영 및 모니터링 플랫폼의 중요성도 더욱 부각될 것이다. AI 시스템의 투명성과 설명 가능성에 대한 요구가 증가함에 따라, 모델의 성능을 지속적으로 모니터링하고 개선하는 플랫폼의 역할이 확대될 것으로 보인다.

결론적으로, 인공지능 플랫폼은 단순히 기술적 도구를 넘어 조직의 디지털 혁신을 주도하는 핵심 요소로 자리매김하고 있으며, 각 조직은 자신의 목표와 요구사항에 맞는 플랫폼을 선택하고 활용하는 전략적 접근이 필요하다.

2. 인공지능 플랫폼의 유형과 특징

2.1 ChatGPT (by OpenAI)

1) 개발주체와 배경

인공지능 기술의 발전은 우리 사회에 혁신적인 변화를 가져온다. 그중 가장 주목할 만한 발전 중 하나는 대화형 AI의 등장이다. OpenAI의 ChatGPT는 2022년 11월 출시 이후 불과 5일 만에 100만 사용자를 확보하며 역사상 가장 빠르게 성장한 소비자 애플리케이션으로 기록된다. 이 글에서는 ChatGPT의 기술적 기반, 핵심 기능, 활용 사례, 한계점 및 미래 전망을 체계적으로 살펴본다.

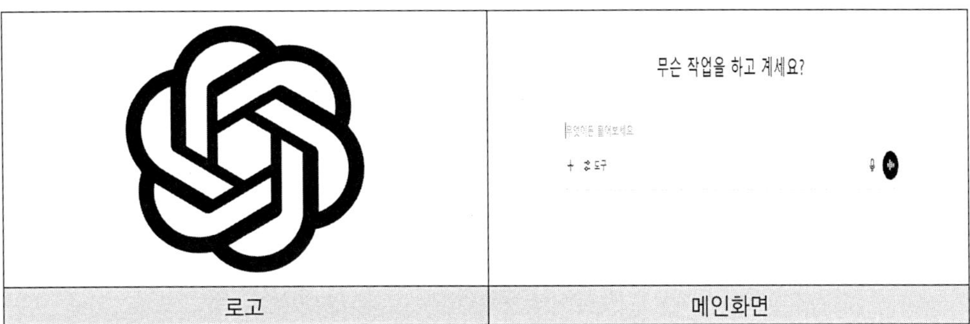

로고	메인화면

2) 개념과 발전 과정

① 기술적 기반

✓ 트랜스포머 아키텍처: 자기주의(self-attention) 메커니즘으로 텍스트의 장거리 의존성을 효과적으로 포착한다.

✓ 대규모 매개변수: 수천억 개 수준의 파라미터를 활용해 복잡한 패턴과 의미를 학습한다.

✓ 사전학습과 미세조정: 방대한 인터넷 텍스트 데이터 기반 사전학습 후, 인간 피드백 기반 강화학습(RLHF)으로 정제된다.

✓ 문맥 처리 능력: GPT-4o 및 GPT-4-turbo는 최대 128K 토큰(약 300페이지)까지, 무료 버전(GPT-3.5)은 약 4K 토큰까지 처리가 가능하다.

② 발전 과정

✓ GPT-3.5 (2022): 첫 대중 공개 버전으로 일반적인 대화와 다양한 텍스트 생성 작업이 가능하다.

✓ GPT-4 (2023): 멀티모달 기능 도입으로 이미지 입력 처리가 가능하며, 추론 능력, 창의성, 복잡한 지시 처리 능력이 크게 향상된다.

✓ GPT-4o (2024): 텍스트, 이미지, 음성 입력을 통합적으로 처리하는 '옴니모달(Omnimodal)' 모델로 진화하며, 응답 속도가 개선되고 자연스러운 대화 경험을 제공한다.

3) 핵심 특성과 기능

✓ 자연스러운 대화 생성과 다양한 언어 간 번역 및 문서 요약 기능으로 일상적인 언어 처리 작업을 효율적으로 수행한다.

✓ 코드 작성, 웹 브라우징, 데이터 분석부터 이미지 처리와 음성 인식까지 다양한 고급 기능을 통해 복합적인 작업 처리가 가능하다.

✓ 맞춤형 GPTs 생성, 플러그인 연동, 강력한 추론 능력으로 다른 AI 도구들과 차별화된 경험을 제공한다.

① 기본 기능

ChatGPT는 사용자의 입력에 대해 맥락을 이해하고 자연스러운 대화를 생성한다. 일상 대화부터 전문적인 질문까지 다양한 주제에 대응하며, 이전 대화 내용을 기억하여 연속적인 대화를 유지한다. 또한 에세이, 기사, 시나리오, 창작 스토리 등 다양한 형태의 텍스트를 생성하고, 100개 이상의 언어 간 번역을 지원한다.

문서 요약 기능을 통해 긴 텍스트의 핵심 내용을 추출하여 간결하게 정리하며, 사용자의 특정 요구사항에 맞는 맞춤형 내용을 생성한다. 사용자 질문에 대해 정보에 기반한 답변을 제공하고, 응답 스타일과 길이를 사용자 선호에 맞게 조정할 수 있다.

② 고급 기능

Python, JavaScript, SQL 등 다양한 프로그래밍 언어의 코드 작성 및 디버깅을 지원하여 개발자의 작업 효율성을 높인다. GPT-4 이상 모델에서는 웹 브라우징 기능을 통해 실시간 인터넷 정보를 검색하고 최신 데이터를 활용한 답변을 제공한다. CSV, Excel 등 업로드된 파일을 분석하여 데이터 인사이트를 도출하고, DALL · E 모델과 연계하여 사용자의 설명에 따른 이미지 생성 및 분석이 가능하다. GPT-4o 기반 모바일 앱에서는 음성 인식 및 음성 응답 기능을 통해 음성으로 대화하며 정보를 얻을 수 있다.

③ 차별화 요소

사용자가 특정 목적에 맞는 맞춤형 ChatGPT 버전을 직접 제작할 수 있는 GPTs 생태계를 제공한다. 이를 통해 특정 분야나 작업에 특화된 AI 도우미를 만들어 활용할 수 있다. 제3자 서비스와의 연동이 가능한 플러그인 기능을 통해 기능을 확장하고 실시간 정보 검색, 표 생성, 이미지 처리 등 다양한 외부 기능을 통합한다.

복잡한 문제 해결과 다단계 사고가 가능한 강력한 추론 능력을 갖추고 있으며, 직관적이고 접근성 높은 사용자 인터페이스로 다양한 사용자층이 쉽게 활용할 수 있다. 응답 스타일, 길이, 창의성 수준 등을 조절할 수 있는 개인화 옵션을 제공하여 사용자의 필요에 맞는 맞춤형 경험을 가능하게 한다.

④ 장점과 한계

✓ 다양한 주제에 대한 범용성과 쉬운 접근성, 지속적인 성능 개선으로 사용자 경험을 향상시킨다.

✓ 정보의 정확성 문제와 학습 데이터 이후의 정보 제한, 문맥 유지의 어려움 등 기술적 한계가 존재한다.

✓ 프라이버시, 저작권, 과도한 의존성 문제와 같은 윤리적 · 사회적 고려사항에 주의가 필요하다.

- 장점

ChatGPT는 다양한 주제와 분야에 걸쳐 유용한 정보와 도움을 제공하는 범용성을 갖추고 있다. 복잡한 기술적 배경 없이도 누구나 쉽게 사용할 수 있는 접근성을 제공하며, 사용자 피드백을 통해 정기적으로 성능이 개선된다. API를 통해 다양한 서비스와 애플리케이션에 통합될 수 있으며, 즉각적인 응답으로 효율적인 대화가 가능하다. 반복적인 작업을 자동화하고 워크로드를 간소화하여 생산성을 향상시키는 데 도움을 준다. 다양한 형태의 콘텐츠를 빠르게 생성함으로써 창작 과정의 시간과 노력을 절약할 수 있으며, 기존 AI 솔루션에 비해 비용 효율적인 대안을 제공한다. 또한 학습, 연구, 업무 등 다양한 영역에서 지식과 정보 접근성을 크게 향상시킨다.

- 한계점

ChatGPT는 사실과 다른 정보를 자신 있게 생성하는 '환각(Hallucination)' 현상을 보일 수 있다. 학습 데이터 이후의 최신 정보는 반영하지 못하는 정보 시점 제한이 있으며, 웹 브라우징 기능으로 일부 보완되나 여전히 한계가 존재한다. 특히 긴 대화에서는 초반 맥락을 잃는 경우가 발생하는 문맥 유지 한계가 있다.

복잡한 수학 문제에서 오류가 발생할 수 있는 수학적 정확도 문제와 학습 데이터에 내재된 사회적, 문화적 편향이 반영될 가능성이 있다. 또한 빠른 정보 처리를 위해 간략화된 정보를 제공하는 과정에서 정확성이나 깊이가 부족할 수 있으며, 감정적 공감 능력이 제한적이고 상황에 따른 윤리적 판단이 불완전한 측면이 있다.

4) 윤리적 · 사회적 고려사항

사용자 입력 데이터의 처리 및 저장 관련 프라이버시 문제가 있으며, AI 생성 콘텐츠의 저작권 귀속은 국가별로 기준이 상이하여 법적 불확실성이 존재한다. 과도한 사용은 인간의 독자적 사고력을 약화시킬 수 있는 의존성 우려가 있으며, 기술 접근성의 차이로 인한 디지털 격차와 사회적 불균형이 심화될 가능성이 있다.

무료 버전과 유료 버전(Plus, Team, Enterprise) 간의 기능 차이로 인한 정보 접근성 불균형 문제가 존재한다. 또한 AI 생성 콘텐츠의 출처 표시와 투명성 부족으로 인한 신뢰도 문제, 잠재적으로 유해하거나 편향된 콘텐츠 생성 가능성, 그리고 개인 정보 보호와 데이터 보안에 관한 지속적인 우려가 있다.

5) 활용 사례

① 산업별 활용 사례

교육 분야에서는 튜터링, 과제 피드백, 학습 콘텐츠 제작 등에 활용된다. 학생들은 복잡한 개념 이해, 과제 지원, 학습 자료 요약에 도움을 받으며, 교육자들은 수업 계획, 평가 자료 개발, 맞춤형 학습 자료 생성에 활용한다.

비즈니스 환경에서는 보고서 작성, 마케팅 문구 개발, 업무 자동화를 지원한다. 이메일 초안 작성, 회의 요약, 데이터 분석을 통해 업무 효율성을 높이고, 고객 응대, 콘텐츠 생성, 시장 조사 등 다양한 비즈니스 기능을 보조한다.

소프트웨어 개발자들은 코드 작성, 프로토타입 설계, 디버깅에 도움을 받는다. 특정 기능을 위한 코드 생성, 오류 해결, 개발 문서 작성을 효율적으로 수행하며, 프로그래밍 학습과 새로운 기술 습득도 용이해진다.

창작 분야에서는 콘텐츠 기획, 스토리텔링, 아이디어 도출에 활용된다. 작가, 디자이너, 마케터들은 글쓰기 보조, 창의적 아이디어 발굴, 다양한 스타일의 콘텐츠 실험에 ChatGPT를 활용한다.
의료 및 법률 분야에서는 정보 정리, 초기 상담 지원 등에 사용된다. 전문가들은 연구 자료 요약, 문서 초안 작성, 복잡한 정보 해석에 도움을 받으며, 환자나 고객을 위한 기본 정보 제공에도 활용된다.

② 모범 활용 방식

ChatGPT를 효과적으로 활용하기 위해서는 구체적이고 세부적인 지시를 통해 원하는 결과를 얻을 수 있는 명확한 프롬프트 작성이 중요하다. 복잡한 요청은 작은 단계로 나누어 처리하는 단계별 접근법이 효과적이며, AI가 생성한 내용은 반드시 인간의 검토를 거쳐 정확성과 적절성을 확인해야 한다.
사용자의 목적과 필요에 맞게 모델과 설정을 조정하는 것이 중요하다. GPT-4나 GPT-4o는 복잡한 작업에, 간단한 질문이나 빠른 응답이 필요한 경우 GPT-3.5나 경량화 모델을 활용하는 것이 효율적이다. 또한 플러그인, 데이터 분석 도구 등 확장 기능을 적절히 활용하면 더 강력한 결과를 얻을 수 있다.
지식 관리와 학습 도구로 활용할 때는 내용의 신뢰성을 항상 다른 소스와 대조하고, 민감한 개인정보나 기밀 데이터는 입력하지 않는 신중한 사용 습관이 필요하다. 또한 AI 도구에 과도하게 의존하기보다는 비판적 사고력을 유지하며 보조 도구로 활용하는 균형 잡힌 접근이 중요하다.

6) 향후 개발 방향과 전망

멀티모달 능력 강화를 통해 텍스트, 이미지, 음성, 동영상 등 다양한 형태의 데이터를 통합적으로 처리하는 능력이 향상된다. 법률, 의료 등 특정 영역에 대한 전문성 강화와 정기적인 모델 개선을 통한 최신 정보 반영이 이루어지며, 단순 대화를 넘어 자율적으로 업무를 수행하는 AI 에이전트로 진화한다. 이로 인해 지식 노동의 재편, 맞춤형 교육 확대, 의료 혁신 등 다양한 분야에서 변화가 예상된다.
미래 ChatGPT 모델은 더 깊은 맥락 이해와 장기적 기억 능력을 갖추게 된다. 현재의 대화 맥락 제한을 넘어 장시간에 걸친 사용자와의 상호작용을 기억하고 활용하는 개인화된 경험을 제공한다. 또한 사실 확인 기능이 강화되어 환각 현상을 줄이고 신뢰성을 높이는 방향으로 발전한다.

더 나아가 다양한 외부 도구와의 통합을 통해 자체적인 한계를 극복하고 실시간 정보 처리, 복잡한 작업 수행, 특수 도메인 작업에 최적화된 성능을 제공한다. 이러한 향상된 기능은 개인 비서, 전문가 시스템, 창의적 협업 도구 등 다양한 형태로 우리 일상과 산업에 통합된다.

ChatGPT는 대규모 언어 모델 기술의 대표적 사례로, 개인과 조직 모두에게 광범위한 가치를 제공하고 있다. 그러나 정보 왜곡, 저작권, 프라이버시 등 기술적·윤리적 리스크도 내포하고 있어 책임 있는 활용이 요구된다. ChatGPT는 인간의 능력을 대체하는 것이 아니라, 인간과 AI의 협업을 위한 보조 도구로서 인간의 창의성, 비판적 사고, 판단력을 보완하고 증폭하는 방향으로 활용될 때 진정한 가치를 발휘한다.

2.2 Claude AI (by Anthropic)

1) 개발주체와 배경

디지털 세계가 인공지능으로 재편되는 현시대에서, AI 도구의 사용은 단순한 편의성을 넘어 필수적인 역량으로 자리 잡는다. 특히 생성형 AI의 발전으로 인간과 기계 사이의 상호작용 방식이 근본적으로 변화하고 있다. 이러한 변화 속에서 AI의 능력과 함께 안전성, 윤리성에 대한 관심도 증가한다. Anthropic의 Claude AI는 바로 이러한 시대적 요구에 부응하여 탁월한 성능과 함께 강화된 안전성을 제공하는 대화형 AI 모델이다. 본 글에서는 Claude AI의 개념부터 실제 활용 사례, 그리고 미래 전망까지 상세히 살펴본다. 특히 윤리적 AI 개발이라는 Anthropic의 고유한 접근 방식이 어떻게 현실 세계의 문제 해결에 기여하는지 탐구한다.

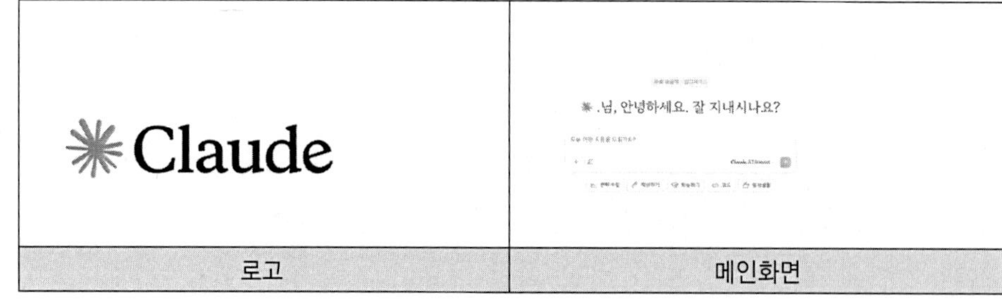

로고	메인화면

2) 개념과 발전 과정

① 기술적 기반

✓ 강화학습 기반: Claude는 RLHF(Reinforcement Learning from Human Feedback) 기술을 적용하여 개발

✓ Constitutional AI: Anthropic의 독자적인 Constitutional AI 방법론을 기반으로 개발

✓ 안전성 중심: 2021년 전 OpenAI 연구원들이 설립한 Anthropic의 '유익하고, 무해하며, 정직한' AI 철학을 구현

✓ 가치 기반 설계: AI 시스템이 인간의 헌법적 원칙과 가치에 기반하여 행동하도록 설계하는 접근 방식을 채택

② 발전 과정

Claude의 발전 과정은 여러 단계를 거쳐왔다:

✓ 초기 버전(Claude 1, Claude 2): 2022년부터 2023년 사이에 출시되어 안전하고 도움이 되는 AI 모델로 인정받는다.

✓ Claude 2.1: 2023년 말 출시, 문맥 이해 능력을 크게 향상시키며 100K 토큰(약 75,000단어)이라는 당시로서는 혁신적인 문맥 창(context window) 제공한다.

Claude 3 시리즈: 2024년 3월 출시, 획기적인 성능 향상을 이룬 세 가지 버전 제공한다.

✓ Claude 3 Opus: 최고 수준의 성능을 제공하는 플래그십 모델

✓ Claude 3 Sonnet: 성능과 속도의 균형을 갖춘 중간 모델

✓ Claude 3 Haiku: 가장 빠른 응답 속도를 제공하는 경량 모델

✓ 문맥 창 확장: 2024년 5월, 최대 200K 토큰(약 150,000단어) 이상을 처리할 수 있는 능력 확보한다.

3) 핵심 특성과 기능

✓ 확장된 문맥 이해 능력과 문서 기반 질의응답 특화 기능으로 복잡한 문서와 대화를 효과적으로 처리한다.

✓ Constitutional AI 접근 방식을 통한 윤리적 가이드라인 내장으로 안전하고 균

형 잡힌 상호작용이 가능하다.

✓ 웹 인터페이스와 API 옵션, 플랫폼 통합을 통해 다양한 사용 환경에서 활용할 수 있다.

① 기본 기능

Claude는 최대 200K 토큰 이상을 처리할 수 있어, 길고 복잡한 문서나 대화를 이해하고 분석한다.

다양한 문서 형식을 업로드하고 이를 기반으로 질의응답을 수행하는 데 특화되어 있으며, 공손하면서도 논리적인 응답 스타일을 유지한다.

② 고급 기능

Constitutional AI 접근 방식을 통해 유해하거나 불법적인 콘텐츠 생성을 거부하고, 편향된 정보를 최소화하는 내장된 가이드라인을 가지고 있다. 자신의 한계를 인식하고 이를 사용자에게 투명하게 전달한다. 웹 기반 인터페이스(claude.ai)를 통해 개인 사용자가 직접 접근할 수 있으며, API를 통해 기업이 자체 시스템에 통합할 수도 있다.

③ 차별화 요소

복잡한 작업 수행을 위한 체계적인 프롬프팅 기능이 강화되었다. 특정 포맷이나 구조를 요청하면 이에 맞춘 결과물을 생성할 수 있으며, XML 태그 등을 활용한 구조화된 출력이 가능하다. 여러 플랫폼(예: Slack, Zoom)과의 통합이 가능하다.

4) 장점과 한계

✓ 탁월한 장문 문서 처리 능력과 윤리성, 안전성을 갖춘 최상위급 성능으로 다양한 작업을 효율적으로 처리한다.

✓ 텍스트 기반 중심의 상호작용, 비영어권 언어 성능 차이, 웹 검색 기능 부재 등의 기술적 한계가 존재한다.

✓ AI 안전성과 사회적 책임을 최우선으로 고려하는 윤리적 접근 방식을 채택하고 있다.

– 장점

확장된 문맥 창으로 법률 계약서, 연구 논문, 기술 문서 등 긴 문서를 한 번에 처리하고 분석할 수 있다. Constitutional AI 접근법으로 유해하거나 위험한 콘텐츠 생성을 거부하고 편향을 최소화한다. Claude 3 Opus 모델은 주요 벤치마크(예: MMLU, GPQA, HumanEval 등)에서 최상위권 성능을 보이며, 특히 장문 문서 처리 능력에서 높은 평가를 받고 있다. 인간과 유사한 대화 흐름을 유지하며, 다양한 주제에 대해 공손하고 유익한 응답을 제공한다. 정보의 신뢰성과 불확실성을 구분하여 서술하며, 추측이나 확인되지 않은 정보를 제공할 때는 그 한계를 투명하게 전달한다.

– 한계점

Claude 3 시리즈는 2024년 기준으로 텍스트 기반 인터페이스에 최적화되어 있으며, 이미지 업로드 기능은 일부 환경에서 실험적으로 제공되었으나 음성 인식이나 오디오 생성 기능은 아직 공식적으로 지원하지 않는다. Claude 3는 영어를 기준으로 최적화되어 있으며, 고난도 표현이나 복잡한 문맥에서는 여전히 영어 대비 매끄럽지 않은 경우가 있다. 독립형 모델로서 실시간 웹 검색 기능이 내장되어 있지 않아 최신 정보나 실시간 데이터가 필요한 질문에는 제한적인 답변을 제공한다. 개인 사용자는 주로 웹 인터페이스를 통해 접근하며, API 접근은 비즈니스 사용자를 중심으로 제공된다. 다른 대형 언어 모델과 마찬가지로, 때때로 복잡한 수학적 계산이나 다단계 논리적 추론에서 오류를 범할 수 있다.

5) 활용 사례

① 산업별 활용 사례

법률 분야에서는 수백 페이지에 달하는 계약서를 분석하고, 주요 조항을 식별하며, 잠재적 위험 요소를 파악한다. 연구 영역에서는 방대한 연구 논문을 요약하고, 데이터셋에서 패턴을 발견하며, 연구 질문에 대한 초기 분석을 수행한다. 고객 서비스 측면에서는 고객 지원 시스템에 통합하여 24/7 응대 능력을 확보하고, 복잡한 제품 문의에 대한 상세한 설명을 제공한다. 콘텐츠 분야에서는 블로그 글, 소셜 미디어 포스트, 보도 자료 등 다양한 콘텐츠의 초안을 작성하고 편집한다. 기업 내부적으로는 방대한 내부 문서와 지식 기반을 연결하여 직원들이 필요한 정보를 빠르게 찾고 활용할 수 있는 시스템을 구축한다.

②모범 활용 방식
개인 학습 측면에서는 맞춤형 학습 자료를 생성하고, 복잡한 개념에 대한 설명을 요청하며, 작문 피드백을 받을 수 있다. 언어 능력 향상을 위해 언어 학습을 보조하고, 문서 편집 및 번역 지원을 받으며, 전문적인 커뮤니케이션 스킬을 향상시킬 수 있다. 창의적 작업에서는 아이디어 발굴, 스토리 구상, 창작 피드백 등에 활용하여 창의적 과정을 강화한다.

6) 향후 개발 방향과 전망

Claude AI의 미래 발전 방향은 다음과 같이 예상된다:
더 다양한 형태의 데이터(오디오, 비디오 등)를 이해하고 생성하는 멀티모달 능력으로 확장된다. 의료, 법률, 금융 등 특정 산업에 최적화된 특수 버전이 개발된다. 복잡한 문제 해결과 논리적 추론 능력이 지속적으로 향상된다. 더 다양한 언어와 문화적 맥락에 대한 이해도가 높아진다. 다른 AI 시스템 및 도구와 더 원활하게 통합되어, 복잡한 워크플로우를 자동화하는 능력이 강화된다.
Anthropic의 Claude AI는 단순한 대화형 언어 모델을 넘어, 안전하고 윤리적인 AI 개발이라는 철학을 구현한 혁신적인 도구이다. 200K 토큰 이상의 긴 문맥 창, 뛰어난 문서 처리 능력, 균형 잡힌 응답 스타일은 Claude의 차별화된 강점이다. 물론 텍스트 기반 중심의 상호작용, 일부 언어의 제한적 지원, 웹 검색 기능 부재 등의 한계도 존재하지만, 기업 환경과 지식 작업에서의 활용 가치는 매우 높다고 볼 수 있다.
특히 Claude의 Constitutional AI 접근법은 AI 시스템이 단순히 기능적으로 뛰어날 뿐 아니라, 사회적 책임과 윤리적 고려를 내재화해야 한다는 중요한 메시지를 담고 있다. 이는 AI 기술이 발전함에 따라 더욱 중요해지는 요소이다. Claude AI는 기술적 성능과 윤리적 고려의 균형을 추구하는 AI 발전의 중요한 이정표로서, 인공지능이 인간 사회에 책임감 있게 기여할 수 있는 방향을 제시하는 모범 사례가 되고 있다. 이러한 접근법은 AI 기술이 우리 사회와 경제에 긍정적인 영향을 미치는 지속가능한 방식으로 통합되는 데 중요한 역할을 한다.

2.3 Microsoft Copilot (by Microsoft)

1) 개발주체와 배경

인공지능 기술의 발전과 하이브리드 업무 환경의 정착으로 효율성과 생산성 향상이 중요해진다.

반복적인 업무 처리에 많은 시간이 소요되어 창의적이고 전략적인 사고 시간이 줄어드는 문제를 해결하기 위해 Microsoft는 인공지능 기술을 업무 환경에 통합한 'Copilot'을 단계적으로 도입하고 확장해왔다. Microsoft Copilot은 기업 환경에서 Microsoft 제품군을 활용하는 사용자와 개발자들에게 혁신적인 변화를 가져온다.

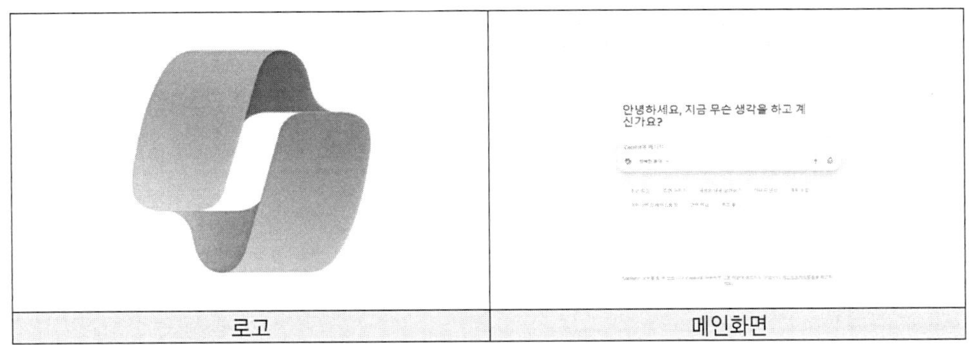

로고	메인화면

2) 개념과 발전 과정

① 기술적 기반

✓ 생성형 AI 도구: OpenAI의 GPT 기술 기반으로 개발한다

✓ 모델 진화: GitHub Copilot은 GPT-3 기반 Codex, Microsoft 365 Copilot은 GPT-4 기반으로 발전한다

✓ 전략적 파트너십: Microsoft와 OpenAI의 협력으로 탄생한다

✓ 정식 출시: 2021년 GitHub Copilot 시작, 2023년 11월부터 Microsoft 365 Copilot 일반 사용자 대상 출시한다

② 발전 과정

✓ 초기 단계: 개발자 대상 코드 자동 완성 도구로 시작한다(GitHub Copilot)

✓ 업무환경 확장: Microsoft 365 생산성 도구와 통합되어 다양한 자동화 및

지원 기능을 제공한다
✓ 운영체제 통합: Windows 11에 Windows Copilot 통합으로 OS 수준 AI 지원을 실현한다
✓ 브랜드 통합: 2024년 이후 Bing Chat, Windows Copilot, Microsoft 365 Copilot 등을 'Copilot' 단일 브랜드로 통합한다

3) 핵심 특성과 기능

✓ Microsoft Copilot은 Microsoft 365 환경과의 완벽한 통합을 바탕으로, 사용자가 익숙한 인터페이스에서 Word, Excel, PowerPoint 등 주요 도구를 활용해 문서 작성, 데이터 분석, 프레젠테이션 제작 등의 업무를 효율적으로 처리할 수 있도록 지원한다.
✓ Outlook과 Teams에서 이메일 요약, 회의 정리, 실시간 협업 지원 등 고급 기능을 제공하여 커뮤니케이션과 협업 프로세스를 최적화한다.
✓ GitHub Copilot을 통한 코드 자동화와 엔터프라이즈급 보안 및 데이터 처리 기능으로 개발 생산성과 기업 데이터 보호를 동시에 지원한다.

① 기본 기능

Microsoft Copilot은 Word에서 문서 초안 작성 및 편집을 지원하고, 목적에 맞는 다양한 문체와 톤 조정이 가능하다. 기존 문서의 핵심 내용을 추출하여 요약하고 재구성할 수 있으며, 가독성과 명확성을 높이는 맞춤형 편집 제안을 제공한다. 여러 사용자의 의견을 통합한 협업 문서 관리도 지원한다.

Excel에서는 대량 데이터에서 패턴과 인사이트를 발견하는 복잡한 데이터 분석을 수행하고, 일상 언어로 데이터를 질의하고 분석할 수 있다. 최적의 차트와 그래프를 자동 생성하는 데이터 시각화 기능과 복잡한 함수와 수식을 자동으로 작성하는 기능을 제공하며, 계산 오류와 불일치를 자동으로 식별한다.

PowerPoint에서는 주제에 맞는 슬라이드 구성 및 콘텐츠를 제안하는 프레젠테이션 자동 생성 기능을 제공하고, 전문적인 레이아웃과 시각 요소를 제안하는 디자인 최적화를 지원한다. 핵심 메시지를 추출하고 강조하는 기능, 슬라이드에 맞는 발표 내용을 자동 생성하는 기능, 브랜드 가이드라인에 맞는 디자인 요소를 적용하는 시각

적 일관성 유지 기능도 갖추고 있다.

② 고급 기능

Outlook에서 Copilot은 긴 대화 스레드의 핵심 내용을 추출하는 이메일 요약 기능과 중요 메시지를 식별하고 분류하는 우선순위 지정 기능을 제공한다. 회의의 논의 사항과 액션 아이템을 정리하는 회의 요약 및 후속 조치 기능, 상황과 수신자에 맞는 적절한 톤의 메시지를 생성하는 전문적 이메일 작성 기능, 회의 조율 및 시간 관리를 자동화하는 일정 관리 최적화 기능을 지원한다.

Teams에서는 논의 내용을 자동으로 기록하고 핵심 요약하는 실시간 회의 요약 기능과 대화 맥락에 맞는 문서와 자료를 자동으로 추천하는 관련 정보 검색 기능을 제공한다. 주요 의견과 결정사항을 정리하는 토론 포인트 추출, 글로벌 팀 협업을 지원하는 다국어 실시간 번역, 관련 문서와 배경 정보를 사전에 제공하는 회의 준비 지원 기능도 갖추고 있다.

③차별화 요소

GitHub Copilot은 맥락 기반 코드 제안 및 함수 생성을 통한 코드 자동 완성 기능과 잠재적 오류를 감지하고 해결책을 제시하는 버그 식별 및 수정 기능을 제공한다. 복잡한 코드의 기능을 해석하고 문서화하는 코드 설명 생성, 효율성 향상을 위한 코드 리팩토링을 제안하는 최적화 제안, 주요 프로그래밍 언어 및 프레임워크를 지원하는 다양한 언어 지원 기능을 갖추고 있다.

보안 및 데이터 처리 측면에서는 Microsoft의 보안, 컴플라이언스, 개인정보 보호 기준을 준수하는 엔터프라이즈급 보안을 제공하고, 데이터 손실 방지(DLP), 정보 보호, 감사(eDiscovery) 기능을 연동하는 Microsoft Purview 통합 기능을 갖추고 있다. 고객 데이터를 AI 모델 학습에 사용하지 않는 데이터 학습 제한 정책을 적용하며, 기업이 자체 데이터 기반 맞춤형 Copilot을 제작할 수 있는 Copilot Studio와 산업·업무 특화형 AI 솔루션 개발을 지원하는 Power Platform 연동 기능도 제공한다.

④ 장점과 한계

✓ Microsoft Copilot은 반복 작업 자동화와 생산성 향상, 기업 수준의 보안 및 Microsoft 생태계 통합을 통해 업무 효율성을 극대화한다.

✓ Microsoft 제품군 의존성, 별도의 유료 라이선스 필요, 기업 중심 설계로 인한 개인 사용자 접근성 제한 등의 한계점이 존재한다.

✓ 업무 자동화를 중심으로 설계된 Copilot은 예술적 표현이나 자유 형식의 창작 콘텐츠 생성에는 한계가 있을 수 있다.

– 장점

반복 작업 자동화와 작업 속도 증가를 통한 생산성 향상, 기업 수준의 보안과 기존 Microsoft 생태계와의 원활한 통합으로 기업 환경에 최적화된 솔루션을 제공한다.
Microsoft Copilot은 이메일 초안 작성, 회의 요약, 데이터 정리에 소요되는 시간을 줄여 실질적인 업무 처리 속도를 높이고, 전략적 과업에 집중할 수 있는 여건을 조성한다. 루틴 작업은 AI가, 창의적 작업은 인간이 수행하는 효율적 분업 체계를 구축하며, 일관된 품질의 결과물을 생성하고 여러 업무를 동시에 처리할 수 있도록 지원한다.
기업용 보안 및 정책 연동 측면에서는 기업 수준의 데이터 보호 및 규정 준수를 위한 엔터프라이즈 보안을 제공하고, 기업 정책과 규정 준수 기능을 내장하고 있다. 기밀 데이터 처리에 대한 강화된 통제로 민감 정보를 보호하며, 사용 현황 및 데이터 접근에 대한 투명한 기록을 통해 감사 추적을 가능하게 하고, 산업별 규제 요구사항 충족을 지원한다.
Microsoft 생태계 통합의 장점으로는 기존 도구와의 일관된 인터페이스를 통해 원활한 사용자 경험을 제공하고, 추가 학습 없이 AI 기능을 활용할 수 있는 낮은 학습 장벽을 갖추고 있다. Microsoft 플랫폼 내 데이터 간 원활한 연동으로 데이터 연계성을 확보하고, 단일 로그인으로 모든 서비스에 접근할 수 있는 통합 인증 체계를 제공하며, 사용자 피드백을 통한 정기적인 성능 향상으로 지속적 개선이 이루어진다.

– 한계

Microsoft 제품군 의존성, 별도의 유료 라이선스 필요, 개인 사용자보다 기업 환경에 최적화된 설계로 인한 접근성 제한 등의 한계가 존재한다.

Microsoft 제품군 의존성 측면에서 타사 소프트웨어와의 제한된 통합으로 인한 생태계 제한, Microsoft 환경 외 활용도 감소로 인한 플랫폼 종속성이 있다. 타 시스템에서 전환 시 장벽으로 인한 마이그레이션 어려움, 혼합 IT 환경에서의 완전한 통합 어려움으로 인한 하이브리드 환경 제한, 제품별 기능 차이로 인한 일관성 부족 가능성과 같은 기능 파편화 문제도 존재한다.

유료 라이선스 필요 관련 한계로는 Microsoft 365 Copilot과 GitHub Copilot 모두 별도 구독이 필요한 추가 비용 부담이 있으며, 비용으로 인한 소규모 기업·개인의 접근성이 제한된다. 지속적인 비용 지출을 요구하는 구독 모델, 기능에 따른 다양한 요금제가 존재하는 계층화된 가격 정책, 도입 초기 투자 대비 효과 측정이 복잡한 ROI 측정 어려움도 있다.

개인 사용자 제한 측면에서는 개인 사용자보다 기업 환경에 최적화된 기업 중심 설계, 무료 사용자를 위한 제한된 기능 및 시험 기회와 같은 제한적 체험, Copilot Pro 월 20달러라는 높은 개인 구독료, 개인용과 기업용 버전 간 기능 차이로 인한 기능 차등, 개인 사용자 시나리오에 대한 제한된 최적화로 인한 맞춤형 지원 부족 등의 문제가 있다.

4) 윤리적·사회적 고려사항

업무 자동화를 중심으로 설계된 Copilot은 예술적 표현이나 자유 형식의 창작 콘텐츠 생성에는 한계가 있을 수 있다. 사용자 데이터 처리 및 저장 관련 프라이버시 우려, 과도한 AI 의존으로 인한 기술 역량 약화 가능성과 같은 의존성 문제도 존재한다. 기술 접근성의 차이는 디지털 격차를 심화시킬 수 있으며, 이는 기술을 수용하지 못하는 개인이나 조직의 소외로 이어질 가능성이 있다.

5) 활용 사례

① 산업별 활용 사례

Microsoft Copilot은 다양한 산업 분야에서 활용되고 있다. 경영 의사결정 지원 측면에서는 대규모 데이터에서 트렌드와 패턴을 발견하는 데이터 분석 자동화, 분기별 재무 데이터 분석 및 인사이트 추출을 위한 경영 보고서 생성, 시장 데이터 기반 경쟁사 분석 및 전략 제안을 위한 경쟁 분석 기능을 제공한다. 또한 과거 데이터 기반 미래 전망 예측을 위한 예측 모델링과 핵심 성과 지표(KPI) 모니터링 및 시각화를 위한 대시보드 자동화 기능도 지원한다.

마케팅 콘텐츠 생산 영역에서는 제품 설명서, 마케팅 카피, 소셜 미디어 게시물 작성을 위한 다양한 콘텐츠 생성 기능과 일관된 톤과 스타일의 메시지 전달을 위한 브랜드 일관성 유지 기능을 제공한다. 다양한 시장과 언어에 맞춘 콘텐츠 조정을 위한 콘텐츠 현지화, 다양한 메시지 변형 생성 및 테스트를 위한 A/B 테스트 지원, 마케팅 캘린더 계획 및 실행 지원을 위한 콘텐츠 일정 관리 기능도 갖추고 있다.

법률 문서 처리 영역에서는 법적 문서의 주요 조항 분석 및 요약을 위한 계약서 검토, 여러 계약 간 조건 차이 식별을 위한 조항 비교, 잠재적 법적 문제 사전 식별을 위한 법적 리스크 분석 기능을 제공한다.

또한 산업별 규제 요건 충족 여부 확인을 위한 규제 준수 검토와 관련 판례 및 법규 검색 및 분석을 위한 법률 리서치 지원 기능도 제공한다.

소프트웨어 개발 가속화 측면에서는 GitHub Copilot을 통한 코드 작성 속도 향상을 위한 코드 자동화, 일반적인 개발 패턴 자동 적용을 위한 표준 패턴 구현, 오류 식별 및 해결책 제안을 위한 디버깅 지원 기능을 제공한다. 또한 외부 서비스 연동 코드 자동 생성을 위한 API 통합 간소화와 단위 테스트 및 통합 테스트 코드 작성 지원을 위한 테스트 코드 생성 기능도 지원한다.

② 모범 활용 방식

Copilot을 효과적으로 활용하기 위해서는 명확하고 구체적인 프롬프트를 작성하는 것이 중요하며, 복잡한 작업은 단계별로 나누어 지시하는 방식이 더욱 효율적이다. Copilot이 생성한 내용은 반드시 인간의 검토를 거쳐야 하며, 생성 결과에 대한 책임 의식을 가지고 윤리적으로 활용해야 한다.

교육 및 연구 분야에서도 다양하게 활용되는데, 학생 수준에 맞는 학습 자료 제작을 위한 맞춤형 교육 콘텐츠 생성, 다양한 난이도와 형식의 시험 문제 생성을 위한 평가 문항 개발, 교수자를 위한 강의 자료 준비 지원을 위한 강의 노트 작성 기능이 교육 현장에서 활용된다. 또한 교과 과정에 맞는 단계별 학습 계획 작성과 다양한 학습 스타일에 맞는 자료 제작을 통해 교육 효과를 높이고 있다.

연구 분야에서는 복잡한 연구 데이터에서 의미 있는 관계 식별을 위한 데이터 패턴 발견, 연구 결과를 효과적으로 전달하는 그래프 생성을 위한 시각화 자동화, 관련 연구 자료 요약 및 분석을 위한 문헌 검토 지원 기능이 연구자들의 작업을 지원한다. 복잡한 통계 분석 실행 및 해석을 돕는 통계 분석 보조 기능과 데이터 기반 연구 결과를 문서화하는 연구 보고서 작성 기능도 연구 생산성 향상에 기여하고 있다.

6) 향후 개발 방향과 전망

멀티모달 능력 강화를 통해 텍스트, 이미지, 음성, 동영상 등 다양한 형태의 데이터를 통합적으로 처리하는 능력이 향상된다. 법률, 의료 등 특정 영역에 대한 전문성 강화와 정기적인 모델 개선을 통한 최신 정보 반영이 이루어지며, 단순 지원을 넘어 자율적으로 업무를 수행하는 AI 에이전트로 진화한다. 이로 인해 지식 노동의 재편, 맞춤형 업무 지원 확대, 기업 혁신 등 다양한 분야에서 변화가 예상된다.

향후에는 Power Platform, Dynamics 365 등으로 Copilot의 통합 범위가 더욱 확대된다. 이를 통해 Microsoft 전반의 서비스에서 일관된 AI 경험이 제공되며, 나아가 외부 도구 및 플랫폼과의 연결성을 강화하는 방향으로 발전해 나간다. Azure 클라우드와 로컬 디바이스 간 원활한 AI 경험을 제공하는 클라우드-엣지 연계, 텍스트를 넘어 음성, 이미지, 비디오 처리 통합을 강화하는 멀티모달 확장 기능도 발전한다.

맞춤형 AI 경험 측면에서는 금융, 의료, 제조 등 산업별 특화 기능을 개발하는 산업별 특화, 개인 사용 패턴에 맞춰 진화하는 AI 기능을 제공하는 사용자 적응형 학습, 기업 자체 데이터 기반 맞춤형 AI 솔루션 개발을 지원하는 Copilot Studio 활용이 강화된다. 또한 직무와 역할에 따른 차별화된 기능을 제공하는 역할 기반 최적화와 개인화된 인터페이스와 추천을 제공하는 사용자 선호도 학습 기능도 발전한다.

협업 능력 강화 측면에서는 여러 사용자가 동시에 작업할 때 조율 및 통합을 지원하는 실시간 협업 지원, 작업 할당, 진행 상황 추적, 리소스 관리 자동화를 위한 프로젝트 관리 최적화, 팀 내 정보와 전문성을 효율적으로 공유하는 지식 공유 촉진 기능이 발전한다. 또한 원격 협업 환경에서의 상호작용을 향상시키는 가상 회의 개선과 부서 간 협업 및 커뮤니케이션을 간소화하는 크로스 팀 조정 기능도 강화된다.

Microsoft Copilot은 대규모 AI 모델 기술의 대표적 사례로, 개인과 조직 모두에게 광범위한 가치를 제공하고 있다. 그러나 정보 왜곡, 저작권, 프라이버시 등 기술적·윤리적 리스크도 내포하고 있어 책임 있는 활용이 요구된다. Microsoft Copilot은 인간의 능력을 대체하는 것이 아니라, 인간과 AI의 협업을 위한 보조 도구로서 인간의 창의성, 비판적 사고, 판단력을 보완하고 증폭하는 방향으로 활용될 때 진정한 가치를 발휘한다.

2.4 Gemini (by Google)

1) 개발주체와 배경

인공지능 기술의 급속한 발전은 우리 사회의 다양한 측면을 변화시키고 있다. 특히 생성형 AI 기술은 텍스트 생성, 이미지 처리, 코드 작성 등 창의적인 작업에서 인간의 능력을 보완하고 확장하는 도구로 자리 잡고 있다. 이러한 흐름 속에서 구글 딥마인드(Google DeepMind)는 자사의 차세대 멀티모달 생성형 AI 모델인 'Gemini'를 통해 AI 기술의 새로운 지평을 열고 있다. Gemini는 Google DeepMind가 개발한 차세대 멀티모달 생성형 AI 모델로, 구글의 이전 대화형 AI 서비스인 'Bard'의 후속 브랜드이다.

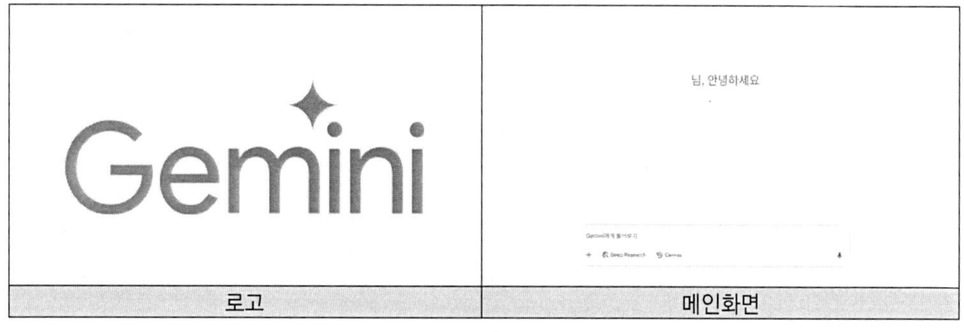

로고 | 메인화면

2) 개념과 발전 과정

① 기술적 기반

대규모 언어 모델(LLM) 기반으로 텍스트, 이미지, 코드, 오디오 등 다양한 입력을 통합적으로 처리한다

멀티모달 아키텍처를 설계의 핵심으로 삼아 다양한 형태의 데이터를 이해하고 생성한다.

구글의 방대한 검색 데이터와 AI 연구 역량을 결합하여 개발된다.
실시간 정보 검색 능력을 통해 최신 정보를 제공한다.

② 발전 과정

✓ Gemini 1.0 Ultra: 최고 성능을 제공하는 최상위 모델로, 기업 또는 연구 중심의 활용에 초점을 맞춘다

✓ Gemini 1.0 Pro: 다양한 작업에 활용 가능한 범용 모델로 일반 사용자에게 제공된다

✓ Gemini 1.0 Nano: 모바일 기기 등에서 사용 가능한 경량화 모델로 휴대성을 강화한다

✓ Gemini 1.5 Pro: 향상된 멀티모달 기능과 더 긴 컨텍스트 윈도우를 제공하는 개선된 모델로 발전한다

3) 핵심 특성과 기능

✓ 다양한 형태의 데이터를 이해하고 처리할 수 있는 통합적 멀티모달 처리 능력으로 복잡한 작업을 효율적으로 수행한다.

✓ Google Workspace와의 긴밀한 통합을 통해 이메일 작성, 문서 편집, 프레젠테이션 생성 등 사용자의 생산성을 크게 향상시킨다.

✓ 빠르고 직관적인 인터페이스와 Google 검색 연계를 통한 실시간 정보 제공으로 신뢰성 있는 응답을 생성한다.

① 기본 기능

Gemini는 텍스트, 이미지, 코드 등 다양한 형태의 입력을 동시에 처리할 수 있는 멀티모달 능력을 갖추고 있다. 자연어 질문과 지시사항을 이해하고, 사진, 도표, 스크린샷 등의 시각적 정보를 분석하며, 프로그래밍 언어로 작성된 코드를 해석한다. 현재 Gemini는 텍스트, 이미지, 코드 중심의 멀티모달 처리를 공식 지원하며, 음성 인식 기능은 Android 기반 Google Assistant 통합 환경에서 제한적으로 실험 중이다.
구글 검색과의 연계를 통해 실시간 정보를 기반으로 한 응답이 가능하며, 응답의 출처를 명확히 제공하여 정보의 신뢰성을 높인다. 웹 브라우저를 통해 접근할 수 있고,

모바일 앱으로도 이용 가능한 사용자 친화적 인터페이스를 제공하며, 대화 형식으로 자연스러운 상호작용을 지원하고 대화 기록을 저장하여 이전 내용을 참조할 수 있다.

② 고급 기능

Google Workspace(Gmail, Docs, Slides, Sheets 등)와 긴밀하게 통합되어 다양한 생산성 향상 기능을 제공한다. Gmail에서 이메일 작성 및 요약을 지원하고, Google Docs에서 문서 작성, 편집, 요약 기능을 수행한다. Slides에서 프레젠테이션 자동 생성 및 개선 제안을 제공하고, Sheets에서 데이터 분석 및 시각화를 지원한다. 사용자가 업로드한 코드 스크린샷을 분석하여 오류를 찾고 수정 방법을 제안할 수 있으며, PDF 문서를 업로드하여 해당 문서에 대한 질의응답을 수행할 수 있다. 복잡한 데이터 분석 작업에서 데이터를 시각화하고 통계적 인사이트를 제공하며, 다양한 언어 간 번역 및 요약 기능을 지원한다.

③ 차별화 요소

구글 생태계와의 완벽한 통합은 Gemini의 가장 큰 차별화 요소이다. Google 검색, Maps, YouTube, Gmail 등 구글의 다양한 서비스와 원활하게 연동되어 사용자 경험을 향상시킨다. 또한 구글의 방대한 검색 데이터를 활용한 실시간 정보 제공 능력을 갖추고 있어 최신 정보에 기반한 응답이 가능하다.

Gemini는 정보의 출처를 명확히 표시하는 기능을 갖추고 있어 사용자가 정보의 신뢰성을 직접 확인할 수 있다. 이를 통해 생성형 AI의 '환각' 현상을 줄이고 사실 기반의 응답을 제공한다. 또한 다양한 유형의 데이터를 통합적으로 처리할 수 있는 멀티모달 능력은 특히 복잡한 업무 환경에서 강점을 발휘한다.

4) 장점과 한계

✓ 구글 생태계와의 완벽한 통합, 실시간 정보 제공 능력, 다양한 입력 데이터 처리 능력을 통해 사용자 경험을 크게 향상시킨다.

✓ 비영어권 언어 처리의 한계, 고급 기능의 유료화, 개인정보 처리에 대한 우려 등의 제한점이 존재한다.

✓ 인공지능 윤리와 안전성에 대한 구글의 접근 방식은 지속적인 모니터링과 개

선을 통해 책임 있는 AI 개발을 추구한다.

- 장점

구글 생태계와의 완벽한 통합은 Gemini의 가장 큰 강점 중 하나이다. Google Workspace 도구들과의 연동을 통해 일상적인 업무 프로세스를 크게 효율화할 수 있으며, 사용자의 생산성을 향상시킨다. Gmail에서 이메일 초안을 자동으로 작성하거나, Google Docs에서 문서를 요약하거나 편집하는 등의 작업을 Gemini의 도움을 받아 빠르게 수행할 수 있다.

구글 검색 엔진과의 연계를 통한 실시간 정보 제공 능력은 다른 AI 모델들이 학습 데이터의 시간적 한계로 인해 최신 정보를 제공하지 못하는 것과 차별화된 강점이다. 정보의 출처를 명확히 제시함으로써 응답의 신뢰성을 높이고 사용자가 필요한 경우 원본 정보를 직접 확인할 수 있도록 지원한다.

Gemini 1.5 Pro 이상의 모델은 텍스트뿐만 아니라 이미지, 코드, 오디오 등 다양한 형태의 입력을 처리할 수 있다. 이러한 멀티모달 능력은 복잡한 질문이나 작업에 대해 더욱 정확한 응답을 제공할 수 있게 하며, 사용자의 의도를 더욱 정확히 파악하는 데 도움이 된다.

- 한계점

Gemini는 영어를 기반으로 개발되었기 때문에, 한국어를 비롯한 비영어권 언어의 처리 능력은 상대적으로 제한적이다. 특히 복잡한 문맥이나 미묘한 뉘앙스를 이해하는 데 있어서는 GPT-4o와 같은 경쟁 모델에 비해 부족한 면이 있다. 이는 한국어 사용자에게 있어 중요한 고려 사항이 될 수 있다.

멀티모달 기능을 포함한 고급 기능은 주로 유료 모델인 Gemini Pro 이상에서 제공되며, Gemini Nano는 일부 Android 14 이상 기기에서 기본 기능을 제한적으로 지원한다. 이는 개인 사용자나 소규모 기업이 Gemini의 모든 기능을 활용하는 데 있어 비용적 장벽이 될 수 있다.

Gemini는 Google 계정 기반으로 작동하기 때문에 개인정보 처리에 대한 우려가 제기된다. Gemini 1.5 Pro는 대용량 문서를 처리할 수 있는 능력을 갖추고 있으나, 복잡한 표 구조나 비표준 형식의 문서에서는 요약 결과가 불완전할 수 있다. 이는 비즈니스 환경에서의 활용도를 제한하는 요소가 될 수 있다.

5) 윤리적 · 사회적 고려사항

구글은 Gemini를 개발하고 배포하는 과정에서 AI 윤리와 안전성에 대한 중요성을 강조한다. 편향성을 최소화하고 공정한 AI 시스템을 구축하기 위한 다양한 접근 방식을 적용하며, 사용자 개인 데이터가 Gemini 모델 학습에 활용되지 않도록 분리 보관한다. Gemini는 유해하거나 불법적인, 또는 오해의 소지가 있는 콘텐츠 생성을 제한하는 안전 장치를 내장하고 있다. 구글은 이러한 안전 장치가 표현의 자유와 균형을 이루도록 지속적으로 조정하고 있다. 또한 Gemini의 판단이나 제안에 대한 최종 책임은 사용자에게 있음을 명확히 하고, AI의 제한점과 한계를 투명하게 공개한다.

6) 활용 사례

① 산업별 활용 사례

교육 분야에서 Gemini는 학생들의 학습을 지원하고 교사들의 교육 자료 준비를 돕는 도구로 활용된다. 복잡한 개념에 대한 설명, 맞춤형 학습 자료 생성, 과제 검토 등 다양한 교육 활동에 도움을 주며, 실시간 정보 제공 능력을 통해 최신 연구 결과나 동향을 반영한 학습이 가능하다.

비즈니스 환경에서는 구글 워크스페이스와의 통합을 통해 이메일 작성, 회의 준비, 프레젠테이션 제작, 데이터 분석 등 다양한 업무 활동을 효율화한다. 특히 정보 요약 및 정리 기능은 비즈니스 의사결정을 위한 인사이트 도출에 유용하게 활용된다.

개발 및 연구 분야에서 Gemini의 코드 이해 및 생성 능력은 프로그래머들의 개발 작업을 크게 도울 수 있다. 코드 오류 수정, 알고리즘 최적화, 새로운 기능 구현 등 다양한 개발 작업에 활용되며, 연구자들을 위한 데이터 분석 및 문헌 검토 작업도 지원한다.

② 모범 활용 방식

Gemini를 효과적으로 활용하기 위해서는 구체적이고 명확한 지시를 제공하는 것이 중요하다. 질문이나 요청을 세분화하고 단계별로 제시하면 더욱 정확한 결과를 얻을 수 있다. 또한 필요한 경우 관련 이미지나 문서를 함께 제공하여 맥락을 더욱 풍부하게 하는 것이 좋다.

멀티모달 기능을 활용하여 복잡한 문제를 더욱 효과적으로 해결할 수 있다. 예를 들어, 코드 관련 질문 시 해당 코드 스크린샷을 함께 제공하거나, 데이터 분석 시 관련 데이터 파일을 업로드하는 것이 도움이 된다. 또한 구글 워크스페이스 통합 기능을 최대한 활용하여 생산성을 향상시키는 것이 좋다.

Gemini가 제공하는 정보는 항상 비판적으로 검토하고, 중요한 의사결정 시에는 여러 출처를 통해 정보를 확인하는 것이 바람직하다. 사실 확인이 필요한 정보는 Gemini가 제공하는 출처 링크를 통해 원본 정보를 직접 확인하는 습관을 갖는 것이 좋다.

7) 향후 개발 방향과 전망

구글은 지속적인 모델 개선을 통해 Gemini의 비영어권 언어 처리 능력을 강화한다. 특히 한국어, 일본어, 중국어 등 아시아 언어에 대한 이해와 생성 능력 향상은 글로벌 사용자 확대를 위한 핵심 과제가 된다.

현재의 멀티모달 처리 능력을 넘어, 더욱 복잡하고 다양한 형태의 데이터를 통합적으로 처리할 수 있는 기능을 개발한다. 특히 비디오 처리, 3D 모델링, 가상현실 콘텐츠 생성 등의 영역으로 확장되는 추세이다.

사용자의 작업 패턴과 선호도를 학습하여 보다 개인화된 지원을 제공하는 진정한 AI 어시스턴트로 발전한다. 이는 단순한 응답 생성을 넘어, 사용자의 의도를 선제적으로 파악하고 필요한 정보와 기능을 제공하는 형태로 구현된다.

구글 딥마인드의 Gemini는 멀티모달 처리 능력과 구글 생태계와의 원활한 통합을 통해 AI 기술의 새로운 지평을 열고 있다. 실시간 정보 제공 능력과 출처 명시를 통한 높은 신뢰성은 Gemini의 큰 강점이지만, 비영어권 언어 처리의 한계와 고급 기능의 유료화는 여전히 개선이 필요한 부분이다.

궁극적으로 Gemini와 같은 AI 도구들은 인간의 창의력과 생산성을 확장하는 조력자로서, 우리의 일상과 업무 방식을 혁신적으로 변화시킬 잠재력을 가지고 있다. 이러한 기술의 발전이 가져올 변화에 적응하고 이를 효과적으로 활용하는 것이 미래 사회의 중요한 과제가 된다.

2.5 Perplexity AI (by Perplexity AI)

1) 개발주체와 배경

정보화 시대에 살고 있는 우리는 매일 방대한 양의 정보와 마주한다. 인터넷에는 수십억 개의 웹페이지가 존재하며, 그 안에 담긴 지식과 정보는 끊임없이 증가하고 갱신된다. 이러한 환경에서 정확하고 신뢰할 수 있는 정보를 효율적으로 찾아내는 것은 점점 더 중요한 과제가 된다. 기존의 검색 엔진은 이러한 요구에 부응하기 위해 다양한 혁신을 시도해왔지만, 여전히 사용자들은 관련 정보를 찾고, 이해하고, 종합하는 과정에서 많은 시간과 노력을 들여야 했다. 이러한 배경 속에서 등장한 Perplexity AI는 전통적인 검색 방식과 최신 생성형 AI 기술을 결합함으로써 정보 탐색의 새로운 패러다임을 제시하고 있다.

로고 | 메인화면

2) 개념과 발전 과정

① 기술적 기반

실시간 웹 검색 엔진과 고급 언어 모델의 결합으로 최신 정보를 바탕으로 종합적인 답변을 생성한다. OpenAI, Meta, Quora 출신 개발자들이 공동 창업하여 기술 중심 검색을 지향한다. 생성형 AI의 발전과 함께 사용자 질문에 직접적인 답변을 제공하면서 출처를 명확히 제시하는 접근 방식을 채택한다. 검색된 정보와 AI 모델을 결합해 자연스럽고 종합적인 답변을 생성한다.

② 발전 과정

2022년 미국의 스타트업 'Perplexity AI'에 의해 대화형 검색 기반 생성형 AI

서비스로 개발된다. 등장 초기부터 기존 검색 엔진의 한계를 극복하고 효율적인 정보 탐색 도구로 높은 평가를 받는다. 무료 버전과 유료 버전(Pro)으로 서비스를 구성하여 다양한 사용자 층을 포괄한다. 유료 사용자에게 GPT-4나 Claude 3 Opus와 같은 최신 고성능 AI 모델 선택 특권을 제공한다.

3) 핵심 특성과 기능

✓ 실시간 웹 검색 결과를 AI 응답과 결합하여 최신 정보와 다양한 관점을 포함한 신뢰성 높은 답변을 제공한다.

✓ 모든 답변에 정보 출처를 명확히 제시하여 신뢰성과 투명성을 확보하고 사용자가 원본 정보를 직접 확인할 수 있게 한다.

✓ 광고 없는 깔끔한 인터페이스와 자연스러운 대화 흐름을 지원하는 Copilot 기능으로 직관적인 사용자 경험을 제공한다.

*Copilot 기능: "Perplexity AI의 Copilot은 사용자와 AI가 대화하듯 정보를 탐색하는 데 도움을 주는 대화형 검색 도우미 기능이다.

① 기본 기능

Perplexity AI는 사용자가 질문을 입력하면 즉시 인터넷에서 관련 정보를 검색하고, 이를 바탕으로 AI 모델이 종합적인 답변을 생성한다. 실시간 웹 검색을 통해 최신 정보와 동향을 반영한 답변을 제공하며, 여러 출처의 정보를 종합하여 균형 잡힌 시각을 제시한다. 기존의 생성형 AI 모델들이 학습 데이터의 시간적 한계로 인해 최신 정보를 제공하지 못하는 한계를 극복한 혁신적인 접근 방식을 취한다.

모든 답변에 대해 정보의 출처를 명확히 제시하여 사용자가 정보의 신뢰성을 직접 확인할 수 있게 한다. 각 답변 하단에는 해당 정보가 어디에서 왔는지를 보여주는 URL 링크가 포함되어 있어, 원본 정보를 확인하고 심층적으로 탐색할 수 있다. 이는 학술 연구나 사실 확인이 중요한 업무에서 특히 유용하게 활용된다.

② 고급 기능

광고 없는 깔끔한 사용자 인터페이스를 제공하여 사용자 경험을 방해하는 요소를 최소화한다. 질문과 답변에 집중할 수 있는 환경을 조성하며, 간결하고 명확하게 구성된 답변을 통해 사용자가 원하는 정보를 빠르게 파악할 수 있게 한다. 이는 정보 검색 과정의 효율성과 만족도를 크게 향상시킨다.

'Copilot' 기능을 통해 연속적인 질문 흐름을 지원하여 사용자의 처음 질문 내용을 기억하고, 이후의 질문들을 맥락 안에서 이해하여 응답한다. 이를 통해 자연스러운 대화 흐름 속에서 특정 주제를 심층적으로 탐색할 수 있으며, 복잡한 정보 탐색 과정을 보다 효율적으로 진행할 수 있다. 다만, 복잡한 스레드 대화에서는 일부 맥락 누락 가능성이 존재한다.

③ 차별화 요소

Perplexity AI는 기존 검색 엔진과 달리 사용자의 질문에 직접적인 답변을 제공하면서도 그 근거가 되는 출처를 명확히 제시하는 하이브리드 접근 방식을 취한다. 이는 사용자가 정보를 찾고, 이해하고, 검증하는 전체 과정을 크게 효율화한다. 특히 복잡한 주제나 다양한 관점이 존재하는 사안에 대해 다양한 출처의 정보를 종합하여 균형 잡힌 시각을 제공한다.

유료 사용자에게는 GPT-4나 Claude 3 Opus와 같은 최신 고성능 AI 모델 중에서 선택할 수 있는 유연성을 제공한다. 이는 사용자가 자신의 필요와 선호에 따라 더 적합한 AI 모델을 선택할 수 있게 하는 차별화된 특징이다. 또한 학술 검색, 뉴스 검색 등 특화된 검색 모드를 제공하여 상황에 맞는 최적의 정보 탐색 경험을 지원한다.

4) 장점과 한계

✓ 실시간 웹 검색을 통한 최신 정보 접근성, 출처 명시를 통한 높은 신뢰성, 직관적인 인터페이스와 비용 효율성이 주요 장점이다.

✓ 창의적 콘텐츠 생성의 한계, 맥락 이해의 제약, 사용자 인터페이스의 단순함, 검색 품질에 대한 의존성이 개선이 필요한 부분이다.

✓ 정보의 신뢰성과 투명성을 중시하는 윤리적 접근 방식으로 디지털 정보 환경에서 책임 있는 AI 활용을 지향한다.

– 장점

Perplexity AI의 가장 큰 강점은 실시간 웹 검색을 통해 최신 정보에 접근할 수 있다는 점이다. 기존의 AI 모델들이 특정 시점까지의 데이터로만 학습되어 있는 것과 달리, 현재 웹에 존재하는 최신 정보를 바탕으로 답변을 생성한다. 이는 시시각각 변화하는 뉴스, 최신 연구 결과, 트렌드 등에 대한 질문에 특히 유용하다.

모든 답변에 출처를 명시함으로써 정보의 신뢰성과 투명성을 확보한다. 특히 학술적인 정보나 뉴스 기사 등을 직접 링크로 제공함으로써, 사용자가 정보의 정확성을 직접 판단할 수 있게 한다. 이는 'AI 환각'이라 불리는 AI의 오류 생성 문제를 줄이는데 도움이 된다.

복잡한 설정이나 프롬프트 엔지니어링 없이도 누구나 쉽게 사용할 수 있는 직관적인 인터페이스를 제공한다. 질문을 입력하고 응답을 받는 과정이 매우 간단하며, 답변은 간결하면서도 핵심 정보를 포함하여 사용자의 시간을 절약한다.

– 한계점

Perplexity AI는 정보 검색과 요약에 강점이 있지만, 창의적인 글쓰기나 장문의 콘텐츠 생성에는 상대적으로 한계가 있다. 검색 기반 모델의 특성상, 웹에서 찾을 수 없는 독창적인 아이디어나 창의적 표현을 생성하는 데는 제약이 존재한다.

GPT 계열의 모델에 비해 긴 대화 맥락을 기억하고 이해하는 능력이 다소 제한적이다. 특히 복잡한 주제에 대한 깊이 있는 대화를 이어나갈 때, 이전 대화의 모든 뉘앙스를 완벽하게 기억하지 못할 수 있다. Claude 3 기반 모델을 사용하는 경우 맥락 유지력이 다소 향상되지만, 전체 대화 흐름에 대한 고차 추론은 여전히 제한적이다.

사용자 인터페이스는 직관적이지만 상당히 단순하여, 고급 사용자가 원하는 다양한 커스터마이징 옵션이나 세부 설정 기능이 제한적이다. 이는 특정 사용 사례나 전문적인 용도에 맞게 서비스를 조정하는 데 어려움을 줄 수 있다.

③ 윤리적 · 사회적 고려사항

Perplexity AI는 응답의 출처를 명확히 제시함으로써 정보의 신뢰성과 투명성을 중시하는 윤리적 접근 방식을 취한다. 이는 사용자가 AI가 제공하는 정보의 정확성과 편향성을 직접 판단할 수 있게 하여 책임 있는 AI 사용을 촉진한다.

검색 기반 응답 생성 방식은 AI 환각 현상을 줄이고 사실에 기반한 정보 제공을 강화하여 잘못된 정보 확산 위험을 최소화한다. 그러나 웹 검색 결과에 의존하기 때문에, 웹 상의 정보가 편향되어 있을 경우 이러한 편향이 응답에 반영될 수 있는 위험도 존재한다.
디지털 정보 환경에서 정보 접근성을 높이고 지식 격차를 줄이는 데 기여하는 사회적 가치를 추구한다. 누구나 복잡한 정보를 쉽게 이해하고 활용할 수 있게 함으로써 정보 민주화에 기여할 수 있는 잠재력을 갖고 있다.

5) 활용 사례

① 산업별 활용 사례

학술 연구 및 학습 지원 영역에서 Perplexity AI는 학생, 연구자, 교육자들에게 훌륭한 학습 도구로 활용된다. 특정 주제에 대한 최신 연구 동향을 파악하거나, 복잡한 개념을 이해하는 데 도움을 준다. 특히 출처를 명확히 제시하는 특성은 학술적 정확성이 요구되는 환경에서 큰 장점이 된다.
시사 및 최신 동향 파악에 있어서 뉴스와 시사 정보를 빠르게 파악하고 요약하는 데 매우 효과적이다. 여러 뉴스 출처의 정보를 종합하여 균형 잡힌 시각을 제공하며, 특정 이슈나 사건에 대한 다양한 관점을 이해하는 데 도움을 준다.
비즈니스나 개인적 의사결정을 위한 정보 수집 과정에서 활용되어 제품 비교, 시장 동향 분석, 여행 계획 수립 등 다양한 상황에서 관련 정보를 효율적으로 수집하고 종합하는 데 도움을 준다. 이는 효율적인 의사결정 프로세스를 지원한다.
미디어 리터러시가 중요해진 현대 사회에서 특정 주장이나 정보의 사실 여부를 확인하는 사실 확인 및 검증 도구로 활용된다. 출처를 명확히 제시하는 특성은 정보의 신뢰성을 판단하는 데 큰 도움이 된다.

② 모범 활용 방식

Perplexity AI를 효과적으로 활용하기 위해서는 구체적이고 명확한 질문을 제시하는 것이 중요하다. 모호하거나 너무 광범위한 질문보다는 구체적인 정보를 요청할 때 더 정확하고 유용한 응답을 얻을 수 있다. 또한 복잡한 주제는 여러 개의 세부 질문으로 나누어 단계적으로 접근하는 것이 효과적이다. 특정 정보의 신뢰성이 중요한 경우, 제공된 출처 링크를 직접 확인하여 원본 정보를 검증하는 습관을 기르는 것이 바람직하다. 이는 잘못된 정보를 받아들이는 위험을 줄이고, 비판적 정보 소비 능력을 향상시킬 수 있다. 다양한 관점과 정보를 얻기 위해 같은 주제에 대해 여러 가지 다른 방식으로 질문해 보는 것도 유용한 전략이다. 이를 통해 주제에 대한 더 폭넓은 이해와 다양한 시각을 얻을 수 있다. 특히 논쟁적인 주제의 경우 이러한 접근이 균형 잡힌 시각 형성에 도움이 된다.

6) 향후 개발 방향과 전망

현재 Perplexity AI는 주로 텍스트 기반 질의응답에 초점을 맞추고 있지만, 미래에는 이미지, 오디오, 비디오 등 다양한 형태의 입력을 처리할 수 있는 멀티모달 기능이 강화된다. Perplexity는 현재 PDF 업로드 기능 실험 중이며, 향후 비정형 데이터 처리를 도입할 가능성이 큰 바, 이는 사용자가 더욱 다양한 방식으로 정보를 탐색하고 이해하는 데 도움을 준다. 사용자의 과거 질문과 관심사를 바탕으로 더욱 개인화된 정보를 제공하고, 복잡한 대화 맥락을 더 깊이 이해하는 방향으로 발전한다. 이는 사용자와 AI 간의 더욱 자연스럽고 효과적인 정보 교환을 가능하게 한다. 의학, 법률, 금융 등 특정 전문 분야에 특화된 버전의 Perplexity AI가 등장할 가능성이 있으며, 이는 해당 분야의 전문가들이 더욱 정확하고 심층적인 정보에 접근할 수 있게 돕는다. 또한 더욱 정확하고 관련성 높은 정보를 찾아내기 위한 검색 알고리즘의 지속적인 개선이 이루어진다.

Perplexity AI는 전통적인 검색 엔진과 최신 생성형 AI의 장점을 결합하여 정보 탐색의 새로운 패러다임을 제시하고 있다. 실시간 웹 검색을 통한 최신 정보 접근성, 출처 명시를 통한 높은 신뢰성, 그리고 직관적인 사용자 경험은 Perplexity AI의 큰 강점이다. 이러한 혁신적인 도구는 디지털 정보의 홍수 속에서 정확하고 신뢰할 수 있는 정보를 효율적으로 찾아내는 과제에 대한 해결책을 제시하며, 우리가 정보를 탐색하고 이해하는 방식을 근본적으로 변화시킬 잠재력을 가지고 있다.

플랫폼	개발사	특징	장점	단점	특징
ChatGPT	OpenAI	범용성 높은 언어모델, 대화형 인터페이스	창의적 생성, 다양한 플러그인 지원, API 제공	사실 오류 가능성, 최신 정보 반영 제한	혁신, 윤리, 확장성
Claude AI	Anthropic	Constitutional AI 기반, 인간 중심 설계	안정성 우수, 윤리적 설계, 대화 맥락 유지	학습 범위 제한, 기술 공개 부족	안전, 윤리, 투명성
Copilot	Microsoft	MS Office 통합, 업무 보조 특화	실무 생산성 향상, 문서 자동화, 접근성 우수	전용 앱 의존성, 사용자 데이터 우려	생산성, 통합
Gemini	Google	멀티모달 처리, 검색과 통합 연동	정확한 정보 검색, 구글 생태계 활용	과도한 구글 의존성, 제한된API 공개	검색, 대규모, 실험
Perplexity	Perplexity AI	검색기반Q&A, 정보출처 명확함	빠른 응답, 사실 기반 정리, 링크 제공	창의적 생성 약함, 요약 능력 한계	사실, 검색

/ 제3장 /
한국경제와 기업가정신

1. 한국경제의 새로운 성장동력

1.1 한국경제 현주소: 저성장시대

1) 경제성장의 역사적 전환점

한국경제는 현재 중대한 전환점에 서 있다. 1950년대 전쟁의 폐허에서 출발한 한국경제는 반세기 만에 놀라운 성장을 이루어냈지만, 이제는 새로운 도전에 직면하고 있다. 이러한 변화는 단순한 경기 순환을 넘어서는 구조적 전환으로, 한국경제가 추격형 경제에서 선도형 경제로 나아가야 하는 중요한 시점임을 의미한다.

한국경제의 성장 궤적을 살펴보면, 1960년대부터 1990년대까지는 연평균 7~9%대의 고성장을 유지했다. 이 시기는 수출 주도형 성장 전략을 통해 제조업 중심의 산업화를 달성한 기간이었다. 특히 철강, 조선, 자동차, 반도체 등 중화학공업과 첨단산업 육성을 통해 '한강의 기적'이라 불리는 경제발전을 이뤄냈다.

그러나 1997년 외환위기를 거치면서 한국경제는 본격적인 성장률 둔화 국면에 접어들었다. 2000년대 들어서는 4%대로 성장률이 하락했고, 2010년대 이후에는 3%대, 그리고 2020년대에는 1~2%대까지 떨어지면서 저성장 기조가 고착화되고 있다.

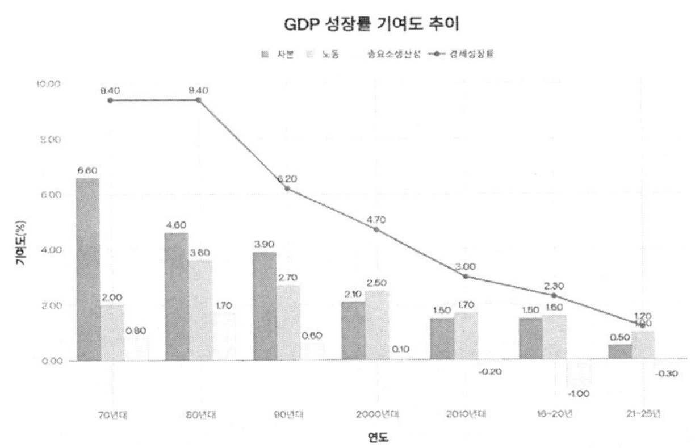

그림 : GDP 성장률 기여도 추이

2) 주요 경제 지표 분석

① GDP 규모와 위상

2024년 기준 한국의 1인당 GDP는 약 36,000~36,132달러로, OECD 회원국 중 18~21위권을 차지하고 있다. 이는 미국의 약 83,000달러(2024년 추정치)와 비교할 때 약 43% 수준에 해당한다. 명목 GDP 규모는 약 1.65~1.7조 달러로 세계 10~12위권을 유지하고 있으나, 미국(약 27조 달러), 일본(약 4.3~4.5조 달러)과는 여전히 큰 격차를 보이고 있다. 이러한 수치는 한국 경제가 양적 성장에서는 상당한 성과를 거두었지만, 질적 성장 측면에서는 여전히 개선의 여지가 크다는 점을 시사한다. 특히 2024년 한국의 노동생산성 증가율은 전년 대비 1.01%로, 선진국 평균에 비해 낮은 수준에 머물러 있으며, 서비스업과 중소기업 부문의 생산성 격차가 지속되고 있다. 이에 따라 생산성 향상과 혁신 역량 강화를 통한 고부가가치 창출이 여전히 시급한 과제로 대두되고 있다.

② 성장률 추이의 구조적 변화

더욱 우려스러운 것은 경제성장률의 지속적인 하락 추세이다. 1960~70년대 연평균 9.7%에 달했던 고도성장기는 이미 과거의 일이 되었다. 2000~2010년대에는 4%대로 떨어졌고, 2020년대 들어서는 1~2%대까지 하락했다. 2023~2025년 성장률 전망치는 1% 내외로 세계 평균을 하회하고 있어, 구조적 저성장 국면 진입이 현실화되고 있다. 이러한 성장률 둔화의 주요 원인으로는 급속한 고령화, 저출산으로 인한 생산가능인구 감소, 투자 효율성 저하, 혁신 역량 부족 등이 지적되고 있다. 특히 전통 제조업의 경쟁력 약화와 새로운 성장동력 발굴의 어려움이 복합적으로 작용하고 있다.

③ 물가 상승과 글로벌 연동성

팬데믹 이후 물가상승률은 2~3%대를 기록하며 주요 선진국(G7)과 유사한 상승세를 나타내고 있다. 이는 글로벌 인플레이션 압력이 한국경제에도 직접적인 영향을 미치고 있음을 보여준다. 특히 에너지 가격 상승, 공급망 차질, 통화정책의 완화 등이 복합적으로 작용하면서 물가 안정성에 대한 우려가 커지고 있다.

1.2 글로벌 주요국가 경제 트렌드

1) 미국의 혁신주도 성장전략

미국은 'Start-up America' 정책을 통해 창업생태계 활성화에 집중하고 있다. 이 정책은 오바마 행정부 시절 시작되어 바이든, 트럼프 행정부를 거치면서 지속적으로 발전해왔다. 핵심은 혁신기업 육성을 통한 경제 성장과 일자리 창출이다.

동시에 공급망 재편과 대중국 견제를 통해 전략적 우위를 확보하고자 한다. 특히 제조업 리쇼어링(Reshoring) 정책을 통해 기술 기반 창업과 전략 산업 중심의 성장을 추진하고 있다. 이러한 정책은 코로나19 이후 공급망의 중요성이 대두되면서 더욱 강화되고 있다.

미국의 창업 생태계는 실리콘밸리를 중심으로 한 벤처캐피털, 엔젤투자, 액셀러레이터 등이 유기적으로 연결된 완성도 높은 시스템을 구축하고 있다. 스탠포드, MIT, 하버드 등 세계 최고 수준의 대학들이 인재 공급원 역할을 하고 있으며, 실패에 관대한 문화와 재도전 기회 제공이 혁신을 촉진하고 있다.

그림 : 'Start-up America'
출처 : https://www.startupamericapartnership.org/

2) 중국의 기술자립 전략

중국은 디지털 경제와 기술 자립을 강화하며 경제구조의 근본적 변화를 추진하고 있다. 전통적인 제조업 중심 경제에서 첨단기술 중심으로 구조 개편을 진행 중이다. 'Made in China 2025' 정책을 통해 핵심 기술의 자립도를 높이고, 글로벌 기술 패권 경쟁에서 우위를 점하려 하고 있다.

중국의 전략은 크게 세 가지 축으로 구성된다. 첫째, 인공지능, 5G, 신에너지 자동차 등 미래 산업 분야에서의 기술 우위 확보이다. 둘째, 반도체, 핵심 소재 등 전략적 기술 분야에서의 자립도 제고이다. 셋째, 디지털 위안화, 디지털 실크로드 등을 통한 디지털 패권 구축이다. 특히 바이두, 알리바바, 텐센트 등 빅테크 기업들이 정부 정책과 연계하여 대규모 R&D 투자를 진행하고 있으며, 이를 통해 글로벌 기술 경쟁에서 미국과 양강 구도를 형성하고 있다.

그림 : 'Made in China 2025'
출처 :https://hardzone.es/app/uploads-hardzone.es/2021/01/Made-in-China-2025.jpg

3) 유럽연합의 지속가능 성장

유럽연합은 'European Green Deal'과 'Digital Europe Programme'을 양대 축으로 지속가능성과 디지털 주권을 동시에 추구하는 이중전략을 추진하고 있다. 이는 미국·중국의 기술 패권 경쟁 속에서 EU만의 차별화된 가치 기반 경쟁력 확보 전략으로 평가된다. 유럽의 전략은 크게 세 가지 방향으로 구성된다.

첫째, 2050년 탄소중립 달성을 위한 그린딜 산업정책이다. Net-Zero Industry Act와 Critical Raw Materials Act를 통해 탈탄소 산업구조 전환을 본격화하고 있다.

둘째, AI Act 등을 통한 윤리적 디지털 생태계 구축이다. 세계 최초의 AI 종합규제 프레임워크를 통해 미국·중국 빅테크에 대응하는 유럽식 디지털 주권을 확보하고자 한다.

셋째, GDPR, 데이터법 등을 통한 글로벌 디지털 규범의 표준 선점이다.

특히 Horizon Europe(955억 유로) 프로그램을 통해 기후테크, 바이오, 문화콘텐츠 등 다분야 혁신 창업을 지원하고 있으며, ESG 경영 의무화를 통해 지속가능한 기업 생태계 조성에 집중하고 있다. 이러한 접근은 기술 발전과 사회적 가치의 균형을 추구하는 한국형 혁신 모델 구축에 시사하는 바가 크다.

그림 : 유럽의 창업 생태계

출처 : https://www.consilium.europa.eu/en/policies/european-green-deal/

4) 일본의 구조적 혁신

일본은 고령화와 내수 침체라는 구조적 문제에 대응하기 위해 디지털청을 설립하는 등 행정혁신에 나섰다. 디지털 전환과 구조조정을 병행하며 새로운 성장동력을 찾고 있다. 'Society 5.0' 구상을 통해 사회 전반의 디지털 혁신을 추진하고 있다.

일본의 'Society 5.0'은 사이버 공간과 물리적 공간을 고도로 융합시킨 시스템을 통해 경제 발전과 사회적 과제 해결을 동시에 추구하는 개념이다. 이는 단순한 기술 혁신을 넘어 사회 시스템 전체의 최적화를 목표로 한다.

특히 로봇, AI, IoT 등의 기술을 활용하여 제조업의 스마트화를 추진하고 있으며, 고령화 사회에 대응한 헬스케어, 실버케어 분야의 혁신에도 집중하고 있다. 이러한 접근은 한국과 유사한 사회적 과제를 안고 있는 일본의 경험이 한국에게도 시사하는 바가 크다.

그림 : 'Socity 5.0'
출처 : https://en.photo-ac.com/photo/4051337

2. 한국형 창업경제

2.1. 한국의 경쟁력

1) 글로벌 창업생태계에서의 위상

한국은 글로벌 창업생태계에서 독특한 위치를 차지하고 있다. ICT, AI, 바이오, 반도체 등 첨단 기술을 기반으로 한 기술창업이 활발하게 전개되고 있으며, 서울은 글로벌 스타트업 생태계 순위에서 10위권에 속하는 성과를 보이고 있다. 한국 창업생태계의 강점은 다음과 같다. 첫째, 세계 최고 수준의 ICT 인프라와 높은 인터넷 보급률을 바탕으로 한 디지털 혁신 역량이다. 5G 네트워크의 조기 상용화, 높은 스마트폰 보급률, 발달된 전자상거래 시스템 등이 창업 환경의 기반을 제공하고 있다. 둘째, 우수한 인적 자원과 높은 교육 수준이다. OECD 국가 중 최고 수준의 고등교육 이수율과 이공계 인재 배출 시스템이 기술창업의 토대가 되고 있다. 특히 KAIST, POSTECH, 서울대 등 세계적 수준의 연구중심대학들이 창업 인재를 지속적으로 공급하

한국이 갖고 있는 잠재력

고 있다. 셋째, 정부의 적극적인 창업 지원 정책이다. 창업진흥원, 기술보증기금, 신용보증기금 등을 통한 자금 지원과 규제 완화, 창업 친화적 제도 개선 등이 창업 환경 개선에 기여하고 있다.

2) 창업 유형의 다양화와 전략적 접근

창업 유형도 다양화되고 있다. 전통적인 소상공인 창업에서 벗어나 1인기업, 소기업 중심의 창업이 늘어나고 있으며, 특히 린스타트업(Lean Startup) 방식의 창업 전략이 확산되고 있다. 린스타트업은 최소기능제품(MVP: Minimum Viable Product)을 빠르게 출시하여 시장의 반응을 분석하고 반복적으로 개선하는 접근법이다.

이러한 접근법의 핵심은 불확실성을 최소화하면서 시장 검증을 통해 성공 가능성을 높이는 것이다. 전통적인 창업 방식이 완벽한 사업계획과 충분한 자금을 바탕으로 시작하는 것과 달리, 린스타트업은 가설 설정-실험-학습-개선의 순환 과정을 통해 점진적으로 사업을 발전시켜 나간다.

"Think Big, Start Small, Scale Fast" 전략은 현재 한국 창업가들 사이에서 주목받고 있는 창업 철학이다. 이는 큰 비전을 품되 작게 시작하여 빠르게 확장한다는 의미로, 민첩성과 확장 가능성을 동시에 추구하는 창업자에게 적합한 전략이다.

"학습 목적의 예시 도입"

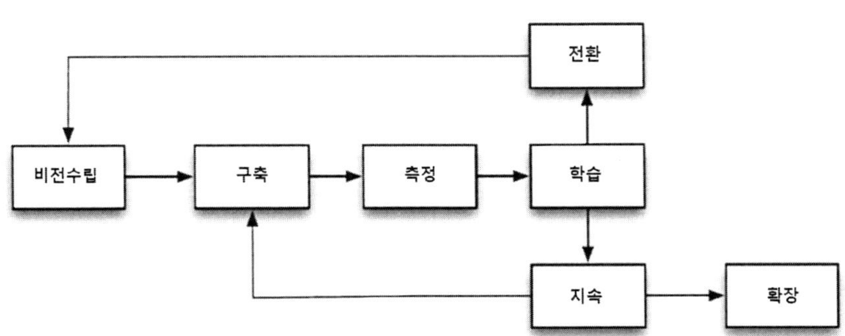

출처 : https://www.researchgate.net/profile/Anh-Nguyen-Duc-3/publication/327110716/figure/fig1/AS:661842145849345@1534806872293/Lean-Startup-Process-Model-14.png

2.2 기술창업의 개념과 중요성

1) 기술창업의 개념과 특성

기술창업은 전통적인 창업과는 본질적으로 다르다. 과학기술을 기반으로 한 고부가 가치 창출을 지향하며, 국가 산업 경쟁력 제고에 핵심적인 역할을 수행한다. ICT, 바이오, AI, 로봇 등 미래 산업 중심의 기술창업은 단순한 사업 아이템 개발을 넘어 새로운 시장과 산업 생태계를 창조한다. 기술창업의 핵심 특성은 다음과 같다. 첫째, 과학적 지식과 기술적 혁신을 기반으로 한다. 단순한 아이디어나 서비스 개선이 아니라 기술적 돌파구를 통해 새로운 가치를 창출한다. 둘째, 높은 성장 잠재력과 확장성을 가진다. 기술의 특성상 한계 비용이 낮아 규모의 경제를 달성하기 쉽고, 글로벌 시장으로의 확장이 상대적으로 용이하다.

셋째, 지식재산권을 통한 경쟁 우위 확보가 가능하다. 특허, 저작권, 영업비밀 등을 통해 경쟁자의 모방을 방지하고 지속가능한 경쟁력을 구축할 수 있다.

유형	내용	내용	내용
기술창업	제조업 전문서비스업 (전문,과학,기술) 지식문화사업	신기술 또는 새로운 아이디어를 가지고 제품(용역)의 생산 및 판매 활동을 수행하는 형태	하이리스크(고위험)이나 성공 시 하이 리턴(고수익) 소규모 창업 고성장을 통한 중견기업 성장 가능
일반창업	일반서비스업 도소매업 (건설업)	음식점, 이미용업, 기타 일반 상품을 단순 유통하는 등의 일반적 사업형태	낮은 진입장벽, 빈번한 창업 및 소멸 소자본 창업으로 일반적 영세성, 낮은 부가가치

2) 기술창업의 특징과 경쟁우위

기술창업은 높은 진입장벽과 동시에 높은 성장 잠재력을 가지고 있다. 초기 투자비용이 크고 기술개발에 오랜 시간이 필요하지만, 성공할 경우 기하급수적인 성장이 가능하다. 또한 지식재산권을 통한 경쟁우위 확보가 가능하여 지속가능한 경쟁력을 구축할 수 있다. 기술창업의 성공 요인을 분석하면 다음과 같다. 첫째, 기술의 차별성과 혁신성이다. 기존 기술 대비 성능이 월등히 우수하거나 새로운 가치를 제공하는 기술이어야 한다. 둘째, 시장의 크기와 성장성이다. 아무리 우수한 기술이라도 시장 규모가 작거나 성장 가능성이 제한적이면 성공하기 어렵다.

셋째, 팀의 역량과 실행력이다. 기술 개발 능력뿐만 아니라 사업화, 마케팅, 조직 관리 등 종합적인 경영 역량이 필요하다.

3) 린스타트업 전략의 활용

기술창업에서 린스타트업 전략은 특히 중요하다. 불확실한 환경에서도 신속한 실행과 피드백 수용을 통해 시장 적응력을 높일 수 있기 때문이다. 완벽한 제품을 만들어 출시하는 대신, 핵심 기능만을 담은 최소기능제품을 먼저 출시하여 고객의 반응을 확인하고 지속적으로 개선해 나가는 것이다.

린스타트업 방법론의 핵심 단계는 다음과 같다.

첫째, 가설 설정 단계이다. 고객의 문제점과 솔루션에 대한 가설을 명확히 설정한다.

둘째, MVP 개발 단계이다. 가설을 검증할 수 있는 최소한의 기능을 가진 제품을 개발한다.

셋째, 측정 및 학습 단계이다. 고객의 반응을 데이터로 수집하고 분석하여 가설의 타당성을 검증한다.

넷째, 피벗 또는 지속 결정 단계이다. 학습 결과에 따라 전략을 수정(피벗)하거나 기존 방향을 유지(지속)한다.

4) 기술창업 성공의 주요 요인

기술창업의 성공을 위해서는 체계적인 고객문제 검증이 필수적이다. 클레이튼 크리스텐슨의 스타트업 통계에 따르면, 다수의 창업기업들이 시장, 고객, 채널, 가격 등의 비즈니스 가설을 검증하고 이를 사업모델로 전환하는 과정에서 실패한다고 한다. 제프리 무어의 '캐즘 이론'은 대다수의 스타트업이 초기 고객집단에서 주류시장으로 이동할 때 고객확보에 실패하여 도산한다고 설명하고 있다.

이에 린스타트업은 4단계의 고객가설검증 과정을 제시한다.

첫째, 고객발굴 단계에서는 비즈니스 가설에 부합하는 타깃이 존재하는지를 실증적 조사로 확인한다. 시장과 고객이 실제로 존재하는지를 사무실이 아닌 현장에서 검증하는 것이 초기단계 스타트업에서 가장 중요한 탐색 과정이다.

둘째, 고객검증 단계에서는 MVP 제품을 통해 초기 수요자를 확보하고 고객 반응을 분석하여 시장 진입 여부를 결정한다. 전통적인 창업방식과 달리 고객 니즈를 먼저 검증한 후 제품을 개선하는 접근법을 사용한다. 유효한 데이터가 확보되면 이후 자금유치와 사업확장이 용이해진다.

셋째, 고객창출 단계에서는 마케팅과 브랜딩, 바이럴 캠페인을 통해 실제 매출을 발생시킨다. 특정 고객군을 정밀 타겟팅하여 자원을 집중하고, 제품 홍보보다는 고객 경험을 강조하며 시장 내 초기 지배력을 확보한다.

넷째, 조직확산 단계에서는 성장 지표 확보 후 내부 조직과 외부 파트너십을 구축하여 본격적인 확장을 준비한다. 이 단계에서는 조직 문화와 팀 빌딩, 데이터 기반 의사결정 체계가 필요하며, 경영 리더십 역량이 중요해진다. 벤처에서 기업으로 진화하며 본격적인 스케일업이 시작되는 시점이다.

3. 기업가정신

3.1. 기업가정신의 개념

1) 기업가정신의 역사적 발전

기업가정신은 시대와 학자에 따라 다양하게 정의되어 왔지만, 공통적으로 혁신, 위험 감수, 기회포착이라는 핵심 요소를 포함하고 있다. 기업가정신에 대한 학문적 연구는 18세기 프랑스 경제학자들로부터 시작되어 현재까지 지속적으로 발전해오고 있다.

기업가정신 연구의 발전 과정을 시기별로 살펴보면 다음과 같다. 초기 단계(18-19세기)에는 기업가를 경제적 위험을 감수하는 존재로 보는 관점이 주를 이뤘다. 발전 단계(20세기 초-중반)에는 슘페터의 창조적 파괴론을 중심으로 혁신의 중요성이 강조되었다. 성숙 단계(20세기 후반-현재)에는 기업가정신을 다차원적 개념으로 이해하고 체계적으로 연구하는 접근법이 확산되었다.

2) 글로벌 창업교육 현황

각국은 창업교육을 통해 기업가정신을 확산시키며 경제성장의 동력으로 활용하고 있다.

① 미국은 국민소득 2만불 달성시점인 1980년부터 기업가정신 교육 확산과 더불어 정규 창업교육을 편성하기 시작했다. 창업으로 유명한 벤처대학이 기업가정신 학부를 신설했으며, MIT, 스탠포드대학 등 400개 이상의 학교에서 정규교육으로 편성하고 있다. 스탠포드대학 중심의 창업기업 39,900개의 연간 매출액은 2조 7천억 달

러로 세계 경제규모 5위인 프랑스의 GDP와 유사한 수준이다. MIT 졸업생이 만든 기업의 미국 내 고용효과는 25,800개 회사로 연간 매출액 1조 9천억달러를 창출하고 있다.

② 유럽연합은 2006년부터 초중등학교를 비롯한 모든 교육기관에서 의무적으로 기업가정신교육을 실시하고 있다. 특히 저성장 고착화 상황에서 유럽 경제침체를 극복할 수 있는 유일한 방법은 개인과 기업, 국가차원의 기업가정신 활성화뿐이라고 강조하고 있다.

③ 한국의 창업교육은 각 대학에서 전공 및 교양과목으로 교육하고 있으며, 전국의 여러 대학들에서 창업지원단체를 운영하고 있다. 대학 외에도 전문강사가 개발되고 있으며, 기업가정신의 중요성이 강조되고 있는 상황이다.

(3) 주요 학자들의 기업가정신 정의

① 칸티용(Cantillon)의 위험 감수론

18세기 경제학자 칸티용은 기업가를 생산수단(토지, 노동, 자본)을 통합하여 상품을 생산하고 판매하는 존재로 정의했다. 그는 특히 기업가가 불확실한 가격에 상품을 구입하여 불확실한 가격에 판매함으로써 발생하는 위험을 감수하는 존재임을 강조했다.

칸티용의 관점에서 기업가정신의 핵심은 불확실성 하에서의 의사결정과 위험 감수이다. 이는 현대 기업가정신 이론의 기초가 되는 중요한 개념으로, 기업가가 일반 경영자와 구별되는 핵심 특성을 제시했다.

② 슘페터(Schumpeter)의 창조적 파괴론

슘페터는 기업가를 '창조적 파괴'의 주체로 보았다. 기업가는 새로운 제품 발명, 새로운 생산방법 도입, 새로운 시장 개척 등을 통해 기존 질서를 파괴하고 새로운 결합을 창조하는 존재이다. 이러한 혁신적 활동이 경제발전의 원동력이 된다는 것이 그의 핵심 주장이다.

슘페터의 창조적 파괴론은 현대 기업가정신 이론에서 가장 영향력 있는 개념 중 하나이다. 특히 디지털 혁명과 4차 산업혁명 시대에 기존 산업을 파괴하고 새로운 산업을 창조하는 스타트업들의 활동을 설명하는 이론적 기반이 되고 있다.

③ 스티븐슨(Stevenson)의 기회 중심 접근

하버드 경영대학원의 스티븐슨 교수는 기업가정신을 "통제할 수 있는 자원에 구애받지 않고 기회를 추구하는 것"으로 정의했다. 이는 자원의 부족이 기업가정신 발휘의 장애물이 되어서는 안 된다는 의미로 해석된다.

스티븐슨의 정의는 기업가정신의 실용적 측면을 강조한다. 많은 혁신적인 기업들이 충분한 자원 없이도 기회를 포착하고 사업을 성공시킨 사례들을 설명하는 데 유용한 관점이다.

④ 티몬스(Timmons)의 창조적 실천론

티몬스는 기업가정신을 "실질적으로 아무것도 아닌 것으로부터 어떤 것을 만들어내는 창조적인 행동"으로 정의했다. 현재 보유하고 있는 자원의 부족을 감수하면서도 새로운 기회를 추구하며, 비전을 추구함에 있어 다른 사람들을 이끌 열정과 헌신이 필요하다고 강조했다.

티몬스의 정의는 기업가정신의 실행적 측면과 리더십 요소를 결합한 포괄적 관점을 제시한다. 특히 팀 빌딩과 조직 운영 능력의 중요성을 부각시켰다.

⑤ 피터 드러커(Drucker)의 혁신 실천론

경영학의 아버지로 불리는 드러커는 기업가를 "언제나 변화를 탐색하고, 그것에 대응하여 이러한 변화를 하나의 새로운 기회로 실천에 옮기는 사람"으로 정의했다. 그는 기업가정신을 발휘하는 특유의 수단을 혁신이라고 보았다.

드러커의 관점에서 기업가정신은 체계적이고 학습 가능한 기술이다. 그는 기업가정신을 타고난 재능이 아니라 습득하고 개발할 수 있는 역량으로 보았으며, 이를 통해 기업가정신 교육의 이론적 기반을 제공했다.

⑥ 유럽연합(EU)의 통합적 정의

유럽연합은 기업가정신을 "위험수용성, 창의성, 혁신성을 새로운 조직이나 기존 조직에서 기업경영에 접목함으로써 경제활동을 창출하고 발전시키는 정신자세와 과정"으로 정의하고 있다. 이는 개인적 특성과 조직적 실천을 아우르는 포괄적 정의이다.

EU의 정의는 기업가정신이 개인 창업가에게만 국한되지 않고 기존 조직 내에서도 발휘될 수 있는 개념임을 명확히 한다. 이는 기업 내 기업가정신(Corporate Entrepreneurship)의 중요성을 강조하는 현대적 관점을 반영한다.

구분	내용
칸티용	기업가는 불확실한 시장에서 상품을 사고팔며 위험을 감수하는 경제 주체이다.
슘페터	기업가는 창조적 파괴를 통해 혁신을 주도하고 새로운 가치를 창출하는 존재이다.
스티븐슨	기업가는 자원이 없어도 기회를 적극적으로 추구하는 사람이다.
티몬스	기업가는 자원이 부족한 상황에서도 기회를 실현하기 위해 팀과 자원을 창조적으로 결합하는 실천가이다.
피터 드러커	기업가는 변화를 기회로 전환하며 스스로 기회를 만들어내는 전략가이다.
유럽연합	기업가정신은 창의성, 혁신, 위험 감수를 바탕으로 경제 성장을 견인하는 활동이다.

4) 기업가정신의 핵심 구성요소

현대 기업가정신 연구에서 공통적으로 인정되는 핵심 구성요소는 다음과 같다.

① 끊임없는 혁신

새로운 아이디어, 제품, 서비스, 프로세스를 개발하고 실행하는 능력이다. 정주영, 일론 머스크, 스티브잡스, 마크 주커버그와 같은 기업가들이 보여준 바와 같이 기존의 것을 개선하거나 완전히 새로운 것을 창조하는 모든 활동을 포함한다.

② 글로벌 마켓을 예측하는 안목

세계 시장의 동향을 파악하고 미래 변화를 예측하는 능력이다. 삼성 세계초일류 경영 선언과 같이 글로벌 시장에서의 기회를 포착하고 선제적으로 대응하는 능력을 의미한다.

③ 플랫폼 통합, 고객 중심

다양한 서비스와 기술을 하나의 플랫폼으로 통합하고 고객의 니즈를 중심으로 사고하는 접근법이다. 구글, 애플, 아마존 등이 보여준 바와 같이 고객 중심의 통합적 서비스 제공을 통해 새로운 가치를 창출하는 것이다.

3.2 기업가정신의 사례

1) 삼성전자: Fast Follower에서 First Mover로

삼성전자는 한국 기업가정신의 대표적 사례이다. 2020~2024년 동안 AI, 반도체, 모빌리티 분야에서 지속적인 혁신을 통해 Fast Follower(빠른 추종자)에서 First Mover(선도자)로의 도약을 이루었다. 특히 반도체 분야에서는 세계 최고 수준의 기술력을 확보하여 글로벌 시장을 선도하고 있다.

삼성전자의 기업가정신은 창업자 이병철 회장의 경영철학에서 시작되어 현재까지 이어져 오고 있다. "도전하는 시대를 예견하라", "경쟁사를 벤치마킹하라", "평범한 것은 버리고 새로 시작하라"는 세 가지 원칙으로 요약된다.

첫 번째 원칙인 "도래하는 시대를 예견하라"는 말은, 미래 기술과 산업의 흐름을 미리 통찰하고 이를 바탕으로 선제적 투자와 전략을 실행함으로써 시장을 주도하라는 의미다. 삼성전자는 메모리 반도체, 스마트폰, 디스플레이 등 핵심 산업 분야에서 이러한 통찰력을 바탕으로 과감한 투자를 실행하여, 결국 글로벌 1위 기업으로 도약할 수 있었다.

두 번째 원칙인 "경쟁사를 벤치마킹하라"는 겸손한 학습 자세와 지속적인 개선 의지를 의미한다. 삼성전자는 소니, 인텔, 애플 등 글로벌 선도 기업들의 성공 요인을 치밀하게 분석하고 이를 한국적 상황에 맞게 응용하여 경쟁력을 키워왔다.

세 번째 원칙인 "평범한 것은 버리고 새로 시작하라"는 혁신에 대한 강한 의지를 보여준다. 삼성전자는 기존 사업이 성공하고 있을 때도 미래를 위한 새로운 도전을 멈추지 않았다. 이는 끊임없는 혁신 추구, 글로벌 마켓에 대한 예측 안목, 고객 중심의 플랫폼 통합 전략으로 구현되고 있다.

최근 삼성전자는 AI, 5G, 자율주행 등 미래 기술 분야에서 선도적 위치를 확보하기 위해 대규모 R&D 투자를 지속하고 있다. 2024년 기준, 삼성전자는 연구개발(R&D)에 35조 215억 원을 투자했으며, 이는 연매출(300조 8,709억 원)의 약 11.6%로 역대 최대 규모다. 이러한 적극적인 투자로 삼성전자는 글로벌 기술 혁신을 주도하고 있다.

① 기업가 정신의 3가지 덕목

삼성의 초일류 경영 사례는 기업가정신의 핵심 덕목을 잘 보여주고 있다. 삼성은 도래하는 자세를 예견하고, 경쟁자를 벤치마킹하며, 평범한 것은 버리고 새로 시작하는 혁신 정신을 실천해왔다.

삼성의 반도체 사업 진출은 이러한 기업가정신의 대표적인 사례다.

1983년 2월 8일 삼성이 반도체 사업에 본격적으로 진출을 결정했을 때, 많은 전문가들은 "3년 안에 실패할 것"이라고 예측했다. 그러나 삼성은 이러한 회의적 전망에도 불구하고 미래를 예견하며 과감한 도전을 계속했다.

출처 : https://www.viva100.com/20230416010004717

2) 애플(Apple): 사용자 중심 혁신과 생태계 통합의 선도자

애플은 글로벌 혁신을 대표하는 기업가정신의 상징이다. 2020~2025년 동안 AI, 웨어러블, AR/VR, 서비스 생태계 확장 분야에서 지속적인 혁신을 통해 사용자 경험 중심의 First Mover로 자리매김했다. 특히 Vision Pro 혼합현실 헤드셋, Apple Watch Ultra, Apple Silicon(M 시리즈 칩) 등 신기술을 선도하며 글로벌 시장을 재정의하고 있다.

애플의 기업가정신은 창업자 스티브 잡스의 혁신 철학에서 출발하여, 현재는 팀 쿡 CEO의 리더십 아래에서 지속적으로 진화하고 있다. "유에서 새로운 유를 창조하라", "모든 것을 단순화하라", "통합은 단순화다"라는 세 가지 원칙으로 요약된다.

첫 번째 원칙인 "유에서 새로운 유를 창조하라"는 기존 기술과 아이디어를 완전히 새롭게 재구성하여 혁신적인 제품과 서비스를 창출하는 능력을 의미한다. 아이폰은 휴대폰, PDA, MP3 플레이어를 통합한 혁신적 디바이스였고, 최근의 Vision Pro는 AR/VR과 AI를 융합한 차세대 컴퓨팅 플랫폼이다. 이는 기술 간 경계를 허무는 애플만의 창조적 재조합 역량을 보여준다.

두 번째 원칙인 "모든 것을 단순화하라"는 직관적 사용자 인터페이스와 미니멀한 디자인 철학을 반영한다. 복잡한 기술을 누구나 쉽게 사용할 수 있도록 설계하는 접근은 애플의 가장 강력한 경쟁력 중 하나다. iOS · macOS의 AI 기반 사진 편집 기능, Siri의 자연어 처리 기술은 이러한 단순화 철학의 최신 적용 사례다.

세 번째 원칙인 "통합은 단순화다"는 하드웨어, 소프트웨어, 서비스의 유기적 통합을 통해 사용자가 복잡함을 느끼지 않도록 하는 전략이다. M2 · M3 칩, iCloud, Apple One 구독 서비스, Apple Pay Later 등은 기술적 통합성과 브랜드 경험을 하나로 연결한다. 이는 끊임없는 혁신 추구, 글로벌 마켓에 대한 예측 안목, 고객 중심의 플랫폼 통합 전략으로 구현되고 있다.

최근 애플은 AI, 헬스케어, 공간 컴퓨팅 등 미래 기술 분야에서 선도적 위치를 확보하기 위해 대규모 R&D 투자를 지속하고 있다. 2024년 기준, 애플은 약 40조 원(300억 달러)에 달하는 R&D 투자를 단행하고 있으며, 이는 매출의 약 7%를 넘는 규모다. 이러한 적극적인 투자로 애플은 글로벌 기술 혁신을 주도하고 있다.

① 기업가정신의 3가지 덕목

애플의 기업가정신은 창의적 혁신, 사용자 중심 설계, 생태계 통합이라는 세 가지 덕목을 잘 보여주고 있다. 애플은 기존 기술을 재창조하고 AR/VR · AI 등 신기술을 선도적으로 도입하며, 단순함과 직관성을 최우선으로 하여 탁월한 사용자 경험을 제공한다. 2016년 이후 애플이 '혁신 둔화'라는 외부의 비판에 직면했을 때도, Vision Pro, Apple Silicon, Apple Fitness+ 등 새로운 영역으로의 도전을 통해 다시 한 번 전환점과 반등의 계기를 만들어냈다. 이는 하드웨어 · 소프트웨어 · 서비스를 유기적으로 연결해 일관된 브랜드 경험을 창출하는 기업가정신의 모범 사례라 할 수 있다.

출처 : https://www.linkedin.com/pulse/apples-annual-phone-releases-imperfect-products-strategic-nagar/

3) 구글(Google): 정보의 민주화

구글은 글로벌 혁신을 대표하는 기업가정신의 상징이다. 2020~2025년 동안 AI, 클라우드, 차세대 검색, 미디어 플랫폼 등에서 지속적인 혁신을 통해 정보의 민주화와 기술 생태계의 변화를 주도하고 있다. 특히 Gemini 프로젝트 등 첨단 AI 기술 개발과 구글 클라우드의 성장, 유튜브·구글맵 등 플랫폼 혁신을 통해 글로벌 시장에서 독보적인 영향력을 발휘하고 있다.

구글의 기업가정신은 창업자 래리 페이지와 세르게이 브린의 철학에서 출발하여, 현재까지 순다 피차이 CEO의 리더십 아래 진화하고 있다.

"작게 시작하지 마라", "미디어를 정령하라", "틀을 깨라"는 세 가지 원칙은 구글의 혁신 DNA를 상징한다.

첫 번째 원칙인 "작게 시작하지 마라"는 글로벌 관점에서 사고하고 행동하라는 의미다. 구글은 창립 초기부터 "전 세계의 정보를 체계화하여 모두가 접근할 수 있게 한다"는 거대한 비전을 품고 있었다. 이는 단순한 검색엔진 개발을 넘어 인류의 정보 접근성을 근본적으로 개선하겠다는 사명감에서 출발했다.

두 번째 원칙인 "미디어를 정령하라"는 기존 미디어 산업의 패러다임을 바꾸겠다는 의지를 나타낸다. 구글은 검색, 광고, 동영상(유튜브), 이메일 등 다양한 영역에서 기존 사업자들의 비즈니스 모델을 근본적으로 혁신했다.

세 번째 원칙인 "틀을 깨라"는 기존의 상식과 관습에 도전하는 혁신 정신을 의미한다. 구글은 "Don't be evil"이라는 모토 아래, 기존 기업들과는 다른 가치관과 문화를 추구하며 과감한 실험과 도전을 장려해 왔다.

구글의 기업가정신은 창의적 조직문화와 데이터 기반 AI·클라우드 전략으로 구현되고 있다. 20% 시간 제도를 통해 직원들의 자유로운 발상을 장려하고, 이를 통해 Gmail, 구글맵스, 크롬 등 혁신적 서비스가 탄생했다.

최근에는 Gemini 프로젝트 등 차세대 AI 기술 개발을 주도하며, 오픈 이노베이션과 외부 개발자와의 협력도 활발히 이루어지고 있다.

2024년 기준, 구글의 모회사 알파벳(Alphabet Inc.)은 약 3,800억 달러(약 520조 원)의 매출을 기록했으며, R&D(연구개발)에만 약 400억 달러(약 55조 원)를 투자해 전체 매출의 약 10.5%를 혁신에 재투자하고 있다. 이러한 적극적인 투자와 혁신

문화는 구글이 글로벌 기술 산업을 선도하는 원동력이다.

① 기업가정신의 3가지 덕목

구글의 기업가정신은 도전적 비전, 파괴적 혁신, 실험과 협력이라는 세 가지 덕목을 잘 보여주고 있다. 구글은 작게 시작하지 않고 글로벌 관점에서 정보의 민주화를 추구하며, 기존 미디어 · 산업의 틀을 깨고 새로운 비즈니스 모델을 창출한다.

1998년 래리 페이지와 세르게이 브린이 "세상의 모든 정보를 정리하여 누구나 접근하고 사용할 수 있게 만든다"는 도전적 비전으로 시작한 검색엔진 프로젝트는 야후, 알타비스타 등 기존 포털 사이트들이 지배하던 시장을 완전히 재편했다. 이는 실패를 용인하고 데이터 기반 실험과 오픈 이노베이션을 통해 지속적으로 진화하는 기업가정신의 모범 사례라 할 수 있다.

출처 : https://theelitex.com/wp-content/uploads/2025/01/T3-1024x576.jpg

4) 엘론 머스크(Elon Musk): 불가능에 도전하는 혁신의 아이콘

엘론 머스크는 현대 기업가정신의 상징적 인물로, 전기차, 우주항공, 뇌-컴퓨터 인터페이스 등 전혀 다른 분야에서 동시에 혁신을 주도하고 있다. 2020~2025년 동안 그는 테슬라(Tesla), 스페이스X(SpaceX), 뉴럴링크(Neuralink), 트위터(X) 등을 통해 기술과 사회를 변화시키며, 극한의 위험 감수와 장기적 비전을 실현하는 First Mover(선도자)로 자리매김하였다.

엘론 머스크의 기업가정신은 여섯 가지 원칙에 기반한다. “돈이 중요한 것이 아니다”, “열정을 쫓아라”, “목표를 크게 가져라”, “모험할 준비를 하라”, “비판을 무시하라”, “즐겨라”는 원칙들은 그의 혁신 철학과 실행력의 기초가 된다.

첫 번째 원칙인 "돈이 중요한 것이 아니다"는 수익보다 사회적 가치 창출을 우선시하는 태도를 보여준다. 그는 텍사스에 있는 5만 달러짜리 조립식 주택에서 생활하며, 우크라이나 전쟁 중 스타링크 위성 인터넷을 무상 제공하는 등 실천적 가치 중심 경영을 실현하고 있다.

두 번째 원칙인 "열정을 쫓아라"는 몰입할 수 있는 분야에서의 집중적 혁신을 의미한다. 테슬라는 전기차를 넘어 지속가능한 에너지 생태계를 구축했고, 스페이스X는 민간 우주산업을 개척했으며, 뉴럴링크는 인간과 인공지능 간의 연결 기술을 개발 중이다.

세 번째 원칙인 "목표를 크게 가져라"는 '문샷 싱킹(Moonshot Thinking)'을 기반으로 한다. 자율주행, 전기트럭, 기가팩토리, 화성 이주 계획 등은 기존 산업의 경계를 넘어서는 비전을 반영한다.

네 번째 원칙인 "모험할 준비를 하라"는 고위험 창업정신을 실천으로 옮긴 것이다. 테슬라와 스페이스X 초기 시절, 머스크는 전 재산을 투자하여 파산 직전까지 몰리기도 했으며, 트위터 인수 과정에서도 수십조 원의 자산 리스크를 감수했다.

다섯 번째 원칙인 "비판을 무시하라"는 외부의 회의론에도 불구하고 자신만의 비전과 전략을 고수하는 자세를 보여준다. 로켓 발사 실패, 전기차 회의론, 트위터 구조조정 등에도 흔들림 없이 밀어붙인 결과, 산업 판도를 변화시켰다.

여섯 번째 원칙인 "즐겨라"는 혁신의 과정을 고통이 아닌 즐거움으로 여기며 몰입하는 태도다. 그는 어린 시절 공상과학소설을 즐기던 상상력을 기업 활동에 반영하며, 창조적 여정을 실현해 나가고 있다.

2024년 기준, 테슬라는 약 1,056억 달러(약 143조 원)의 연매출을 기록했으며, R&D에는 약 35억 달러(약 4.7조 원)를 투자하였다.

스페이스X는 민간 위성·발사체 분야에서 상업 매출과 정부 계약을 통해 약 90억 달러(약 12.2조 원) 규모의 매출을 기록한 것으로 추정된다.

이처럼 머스크는 전기차와 우주항공, 인공지능까지 전방위 산업에서 매출과 기술 혁신을 동시에 달성하고 있다.

① 기업가정신의 6가지 덕목

엘론 머스크의 기업가정신은 사회적 가치 우선, 열정과 몰입, 거대한 비전, 위험 감수와 도전, 자기 신념과 독립성, 즐거움과 창의성이라는 여섯 가지 덕목을 잘 보여주고 있다. 머스크는 수익보다 사회적 가치 창출을 우선시하며, 자신이 진심으로 몰입할 수 있는 분야에서 혁신을 추구한다. 또한 문샷 싱킹(Moonshot Thinking)과 같이 기존 한계를 뛰어넘는 거대한 비전을 제시하고, 극한의 위험도 감수하며 실패를 두려워하지 않는 창업정신을 실천한다.

외부의 회의론이나 비판에도 흔들리지 않고 자신의 비전과 전략을 고수하는 태도, 그리고 혁신의 과정을 즐기며 상상력과 창의성을 기업 활동에 적극 반영하는 자세는 머스크가 다양한 산업에서 파괴적 혁신과 성과를 동시에 이끌어낸 원동력이다.

출처 : https://www.thetimes.com/business-money/technology/article/twitter-could-become-an-advertising-veh icle-for-musk-if-profits-elude-him-w7mm28z0w

/ 제4장 /
플랫폼 경제

1. 플랫폼경제의 개념과 구조

1.1 플랫폼 경제의 개념

플랫폼 경제는 21세기 디지털 혁명의 핵심 동력으로 등장한 새로운 경제 패러다임이다. 이는 디지털 기술을 기반으로 공급자, 수요자, 보완자가 상호작용하며 가치를 창출하는 경제 생태계를 의미한다. 전통적인 산업 경제와 달리 플랫폼 경제는 물리적 자산보다는 네트워크와 데이터를 핵심 자원으로 활용한다.

1) 플랫폼 경제의 정의와 특성

① 개념적 정의

플랫폼 경제는 디지털 플랫폼을 통해 다양한 경제 주체들이 상호작용하며 가치를 창출하고 교환하는 경제 시스템이다. 이는 단순한 중개 서비스를 넘어서 참여자들 간의 복잡한 네트워크를 형성하고, 이를 통해 새로운 형태의 경제적 가치를 창출한다.

② 핵심 특징

플랫폼 경제의 핵심 특징은 세 가지로 요약할 수 있다.

첫째, 중개 기능으로 Uber, Airbnb 등이 거래 환경을 제공하여 공급자와 수요자를 효율적으로 연결한다.

둘째, 데이터 집적 기능으로 사용자 행동 데이터를 기반으로 서비스 최적화를 이룬다.

셋째, 네트워크 효과로 참여자 수 증가에 따른 플랫폼의 가치가 기하급수적으로 증대된다.

③ 전통경제와의 차이점

전통적인 선형 가치사슬과 달리 플랫폼 경제는 순환적이고 상호작용적인 가치 네트워크를 형성한다. 예를 들어, 전통적인 소매업은 제조업체-유통업체-소비자의 일방향적 흐름을 따르지만, Amazon과 같은 플랫폼은 판매자, 구매자, 개발자, 물류업체 등이 복합적으로 상호작용하는 생태계를 구축한다.

1.2 네트워크 효과 (메칼프의 법칙)

1) 네트워크 효과의 이론적 기반

① 메칼프의 법칙 정의

네트워크의 가치는 사용자 수의 제곱(n^2)에 비례한다는 법칙으로, 통신 네트워크의 가치를 설명하기 위해 로버트 메칼프가 제시했다. 이 법칙은 플랫폼 경제에서 핵심적인 성장 동력으로 작용한다.

② 수식적 표현

Network Value = n(n−1)/2 (n: 사용자 수)

이 공식은 네트워크에서 가능한 모든 연결의 수를 나타내며, 사용자가 증가할수록 네트워크의 가치가 기하급수적으로 증가함을 보여준다.

③ 플랫폼에서의 네트워크 효과 사례

페이스북의 경우 사용자 증가가 콘텐츠 생산량 증가로 이어지고, 이는 다시 신규 유입을 가속화하는 선순환 구조를 만든다. 카카오톡은 메신저 기능에서 시작하여 송금, 쇼핑 등으로 서비스를 확장하며 생태계를 강화했다. 이러한 네트워크 효과는 플랫폼이 임계점을 넘어서면 경쟁자들이 따라잡기 어려운 압도적 우위를 제공한다.

메칼프의 법칙(Metcalfe's Law)

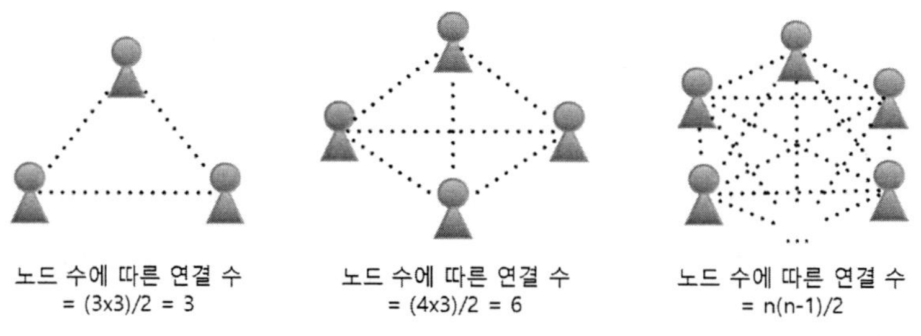

네트워크 가치 = 완전히 연결된 네트워크의 링크 수 × 링크당 가치 (출처: Organic Media Lab, 2015)

그림 : 메칼프의 법칙(Metcalf' s Law)

1.3 플랫폼 경제의 확장

1) 글로벌 플랫폼 경제 현황

① 글로벌 규모와 영향력

2025년 기준, 세계 시가총액 Top 10 기업 중 7개가 플랫폼 기업(Apple, Microsoft, Amazon, Alphabet(Google), Meta, Tesla, NVIDIA)으로, 이들 기업의 총 시가총액은 약 14조 달러에 달한다.

전 세계 플랫폼 기업(공개·비공개 포함)의 시장가치는 5.5조 달러를 넘어서며, AI·클라우드·이커머스·핀테크 등 신산업 확장에 힘입어 지속적으로 성장하고 있다. 특히 Apple은 2025년 3.5조 달러 이상의 시가총액으로 세계 1위 플랫폼 기업 자리를 유지하고 있다.

② 산업별 확산 현황

플랫폼 모델은 IT·소프트웨어를 넘어 운송(Uber, Lyft), 숙박(Airbnb), 음식배달(DoorDash, 배달의민족), 금융(PayPal, 토스), 교육(Coursera, Khan Academy), 헬스케어(Teladoc), 에너지, 제조 등 거의 모든 산업으로 확산되고 있다.

AI, 5G, 위성 네트워크, 초개인화 서비스 등 신기술이 결합되며, 플랫폼은 각 산업의 혁신과 경쟁구조 재편을 주도하고 있다.

③ 한국의 플랫폼 경제 현황

2025년 현재 국내 플랫폼 기업 수는 약 20만 개에 달하며, 전체 기술창업 중 플랫폼 관련 창업 비중이 40%를 넘어선다.

카카오, 네이버, 쿠팡, 배달의민족, 토스, 직방, 야놀자 등 주요 기업이 각 산업에서 독자적 플랫폼 생태계를 구축하고 있으며, K-콘텐츠, K-푸드, K-핀테크 등과 결합해 글로벌 시장 진출을 가속화하고 있다.

한국 플랫폼 시장은 AI·클라우드·데이터 기반 서비스 확장, 글로벌 진출, 규제 대응, 일자리 창출 등 다양한 과제를 안고 있지만,

2025년 기준 국내 플랫폼 산업의 경제적 파급효과와 혁신 동력은 더욱 확대되고 있다.

2. 양면시장과 플랫폼

2.1 Jean Tirole의 이론

플랫폼 경제를 이해하는 핵심 이론적 기반은 Jean Tirole의 양면시장 이론이다. 2014년 노벨경제학상을 수상한 Tirole은 플랫폼이 어떻게 서로 다른 사용자 그룹을 연결하고 가치를 창출하는지에 대한 체계적인 분석을 제시했다.

1) Jean Tirole의 소개와 논문

① 노벨경제학상 수상 배경

Jean Tirole은 2014년 "시장 지배력과 규제에 대한 분석"으로 노벨경제학상을 수상했다. 그의 연구는 특히 플랫폼과 같은 양면시장에서 발생하는 독특한 경제 현상과 이에 대한 적절한 규제 방안을 제시했다는 점에서 높은 평가를 받았다.

② 핵심 주장과 이론적 기여

Tirole의 핵심 주장은 플랫폼이 공급자와 수요자 간 교차보조를 통해 균형 가격을 책정한다는 것이다. 즉, 한쪽 시장에서는 낮은 가격이나 무료 서비스를 제공하고, 다른 쪽 시장에서는 높은 가격을 책정하여 전체적인 수익 균형을 맞춘다.

③ 실제 적용 사례

신용카드 산업이 대표적인 예시다. 신용카드 회사는 카드회원에게는 낮은 수수료나 혜택을 제공하고, 가맹점에게는 상대적으로 높은 수수료를 부과한다. 이는 카드 사용자가 많을수록 가맹점의 가치가 증가하고, 가맹점이 많을수록 카드의 유용성이 증가하는 양면시장의 특성을 반영한다.

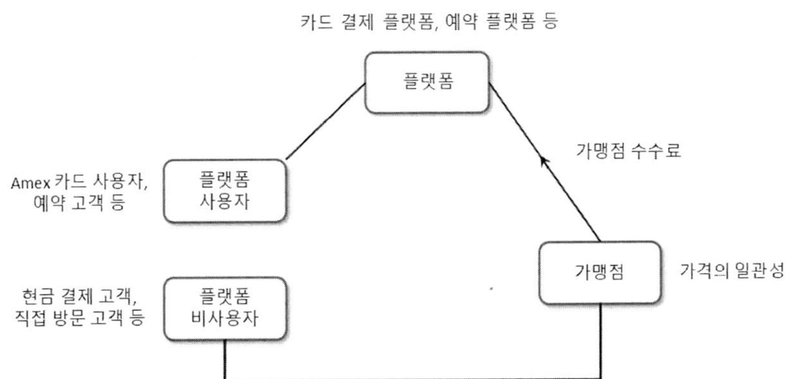

그림 : 양면시장에는 공정거래 규제가 어떻게 적용되어야 하는가?
출처 : Rochet - Tirole (2002, 2011), Edelman - Wright (2014)

2.2 양면시장의 개념과 구조

1) 양면시장의 정의와 특성

① 개념적 정의

양면시장은 두 개 이상의 서로 다른 사용자 그룹을 연결해 상호작용을 촉진하는 시장이다. 이 시장에서 플랫폼은 중개자 역할을 하며, 각 그룹의 참여가 다른 그룹에게 긍정적 외부효과를 제공한다.

② 양면시장의 구조와 유형

양면시장은 크게 세 가지 유형으로 분류할 수 있다. 첫째, 거래 중개형으로 Amazon Marketplace처럼 판매자와 구매자를 직접 연결하는 형태다. 둘째, 광고 기반형으로 Google 검색처럼 사용자에게 무료 서비스를 제공하고 광고주로부터 수익을 얻는 모델이다. 셋째, 생태계 구축형으로 iOS 앱스토어처럼 개발자와 사용자를 연결하여 전체 생태계를 구축하는 형태다.

③ 양면시장에서의 가격 정책

양면시장에서는 전통적인 단일 시장과 달리 복잡한 가격 정책이 필요하다. 플랫폼은 각 사용자 그룹의 가격 민감도, 네트워크 효과의 강도, 경쟁 상황 등을 종합적으로 고려하여 최적의 가격 구조를 설계해야 한다.

2.3 플랫폼의 성장 전략

1) 양면시장에서의 플랫폼 성장 전략

① 초기 진입 전략

플랫폼의 초기 전략은 한쪽 시장에 무료 서비스나 인센티브를 제공하여 사용자를 확보하는 것이다. 배달의민족의 경우 초기에 소비자에게 할인 쿠폰을 대량으로 제공하여 사용자 기반을 구축했다. 이는 "닭과 달걀" 문제를 해결하기 위한 전략으로, 한쪽 시장의 참여자를 먼저 확보해야 다른 쪽 시장의 참여를 유도할 수 있다.

② 사용자 고착화 전략

초기 사용자를 확보한 후에는 UI/UX 개선을 통해 사용자 편의성을 증대시키고 플랫폼에 고착시키는 전략이 중요하다. 카카오톡의 경우 메신저 기능에서 시작하여 점진적으로 게임, 쇼핑, 금융 서비스를 추가하면서 사용자가 플랫폼을 떠나기 어렵게 만들었다.

③ 수익화 전략

사용자 기반이 충분히 구축된 후에는 본격적인 수익화에 나선다. 유튜브의 경우 초기에는 무료 동영상 서비스로 사용자를 확보했지만, 현재는 광고 수익 모델을 통해 연간 수십억 달러의 수익을 창출하고 있다. 이러한 수익화는 사용자 경험을 해치지 않는 선에서 점진적으로 이루어져야 한다.

3. GAFA와 플랫폼 경제

3.1 Google의 플랫폼 전략

Google은 검색 엔진에서 시작하여 현재 글로벌 디지털 생태계의 핵심 인프라를 제공하는 거대 플랫폼으로 성장했다. Google의 성공은 검색과 광고를 연결한 독창적인 비즈니스 모델과 안드로이드 OS를 통한 모바일 생태계 장악에 기반한다.

1) Google의 비즈니스 모델

① 검색 기반 광고 수익 모델

Google의 핵심 수익원은 검색 연동 광고다. 사용자가 특정 키워드를 검색할 때 관련 광고를 노출시켜 광고주로부터 수익을 얻는다. 이는 사용자의 명확한 의도를 파악할 수 있어 광고 효과가 높고, 광고주 입장에서도 ROI를 측정하기 쉽다는 장점이 있다.

② 안드로이드 생태계 구축

2024년 기준으로 안드로이드는 전 세계 모바일 OS 시장의 약 70%를 차지하고 있다. Google은 안드로이드를 오픈소스 기반의 무료 운영체제로 제공하면서, 구글 플레이 스토어와 구글 서비스(검색, 유튜브 등)를 기본 탑재하도록 해 모바일 생태계를 장악했다. 이를 통해 Google은 모바일 광고 시장에서도 압도적 지위를 유지하고 있으며, 2024년에도 구글 광고와 플레이 스토어를 통한 막대한 수익을 올리고 있다

③ 2024년 매출 현황

Alphabet(구글 모회사)의 2024년 총 매출은 3500억 달러에 달한다.

이 중 Google Search & Other가 1980억 달러, YouTube 광고가 361억 달러, Google Cloud가 432억 달러를 차지해 플랫폼 기반의 다각화된 수익 구조를 보여준다. 2024년 한 해 동안 광고, 클라우드, 구독 · 플랫폼 · 디바이스 등 주요 사업부문이 모두 두 자릿수 성장세를 기록했다.

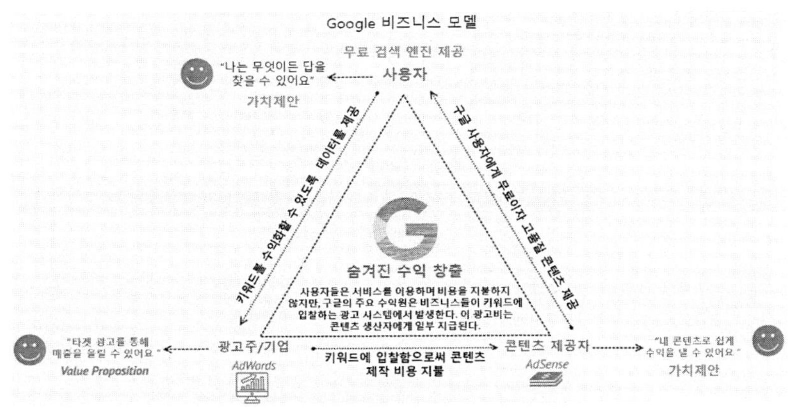

그림 : Google 비즈니스 모델

출처 : FourWeekMBA.com

3.2 Amazon의 플랫폼 혁신

1) Amazon의 통합 플랫폼 전략

① AWS 기반 클라우드 패권

Amazon Web Services(AWS)는 2006년 출시된 이후 현재 전 세계 클라우드 시장의 약 32%를 점유하고 있다. AWS는 단순한 클라우드 서비스를 넘어서 AI, 머신

러닝, IoT 등 최신 기술을 통합 제공하는 플랫폼으로 진화했다.

② 물류 인프라 기반 e-Commerce 혁신

Amazon의 물류 인프라는 전 세계 175개 물류센터를 운영하며 Prime 배송을 통해 당일 또는 익일 배송을 실현한다. 이는 단순한 배송 서비스를 넘어서 전체 소매 생태계를 변화시키는 혁신으로 평가받는다.

③ 2024년 매출 및 네트워크 구조

Amazon의 2024년 총 매출은 6380억 달러로, 이 중 온라인 스토어(직접 판매)가 2470억 달러, AWS(클라우드)가 1076억 달러를 기록했다.

또한 서드파티 셀러 서비스 1561억 달러, 광고 서비스 562억 달러, 구독 서비스 444억 달러 등 다양한 부문에서 매출이 고르게 분포되어 있다.

Amazon은 판매자, 구매자, 배송 시스템, 재고 관리가 유기적으로 연결된 복합 플랫폼 생태계를 형성하고 있다.

<table>
<tr><th>핵심 파트너</th><th>핵심 활동</th><th>가치 제안</th><th>고객 관계</th><th>고객 세그먼트</th></tr>
<tr><td rowspan="3">• 공급업체
• 제3자 판매자
• 배송업체
• 클라우드 파트너
• 콘텐츠 제공자</td><td>• 제품소싱
• 플랫폼 개발
• 물류 및 주문처리
• 클라우드 서비스
• AI 및 데이터 분석</td><td rowspan="3">• 원스톱 쇼핑
• 빠른 배송
• 경쟁력 있는 가격
• 클라우드 컴퓨팅 서비스
• 편리함과 개인화
amazon</td><td>• 고객 지원
• 회원 서비스
• 추천 시스템
• 셀프서비스 플랫폼</td><td rowspan="3">• 개인 소비자
• 기업 고객
• 개발자
• 콘텐츠 제작자
• 정부 & 교육기관</td></tr>
<tr><th>핵심 자원</th><th>채널</th></tr>
<tr><td>• 기술 인프라
• 창고 및 물류
• 브랜드 평판
• 고객 데이터
• 인적 자원</td><td>• 아마존 웹사이트
• 모바일 앱
• Alexa 디바이스
• AWS 포털</td></tr>
<tr><th colspan="2">비용 구조</th><th colspan="3">수익원</th></tr>
<tr><td colspan="2">• 주문 처리 및 물류
• 기술 연구개발
• 마케팅 및 광고
• 인프라 유지 & 콘텐츠 확보</td><td colspan="3">• 제품 판매
• 구독료 & 광고 수익
• AWS 클라우드 서비스
• 제3자 판매 수수료</td></tr>
</table>

그림 : amazon 비즈니스 모델

3.3 Meta(Facebook)

1) Facebook의 소셜 플랫폼 제국

① 통합 소셜 생태계 구축

Meta는 Facebook, Instagram, WhatsApp을 통합하여 전 세계 30억 명의 월간 활성 사용자(MAU)를 확보했다. 이는 전 세계 인구의 약 40%에 해당하는 규모로, 인류 역사상 가장 큰 소셜 네트워크를 구축했다.

② 데이터 기반 맞춤형 광고 전략

Meta는 사용자의 행동, 관심사, 소셜 관계 등 방대한 데이터를 분석하여 정교한 타겟팅 광고를 제공한다. 2024년 Meta(메타) 전체 광고 수익은 약 1,606억 달러에 달하며, 전체 매출은 1,645억 달러로 집계됐다. 이 중 Facebook 앱(페이스북 단독)의 2024년 매출은 약 910억 달러로, Meta 전체 매출의 55% 이상을 차지한다. Meta의 광고 수익은 Google에 이어 세계 2위 규모이며, 전체 매출의 98%를 차지한다. 2024년 한 해 동안 Meta는 AI 기반 광고 최적화, Threads 광고, Advantage+ 캠페인 등 신기술을 도입해 광고 효율성과 수익성을 크게 높였다.

③ 메타버스를 통한 차세대 플랫폼 구축

Meta는 메타버스를 차세대 컴퓨팅 플랫폼으로 규정하고 대규모 투자를 진행하고 있다. Reality Labs 부문에 연간 130억 달러 이상을 투자하며 VR/AR 기술 개발에 집중하고 있다.

핵심파트너	핵심활동 / 핵심자원	가치제안	고객관계 / 채널	고객 세그먼트
• 투자자 • 정부 • 광고대행사 • 제조사 • 콘텐츠 제작자	**핵심활동** • AI • 사이버 보안 • 인수합병 • 플랫폼 개발 • 법률 관리 **핵심자원** • 페이스북 플랫폼 • 직원 • 사이버 보안 • 인수합병 • 법률 관리	• 무료소셜미디어제공 • 사용자 참여 • 콘텐츠 공유 • 전 세계 도달성 • 결제 시스템 • 정밀한 광고 타겟팅 • 개인화된 소셜 경험	**고객관계** • 셀프 서비스 • 자동화 • 광고계정을글로벌 세일즈팀 **채널** • 인터넷 • 모바일 • 개발자 앱 • 미디어 (홍보 등)	• 소셜미디어사용자 • 기업및대규모조직 • 개발자앱 • 개발자

비용 구조	수익원
• 데이터센터 • 일반관리비 • 법률비용&연구개발 • 직원급여 • 마케팅및판매비	• 광고 수익 • 결제 수수료 수익 • Oculus VR 판매

그림 : Facebook 비즈니스 모델 캔버스

출처 : https://www.garyfox.co/wp-content/uploads/2024/07/Facebook-Business-Model.png

3.4 Apple의 폐쇄형 생태계 전략

1) Apple의 통합 생태계 모델

① 하드웨어-소프트웨어 통합 모델

Apple은 iPhone, iPad, Mac, Apple Watch 등 하드웨어와 iOS, macOS 등 소프트웨어를 통합하여 폐쇄형 생태계를 구축했다. 이는 사용자 경험의 일관성을 보장하고 높은 브랜드 충성도를 창출한다.

② App Store 중심의 서비스 경제

2024년 Apple의 서비스 부문 매출은 96억 2,000만 달러(96.2 billion USD)로, 전체 매출(3910억 달러)의 약 24.6%를 차지한다.

App Store, iCloud, Apple Music, Apple Pay 등 다양한 서비스가 하드웨어 매출을 보완하는 안정적인 수익원으로 작용하고 있다.

2024년 Apple은 서비스 부문에서 사상 최고 실적을 기록했으며, 유료 구독 계정 수가 10억 개를 돌파하는 등 App Store, 구독형 서비스, 클라우드, 광고, 결제 등에서 지속적으로 성장세를 보이고 있다

③ 프라이버시 중심 차별화 전략

Apple은 "프라이버시는 기본 인권"이라는 슬로건 하에 사용자 데이터 보호를 핵심 차별화 요소로 활용한다. iOS 14.5부터 도입된 App Tracking Transparency는 사용자가 앱의 추적을 직접 허용/거부할 수 있게 하여 프라이버시 보호를 강화했다.

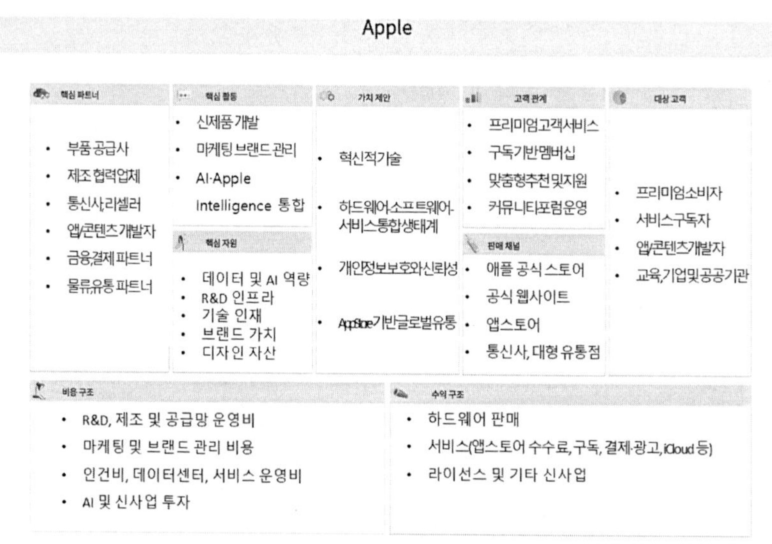

그림 : Apple 비즈니스 모델

출처 : https://cms.boardmix.com/images/kr/articles/2023/examples/business-model-canvas-examples3.png

4. BATX와 중국 플랫폼 경제

4.1 Baidu – AI 중심의 검색 플랫폼

중국의 플랫폼 경제는 BATX(Baidu, Alibaba, Tencent, Xiaomi)로 대표되며, 각각 독특한 전략으로 중국 시장을 넘어 글로벌 영향력을 확대하고 있다. Baidu는 중국의 구글로 불리며 AI 기술을 바탕으로 차세대 플랫폼을 구축하고 있다.

1) Baidu의 AI 플랫폼 전략

① AI 기반 자율주행 플랫폼 Apollo

Baidu는 2017년 자율주행 플랫폼 Apollo를 출시하여 오픈소스 기반의 자율주행 생태계를 구축했다. Apollo는 현재 전 세계 200여 개 파트너사와 협력하며 중국 내 자율주행 테스트 허가를 가장 많이 보유한 기업이다.

② 검색 시장 지배력 유지

2024년 기준, Baidu는 중국 검색 시장의 약 56% 점유율을 유지하고 있다.

중국 내에서 Google 등 해외 검색엔진이 차단된 상황에서, Baidu는 중국어 검색에 특화된 서비스와 AI 기반 기능을 결합해 여전히 독보적인 시장 지위를 확보하고 있다.

2024년 Baidu의 연간 매출은 약 190억 달러로 집계되었으며, 광고와 AI 서비스, 클라우드 사업 등이 주요 수익원이다.

③ AI 생태계 확장

Baidu는 DuerOS 음성 AI, PaddlePaddle 딥러닝 프레임워크, Apollo 자율주행 등을 통해 AI 플랫폼 생태계를 구축하고 있다. 2023년 AI 관련 매출은 전체의 23%를 차지하며 지속 성장하고 있다.

핵심 파트너	핵심 활동	가치 제안	고객 관계	고객 세그먼트
• 광고주 • 컨텐츠 제공자 • 정부기관 • 앱 개발자 • 기술 협력사 • 하드웨어 제조사 • 음성인식	• 검색엔진 개발 • 온라인 광고 • AI 연구 • 자율주행 • 클라우드 **핵심 자원** • 검색엔진 인프라 • R&D팀 • 데이터센터 • 알고리즘 • 사용자 데이터	• 중국 최대 AI, 검색 플랫폼 • 맞춤형 광고 • AI 기반 솔루션 • 클라우드 • 자율주행 du	• AI 기반 개인화 • 커뮤니티 • 셀프서비스 플랫폼 • 24/7 고객지원 • 기업대상 전담 영업 **채널** • 아마존 웹사이트 • 모바일 앱 • Alexa 디바이스 • AWS 포털	• 일반 사용자 • 기업 • 광고주 • 개발자 • 정부 & 공공기관

비용 구조	수익원
• 주문 처리 및 물류 • 기술 연구개발 • 마케팅 및 광고 • 인프라 유지 & 콘텐츠 확보	• 온라인 광고 • AI 클라우드 서비스 • 자율주행 • IoT솔루션 & 스마트 디바이스

그림 : Baidu 비즈니스 모델

4.2 Alibaba의 전자상거래 제국

1) Alibaba의 통합 e-Commerce 생태계

① 타오바오-티몰 기반 소비자 플랫폼

Alibaba의 핵심인 타오바오(C2C)와 티몰(B2C)은 중국 온라인 소매 시장의 58%를 차지한다. 연간 활성 소비자는 9억 명을 넘어서며, 이는 중국 전체 인터넷 사용자의 85%에 해당한다.

② Alibaba Cloud를 통한 글로벌 진출

2024년 Alibaba Cloud는 중국 내에서 36%의 시장 점유율로 1위를 유지하고 있으며, 아시아-태평양(APAC) 지역에서도 강력한 리더십을 보이고 있다.

아시아-태평양 클라우드 시장에서 Alibaba Cloud는 AWS, Microsoft 등과 경쟁하며, 특히 중국 · 동남아시아 · 일본 등에서 높은 점유율을 기록하고 있다.

글로벌 기준으로는 2024년 클라우드 인프라 시장 점유율이 약 4%로, AWS, Microsoft Azure, Google Cloud에 이어 4위를 차지하고 있다.

2024년 3분기 기준 Alibaba Cloud의 매출은 약 42억 달러(전년 동기 대비 7% 증가)로, 글로벌 시장 내에서 여전히 주요 사업자로 평가받고 있다.

아시아-태평양 지역에서 Alibaba Cloud는 현지화된 지원, 규제 준수, 알리바바 이커머스 플랫폼과의 연계를 강점으로 금융, 유통, 제조, 공공 등 다양한 산업에서 클라우드 도입을 선도하고 있다.

③ 신유통(New Retail) 전략

Alibaba는 온라인과 오프라인을 통합하는 신유통 전략을 추진한다. 허마셴성(Hema Fresh) 등 오프라인 매장을 통해 O2O(Online to Offline) 서비스를 제공하며, 전통 소매업계의 디지털 전환을 주도하고 있다.

<table>
<tr><th>핵심 파트너</th><th>핵심 활동</th><th>가치 제안</th><th>고객 관계</th><th>고객 세그먼트</th></tr>
<tr><td rowspan="3">• 공급업체
• 제조사
• 물류 파트너
• 결제 파트너
• 정부기관</td><td>• 플랫폼 개발
• 마케팅
• 물류/공급망 관리
• 데이터 분석
• 고객지원</td><td rowspan="3">• 방대한 상품
• 경쟁력 있는 가격
• 신뢰성
• 글로벌 접근성
• 강력한 생태계
Alibaba.com</td><td>• 셀프 서비스
• 커뮤니티
• Ai 추천
• 고객지원</td><td rowspan="3">• 개인 소비자
• 중소기업
• 대기업
• 글로벌 셀러
• 크라우드 고객</td></tr>
<tr><th>핵심 자원</th><th>채널</th></tr>
<tr><td>• E커머스 플랫폼
• 클라우드
• 물류 인프라
• 데이터
• 브랜드</td><td>• 타오바오
• 티몰
• 알리익스프레스
• 알리바바닷컴</td></tr>
</table>

비용 구조	수익원
• R&D • 물류 • 마케팅 및 광고 • 인건비	• 거래&결제 수수료 • 광고 • 클라우드 • 멤버십

그림 : Alibaba 비즈니스 모델

4.3 Tencent의 슈퍼앱 전략

1) WeChat 기반 통합 생태계

① WeChat의 슈퍼앱 진화

WeChat은 단순한 메신저를 넘어 결제, 쇼핑, 게임, 미니프로그램, 금융, 공공 서비스 등을 통합한 슈퍼앱으로 진화했다.

2024년 기준 월간 활성 사용자는 13억 2,000만 명으로, 중국인 및 중화권 사용자의 일상생활 전반에 깊숙이 침투해 있다.

② 게임 사업의 글로벌 확장

Tencent의 2024년 총매출은 약 866억 달러로 집계되었으며, 이 중 게임(디지털 콘텐츠) 부문 매출은 약 390억 달러로 전체의 약 45%를 차지한다.

Tencent는 Riot Games(리그 오브 레전드), Supercell(클래시 오브 클랜), TiMi Studios(콜 오브 듀티 모바일) 등 글로벌 게임사 인수와 협력을 통해 전 세계 게임 시장에서 독보적인 영향력을 행사하고 있다.

③ 핀테크 생태계 구축

WeChat Pay는 중국 모바일 결제 시장에서 Alipay와 함께 양강 구도를 형성한다. 2023년 기준 일일 거래액은 10억 달러를 넘어서며, 중국의 캐시리스 사회 구현에 핵심 역할을 하고 있다.

<table>
<tr><th>핵심 파트너</th><th>핵심 활동</th><th>가치 제안</th><th>고객 관계</th><th>고객 세그먼트</th></tr>
<tr><td rowspan="3">• 금융기관
• 모바일 통신사
• 정부 및 규제기관
• 글로벌 IT·게임 기업
• 콘텐츠 제작사
• 광고주 및 마케팅 에이전시</td><td>• 글로벌투자및M&A
• 소프트웨어 개발 운영
• 온라인광고마케팅
• 연구개발 및 기술혁신
• 클라우드/AI솔루션</td><td rowspan="3">• 선도적인소셜플랫폼
• 강력한 핀테크
• 결제 솔루션
• 혁신적인 클라우드
• AI서비스

Tencent 腾讯</td><td>• 플랫폼내커뮤니티
• 소셜네트워크운영
• 고객센터
• 정기 업데이트</td><td rowspan="3">• 일반 소비자
• 게임 유저
• 광고주
• 모바일/통신 가입자</td></tr>
<tr><th>핵심 자원</th><th>채널</th></tr>
<tr><td>• WeChat
• 게임·콘텐츠 IP
• 클라우드 인프라
• 브랜드 가치
• 우수 인재 및 기술력</td><td>• WeChat
• 웹사이트
• 파트너 플랫폼
• 글로벌게임유통망</td></tr>
<tr><th colspan="2">비용 구조</th><th colspan="3">수익원</th></tr>
<tr><td colspan="2">• R&D 비용
• 서버 및 인프라 운영비
• 마케팅 및 광고 비용
• 인건비</td><td colspan="3">• 게임 매출
• 디지털 콘텐츠 유료 서비스
• 광고 수익
• 핀테크 및 결제 수수료</td></tr>
</table>

그림 : Tencent 비즈니스 모델

4.4 Xiaomi의 IoT 플랫폼 전략

1) Xiaomi의 생태계 확장 모델

① IoT 기반 스마트홈 전략

Xiaomi는 스마트폰을 허브로 하여 5억 대 이상의 IoT 기기를 연결하는 생태계를 구축했다. 에어컨, 공기청정기, 로봇청소기 등 다양한 스마트홈 기기를 자체 개발하거나 투자 기업을 통해 제공한다.

② 신흥시장 진출 전략

Xiaomi는 저가형 고성능 스마트폰과 다양한 IoT 기기를 앞세워 인도, 동남아시아, 유럽, 중남미 등 신흥시장을 적극 공략하고 있다.

2024년 1분기 기준, Xiaomi는 글로벌 스마트폰 시장 점유율 3위(14.1%)를 유지하고 있으며, 특히 중국(19.4%), 동남아시아, 중남미 등에서 강세를 보이고 있다.

다만, 인도 시장에서는 2024년 점유율이 13%로 하락하며 4위로 내려갔으나, 유럽과 중남미, 아시아 태평양 지역에서는 여전히 상위권을 유지하고 있다.

③ 플랫폼 기반 수익 다각화

Xiaomi는 하드웨어 판매를 넘어 인터넷 서비스, 핀테크, 콘텐츠 등으로 수익을 다각화하고 있다. 2024년 1분기 기준, 인터넷 서비스 부문 매출은 전체의 약 23%를 차지하며, IoT · 스마트홈, 웨어러블, 구독형 콘텐츠 등 다양한 플랫폼 기반 사업이 지속적으로 성장하고 있다. 특히 중국 내 프리미엄 스마트폰 시장에서도 점유율을 높이며, 고수익 서비스 부문과 글로벌 시장 확장에 주력하고 있다.

<table>
<tr><th>핵심 파트너</th><th>핵심 활동</th><th>가치 제안</th><th>고객 관계</th><th>고객 세그먼트</th></tr>
<tr><td rowspan="3">• 하드웨어공급업체
• 소프트웨어
• 제조업체
• 유통파트너
• 통신사
• 이커머스</td><td>• 제품 개발
• 공급망 관리
• 마케팅
• 소프트웨어 개발
• 커뮤니티 관리</td><td rowspan="3">• 합리적 가격
• 고성능
• 혁신기술
• MIUI 커스터마이징
• 커뮤니티</td><td>• 피드백
• 커뮤니티
• 온라인 지원
• 정기 업데이트</td><td rowspan="3">• 가격 민감형
• 기술 애호가
• 신흥시장
• IOT 사용자</td></tr>
<tr><th>핵심 자원</th><th>채널</th></tr>
<tr><td>• 브랜드
• 제조시설
• R&D
• 고객 서비스
• 소프트웨어</td><td>• 온라인 스토어
• 이커머스
• 오프라인 매장
• 통신사</td></tr>
<tr><th colspan="2">비용 구조</th><th colspan="3">수익원</th></tr>
<tr><td colspan="2">• R&D
• 제조
• 마케팅 및 물류
• 인건비</td><td colspan="3">• 스마트폰
• IoT.스마트홈
• 인터넷 서비스, 광고
• 액세서리</td></tr>
</table>

그림 : Xiaomi 비즈니스 모델

5. 한국의 플랫폼 기업 사례

5.1 카카오의 생태계 전략

한국의 플랫폼 기업들은 국내 시장의 특성을 반영한 독특한 전략을 통해 성장해왔다. 카카오는 메신저에서 시작하여 종합 생활 플랫폼으로 진화한 대표적 사례다.

1) 카카오의 플랫폼 진화 과정

① 카카오톡 기반 사용자 확보

카카오는 2010년 카카오톡 출시로 시작하여 2024년 기준 4,893만 월간 활성 사용자(MAU)를 확보했다. 이는 한국 스마트폰 사용자의 약 94~95%가 사용하는 수준으로, 국민 메신저로서의 위상을 굳건히 하고 있다.

② 핵심 자원과 역량

카카오의 핵심 자원은 카카오톡을 통해 축적된 사용자 데이터와 네트워크다. 또한 카카오 모빌리티, 카카오뱅크, 카카오페이 등 다양한 자회사를 통해 생활 전반의 서비스를 제공하는 종합 플랫폼으로 진화했다.

③ 고객 세그먼트와 확장 전략

카카오는 전 연령대를 아우르는 광범위한 고객 기반을 보유하고 있다. 메신저에서 시작하여 게임(카카오게임), 금융(카카오뱅크, 카카오페이), 모빌리티(카카오 T), 콘텐츠(카카오페이지) 등으로 생태계를 지속 확장하고 있다.

핵심 파트너	핵심 활동	가치 제안	고객 관계	고객 세그먼트
• 제휴콘텐츠 • 서비스제공사 • 광고주 • 마케팅 파트너 • 금융기관 • 결제사 • 카카오 계열사	• 메신저 • 플랫폼 운영 • 광고/커머스 • 데이터 분석 • 신규 서비스 기획 **핵심 자원** • 카카오톡 • 사용자데이터R&D • 콘텐츠·IP • 파트너 네트워크	• 무료·편리한 메시징 • 음성·영상통화 • 안전한 결제금융 서비스 • 모빌리티 서비스 kakao	• 24시간 고객센터 • 개인화 추천 • 커뮤니티 • 오픈채팅 **채널** • 카카오톡 • 자체 앱/플랫폼 • 공식계정 • 오픈채팅	• 일반 사용자 • 기업 • 택시/모빌리티기사 • 파트너사

비용 구조	수익원
• 서비스 개발·운영비용 • 인건비, 서버·인프라 유지비 • 마케팅, 파트너 관리비용 • 신규 서비스 개발 및 R&D	• 광고 • 커머스·쇼핑 수수료 • 핀테크(카카오페이) 수수료 • 콘텐츠(음원, 웹툰, 게임 등) 유료 매출

그림 : Kakao 비즈니스 모델

5.2 쿠팡의 물류 혁신

1) 쿠팡의 e-Commerce 플랫폼 전략

① 로켓배송 기반 물류 혁신

쿠팡은 "로켓배송" 브랜드로 당일배송 및 새벽배송 서비스를 제공하며, 업계 최고 수준의 물류 혁신을 이끌고 있다.

2024년 기준, 전국 250여 곳의 물류 인프라(물류센터 · 서브허브 등)를 운영하고 있으며, 주문 상품의 99% 이상을 24시간 이내에 배송하는 시스템을 구축했다.

AI · 머신러닝 기반의 스마트 물류 시스템, 자동화 설비, 신선식품 전용 풀필먼트 등 첨단 기술을 도입해 수도권은 물론 제주 · 도서 · 산간 지역까지 로켓배송 권역을 지속적으로 확대하고 있다.

쿠팡은 2024년 연매출 41조 원을 돌파하며, 국내 유통업계를 선도하고 있다

② AI 기반 재고 관리 시스템

쿠팡은 머신러닝 알고리즘을 활용하여 고객의 주문 패턴을 예측하고 최적의 재고를 유지한다. 이를 통해 재고 회전율을 높이고 물류 비용을 절감하는 동시에 고객 만족도를 향상시켰다.

③ 한국 e-Commerce 시장 점유율 확대

2024년 기준 쿠팡은 한국 e-Commerce 시장에서 22.7~22.8%의 점유율을 기록하며 1위를 유지하고 있다.

특히 생필품과 신선식품 분야에서 강력한 경쟁력을 바탕으로 전통 대형마트의 시장 점유율을 지속적으로 잠식하고 있다.

네이버, SSG닷컴, G마켓 등 주요 경쟁사들도 당일배송 · 새벽배송을 확대하고 있으나, 쿠팡은 전국 물류망과 로켓배송 시스템을 기반으로 독보적인 시장 지위를 공고히 하고 있다.

핵심 파트너	핵심 활동	가치 제안	고객 관계	고객 세그먼트
• 외부 셀러 • 브랜드사 • 식당/레스토랑 • 콘텐츠 공급자 • 물류/배송 협력사	• 상품 소싱 • 판매, 물류 • 마케팅, 신사업 • 배송 • 광고	• 다양한 상품 • 간편결제 • 프리미엄 구독 혜택 • 빠르고신뢰하는배송	• 24시간 고객센터 • 개인화 추천 • 커뮤니티 • 오픈채팅	• 일반 사용자 • 외부 판매자(셀러) • 식당/레스토랑 • 광고주
	핵심 자원		**채널**	
	• IT/데이터 인프라 • 로켓배송 인력 • 셀러 네트워크 • 전국 물류센터	coupang	• 카카오톡 • 자체 앱/플랫폼 • 공식계정 • 오픈채팅	

비용 구조	수익원
• 상품 매입/조달 • 물류센터/배송 인건비 • IT/인프라, 마케팅 • 신사업 투자	• 상품 판매 • 수수료, 광고 • 멤버십 구독, 물류 서비스 • 신사업(이츠, 플레이 등)

그림 : Coupan 비즈니스 모델

5.3 네이버의 AI 플랫폼 전략

1) 네이버의 기술 중심 플랫폼 구축

① AI 기반 서비스 고도화

네이버는 자체 개발한 대규모 언어모델 HyperCLOVA를 바탕으로 AI 서비스를 고도화하고 있다. 네이버 검색, 파파고 번역, 클로바 더빙 등 다양한 서비스에 AI 기술을 적용하여 사용자 경험을 개선하고 있다.

② 네이버 클라우드 플랫폼의 성장

2024년 네이버의 클라우드 부문 매출은 5,637억 원을 기록했다. 이는 전년 대비 26.1% 증가한 수치로, 네이버가 단순한 포털 사이트를 넘어서 B2B 플랫폼 사업자로 빠르게 성장하고 있음을 보여준다.

특히 사우디 디지털 트윈 사업 등 글로벌 프로젝트와 유료 클라우드 서비스, AI 기반 B2B 솔루션 확대가 성장의 주요 동력으로 작용했다.

네이버 클라우드는 2024년에도 국내외 기업·공공 시장에서 두 자릿수 성장률을 이어가며, 네이버 전체 사업부문 중 가장 높은 성장세를 기록했다.

③ 글로벌 진출과 현지화 전략

네이버는 라인(LINE)을 통해 일본, 대만, 태국 등 아시아 시장에서 강력한 입지를 구축했다. 특히 일본에서는 월간 활성 사용자 9,500만 명을 확보하여 일본 내 대표적인 커뮤니케이션 플랫폼으로 자리잡았다.

핵심 파트너	핵심 활동	가치 제안	고객 관계	고객 세그먼트
• 물류 파트너 • 글로벌 제휴사 • 콘텐츠 창작자 • 금융기관 • IT·AI 협력사	• 마케팅 서비스 개발 • AI·클라우드 • 신기술 R&D • 파트너 생태계 관리 • 콘텐츠 플랫폼 운영	• 안전한 결제·금융 • 맞춤형 광고 • 글로벌 진출 • 창작자SME 성장지원	• 24시간 고객센터 • 온라인 지원 • 커뮤니티 • 개인화 추천	• 일반 사용자 • 광고주, 판매자 • 금융 서비스 이용자 • 창작자
	핵심 자원		**채널**	
	• 사용자 데이터 • 브랜드 가치 • AI클라우드 기술력 • 콘텐츠 플랫폼	NAVER	• 네이버 웹/앱 • 파트너/제휴플랫폼 • 오프라인 연계 • 글로벌 서비스	

비용 구조	수익원
• 플랫폼 개발·운영비 • 인건비 • 마케팅·광고비 • 파트너/창작자 보상	• 광고(검색/디스플레이/커머스) • 이커머스 중개·판매 수수료 • 핀테크(네이버페이) 수수료 • 콘텐츠 유료 매출

그림 : NAVER 비즈니스 모델

5.4 기타 주요 한국 플랫폼 기업들

1) 배달의 민족 - 음식배달 플랫폼의 선구자

배달의 민족은 2010년 설립 이후 한국 음식배달 문화를 혁신해왔다.

2024년 기준 매출은 4조 3,000억 원, 영업이익은 6,408억 원을 기록하며, 장보기 · 커머스 사업 등 신사업에서도 고성장세를 보이고 있다. 배민B마트 등 커머스 부문 거래액은 전년 대비 309% 성장했다. 2021년 독일 딜리버리히어로(DH)에 인수된 이후에도 독특한 마케팅, 사용자 친화적 인터페이스, AI 기반 '알뜰배달' 등으로 시장을 선도하고 있다.

2) 직방 - 부동산 정보 플랫폼

직방은 부동산 정보의 비대칭성을 해소하는 플랫폼으로 성장했다.

2024년 매출은 1,200억 원으로 역대 최대치를 기록했고, 아파트 종합 정보 플랫폼 '호갱노노'를 통한 전국 단위 매물 정보 제공, VR 기반 온라인 집 보기, 스마트홈

신사업 등으로 부동산 거래의 디지털 전환을 주도하고 있다. B2C · B2B 사업모델 다각화, 신규 정보 서비스, 스마트홈 연동 솔루션 등도 강화되고 있다.

3) 야놀자 - 여행 및 레저 플랫폼

야놀자는 숙박 예약에서 시작해 여행, 레저, 액티비티, 티켓 등 전 분야를 아우르는 종합 플랫폼으로 성장했다. 2024년 글로벌 통합거래액은 27조 원(전년 대비 186% 증가), 연결 기준 매출은 9,245억 원(전년 대비 22% 증가)으로 역대 최대치를 경신했다. AI 기반 맞춤형 서비스, 글로벌 솔루션 사업, 다양한 여행 · 여가 빅데이터 분석 등으로 국내외 시장에서 경쟁력을 강화하고 있다.

5.5 한국 플랫폼 기업의 성공요인과 과제

1) 성공요인 분석

① 모바일 퍼스트 전략

한국 플랫폼 기업들은 초기부터 모바일에 최적화된 서비스 개발에 집중했다.

2024년 현재도 한국은 세계 최고 수준의 스마트폰 보급률(97% 이상), 5G · 초고속 인터넷 인프라를 바탕으로 모바일 중심의 사용자 경험을 구축하고 있다.

이러한 모바일 퍼스트 전략은 플랫폼의 접근성과 사용성을 극대화하며, 글로벌 트렌드 변화에도 민첩하게 대응할 수 있는 기반이 되고 있다

② 현지화된 서비스

카카오톡의 이모티콘 · 채널, 배달의민족의 유머러스한 마케팅, 네이버의 한국어 특화 검색 등 한국 문화와 소비자 특성에 맞춘 현지화 서비스가 글로벌 플랫폼과의 경쟁에서 차별화된 경쟁력을 제공했다. 2024년 기준, K-콘텐츠 · K-푸드 · K-핀테크 등 한류와 결합한 플랫폼 서비스도 글로벌 시장 진출과 성장의 주요 동력으로 부상하고 있다.

③ 빠른 의사결정과 실행력

한국 기업의 전통적 강점인 빠른 의사결정과 실행력은 플랫폼 비즈니스에서도 중요한 경쟁 우위로 작용한다. 시장 변화에 대한 신속한 대응, 데이터 기반의 실험과 학습, 새로운 서비스의 빠른 출시와 반복적 개선이 시장 선점과 성장에 크게 기여했다.

특히 쿠팡, 토스 등은 데이터 기반 의사결정과 조직의 자율성을 기반으로 글로벌 빅

테크와 유사한 학습·혁신 문화를 정착시키고 있다.

④ 기술 혁신과 생태계 확장

네이버, 카카오 등은 AI, 클라우드, 핀테크, 스마트 물류, IoT 등 첨단 디지털 기술을 플랫폼 서비스에 적극 도입하며, 자체 기술력 강화와 오픈 생태계 전략을 통해 성장 동력을 확보하고 있다. 기술 인재 육성, 사내벤처, 파트너사와의 협업 등도 지속 가능한 혁신과 생태계 확장의 핵심 요인으로 꼽힌다.

6) 향후 과제와 전망

① 글로벌 경쟁력 강화

한국 플랫폼 기업들의 주요 과제는 국내 시장을 넘어선 글로벌 경쟁력 확보다. K-콘텐츠의 인기를 활용한 해외 진출과 현지 파트너십 구축이 중요한 전략이 될 것이다.

② 규제 환경 대응

플랫폼 기업에 대한 규제가 강화되는 상황에서 컴플라이언스 체계 구축과 동시에 혁신을 지속하는 균형점을 찾아야 한다. 특히 개인정보 보호, 공정거래, 노동법 관련 이슈에 대한 선제적 대응이 필요하다.

③ 신기술 도입과 혁신

AI, 블록체인, 메타버스 등 신기술을 플랫폼에 접목하여 차세대 서비스를 개발하는 것이 중요하다. 기술 혁신을 통한 새로운 가치 창출이 지속 성장의 핵심이 될 것이다.

/ 제5장 /

창업정보 및 지원사업 안내

1. 창업정보 플랫폼과 활용법

1.1 창업 정보의 허브, '창업넷(K-Startup)'의 이해

1) 창업넷의 개념과 역할

창업을 준비하거나 실행 중인 이들에게 있어 정보 탐색은 전략의 시작이다. 성공적인 창업을 위해서는 정확하고 최신의 정보를 바탕으로 한 전략 수립이 필수적이다.

한국에서 정부·공공 주도의 창업 지원 정보를 가장 폭넓게 제공하는 플랫폼은 중소벤처기업부가 운영하는 '창업넷(K-Startup)'이다. 이 플랫폼은 창업 생태계의 중심 허브 역할을 하며, 예비창업자부터 성장 단계의 스타트업까지 모든 창업자가 필요로 하는 정보와 서비스를 원스톱으로 제공한다.

창업넷은 창업자들을 위한 종합적인 정보 포털로서, 정부 정책의 수혜자와 정책 당국을 연결하는 가교 역할을 수행하고 있다. 이는 창업 생태계의 효율성을 높이고 정보 비대칭을 해소하는 데 중요한 기능을 담당하고 있다.

그림 : 창업넷(K-Startup) 홈페이지
출처 : https://www.k-startup.go.kr/

1.2. 창업넷의 핵심 기능

1) 창업넷의 주요 기능

창업넷은 창업자들을 위한 핵심 기능들을 통합적으로 제공한다.

먼저 통합 정보 제공 시스템을 통해 전국의 정부 및 지자체에서 추진하는 창업지원사업 공고를 한 곳에서 통합 제공한다. 중앙부처, 지방자치단체, 공공기관의 다양한 지원사업 정보를 실시간으로 업데이트하며, 지원사업별 상세 정보, 신청 방법, 일정 등을 체계적으로 정리하여 제공한다.

맞춤형 학습 지원 도구 역시 창업넷의 핵심 기능 중 하나다. 창업자의 준비 단계에 맞춘 다양한 e-러닝 콘텐츠를 제공하며, 단계별 창업교육 프로그램 및 온라인 강의 시스템을 운영한다. 또한 사업계획서 작성 도구 및 템플릿을 제공하고, 자가진단 서비스를 통해 창업 준비도를 점검할 수 있도록 지원한다.

특히 주목할 만한 기능은 스마트 알림 서비스다. 사용자가 관심 있는 분야를 등록하면 관련 공고가 올라올 때 맞춤형 알림 기능을 통해 실시간 정보를 제공받을 수 있다. 개인별 관심사와 창업 아이템에 따른 맞춤형 정보 큐레이션이 가능하며, 이메일, SMS 등 다양한 채널을 통한 알림 서비스를 제공한다.

□ 접속 경로: www.k-startup.go.kr

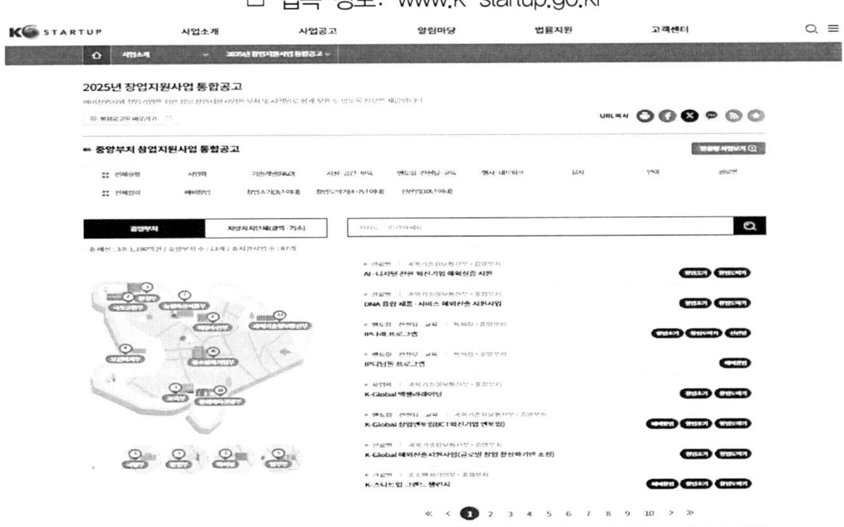

그림 : 중앙부처 창업지원사업 통합공고

그림 : 지방자치단체 창업지원사업 통합공고

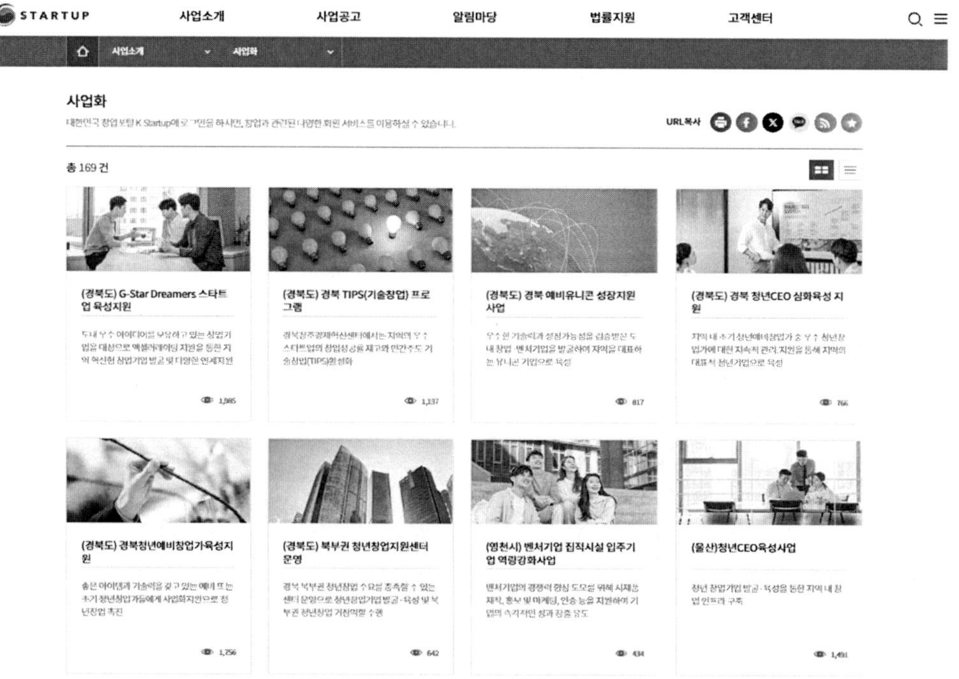

그림 : 사업소개(사업화)

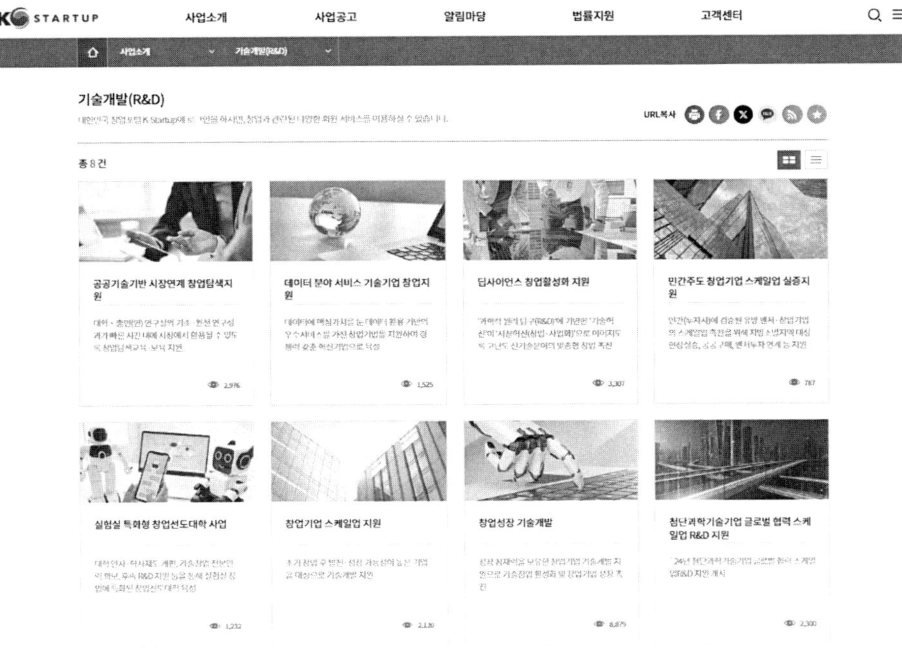

그림 : 사업소개(기술개발 R&D)

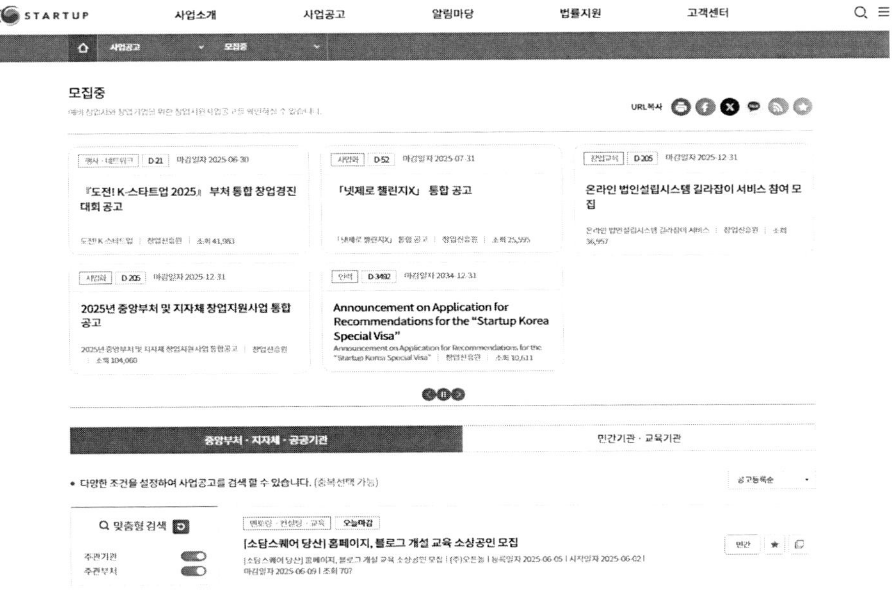

그림 : 사업공고 (모집중)

2) 창업넷 활용의 중요성

창업넷을 효과적으로 활용하는 것은 현대 창업 환경에서 필수적이다. 정부 지원사업의 경우 신청 기간이 한정적이고, 사업별로 지원 조건과 방식이 다르기 때문에 정확한 정보 파악이 성공의 열쇠가 된다. 또한 창업넷을 통해 제공되는 교육 콘텐츠와 진단 도구는 창업자의 역량 개발에 큰 도움이 된다.

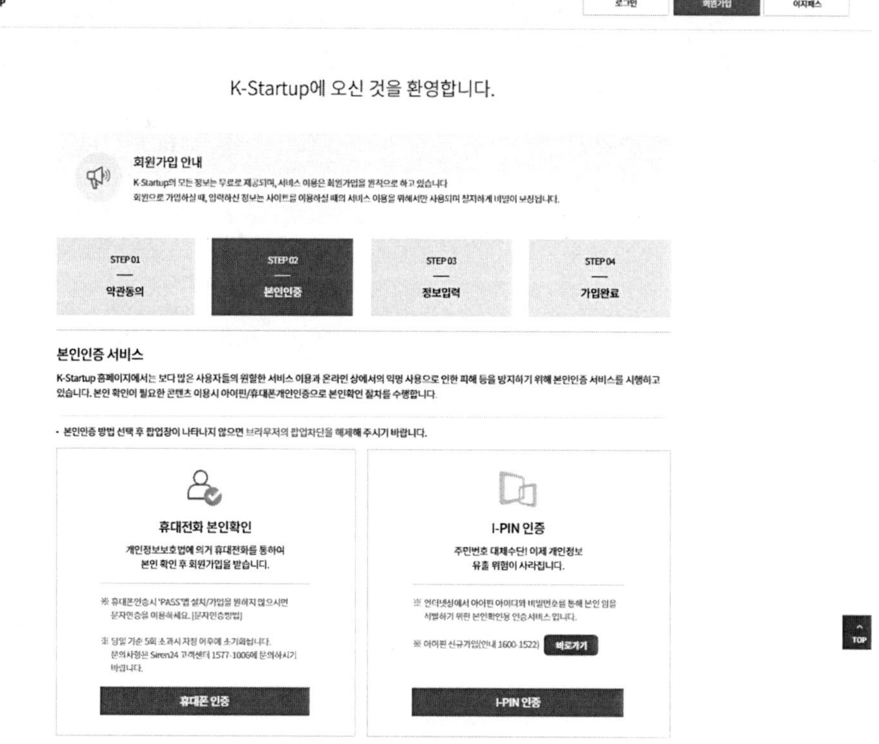

그림 : 창업넷 회원가입

1.3 예비 및 초기 창업자를 위한 주요 정부지원사업

1) 정부 창업지원사업의 변화

정부는 창업 단계에 따라 다양한 맞춤형 패키지형 지원사업을 운영하고 있다. 2025년에는 기존 정책의 효과성을 높이기 위한 중요한 변화가 도입되었다. 가장 주목할 만한 변화는 선정 규모 축소와 함께 지원방식 고도화다. 이는 더 많은 수의 창업자에게 소액을 지원하는 방식에서 벗어나, 실제 성공 가능성이 높은 창업자들에게 집중적으로 지원하는 방식으로의 전환을 의미한다.

2) 예비창업패키지

① 사업 개요

예비창업패키지는 아직 사업자등록을 하지 않은 예비창업자를 대상으로 하는 정부의 대표적인 창업지원사업이다. 이 사업은 창업 아이디어는 있지만 아직 구체적인 사업화 단계에 이르지 못한 예비창업자들에게 최대 5,000만원의 사업화 자금을 지원한다.

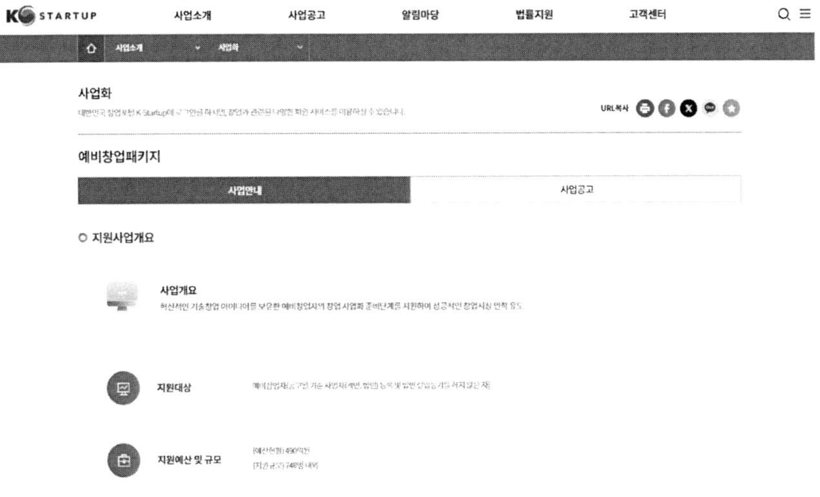

그림 : 예비창업패키지 개요

[2025년 예비창업패키지 예비창업자 모집공고 내용]

중소벤처기업부 공고 제2025 - 105호

2025년도 예비창업패키지 예비창업자 모집공고

혁신적인 기술과 사업모델(BM)을 보유한 예비창업자를 발굴·지원하기 위한 『**2025년도 예비창업패키지**』 참여자를 다음과 같이 모집 공고합니다.

2025년 2월 17일
중소벤처기업부 장관

> ※ **K-Startup 누리집 가입 시 실명인증이 되지 않는 경우 서울신용평가정보(SCI)를 통한 사전 실명등록이 필요합니다. 온라인 접수 전 필히 등록해 주시길 바랍니다.**
> ① **실명 등록 대상 : 개명인, 외국인, 미성년자 등 인터넷 실명 확인 불가능자**
> ② **실명 등록 경로 : www.siren24.com (☏1577-1006) · 실명 등록에 최대 3일 소요**
> ☞ **K-Startup 누리집 > 고객센터 > 일반매뉴얼 > K-Startup 창업기업 실명등록 매뉴얼 참고**
> ※ **최종 선정 통보된 예비 선정자는 통보일 다음날부터 3일 이내에 「예비창업패키지」 협약체결 확약서를 제출해야 합니다.**

1 사업 개요

☐ **사업목적 :** 혁신적인 기술과 사업모델(BM)을 보유한 예비창업자의 성공 창업을 지원하여 양질의 일자리 창출

☐ **지원대상 :** 예비창업자*

* 신청자격은 동 공고 '3. 신청자격 및 요건' 참조
** 예비창업패키지는 「중소기업창업 지원법 제2조제9호」에 따른 기술창업 지원사업으로 단순 카페 운영, 도·소매, 유통 등은 지원 불가

☐ **지원내용 :** 사업화 자금 (평균 0.5억원), 창업프로그램 등

사업화 자금		창업프로그램*
시제품 제작, 마케팅, 지식재산권 출원·등록 등에 소요되는 사업화 비용 지원	⊕	BM 고도화, MVP 제작, 멘토링 등 주관기관별 창업프로그램 운영

* 주관기관별 창업프로그램은 '**[별첨 3]** '주관기관 소개자료' 참고

☐ **협약기간 :** 협약 시작일로부터 **8개월 이내**

☐ **선정규모 : 총 780명 내외** (일반분야 660명, 특화분야 120명 내외)

* 주관기관별 선정 규모는 신청·접수 결과 등에 따라 변동될 수 있음

2 지원내용

□ **지원내용 :** 사업화 자금 및 주관기관별 창업프로그램 등

구분	지원 세부 내용
사업화 자금	• 시제품 제작, 지재권 취득, 사업모델(BM) 개선, 마케팅 등에 소요되는 **사업화 자금 평균 0.5억원 지원** * 선정평가 결과에 따라 사업화 자금(정부지원사업비) 차등 지원 ** 사업화 자금(정부지원사업비)은 신청자의 신청 금액 범위 내에서 지급 • **사업화 자금(정부지원사업비)을 사업단계별(총 2단계)로 차등 지원** - **(1단계)** BM 구체화를 위한 시장조사 및 최소기능 제품(MVP) 제작을 위한 **사업화 준비 자금 지원(20백만원 내외)** - **(2단계)** 협약 중간 시점에 1단계 사업계획 진척도 및 향후 추진계획 등을 평가하여 **사업화 자금 추가 지원(40백만원 내외)** • **총사업비 = 정부지원사업비 100% (자기부담사업비 없음)**

< 사업화 자금 집행 비목 >

비 목	비목 정의
재료비	• 사업계획서 상의 사업화를 위해 소요되는 재료 또는 원료, 데이터 등을 구입하는 비용
외주용역비	• 예비창업자가 자체적으로 시제품 제작을 완성할 수 없는 경우 일부 공정에 대해 외부 업체에 의뢰하여 제작하고, 이에 대한 대가를 지급하는 비용
기계장치 (공구·기구, 비품, SW 등)	• 사업화를 위해 필요한 일정 횟수 또는 반영구적으로 사용 가능한 기계 또는 설비, 비품을 구매하는 비용
특허권 등 무형자산 취득비	• 사업계획서 상의 창업아이템과 직접 관련 있는 지식재산권 등의 출원・등록 관련 비용
인건비	• 채용 예정 직원이 사업에 직접 참여하는 경우, 근로계약에 따라 지급하는 급여 * 신청자(예비창업자)의 배우자 또는 직계존비속에게는 인건비 지급 불가
지급수수료	• 사업화를 위한 거래를 수행하는 대가로 요구하는 비용 (기술이전비, 학회 및 세미나 참가비, 전시회 및 박람회 참가비, 멘토링비, 시험·인증비, 기자재 임차비 등)
여비	• 신청자(예비창업자) 및 소속 임직원이 소재지를 벗어나 타 지역 또는 타 국가로 출장 등의 사유로 집행하는 비용
교육훈련비	• 신청자(예비창업자) 및 소속 임직원이 사업화를 위해 기술 및 경영교육 이수 시 집행하는 비용
광고선전비	• 신청자(예비창업자)의 제품과 기업을 홍보하기 위한 홈페이지 제작비, 홍보영상 및 홍보물 제작비, 포장 디자인비, 일간지 등의 광고 게재, 기타 마케팅에 소요되는 비용
창업활동비 (월 50만원 한도)	• 창업(준비) 활동에 필요한 문헌 구입, 소모품 구입 등에 소요되는 경비

<table>
<tr><td rowspan="6">창업
프로그램</td><td colspan="2">• 주관기관의 강점과 특성을 반영하여 예비창업자 지원 프로그램 제공</td></tr>
<tr><td>유형</td><td>프로그램 예시</td></tr>
<tr><td>① BM 수립</td><td>BM 발굴, 팀 빌딩, BM 고도화</td></tr>
<tr><td>② 아이템 구현</td><td>MVP 제작, 시장검증, 멘토링</td></tr>
<tr><td>③ 투자유치</td><td>투자 교육, 모의 및 실제 투자 IR</td></tr>
<tr><td>④ 자율 프로그램</td><td>주관기관이 예비창업자의 수요를 반영하고 자체 보유한 강점과 역량을 투입하여 지원하는 기관별 맞춤형 프로그램</td></tr>
</table>

3 신청자격 및 요건

□ 신청자격

○ 사업 공고일('25.2.17.) 기준 신청자 명의의 사업자 등록 및 법인 설립 등기를 하지 않은 자

- 단, 부동산임대업만을 영위하는 창업기업(개인사업자) 대표는 아래 세부조건을 충족하는 경우에 한하여 신청 가능

< 신청 세부 조건 >

▶ **부동산임대업 영위기업 대표**

• 공고일('25.2.17.) 기준 직원을 고용하지 않고 부동산임대업만을 영위*하는 개인사업자(법인 불가)로, 협약종료일 2개월 이전까지 이종업종 제품 및 서비스를 영위하는 법인사업자로 창업이 가능한 경우에 한하여 신청 가능

* 사업자등록증 상에 부동산임대업 이외에 타 업종을 복수로 영위하고 있는 경우 신청 불가

○ 사업 공고일 기준 '25년('25.1.1~2.17.)에 개인사업자 폐업 또는 법인 사업자 폐업(해산 및 청산)을 하지 않은 자

□ 신청분야 : 일반분야와 특화분야로 구분

<table>
<tr><th colspan="2">신청분야</th><th>분야별 설명</th><th>선정 규모</th></tr>
<tr><td colspan="2">일반
분야</td><td>정보·통신, 전기·전자, 기계·소재(재료), 바이오·의료(생명·식품), 에너지·자원(환경·에너지), 화학(화공·섬유), 공예·디자인 등 全 기술 분야를 지원</td><td>660명</td></tr>
<tr><td rowspan="3">특
화
분
야</td><td>여성</td><td>혁신적인 기술창업 아이디어를 보유한 여성 예비창업자 지원
* 여성 분야는 '여성'만 신청 가능</td><td>60명</td></tr>
<tr><td>소셜
벤처</td><td>사회문제 해결을 목표로 혁신기술 또는 비즈니스 모델을 통해 수익을 추구하는 소셜벤처 기업을 창업하려는 예비창업자 지원
* 소셜벤처 분야는 창업 후 3개월이 속한 월말(협약기간 이내) 까지 '소셜벤처기업' 판별기준을 충족하지 못할 경우 '실패' 판정</td><td>60명</td></tr>
<tr><td>사내
벤처</td><td>대기업 등 민간의 혁신역량을 활용하여 발굴된 분사 창업기업의 사업화 및 성장을 지원 • 사내벤처 분야는 별도 공고</td><td>30팀</td></tr>
</table>

4 접수방법

□ 접수 기간 : '25년 2월 24일(월) ~ 3월 12일(수), 16:00까지

< 유의 사항 >

① 신청 마감일에는 문의 및 접속이 원활하지 않을 수 있으므로, **마감일 2~3일 이전**에 **'K-Startup 누리집' 가입 및 사업 신청**을 미리 진행하는 것을 권장

* 신청·접수는 **16:00 정각에 종료**(신규 신청 불가). 다만, 16:00 전에 1단계(약관동의) 후 신청서 작성 단계에 진입하여 과제번호를 부여받은 경우, 18:00까지 작성 항목 수정, 사업계획서 및 증빙서류 추가 업로드 등 가능

② 온라인 신청서 작성 이후 **'제출완료' 버튼을 클릭**해야 **최종 접수가 완료**됨

③ **온라인으로만 신청이 가능**하고, 접수된(18:00 이후) 사업계획서 등 일체 내용은 **수정 및 삭제 불가**

□ 접수 방법

○ K-Startup 누리집 온라인 신청·접수 (www.k-startup.go.kr)

- 신청·접수 시, K-Startup 누리집을 통해 **실명인증**을 **실시**하여야 하며, 사전에 **회원가입** 및 **실명인증 필요**

* **실명인증** : 서울신용평가정보(SCI)를 통한 개인 실명인증 진행(외국인, 개명인, 미성년자 등 실명 정보가 등록되어 있지 않은 경우, 사전 실명 등록 및 적용 절차 진행 필수)

** **기업인증** : 공동인증서(기업용), 금융인증서, SCI기업실명인증, 국세청사업자 확인 중 택1

*** 온라인 사업 신청 관련 자세한 사항은 '**[별첨 5]** 사업 신청 매뉴얼' 참고

□ 제출 서류

○ 사업계획서 1부 (**[별첨 1]** 양식)

* 모집공고에 첨부된 사업계획서 양식 활용(그 외 양식 제출 시 평가대상에서 제외)

○ 기타 제출서류 각 1부 (해당 시, **[별첨 2]**의 '증빙서류 제출 목록 안내' 참고)

제출서류	제출 방법	비고
① 사업신청서	온라인 입력	-
② 사업계획서	파일 첨부	용량제한 30MB
③ 증빙서류(필수 증빙 및 가점 관련 증빙서류 등 포함) * 관련 증빙서류 누락 시 평가에 불이익이 있을 수 있음		

* 가점 증빙서류는 **사업 신청 시 제출**하며, 미제출 시 가점으로 불인정

5 평가 및 선정 절차

□ **평가 절차 :** 총 3단계 평가(서류 → 인큐베이팅 → 발표)를 통해 1단계 대상자 선정

* 선정평가 운영 및 평가 일정, 평가 결과 등은 **선택한 주관기관**에서 안내 예정

< 예비창업자 선정평가 절차(안) >

① 요건검토	② 서류평가	③ 인큐베이팅	④ 발표평가	⑤ 선정(1단계)
자격기준 검토 및 서류평가 대상자 확정	사업계획서 서면 평가 (2배수 내외 선정)	BM 구체화 및 멘토링 등 (서류평가 통과자 대상)	서류평가 통과자 대상 발표 및 질의응답 (30분 이내)	정부지원사업비 등 선정 확정
'25.3월 중	'25.3월 말	'25.4월 초	'25.4월 말	'25.4월 말 또는 5월 초

신청자에 대한 요건검토, 사업계획서 유사·중복성 검토는 창업진흥원 및 주관기관에서 상시 진행하며, 선정·협약 이후에도 신청자격 미충족 등이 확인되는 경우 선정·협약 취소 처리 예정

※ 상기 일정은 신청자의 수 등 대내·외 사정에 따라 변경될 수 있음

□ **평가 방법**

① **요건검토** : 사업계획서, 증빙서류 등을 확인하여 신청자격 등 검토

② **서류평가** : 사업계획서를 토대로 평가지표(가점 포함)에 따라 평가를 시행, 발표평가 대상자 확정(1단계 선정 규모의 2배수 내외)

- 서류 또는 발표평가 면제 대상일지라도, 사업 신청·접수를 완료하여야 하며, 공고문상의 신청 자격 등을 충족하여야 함

- 서류평가 통과자를 대상으로 '예비창업자'임을 확인할 수 있는 증빙서류*를 제출받아 검토할 예정이며, 신청 자격 위배 사항이 발견되는 경우 발표평가 또는 협약 대상에서 제외

* 사실증명(총사업자등록내역), 사업자등록증명, 폐업사실증명, 등기사항전부증명서 등 **서류평가 통과자를 대상으로 별도 안내 예정**

□ 평가지표

○ 창업 아이템의 개발 배경 및 필요성, 사업기간 내 개발 계획, 사업화를 위한 차별성, 수익모델 등 성장전략, 대표자(신청자) 및 팀원의 보유 역량 등을 종합적으로 평가

* 주관기관 선정 규모와 관계없이 평가 단계별 점수가 60점 미만일 경우 선정 대상에서 제외

< 서류·발표 평가지표 주요 내용 >

평가항목	세부 내용
문제인식	• 창업 아이템의 개발 배경 및 필요성 등
실현가능성	• 창업 아이템의 사업기간 내 개발 또는 구체화 계획 등
성장전략	• 창업 아이템의 사업화를 위한 차별성, 수익모델, 자금조달 방안 등
팀(기업) 구성	• 대표자 및 고용 (예정)인력이 보유한 기술 역량과 노하우 등

□ 사업 운영일정

※ 세부 일정은 대내·외 사정에 따라 변경될 수 있음

② 2025년 주요 변화사항

2025년 예비창업패키지는 기존 운영방식에서 중요한 변화를 보이고 있다.

선정 인원 조정 측면에서 지원 인원이 기존 930명에서 780명으로 축소되었다. 이로 인해 선정 경쟁률이 상승하였으며, 지원자들의 역량 강화 필요성이 증대되었다.

차등 지원 체계 도입은 더욱 중요한 변화다. 자금 지급 방식이 2단계로 나뉘어 차등 지원되는 체계로 변경되었다. 1단계는 비즈니스모델(BM) 구체화를 위한 기초 자금 2,000만원을 지원하며, 2단계에서는 창업 아이템의 진척도 평가 결과에 따라 4,000만원 추가 자금을 차등 지급한다.

이러한 변화는 단순한 아이디어 단계를 넘어 실제 실행 가능성과 시장성을 보다 엄격하게 평가하겠다는 정부의 의지를 반영한다.

③ 지원 내용

금전적 지원으로는 최대 5,000만원의 사업화 자금을 제공하며, 2단계 차등 지급 시스템을 통한 성과 기반 추가 지원이 이루어진다.

비금전적 지원으로는 체계적인 창업 역량 강화를 위한 창업교육, 분야별 전문가와의 1:1 전담 멘토링 시스템, 투자자 및 협력사 매칭 기회를 제공하는 데모데이(IR) 연계 등이 포함된다. 이 외에도 네트워킹 및 협업 기회 창출 등 다양한 지원이 제공된다.

[지원 참고사항]

본 공고는 해마다 같은 시기에 공고되며 내용 또한 큰 차이가 없다. 따라서 2025년 공고문을 참조하여 사전에 준비, 전년 말부터 당년 1~2월에 미리 계획서를 준비하여 3월초에 제출하는 것이 중요하다. 또한 동일한 유형의 예비창업자 모집지원사업이 정부단위의 지원사업에서 정부 산하 공공기관, 광역단체와 광역단체 산하 공공기관, 기초자치단체 및 기초자치단체 산하의 공공기관에서 1개월 정도의 시차를 두고 지속 공고되므로 지속적인 도전이 가능하다.

핵심은 기본적인 사업아이템에 대한 기획과 그것을 수행하기 위한 사전 준비단계의 다양한 실천이고 그것에 대한 기록이다.

4. 초기창업패키지

1) 사업 개요

초기창업패키지는 창업 3년 이내의 초기 창업기업을 대상으로 한 정부의 대표적인 창업지원사업이다. 이 사업은 이미 창업을 완료한 스타트업 중 기술 및 시장 진입 역량이 부족한 기업을 선별하여, 최대 1억원의 사업화 자금을 지원함으로써 기술개발, 시장진입, 성장 기반 확보를 돕는 것을 목표로 한다.

그림 : 초기창업패키지 개요

중소벤처기업부 공고 제2025 - 106호

2025년도 초기창업패키지 창업기업 모집공고

유망 창업 아이템 및 기술을 보유한 초기창업기업의 사업 안정화와 성장을 지원하는『**2025년도 초기창업패키지**』에 참여할 창업기업을 다음과 같이 모집합니다.

2025년 2월 17일
중소벤처기업부 장관

※ K-Startup 누리집 가입 시 실명인증이 되지 않는 경우 서울신용평가정보(SCI)를 통한 사전 실명등록이 필요합니다. 온라인 접수 전 필히 등록해 주시길 바랍니다.
① 실명 등록 대상 : 개명인, 외국인, 미성년자 등 인터넷 실명 확인 불가능자
② 실명 등록 경로 : www.siren24.com (☎1577-1006) · 실명 등록에 최대 3일 소요
☞ K-Startup 누리집 > 고객센터 > 일반매뉴얼 > K-Startup 창업기업 실명등록 매뉴얼 참고
※ 최종 선정 통보된 예비 선정기업은 통보일 다음날부터 3일 이내에 「초기창업패키지」 협약체결 확약서를 제출해야 합니다.

1 사업 개요

☐ **사업목적** : 유망 창업 아이템을 보유한 초기창업기업을 대상으로 사업화 자금 및 창업프로그램 지원을 통한 사업 안정화 및 성장 지원

☐ **지원대상** : 창업 후 3년 이내 초기창업기업*

* 신청자격은 동 공고 '3. 신청자격 및 요건' 참조
** 초기창업패키지는 「중소기업창업 지원법 제2조제9호」에 따른 기술창업 지원사업으로 단순 카페 운영, 도·소매, 유통 등은 지원 불가

☐ **지원내용** : 사업화 자금 (최대 1억원, 평균 0.7억원), 창업프로그램 등

사업화 자금		창업프로그램*
시제품 제작, 마케팅, 지식재산권 출원·등록 등에 소요되는 사업화 비용 지원	+	시장진입, 투자유치, 실증 검증 등 주관기관별 창업프로그램 운영

* 주관기관별 창업프로그램은 '**[별첨 3]** '주관기관 소개자료' 참고

☐ **협약기간** : 협약 시작일로부터 **9개월 이내**

☐ **선정규모** : **총 430개사 내외**

* 주관기관별 선정 규모는 신청·접수 결과 등에 따라 변동될 수 있음

2 지원내용

□ **지원내용** : 사업화 자금 및 주관기관별 창업프로그램 등

<table>
<tr><th>구분</th><th>지원 세부 내용</th></tr>
<tr><td>사업화 자금</td><td>
• 시제품 제작, 지재권 취득, 사업모델(BM) 개선, 마케팅 등에 소요되는 <u>사업화 자금 평균 0.7억원 (최대 1억원) 지원</u>
* 선정평가 결과에 따라 사업화 자금(정부지원사업비) 차등 지원
** 사업화 자금(정부지원사업비)은 신청자(기업)의 신청 금액 범위 내에서 지급
• 총사업비 = 정부지원사업비 70% 이하 + 자기부담사업비* 30% 이상
* 자기부담사업비(30% 이상) : <u>현금 10% 이상 + 현물 20% 이하</u>
** 현물은 창업기업 대표자 본인 및 사업화 수행에 직접 참여하는 고용인력의 인건비, 사무실 임차료, 보유 기자재 등으로 부담
< 총사업비 구성 및 예시 (정부지원사업비 7,000만원인 경우) >
<table>
<tr><th rowspan="2">총 사업비</th><th rowspan="2">정부지원사업비</th><th colspan="2">창업기업 자기부담사업비</th></tr>
<tr><th>현금</th><th>현물</th></tr>
<tr><td>100%</td><td>총사업비의 70% 이하</td><td>총사업비의 10% 이상</td><td>총사업비의 20% 이하</td></tr>
<tr><td>1억원 (100%)</td><td>7,000만원 (70%)</td><td>1,000만원 (10%)</td><td>2,000만원 (20%)</td></tr>
</table>
< 사업화 자금 집행 비목 >
<table>
<tr><th>비 목</th><th>비목 정의</th></tr>
<tr><td>재료비</td><td>• 사업계획서 상의 사업화를 위해 소요되는 재료 또는 원료, 데이터 등을 구입하는 비용</td></tr>
<tr><td>외주용역비</td><td>• 창업기업이 자체적으로 시제품 제작을 완성할 수 없는 경우 일부 공정에 대해 외부 업체에 의뢰하여 제작하고, 이에 대한 대가를 지급하는 비용</td></tr>
<tr><td>기계장치
(공구·기구, 비품, SW 등)</td><td>• 사업화를 위해 필요한 일정 횟수 또는 반영구적으로 사용 가능한 기계 또는 설비, 비품을 구매하는 비용</td></tr>
<tr><td>특허권 등
무형자산 취득비</td><td>• 사업계획서 상의 창업아이템과 직접 관련 있는 지식재산권 등의 출원 · 등록 관련 비용</td></tr>
<tr><td>인건비</td><td>• 창업기업 소속 직원이 사업에 직접 참여하는 경우, 근로계약에 따라 지급하는 급여(대표자는 현물로만 계상 가능)
* 신청기업의 배우자 또는 직계존비속에게는 인건비 지급 불가</td></tr>
<tr><td>지급수수료</td><td>• 사업화를 위한 거래를 수행하는 대가로 요구하는 비용
(기술이전비, 학회 및 세미나 참가비, 전시회 및 박람회 참가비, 멘토링비, 시험·인증비, 기자재 임차비 등)</td></tr>
<tr><td>여비</td><td>• 창업기업의 임직원이 소재지를 벗어나 타 지역 또는 타 국가로 출장 등의 사유로 집행하는 비용</td></tr>
<tr><td>교육훈련비</td><td>• 창업기업의 임직원이 사업화를 위해 기술 및 경영교육 이수 시 집행하는 비용</td></tr>
<tr><td>광고선전비</td><td>• 창업기업의 제품과 기업을 홍보하기 위한 홈페이지 제작비, 홍보영상 및 홍보물 제작비, 포장 디자인비, 일간지 등의 광고 게재, 기타 마케팅에 소요되는 비용</td></tr>
</table>
</td></tr>
</table>

<table>
<tr><td rowspan="6">창업
프로그램</td><td colspan="2">• 주관기관의 강점과 특성을 반영하여 초기창업기업을 지원하는 프로그램 제공</td></tr>
<tr><td>유형</td><td>프로그램 예시</td></tr>
<tr><td>① 시장진입</td><td>판로개척, 네트워킹, 민간 연계, 글로벌 연계</td></tr>
<tr><td>② 투자유치</td><td>투자 교육, 모의 및 실제 투자 IR</td></tr>
<tr><td>③ 실증 검증</td><td>멘토링, 기술 실증 등</td></tr>
<tr><td>④ 자율 프로그램</td><td>주관기관이 초기창업기업의 수요를 반영하고 자체 보유한 강점과 역량을 투입하여 지원하는 기관별 맞춤형 프로그램</td></tr>
</table>

3 신청자격 및 요건

□ 신청자격

○ 「중소기업기본법」 제2조제1항에 따른 중소기업의 대표자이자, 「중소기업창업 지원법」 제2조제2호·제2의2호, 제2조제3호·제3의2호, 제2조제10호에 따른 초기창업기업의 대표자로서 모집공고일 기준 창업 3년 이내인 자

< 신청 자격 세부 조건>

▶ **신청가능 업력** : <u>**2022년 2월 17일 ~ 2025년 2월 17일**</u>

- **개인사업자** : 사업자등록증 상 '개업연월일' 기준
- **법인사업자** : 법인등기부등본 상 '법인설립등기일' 기준

 * 개인·법인사업자 모두 사업 개시 및 사업자 등록을 완료하여야 함

- 공동대표 또는 각자대표로 구성된 기업의 경우, 대표자 전원이 '신청자격'에 해당되고, '신청 제외 대상'에 해당되지 않아야 함
- 다수의 사업자등록증(개인·법인)을 보유한 경우, 창업여부 기준표에 따라 신청 자격 적합 여부 결정 <u>**([붙임 2] 창업 여부 기준표를 참고하여 신청 전 필히 확인)**</u>

 * 동 사업에 신청하는 사업자 기준으로 이전에 개시한 사업자(개인, 법인)와의 창업 여부 확인 필수

- 본점과 지점이 있는 경우 본점 사업자로만 신청 가능하며, 중복 신청한 경우 본점을 기준으로 요건 검토 예정
- 「중소기업창업 지원법」제2조제2의2호의 국외 창업에 해당할 경우, 국내·국외 창업기업의 업력이 모두 공고일 기준 3년 이내이어야 하며, 반드시 보유한 국내 영업소로 신청(해외 연락사무소, 사업자(국외 사업자 등)는 신청·접수 불가)

2) 2025년 주요 변화사항

2025년 초기창업패키지는 기존 운영방식에서 상당한 변화를 보이고 있다.

선정 규모 및 지원금 차등화 측면에서 총 약 430개 기업이 선정되며, 평균 7천만원에서 최대 1억원까지 차등 지급된다. 이는 지원금의 전략적 배분을 통해 유망 기업에 대한 집중지원을 강화하려는 정책 의도를 반영한다.

지원 대상 명확화가 중요한 변화다. 신청 자격은 2022년 2월 17일 이후 창업한 개인사업자 또는 법인사업자로 제한되며, 도·소매업, 단순 유통, 일반 카페 등은 지원 대상에서 제외된다. 이는 기술 창업 중심의 선별적 지원 기조를 명확히 한다.

자기부담금 제도가 강화되었다. 2025년부터는 자기부담금 비율이 총 30%로 상향 조정되며, 이 중 현금은 최소 10% 이상이어야 한다. 이는 창업자의 책임성을 강화하고 자발적 투자를 유도하기 위한 장치다.

지원금 운용 자율성이 확대되었다. 기업은 시장검증, 실증지원 등 기술 사업화 중심 항목에 유연하게 자금을 배분할 수 있도록 운용 자율성이 확대되었다. 이는 수요자 중심의 맞춤형 사업화를 가능하게 한다.

평가 기준도 고도화되었다. 시장성, 기술성, 성장성에 대한 평가가 강화되었으며, 공동대표의 경우 전원이 요건을 충족해야 한다. 해외 창업자의 경우에는 국내 법인 설립 후 신청이 가능하다.

3) 지원 내용

금전적 지원으로는 평균 7천만원, 최대 1억원의 사업화 자금을 지원하며, 자금은 평가 결과에 따라 차등 지급된다. 사용 항목에는 시제품 제작, 마케팅, 특허 및 IP 출원, 인건비, 기자재 구매, 광고·홍보 등이 포함된다.

비금전적 지원으로는 기술, 경영, 마케팅 분야 전문가의 멘토링 및 컨설팅, 투자 유치(IR) 지원, 글로벌 진출 프로그램, 실증 검증 등 주관기관별 특화 프로그램이 제공된다. 이 외에도 데모데이, 네트워킹, R&D 연계 등 다양한 창업 생태계 자원과의 연결이 강화된다.

후속 연계 프로그램 측면에서는 스케일업 패키지, 정부 R&D 과제, TIPS(민간투자주도형 기술창업지원) 등과의 연계를 통해 초기 단계를 넘어선 지속가능한 성장을 도모할 수 있는 후속 지원이 마련되어 있다.

5. 2025년 정부의 창업지원 정책 방향 및 주요 사업 일람

1) 정책 패러다임의 전환

2025년부터는 창업지원 정책 전반에 걸쳐 근본적인 변화가 이뤄지고 있다. 이는 과거 수년간의 창업지원 정책 성과를 분석한 결과, 보다 효과적이고 실질적인 지원 방식으로의 전환이 필요하다는 판단에 따른 것이다. 핵심 변화 방향은 보증·융자 중심에서 직접지원 중심으로의 전환과 실행역량과 시장 검증 중심의 평가 체계 강화다. 이러한 변화는 단순한 자금 분배를 넘어 창업자의 생존율 제고와 기술기반 시장 진입 성공률을 높이기 위한 구조 개편의 일환이라 할 수 있다. 2025년 정부 창업지원 정책은 중앙정부 예산이 전년 대비 소폭 감소(약 3조 2,940억 원)했으나, 기초 지자체 예산은 45% 증가하여 지역 창업 활성화에 중점을 두고 있다. 또한, 지원 프로그램 수는 확대되어 창업자 맞춤형 지원이 강화되고 있다.

2) 2025년 주요 정책 변화 세부 내용

✓ 항목주요 내용정책 방향

보증·융자 예산 축소/ 직접지원 확대/ 기술·지역 기반 창업 확대/ 실행역량 및 시장 검증 기반 평가 도입주요 변화/ 예비창업 선정 인원 축소/ 2단계 자금지원 체계 도입/ 후속 스케일업(Scale-Up) 및 R&D 지원 강화

예비창업패키지의 경우, 2025년에는 선정 인원이 780명(일반 660명, 특화 120명)으로 2024년 대비 소폭 감소하였다. 지원금은 평균 5,000만 원이나, 분야 및 주관기관에 따라 최대 1억 원까지 지원이 가능하다. 자금지원은 1·2단계로 나누어 지급되어, 사업화 단계별로 성과 평가 후 추가 지원이 이루어진다.

3) 지원 유형별 주요 사업 체계

2025년 정부 창업지원사업은 창업자의 성장 단계와 필요에 따라 체계화되어 있다.

창업교육 분야에서는 창업넷 플랫폼 중심의 통합 교육 시스템을 구축하고 있다. 온라인-오프라인 연계 교육 프로그램을 제공하며, 단계별 맞춤형 교육 콘텐츠를 지원한다.

✓ 창업보육 분야는 BI(창업보육센터) 중심의 체계적 보육 시스템을 운영한다. 대

학, 연구소, 민간 보육센터 간 연계를 강화하고, 글로벌 보육 프로그램을 확대하고 있다.

✓ 자금지원 분야에서는 단계별 맞춤 자금을 지원하는 예비/초기창업패키지, 청년층 특화 창업을 지원하는 청년창업사관학교, 지역별 특성을 반영한 지역특화 창업지원 등이 운영된다.

✓ 기술지원 분야는 민간투자 연계 기술창업을 지원하는 TIPS, 기술혁신형 창업을 집중 지원하는 기술개발(R&D) 사업, 연구성과의 창업 연계를 강화하는 기술사업화 지원 등으로 구성된다.

✓ 판로지원 분야에서는 글로벌 시장 진출을 위한 해외진출 지원, 정부 구매 연계 판로 개척을 위한 공공조달 연계, 동반성장 생태계 구축을 위한 대-중소기업 협력 등이 제공된다.

✓ 사후지원 분야는 성장 단계 기업을 집중 지원하는 스케일업 패키지, 민간투자 유치를 지원하는 후속투자 연계, 해외 시장 확장을 위한 글로벌 진출 지원 등으로 구성된다. 2025년에는 특히 지역 창업 활성화를 위한 지자체 주도 프로그램이 대폭 확대되었으며, 기술 기반 창업과 R&D 연계 지원이 강화되고 있다. 또한, 창업넷(K-Startup) 플랫폼을 통한 통합 정보 제공과 맞춤형 알림 서비스가 더욱 고도화되었다.

4) 정책 변화의 의미와 시사점

이러한 정책 변화는 한국의 창업 생태계가 양적 성장에서 질적 성장으로 전환하고 있음을 보여준다. 예비창업자와 초기 창업자들은 이러한 변화를 이해하고, 보다 구체적이고 실행 가능한 사업계획을 준비해야 한다.

특히 실행역량과 시장 검증이 중요해진 만큼, 단순한 아이디어나 계획서 작성을 넘어 실제 시장에서의 검증 과정과 구체적인 실행 방안을 제시할 수 있어야 한다.

[핵심 포인트]

첫째, 창업넷(K-Startup)은 정부 창업지원 정보의 통합 플랫폼으로, 맞춤형 알림과 교육 서비스를 제공한다.
둘째, 예비창업패키지는 2025년부터 선정 인원 축소와 2단계 차등 지원 체계를 도입하여 보다 엄격한 선정 기준을 적용한다.
셋째, 초기창업패키지는 기술 기반 스타트업을 중심으로 1억 원 규모의 사업화 자금과 전문가 지원을 제공한다.
넷째, 2025년 정부 창업지원 정책은 직접지원 중심, 실행역량 기반 평가로 전환되어 질적 성장을 추구한다.

[실무 적용 방안]

창업넷 회원가입 후 관심 분야 등록을 통한 맞춤형 정보 수집이 첫 번째 단계다. 이어서 창업 단계에 맞는 지원사업을 선별하고 신청 전략을 수립해야 한다. 2단계 지원 체계에 맞춘 단계별 성과 목표를 설정하고, 기술 기반 창업의 경우 R&D 연계 방안을 검토하는 것이 중요하다.

/ 제6장 /
사업계획서 작성

1. 사업계획서의 이해

1.1 사업계획서의 개념과 의의

1) 사업계획서의 기본 개념

사업계획서는 기업가가 자신의 비즈니스 아이디어를 구체화하고, 이를 실행하기 위한 전략과 실행계획을 체계적으로 정리한 문서이다. 이 문서는 투자자, 정부 지원기관, 내부 팀원 등 이해관계자에게 사업의 가능성과 필요성을 설득하고, 자금 확보 및 실행 전략의 방향성을 제시하는 데 활용한다. 사업계획서는 단순한 보고서가 아니라, 사업의 출발점이자 지속적인 실행 전략의 '나침반' 역할을 한다.

사업계획서를 작성하는 과정에서는 사업 아이디어의 타당성을 검증하고, 시장의 니즈를 분석하며, 경쟁력을 확보하는 방안을 체계적으로 정리한다. 또한 예상되는 위험 요소를 사전에 파악하고 이에 대한 대응 방안을 마련함으로써 사업의 성공 가능성을 높인다.

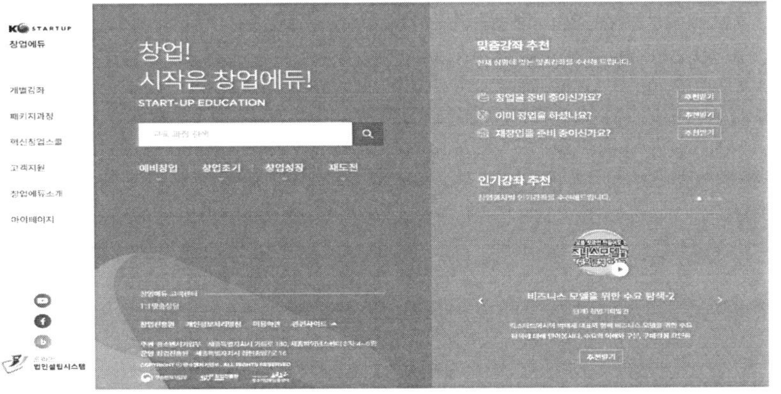

☞ 창업에듀사이트에 회원가입 하면 다양한 사업계획서 작성에 대한 강의를 들을 수있다. https://www.k-startup.go.kr/edu/home/main/index

2) PSST **방식**: 사업계획서의 논리적 구성

사업계획서는 단순한 아이디어 나열이 아니라, 명확한 문제 인식 → 해결 방안 → 성장 전략 → 실행 주체의 구조를 갖추어야 한다. 이를 체계적으로 제시하는 방법이 PSST 방식이다.

✓ PSST 방식의 구성 요소

1-1. 제품 서비스에 대한 해결과제	2-1. 제품 서비스에 대한 개선방안	3-1. 자금소요 및 조달계획	1-1. 대표자 및 팀원 보유역량
1-2. 고객의 니즈에 대한 개선과제	2-2. 고객의 니즈에 대한 대응방안	1-2. 시장진입 및 성과창출전략	1-2. 팀의 기술개발 역량
1-3. 시장, 경쟁자 대비 개선과제	2-3. 시장경쟁력 확보방안	1-3. 출구목표 및 전략	1-3. 사회적가치 실천계획

P (Problem) - **문제인식**

고객의 불편사항과 해결해야 할 과제를 명확하게 파악한다. 기존 시장이나 경쟁자의 한계점을 분석하고, 현재 상황에서 개선이 필요한 부분을 구체적으로 제시한다. 문제 인식 단계에서는 정량적 데이터와 정성적 분석을 통해 문제의 심각성과 해결의 필요성을 입증한다.

S (Solution) - **해결방안**

앞서 파악한 문제에 대한 구체적인 해결책을 제시한다. 제품이나 서비스의 개선안을 마련하고, 고객 요구에 대응하는 전략을 수립한다. 경쟁우위를 확보할 수 있는 차별화된 솔루션을 개발하여 시장에서의 경쟁력을 강화한다.

S (Scale-up) - **성장전략**

사업의 지속가능한 성장을 위한 전략을 수립한다. 자금조달 방안을 마련하고, 시장 확장 계획을 구체화한다. 장기적인 비전을 설정하고 이를 달성하기 위한 단계별 확장 전략을 세운다.

T (Team) - **팀 구성**
사업을 성공적으로 실행할 수 있는 팀 구성을 계획한다. 창업자 및 핵심 팀원의 역량을 분석하고, 기술력과 경영능력을 확보하는 방안을 마련한다. 최근에는 ESG(환경·사회·지배구조) 요소도 고려하여 지속가능한 팀 구성을 계획한다.

3) 3S **원칙**: 성공적인 사업계획서의 핵심
성공적인 사업계획서를 작성하기 위해서는 3S 원칙을 준수한다.

Specific (**구체성**)
타깃 시장과 제품 특성을 구체적으로 기술한다. 추상적인 표현보다는 정확한 수치와 데이터를 활용하여 신뢰성을 높인다. 시장 규모, 고객 세분화, 매출 전망 등을 구체적인 근거와 함께 제시한다.

Simple (**단순명료**)
복잡한 내용도 누구나 이해할 수 있도록 간결하게 설명한다. 전문용어를 남발하기보다는 쉬운 언어로 핵심 메시지를 전달한다. 읽는 이의 입장에서 이해하기 쉽도록 논리적 흐름을 구성한다.

Smart (**현명한 표현**)
핵심 내용을 시각화하여 전달력을 강화한다. PPT, 인포그래픽, 차트, 그래프 등을 활용하여 복잡한 정보를 직관적으로 이해할 수 있도록 한다. 텍스트 중심의 설명보다는 시각적 요소를 적절히 활용한다. 이 3S 원칙은 Success(성공)으로 가는 가장 실용적인 지침이 된다.

1.2 사업계획서의 기본 구조와 요소

1) 사업계획서의 기본 구조 (초기단계 기준)

아래 구성은 정부 창업지원사업에서 실제로 요구되는 표준형 사업계획서 틀이다.

① 문제인식 (Problem)

개발/개선 동기

사업을 시작하게 된 계기와 동기를 명확하게 제시한다. 개인적 경험이나 시장에서 발견한 기회 요소를 구체적으로 설명한다.

개발 목적

해결하고자 하는 문제의 본질을 파악하고, 개발 목적을 명확하게 정의한다. 사회적 가치와 경제적 가치를 동시에 창출할 수 있는 목적을 설정한다.

목표시장 분석

타깃 고객층을 세분화하고, 시장 규모와 성장 잠재력을 분석한다. 시장 트렌드와 향후 전망을 데이터를 기반으로 제시한다.

고객 요구사항 분석

타깃 고객의 니즈와 불만사항을 구체적으로 파악한다. 설문조사, 인터뷰, 시장조사 등을 통해 수집한 실증 데이터를 활용한다.

② 실현가능성 (Solution)

개발/개선 방안

파악된 문제에 대한 구체적인 해결책을 제시한다. 기술적 접근 방법과 실현 가능성을 검토하고, 개발 일정과 소요 자원을 계획한다.

고객 대응 방안

고객의 요구사항에 효과적으로 대응할 수 있는 방안을 마련한다. 고객과의 소통 채널을 구축하고, 피드백을 수렴하는 시스템을 설계한다.

차별화 방안

보유역량 기반, 경쟁제품 · 서비스 대비 경쟁력을 확보하기 위한 방안을 설계한다.

③ 성장전략 (Scale-up)

사업화 방안

개발된 제품이나 서비스를 실제 시장에 출시하는 구체적인 방안을 수립한다. 유통 채널, 마케팅전략, 판매 전략을 종합적으로 계획한다.

사업 추진 일정

사업의 각 단계별 추진 일정을 구체적으로 설정한다. 마일스톤을 설정하고, 각 단계별 성과 지표를 명확하게 정의한다.

자금 조달 계획

사업 추진에 필요한 자금 규모를 산정하고, 조달 방안을 다각도로 검토한다. 정부 지원사업, 투자 유치, 대출 등 다양한 자금 조달 방법을 고려한다.

④ 기업 구성 (Team)

대표자 역량

대표자의 전문성과 경험을 구체적으로 제시한다. 관련 분야의 경력, 보유 기술, 성과 등을 통해 사업 추진 능력을 입증한다.

팀 구성 및 고용계획

핵심 팀원의 역할과 책임을 명확하게 정의한다. 향후 사업 확장에 따른 인력 충원 계획을 단계별로 수립한다.

창업사업화 지원사업 사업계획서 작성 목차 [예비단계]

항목	세부항목
□ 신청현황	- 사업 관련 상세 신청현황
□ 일반현황	- 대표자의 일반현황
□ 창업아이템 개요(요약)	- 창업아이템의 명칭·범주 및 소개, 진출 목표시장, 경쟁사 대비 차별성 등을 요약
1. 문제인식 (Problem)	**1-1. 창업아이템의 개발 동기 / 개발 추진경과(이력)** - 제품·서비스를 개발하게 된 내·외적 동기 등 - 제품·서비스의 개발을 위해 사업 신청 전 기획, 추진한 경과(이력) 등 * 소셜벤처 분야 : 소셜벤처로서 인식하고 있는 사회적 문제 기재 **1-2. 창업아이템의 개발 목적** - 제품·서비스 개발 동기에서 발견한 문제점에 대한 해결 방안, 목적 등 * 소셜벤처 분야 : 사회적 문제에 대한 해결방안, 사회적 성과 등을 기재 **1-3. 창업아이템의 목표시장 분석** - 진출하려는 목표시장의 규모·상황 및 특성, 경쟁 강도, 고객 특성 등
2. 실현가능성 (Solution)	**2-1. 창업아이템의 개발 방안 / 진행(준비) 정도** - 협약기간 내 개발할 제품·서비스의 최종 산출물 정의 - 제품·서비스의 개발 방법, 사업 신청 시점의 개발 단계, 진행(준비)정도 등 - 제품·서비스 개발 후, 기술 유출 방지를 위한 기술 보호 계획 등 **2-2. 창업아이템의 차별화 방안** - 보유역량 기반, 경쟁제품·서비스 대비 경쟁력을 확보하기 위한 방안 등
3. 성장전략 (Scale-up)	**3-1. 창업아이템의 사업화 방안** - 제품·서비스의 수익화를 위한 수익 모델(비즈니스 모델) 등 - 목표시장에 진출하기 위한 구체적인 생산·출시, 홍보·마케팅, 유통·판매 방안 등 **3-2. 사업 추진 일정** - 전체 사업 단계에서의 목표 및 목표를 달성하기 위한 상세 추진 일정 등 - 협약기간 내 달성 가능한 목표 및 목표를 달성하기 위한 상세 추진 일정 등 **3-3. 자금소요 및 조달계획** - 사업 추진에 필요한 사업비(정부지원금) 사용계획 및 구체적인 조달계획 등 - 사업비(정부지원금) 외 본인 부담금, 추가 자본금에 대한 구체적인 조달계획 등
4. 팀 구성 (Team)	**4-1. 대표자 현황 및 보유역량** - 대표자가 보유하고 있는 창업아이템 구현 및 판매 관련 역량 등 * 소셜벤처 분야 : 사회적 가치창출 역량 기재(사회적 가치창출 관련 조직에 근무한 경력, 사회적 가치 창출 관련 교육 이수내역, 소셜벤처 관련 공모전 등 관련 활동 등) **4-2. 팀 현황 및 보유역량** - 팀 및 팀 구성 예정(안)에서 보유 또는 보유할 예정인 창업아이템 관련 역량 등 * 1인 기업으로 사업을 신청하는 경우, 대표자의 역량 등을 중심으로 기재 - 업무파트너(협력기업)의 현황 및 역량 등

창업사업화 지원사업 사업계획서 작성 목차 [초기단계]

항목	세부항목
□ 신청현황	- 사업 관련 상세 신청현황
□ 일반 현황	- 대표자 및 창업기업의 일반현황
□ 창업아이템 개요(요약)	- 창업아이템의 명칭·범주 및 소개, 진출 목표시장, 경쟁사 대비 차별성 등을 요약
1. 문제인식 (Problem)	**1-1. 창업아이템의 개발/개선 동기** - 제품·서비스를 개발/개선하게 된 내·외적 동기 등 **1-2. 창업아이템의 개발/개선 목적** - 제품·서비스 개발/개선 동기에서 발견한 문제점에 대한 해결 방안, 목적 등 **1-3. 창업아이템의 목표시장 분석** - 진입한 또는 진출하려는 목표시장의 규모·상황 및 특성, 경쟁 강도, 고객 특성 등 **1-4. 고객 요구사항 분석** - 고객 요구사항에 대한 조사·분석 결과 및 객관적 근거 등
2. 실현가능성 (Solution)	**2-1. 창업아이템의 개발/개선 방안** - 협약기간 내 개발/개선할 제품·서비스의 최종 산출물 정의 - 제품·서비스의 개발 방법, 사업 신청 시점의 개발 단계 등 - 제품·서비스 개발/개선 후, 기술 유출 방지를 위한 기술 보호 계획 등 **2-2. 고객 요구사항 대응 방안** - 고객 요구사항을 바탕으로 파악된 문제점에 대한 개선 방안 등 **2-3. 창업아이템의 차별화 방안** - 보유역량 기반, 경쟁제품·서비스 대비 경쟁력을 확보하기 위한 방안 등
3. 성장전략 (Scale-up)	**3-1. 창업아이템의 사업화 방안** - 제품·서비스의 수익화를 위한 수익 모델(비즈니스 모델) 등 - 목표시장 진입 현황 및 매출 실적 등 - 목표시장에 진출하기 위한 구체적인 방안 및 추정 매출 등 **3-2. 사업 추진 일정** - 전체 사업 단계에서의 목표 및 목표를 달성하기 위한 상세 추진 일정 등 - 협약기간 내 달성 가능한 목표 및 목표를 달성하기 위한 상세 추진 일정 등 **3-3. 자금소요 및 조달계획** - 사업 추진에 필요한 사업비 사용계획 및 구체적인 조달계획 등 - 사업비 외 대응자금 등에 대한 구체적인 조달계획 등
4. 기업 구성 (Team)	**4-1. 대표자 현황 및 보유역량** - 대표자가 보유하고 있는 창업아이템 구현 및 판매 관련 역량 등 **4-2. 기업 현황 및 보유역량** - 기업의 창업아이템 관련 역량, 재직 인력 현황 및 추가 인력 고용계획 등 * 1인기업으로 사업을 신청하는 경우, 대표자의 역량 등을 중심으로 기재 - 업무파트너(협력기업)의 현황 및 역량 등

2) 일반적 사업계획서 요소 (10개 항목)

정부 지원사업뿐 아니라 투자유치, 사업 제휴, IR 발표 시 사용되는 일반형 포맷이다.

① 사업요약

사업의 핵심 개요를 간결하게 제시한다. 시장성, 사업모델, 보유 기술, 필요 투자금, 비전을 포함하여 전체 사업계획서의 요약본 역할을 한다. 독자가 첫 번째로 접하는 부분이므로 강력한 임팩트를 줄 수 있도록 작성한다.

② 회사 개요

기업의 일반정보와 창업자 정보를 상세히 제시한다. 조직 구성과 핵심 역량을 소개하고, 회사의 설립 목적과 비전을 명확하게 전달한다. 기업의 정체성과 차별화된 특징을 부각시킨다.

③ 사업 개요

사업의 필요성과 추진 배경을 논리적으로 설명한다. 전략적 접근 방법과 사업의 독창성을 강조하여 사업의 가치를 입증한다. 사업이 추구하는 궁극적인 목표와 사회적 기여도를 제시한다.

④ 개발 계획

제품이나 서비스의 개발 로드맵을 구체적으로 제시한다. 개발 단계별 소요 자원과 일정을 계획하고, 기술적 리스크와 대응 방안을 마련한다. 개발 완료 후의 상용화 계획도 포함한다.

⑤ 투자 계획

시설, 설비, 특허 등 사업 추진에 필요한 투자 항목과 내역을 상세히 제시한다. 투자 우선순위를 설정하고, 투자 효과를 정량적으로 분석한다. 투자 회수 계획과 수익성 전망을 함께 제시한다.

⑥ 마케팅 계획

STP(Segmentation, Targeting, Positioning) 전략을 수립한다. 4P(Product, Price, Place, Promotion) 전략을 구체화하고, 시장 진입 방식과 홍보 전략을 세운다. 디지털 마케팅을 포함한 다양한 마케팅 채널을 활용하는 방안을 계획한다.

⑦ 생산 계획

생산량 예측과 품질관리 방안을 수립한다. 효율적인 생산방식을 도입하고, 공급망 관리 전략을 구축한다. 생산 능력 확대 계획과 품질 보증 시스템을 포함한다.

⑧ 조직/인력 계획

핵심 인재 확보 방안과 향후 인력 운용 계획을 수립한다. 조직 구조를 설계하고, 인사 관리 시스템을 구축한다. 팀원의 역량 개발과 동기 부여 방안을 마련한다.

⑨ 매출 · 이익 계획

손익 전망과 연도별 추정 수익을 구체적으로 제시한다. 비용 구조를 분석하고, 수익성 개선 방안을 마련한다. 재무 안정성을 확보하는 방안과 성장성 지표를 함께 제시한다.

⑩ 투자제안

필요한 투자금 규모와 지분 구조를 명확하게 제시한다. 투자 회수 방안과 투자자에게 제공할 수 있는 가치를 구체적으로 설명한다. 투자 조건과 협상 가능한 범위를 사전에 검토한다.

각 항목은 상호 연관성을 가지고 있으므로, 전체적인 일관성을 유지하면서 논리적으로 구성한다. 독자의 관점에서 이해하기 쉽도록 순서를 배열하고, 핵심 메시지가 명확하게 전달되도록 작성한다.

5) 사업계획서 작성 사례

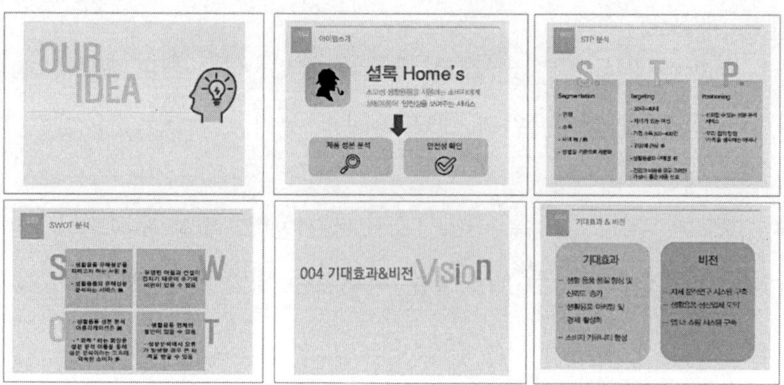

사업계획서 사례 1 : 생활용품 분석 Application 셜록 Home 's
(본 자료는 실제 수업 중 발표자료이며 게재 동의 받은 자료임)

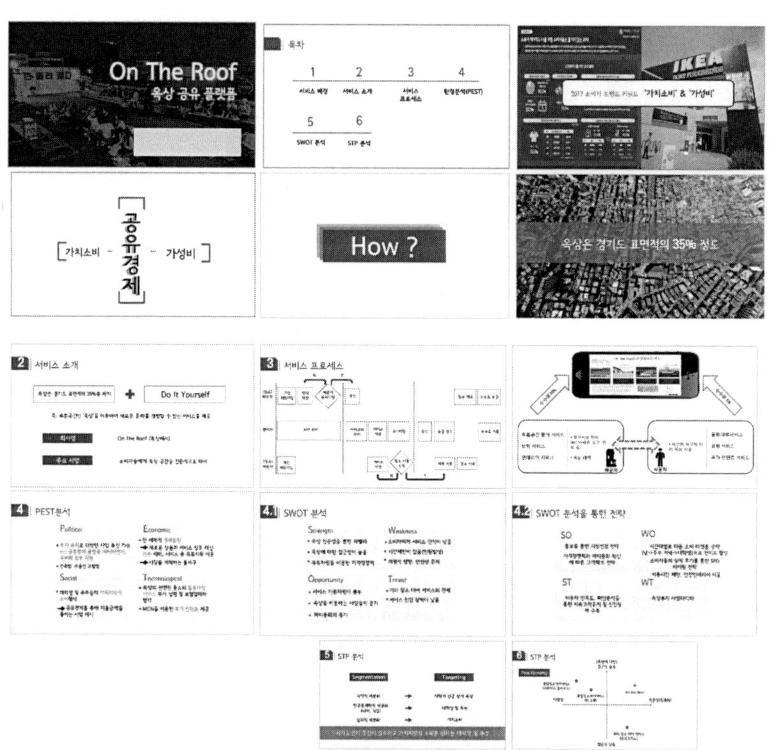

사업계획서 사례 2 : On The Roof 옥상공유 플랫폼
(본 자료는 실제 수업 중 발표자료이며 게재 동의 받은 자료임)

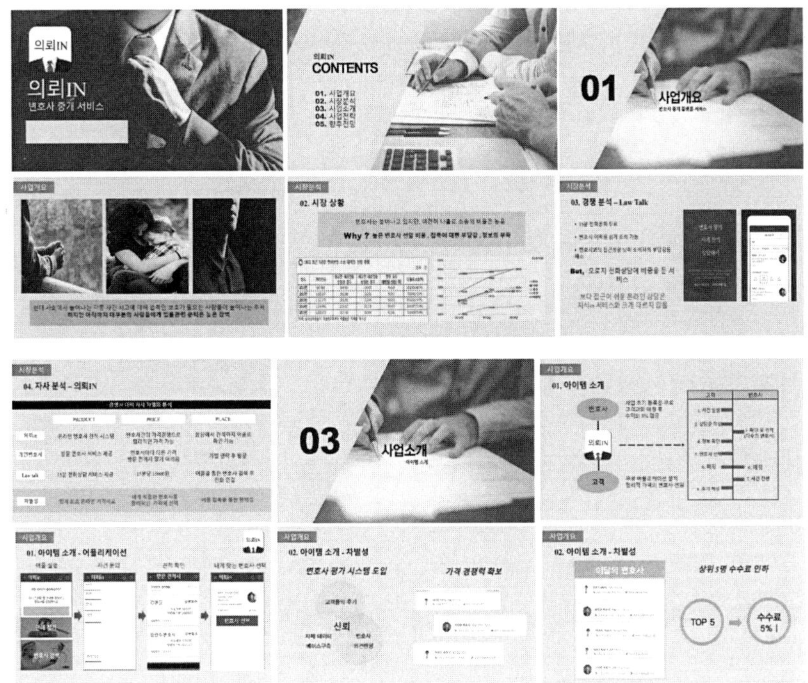

사업계획서 사례 3 : 의뢰 IN 변호사 중개 서비스
(본 자료는 실제 수업 중 발표자료이며 게재 동의 받은 자료임)

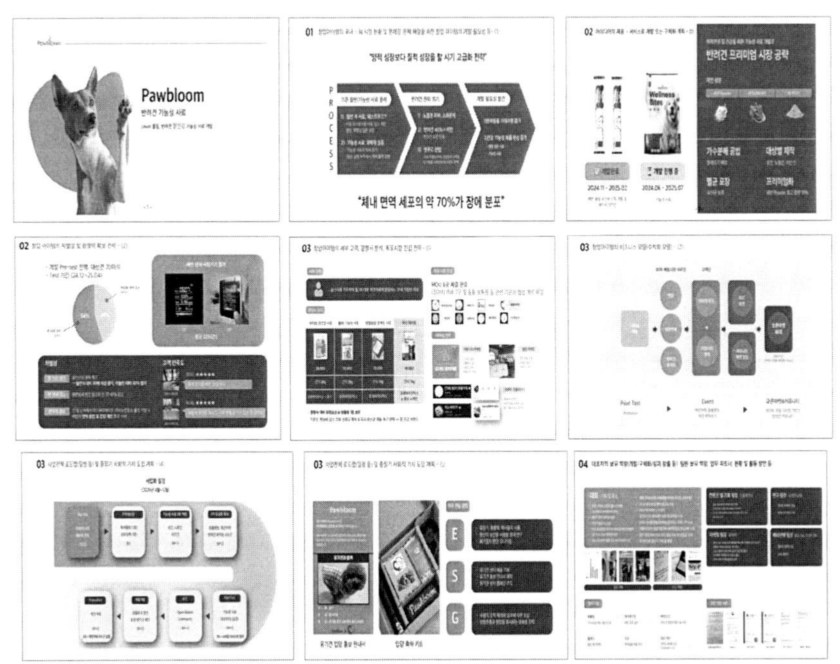

사업계획서 사례 4 : 포블룸(Pawbloom) 장건강 기능성 사료
(본 자료는 실제 수업 중 발표자료이며 게재 동의 받은 자료임)

2. 사업계획서 작성 매뉴얼

2.1. 사업계획서 작성 사례

1) 예비창업패키지 양식

창업진흥원에서 공고하는 예비창업패키지 공고는 매년 동일한 시기에 유사한 내용으로 지원 공고를 한다. 다만, 사업계획서의 내용구조가 해마다 다소 변경이 있을 수 있으며 기본 구조는 PSST 방식을 취한다. PSST는 사업계획서 작성의 가장 기본적인 구조로 문제인식과 실현가능성, 성장전략, 팀 구성이라는 4단계의 구조를 갖는다. 주요 내용은 다음과 같다.

- 일반현황

이 항목에서는 창업 아이템명, 산업 분야, 팀 구성 현황 등을 기재한다. 사업계획서의 기본 정보에 해당하며, 사업의 개요를 이해하는 데 필요한 배경 자료로 활용된다.

- 개요(요약)

창업 아이템의 소개를 포함하여 문제 인식, 실현 가능성, 성장 전략, 팀 구성에 대한 내용을 간략히 정리한다. 전체 사업계획의 핵심 내용을 요약하는 항목으로, 심사자가 사업의 전체 윤곽을 한눈에 파악할 수 있도록 한다.

- 문제 인식 (Problem)

첫째, 창업 아이템의 필요성을 설명한다. 아이템이 해결하고자 하는 국내외 시장의 문제점과 현황을 파악하고 이를 근거로 창업 아이템의 개발 필요성을 기술한다. 실제 고객의 문제를 구체화하고, 이 문제 해결을 위한 아이템의 역할을 강조한다.

-실현 가능성 (Solution)

둘째, 창업 아이템의 개발 계획을 제시한다. 제품 또는 서비스 개발 계획을 구체화하고, 시장에서의 차별성과 경쟁력을 확보할 수 있는 전략을 포함해야 한다. 또한 정부 지원사업과 연계한 개발 일정 및 실행 계획도 함께 기술한다.

– 성장 전략 (Scale–up)

셋째, 사업화 추진 전략을 수립한다. 경쟁사 분석, 시장 진입 전략, 목표 시장 설정 등 구체적인 전략을 제시해야 한다. 수익모델과 확장 전략, 투자유치 계획 등을 포함하여 사업의 확장 가능성을 입증한다. 일정 중심의 로드맵을 통해 사업 단계별 계획을 제시하고, 사회적 가치 도입 가능성도 함께 고려한다.

– 팀 구성 (Team)

넷째, 대표자 및 팀원 구성 계획을 서술한다. 대표자의 역할(예: 개발, 기획, 성장 등)과 보유 역량을 명확히 하고, 팀원의 구성, 역할 분담, 업무 파트너와의 협력 방안 등을 구체적으로 설명하여 실행력을 강조한다. 이와 같은 항목별 구성을 바탕으로 예비창업패키지 사업계획서를 작성하면, 창업 아이템의 문제 해결력, 실현 가능성, 성장 가능성, 팀 역량 등을 체계적으로 평가받을 수 있다.

※ 사업 신청 시, 사업계획서 작성 목차 페이지는 삭제하고 제출

예비창업패키지 예비창업자 사업계획서 작성 목차(안)

항목	세부 항목
□ 일반현황	- 창업아이템명, 산출물, 팀 구성 현황 등
□ 개요(요약)	- 창업아이템 소개, 문제인식, 실현가능성, 성장전략, 팀 구성 등
1. 문제 인식 (Problem)	**1. 창업 아이템의 필요성** - 창업 아이템의 국내·외 시장 현황 및 문제점 - 문제 해결을 위한 창업 아이템의 개발 필요성 등
2. 실현 가능성 (Solution)	**2. 창업 아이템의 개발 계획** - 아이디어를 제품·서비스로 개발 또는 구체화 계획 - 창업 아이템의 차별성 및 경쟁력 확보 전략 - 정부지원사업비 집행 계획
3. 성장전략 (Scale-up)	**3. 사업화 추진 전략** - 경쟁사 분석, 목표 시장 진입 전략 - 창업 아이템의 비즈니스 모델(수익화 모델) - 사업 확장을 위한 투자유치(자금확보) 전략 - 사업 전체 로드맵(일정 등) 및 중장기 사회적 가치 도입계획
4. 팀 구성 (Team)	**4. 대표자 및 팀원 구성 계획** - 대표자의 보유 역량(개발/구체화/성과 창출 등) - 팀원 보유 역량, 업무파트너 현황 및 활용 방안 등

예비창업패키지 예비창업자 사업계획서

※ 사업계획서는 목차(1페이지)를 제외하고 15페이지 이내로 작성(증빙서류는 제한 없음)
※ 사업계획서 양식은 변경·삭제할 수 없으며, 추가설명을 위한 이미지(사진), 표 등은 삽입 가능
(표 안의 행은 추가 가능하며, 해당 없을 시 공란을 유지)
※ 본문 내 '파란색 글씨로 작성된 안내 문구'는 삭제하고 검정 글씨로 작성하여 제출
※ 대표자·직원 성명, 성별, 생년월일, 대학교(원)명 및 소재지, 직장명 등의 개인정보(또는 유추 가능한 정보)는 반드시 제외하거나 '○', '*' 등으로 마스킹하여 작성
[학력] (전문)학·석·박사, 학과·전공 등, [직장] 직업, 주요 수행업무 등만 작성 가능

□ 일반현황

<table>
<tr><td>창업아이템명</td><td colspan="4">OO기술이 적용된 OO기능의(혜택을 제공하는) OO제품·서비스 등</td></tr>
<tr><td>산출물
(협약기간 내 목표)</td><td colspan="4">모바일 어플리케이션(0개), 웹사이트(0개)
※ 협약기간 내 제작·개발 완료할 최종 생산품의 형태, 수량 등 기재</td></tr>
<tr><td>직업
(직장명 기재 불가)</td><td colspan="2">교수 / 연구원 / 사무직 / 일반인 / 대학생 등</td><td>기업(예정)명</td><td>OOOOO</td></tr>
<tr><td colspan="5">팀 구성 현황 (대표자 본인 제외)</td></tr>
</table>

순번	직위	담당 업무	보유 역량 (경력 및 학력 등)	구성 상태
1	*공동대표*	*S/W 개발 총괄*	*OO학 박사, OO학과 교수 재직(00년)*	*완료*
2	*대리*	*홍보 및 마케팅*	*OO학 학사, OO 관련 경력(00년 이상)*	*예정('00.0)*
...				

□ 창업 아이템 개요(요약)

명 칭	※ 예시 1 : 게토레이 예시 2 : Windows 예시 3 : 알파고	**범 주**	※ 예시 1 : 스포츠음료 예시 2 : OS(운영체계) 예시 3 : 인공지능프로그램
창업 아이템 개요	※ 본 지원사업을 통해 개발 또는 구체화하고자 하는 제품·서비스 개요 (사용 용도, 사양, 가격 등), 핵심 기능·성능, 고객 제공 혜택 등 ※ 예시 : 가벼움(고객 제공 혜택)을 위해서 용량을 줄이는 재료(핵심 기능)를 사용		
문제 인식 (Problem)	※ 개발하고자 하는 창업 아이템의 국내·외 시장 현황 및 문제점 등 문제 해결을 위한 창업 아이템의 개발 필요성 등		
실현 가능성 (Solution)	※ 개발하고자 하는 창업 아이템을 사업기간 내 제품·서비스로 개발 또는 구체화하고자 하는 계획(최종 산출물_형태, 수량 등) - 개발하고자 하는 창업 아이템의 차별성 및 경쟁력 확보 전략		
성장전략 (Scale-up)	※ 경쟁사 분석, 목표 시장 진입 전략, 창업 아이템의 비즈니스 모델(수익화 모델), 사업 전체 로드맵, 투자유치(자금확보) 전략 등		
팀 구성 (Team)	※ 대표자, 팀원, 업무파트너(협력기업) 등 역량 활용 계획 등		
이미지	※ 제품·서비스 특징을 나타낼 수 있는 참고 사진(이미지)·설계도 등 삽입 (해당 시)	※ 제품·서비스 특징을 나타낼 수 있는 참고 사진(이미지)·설계도 등 삽입 (해당 시)	
	〈 사진(이미지) 또는 설계도 제목 〉	**〈 사진(이미지) 또는 설계도 제목 〉**	

1. 문제 인식 (Problem)_창업 아이템의 필요성

※ 개발하고자 하는 창업 아이템의 국내·외 시장 현황 및 문제점 등의 제시
문제 해결을 위한 창업 아이템의 개발 필요성 등 기재_개발 아이템 소개

○

-

-

○

-

-

2. 실현 가능성 (Solution)_창업 아이템의 개발 계획

※ 아이디어를 제품·서비스로 개발 또는 구체화하고자 하는 계획(사업기간 내 일정 등)
개발 창업 아이템의 기능·성능의 차별성 및 경쟁력 확보 전략
정부지원사업비 집행 계획 기재

○

-

-

-

○

< 사업추진 일정(협약기간 내) >

구분	추진 내용	추진 기간	세부 내용
1	필수 개발 인력 채용	00.00 ~ 00.00	OO 전공 경력 직원 00명 채용
2	제품 패키지 디자인	00.00 ~ 00.00	제품 패키지 디자인 용역 진행
3	홍보용 웹사이트 제작	00.00 ~ 00.00	웹사이트 자체 제작
4	시제품 완성	협약기간 말	협약기간 내 시제품 제작 완료
…			

< 1단계 정부지원사업비 집행 계획 >

※ 1단계 정부지원사업비는 20백만원 내외로 작성

비 목	산출 근거	정부지원사업비(원)
재료비	• DMD소켓 구입(00개×0000원)	3,000,000
	• 전원IC류 구입(00개×000원)	7,000,000
외주용역비	• 시금형제작 외주용역(OOO제품 ..., 플라스틱금형제작)	10,000,000
지급수수료	• 국내 OO전시회 참가비(부스 임차 등 포함	1,000,000
합 계		...

< 2단계 정부지원사업비 집행 계획 >

※ 2단계 정부지원사업비는 40백만원 내외로 작성

비 목	산출 근거	정부지원사업비(원)
재료비	• DMD소켓 구입(00개×0000원)	3,000,000
	• 전원IC류 구입(00개×000원)	7,000,000
외주용역비	• 시금형제작 외주용역(OOO제품 ..., 플라스틱금형제작)	10,000,000
지급수수료	• 국내 OO전시회 참가비(부스 임차 등 포함	1,000,000
합 계		...

3. 성장전략 (Scale-up)_사업화 추진 전략

※ 경쟁제품·경쟁사 분석, 창업 아이템의 목표 시장 진입 전략 등 기재
창업 아이템의 비즈니스 모델(수익화 모델), 사업 확장을 위한 투자유치(자금확보) 전략
사업 전체 로드맵(일정)과 중장기적 사회적 가치 도입계획
- 환경 : 폐기물 배출 감소, 재활용 확대, 친환경 원료 개발, 에너지 절감 등 환경보호 노력
- 사회 : 지역사회 교류, 사회 환원, 인권, 평등, 다양성 존중 등 사회적 책임경영 노력
- 지배구조 : 윤리경영, 상호 존중 조직문화 구축, 근로 환경 개선 등의 투명 경영 노력

< 사업추진 일정(전체 사업단계) >

구분	추진 내용	추진 기간	세부 내용
1	시제품 설계	00년 상반기	시제품 설계 및 프로토타입 제작
2	시제품 제작	00.00 ~ 00.00	외주 용역을 통한 시제품 제작
3	정식 출시	00년 하반기	신제품 출시
4	신제품 홍보 프로모션 진행	00.00 ~ 00.00	OO, OO 프로모션 진행
...			

4. 팀 구성 (Team)_대표자 및 팀원 구성 계획

※ 성명, 성별, 생년월일, 출신학교, 소재지 등의 개인정보(유추 가능한 정보)는 삭제 또는 마스킹
[학력] (전문)학·석·박사, 학과·전공 등, [직장] 직업, 주요 수행업무 등만 작성 가능

※ 대표자 보유 역량(경영 능력, 경력·학력, 기술력, 노하우, 인적 네트워크 등) 기재
* 역량 : 창업 아이템을 개발 또는 구체화할 수 있는 능력
* 유사 경험, 정부 지원사업 수행 이력, 관련 교육 이수 현황, 관련 수상 실적 등 포함
※ 팀에서 보유 또는 보유할 예정인 장비·시설, 직원 역량(경력·학력, 기술력, 노하우 등) 기재
※ 협약기간 내 채용 예정인 인력에 대해서 기재
※ 제품·서비스 개발 및 구체화 등과 관련하여 협력(또는 예정)인 파트너, 협력 기관(기업) 등 역량과 주요 협업(협력) 내용 등 기재

○

-

-

< 팀 구성(안) >

구분	직위	담당 업무	보유 역량(경력 및 학력 등)	구성 상태
1	공동대표	S/W 개발 총괄	OO학 박사, OO학과 교수 재직(00년)	완료('00.00)
2	대리	홍보 및 마케팅	OO학 학사, OO 관련 경력(00년 이상)	예정('00.00)
...				

< 협력 기관 현황 및 협업 방안 >

구분	파트너명	보유 역량	협업 방안	협력 시기
1	○○전자	시제품 관련 H/W 제작·개발	테스트 장비 지원	00.00
2	○○기업	S/W 제작·개발	웹사이트 제작 용역	00.00
...				

2) 초기창업패키지 사업계획서 양식

창업진흥원에서 공고하는 초기창업패키지 공고는 매년 2월말에서 3월초 공고되며 매년 유사한 내용으로 지원 공고를 한다. 예비창업패키지와 마찬가지로 기본 구조는 PSST 방식을 취한다. PSST는 사업계획서 작성의 가장 기본적인 구조로 문제인식과 실현가능성, 성장전략, 팀 구성이라는 4단계의 구조를 갖는다. 주요 내용은 다음과 같다. 초기창업패키지 사업계획서는 다음과 같은 6개 항목 중심으로 작성된다.

① 일반현황

창업 아이템명, 산업분야, 팀 구성 등 기본 정보를 작성한다.

② 개요(요약)

사업의 핵심 내용을 요약해 소개하며, 창업 아이템, 문제 인식, 실현 가능성, 성장 전략, 팀 구성 등 전체 흐름을 간결히 정리한다.

③ 문제 인식(Problem)

창업 아이템이 해결하고자 하는 시장의 문제점을 분석하고, 이를 바탕으로 개발의 필요성과 타당성을 설명한다.

④ 실현 가능성(Solution)

제품 또는 서비스의 개발 계획과 차별화 전략, 실행 일정 등을 구체적으로 서술한다.

④ 성장 전략(Scale-up)

시장 진입, 수익모델, 투자유치, 사업 확대 계획 등을 중심으로 사업의 확장성과 지속가능성을 보여준다.

⑤ 팀 구성(Team)

대표자 및 팀원의 역할과 역량, 업무 분담 계획을 통해 사업 실행력과 협업 체계를 설명한다.

이 목차 구조에 따라 작성하면 창업 아이템의 문제 해결력, 실현 가능성, 성장 전략, 팀 역량 등을 명확히 전달할 수 있다.

※ 사업 신청 시, 사업계획서 작성 목차 페이지는 삭제하고 제출

초기창업패키지 창업기업 사업계획서 작성 목차(안)

항목	세부항목
□ 일반현황	- 창업아이템명, 산출물, 대표자 및 팀원 등 일반현황
□ 개요(요약)	- 창업아이템 소개, 문제인식, 실현가능성, 성장전략, 팀 구성 등

1. 문제 인식 (Problem)	**1. 창업 아이템의 필요성** - 창업 아이템의 국내·외 시장 현황 및 문제점 - 문제 해결을 위한 창업 아이템의 개발 필요성 등
2. 실현 가능성 (Solution)	**2. 창업 아이템의 개발 계획** - 아이디어를 제품·서비스로 개발 또는 구체화 계획 - 창업 아이템의 차별성 및 경쟁력 확보 전략 - 사업비(정부지원사업비 및 자기부담사업비) 집행 계획
3. 성장전략 (Scale-up)	**3. 사업화 추진 전략** - 경쟁사 분석, 목표 시장 진입 전략 - 창업 아이템의 비즈니스 모델(수익화 모델) - 사업 확장을 위한 투자유치(자금확보) 전략 - 사업 전체 로드맵(일정 등) 및 중장기 사회적 가치 도입계획
4. 팀 구성 (Team)	**4. 대표자 및 팀원 구성 계획** - 대표자의 보유 역량(개발/구체화/성과 창출 등) - 팀원 보유 역량, 업무파트너 현황 및 활용 방안 등

이하 사업계획서 양식은 예비창업패키지와 동일하므로 생략하고 예비창업패키지 양식을 참조하면 된다.

3. 사업계획서 작성 사례

OO 기업 사례_1

초기창업패키지 사업계획서 작성 목차

항목	세부항목
□ 일반 현황	- 대표자, 제품(서비스)명 등 일반현황 및 제품(서비스) 개요 - 세부정보 : 신청분야, 기술분야 신청자 세부정보 기재
□ 제품·서비스 개요(요약)	- 창업제품(서비스) 소개, 차별성, 개발경과, 국내외 목표시장, 창업제품(서비스) 이미지 등을 요약하여 기재

1. 문제인식 (Problem)	**1-1. 제품·서비스의 개발동기** - 자사가 개발(보유)하고 있는 제품·서비스에 대한 개발동기 등을 기재
	1-2 제품·서비스의 목적(필요성) - 제품(서비스)을 구현하고자 하는 목적, 고객의 니즈를 혁신적으로 해결하기 위한 방안 등을 기재
2. 실현가능성 (Solution)	**2-1. 제품·서비스의 개발 방안** - 제품(서비스)의 현재 구현정도, 제작 소요기간 및 제작방법(자체, 외주) 등
	2-2. 고객 요구사항에 대한 대응방안 - 고객 및 해당분야 전문가 등이 요구하는 문제점에 대한 개선방안 등
3. 성장전략 (Scale-up)	**3-1. 자금소요 및 조달계획** - 자금의 필요성, 금액의 적정성 여부를 판단할 수 있도록 사업비 (정부지원금+대응자금)의 사용계획 등을 기재
	3-2. 시장진입 및 성과창출 전략 - 내수시장 : 주 소비자층, 시장진출 전략 등 - 해외시장 : 글로벌 진출 역량, 수출망 확보계획 등
4. 기업 구성 (Team)	**4-1. 대표자·직원의 보유역량 및 기술보호 노력** - 대표자 및 직원(업무파트너 포함) 보유하고 있는 경험, 기술력, 노하우 등 기재 - 개발(한)하는 제품(서비스)의 기술보호 및 비밀보호 계획 등 기재
	4-2. 사회적 가치 실천계획 - 양질의 일자리 창출을 위한 중소기업 성과공유제, 비정규직의 정규직화, 근로시간 단축, 일·생활균형제도 등 사회적 가치 실천계획을 기재

* 사업계획서 작성 시 필요한 경우, 사업계획서 작성법 "K-스타트업 창업에듀" 온라인 강좌 참조 가능 (www.k-startup.go.kr/edu/home/lecture/LTYPE_006)

□ 제품·서비스 개요(요약)

제품(서비스) 소개	**· 이동형 VR트럭을 이용한 VR체험 시뮬레이터 플랫폼** **[핵심기능]** 이동형 1톤 트럭에 4D 라이더를 장착, 미들웨어로 8종의 VR콘텐츠를 연동하여 자유롭게 라이더의 운동성을 체험할 수 있는 융합형 시뮬레이터 플랫폼을 운영 중임. • VR트럭 플랫폼 [1톤 트럭+4D 라이더+고정형 미들웨어+VR 콘텐츠 8종] **[소비자층] • 4차산업혁명 에듀테크 체험콘텐츠로 각급학교 및 지자체의 폭발적 수요 발생** - 2018. VR트럭 자체 개발 (트럭에 4D 라이더 설치, VR 콘텐츠 동기화) - '18년부터 1톤 VR트럭으로 다양한 전국 초중고교 및 축제, 행사에서 VR 체험교육 수행 - 2019.5. 규제샌드박스 1호 지정 (과학기술정보통신부) - 2년간 총 200여회 3만여명 체험실적 보유하였으며 '19년 매출 2억9천만원 달성. **• '00년부터 전국단위의 에듀테크사업자를 대상으로 프랜차이즈 사업전개** - 0000년 VR트럭 시뮬레이터 고도화 추진 (VR시뮬레이터 고도화, 안전장치 4종 추가, VR콘텐츠 100종 추가) **[사용처]** VR체험교육 에듀테크 사업자 보급, VR트럭 전국 16개광역단위 프랜차이즈 전개, 전국각급학교 및 공공기관 VR 체험존 설치(이동형 VR 시뮬레이터), 동남아 VR체험존
제품(서비스)의 차별성	**• 국내 최초의 VR트럭 개발사업자 ('00년 개발)** - 2019.5 과학기술정보통신부, 규제샌드박스 1호지정 (VR 부문) - 자사, 최대 4년간 국내 유일의 VR트럭 제작·운영사 지정 (과학기술정보통신부) • 선도적 시장진입 및 선도적 기술확보 - 자사 VR트럭 출시('18) 이후, '19년 2개 업체 출시, '20년 2개 업체 론칭 중 • 0000년 VR트럭 시뮬레이터 고도화 개발로 에듀테크산업 프랜차이즈 확대 ※ 경쟁사 수준과 2020년 자사 개발목표 (표 아래 참조) → 2020년 명실상부한 VR트럭용 VR 시뮬레이터 플랫폼(VR시뮬레이터+VR 콘텐츠)구축
국내외 목표시장	**[고객과 판매전략]** **4차산업혁명 에듀테크 사업자, 초중고 각급학교, 지자체 및 공공기관 VR체험존** - 국내 16개 광역단위 에듀테크사업자 대상, 프랜차이즈사업 전개, VR트럭 시뮬레이터 보급 - 각급 초중고교 VR 체험존 설치 및 보급형 VR 시뮬레이터 보급(H/W+콘텐츠) - 지자체 및 공공기관 VR 체험존 설치 (지자체 VR 콘텐츠 연동형 시뮬레이터 보급) - 동남아국가 5G 정책확산에 따른 VR 체험존 설치와 VR 시뮬레이터 판매 **[목표 매출액]** VR트럭 고도화개발과 프랜차이즈 사업 추진으로 '21년 말 매출 10억 달성 **[목표시장]** **국내 VR어트랙션 시장과 에듀테크 시장을 공략, VR체험교육 시장을 창출** - 국내 VR 어트랙션 시장 : KOCCA, 2019년 현재 연 2,000억원 규모 성장 중 - 국내 에듀테크 시장 : KOCCA, 2018년 말 현재 4조 1,000억, 2020년 말 5조성장 전망

※ 경쟁사 수준과 2020년 자사 개발목표

구분	신규개발 VR 시뮬레이터(자사)	경쟁사
시뮬레이터	3축, ±15도 (Roll, Pitch, Heave)	구형 4D 라이더 모델(2축)
미들웨어	상용 VR콘텐츠에 확장 적용(확장형)	기판(보드) 일체형
콘텐츠	국내 VR콘텐츠 100종 확대	소수 VR 콘텐츠
설치방식	고정형 + 이동형 VR시뮬레이터 개발	고정형

0000년 초기창업패키지 사업계획서

※ 본문 7page 내외로 작성 권장(증빙서류 등은 제한 없음), '파란색 안내 문구'는 삭제하고 검정색 글씨로 작성하여 제출, 양식의 목차, 표는 변경 또는 삭제 불가(행추가는 가능, 해당사항이 없는 경우 공란으로 유지)하며, 필요시 사진(이미지) 또는 표 추가 가능

□ 일반현황

제품(서비스)명	이동형 VR트럭을 이용한 VR체험 시뮬레이터 플랫폼				
신청자 성명		생년월일		성별	
기업명	㈜OOOOOO				
사업자 구분 (해당 시 체크)	□ 개인사업자	■ 법인사업자	공동대표 (□ 개인 / □ 법인)		
	사업자번호		사업자번호 (법인등록번호)		
개업연월일 (회사설립연월일)		사업장 소재지 (본사(점))			
사업비 구성계획 (백만원)	정부지원금	100백만원(총 사업비의 70% 이하)			
	대응자금 현금	10백만원(총 사업비의 10% 이상)			
	대응자금 현물	20백만원(총 사업비의 20% 이하)			
	합계	130백만원			

인력 구성 (신청자 제외, 공동대표 및 각자대표 포함)

순번	직급	성명	담당업무	주요경력	구분
1				미, 뉴욕대 석사, 중대영상학 박사	대표
2				경기대학교 OOOO 학과 졸업	직원
3				경기대학교 OOOO 학과 졸업	직원

가점 해당 여부(해당항목 체크)				
① 내일채움공제 또는 청년내일채움공제 가입기업	여	■	부	□
② 스톡옵션제도 도입	여	□	부	■
③ 감염병 예방·진단·치료 관련 제품·서비스 과제 신청 창업기업	여	□	부	■
④ 산업위기대응 특별지역 소재 기업 * 경남(거제·통영·고성·창원(진해구)), 전남(영암·목포·해남), 울산(동구), 전북(군산)	여	□	부	■
⑤ 최근 2년 이내('18~현재) 정부 주관 전국규모 창업경진대회 수상자	여	□	부	■
1차 서류평가 면제 대상 해당 여부(해당항목 체크)				
① '00년 예비창업패키지 지원사업 '최우수' 판정 기업	여	□	부	■
② '00년 도전 케이스타트업 왕중왕전 '대상 우수상' 수상자	여	□	부	■

자사 VR트럭 TV보도('19년) / VR트럭 4D 라이더 방식(현행)
VR트럭 체험장면(초·중·고) / VR트럭 규제샌드박스 통과('19.5)
VR 트럭 시뮬레이터 개발 개념도(고도화) / VR트럭 시뮬레이터(안전장치 4종 추가 장착)
100여종 VR콘텐츠 연동형 미들웨어 개발구조도 / 신규개발 3 Dof, VR트럭용 시뮬레이터 개념도

1. 문제인식 (Problem)

1-1. 제품·서비스의 개발동기

· 4차산업혁명의 확산을 실천하는 VR 체험교육의 사회적 참여확대
· 기존 개발 4D라이더 시스템의 고도화를 통한 VR시뮬레이터 융합형 플랫폼 개발
· 국내 에듀테크 시장 진입과 VR 어트랙션 프랜차이즈화 사업화 추진

ㅇ 이동형 VR트럭으로 찾아가는 VR 체험교육 실현
- VR 체험교육을 원하는 초등학교, 중학교, 고등학교에 보급
- VR 놀이기구(어트랙션)를 필요로 하는 각종 행사와 축제 활용
- VR 트럭을 통한 모빌리티 기반의 에듀테크 시장진입과 확산

ㅇ VR 어트랙션시장과 VR체험존 설치에 대한 활용니즈 증가
- 각급학교, 지자체, 공공기관의 VR체험 수요증가로 신규시장 형성
- VR 콘텐츠 증가와 시뮬레이터 기술고도화로 어트랙션 시장 확대
- 전국 광역단위 프랜차이즈 확장과 VR 체험존 설치수요 증가

ㅇ 에듀테크 시장의 확산과 VR체험 분야의 선도적시장 확보
- 에듀테크분야의 글로벌시장 성장과 국내성장 지속(연 10% 상승)
- 시뮬레이터와 VR콘텐츠의 **융합형 활용플랫폼** 개발로 선도적시장 확보
- VR체험의 실현확대로 VR산업 발전과 4차산업혁명 밑거름 형성

기존 개발현황 및 신규 개발목표

ㅇ 초기 개발 및 운영모델
- 기존의 1톤 트럭에 4D 라이더 장착 (2축 자유도, ±10도)
- 4D 라이더에 연동형 VR 콘텐츠 8종 장착
- HMD를 장착 후 VR 콘텐츠와 연동하는 4D 라이더 방식

☞ '18년 창업 시 개발한 초기모델(4D 라이더)과 2년간의 운영경험과 기술을 토대로 '20년 신규 고도화 개발모델에 대한 H/W, M/W, 콘텐츠에 대한 종합적 설계 旣완료

ㅇ VR 트럭 시뮬레이터 고도화 개발 추진('20년초~'21년 2월 보급 판매형)
- VR 시뮬레이터 고도화 개발, 자체기술 보유(3축 자유도, ±15도, Hwave ±20mm)
- VR 트럭 안전장치 4종 추가(2점식 안전벨트, 밀착형 가로바, H/W Stopper, EMR S/W)
- VR 시뮬레이터 연동형 미들웨어 개발 (VR 콘텐츠 100종 장착)
- 고정형, 이동형 VR시뮬레이터 개발 (VR트럭용 + VR체험존 설치용)

1-2 제품·서비스의 목적(필요성)

· 모빌리티 기반의 찾아가는 VR 체험교육 실현, 디지털 디바이드 해소
· 각급 학교 지자체 공공기관의 VR체험 확대
· 혁신적 VR트럭 융합 시뮬레이터 개발로 에듀테크 시장 확대

ㅇ 찾아가는 VR 체험교육 실현
- 초·중·고 각급 학교의 VR체험 교육 수요 증가
- 각급 학교의 VR체험 예산, 기자재 및 프로그램 결핍을 충족
- 4차산업혁명 시대에 지방과 격오지의 디지털 디바이드 해소

ㅇ 각급 학교 및 지자체·공공기관의 VR체험 기회 확대
- 지자체 및 공공기관의 증가하는 VR 체험 수요를 충족
- 지자체·공공기관의 고유한 VR콘텐츠를 연동하여 VR체험 수행
- VR 체험 교육에 대한 학습 콘텐츠와 실행 방법론을 확산

ㅇ 혁신적 VR트럭 융합형시뮬레이터 신규개발로 VR체험 시장주도
- 2년간 VR트럭 운용경험을 토대로 다양한 고객의 니즈를 반영
- 안전장치와 시뮬레이터 성능, VR 콘텐츠 다양화 등 혁신적 고도화를 통한 제품 경쟁력 확보
- 이동형·고정형 VR시뮬레이터 개발을 통한 수요처 확대
  (VR 트럭용 시뮬레이터를 응용하여 고정형 시뮬레이터로 병렬개발 추진)

ㅇ VR트럭과 융합형시뮬레이터 개발로 신규시장 형성 및 일자리 창출
- 에듀테크 시장에 VR체험 교육분야의 아이템과 시장형성 효과
- 전국 광역단위 VR트럭 프랜차이즈 운영·확산을 통한 일자리 창출
- 고정형 VR 시뮬레이터 플랫폼 보급을 통한 VR체험 시장 확대

☞ '18년~'19년, 자사 VR트럭 200여회 30,000여명 VR체험 수행

2. 실현가능성 (Solution)

2-1. 제품·서비스의 개발 방안

2-1-1. 제품·서비스의 개발 방안(사업 전체 로드맵)

2-1-1-1. 제품·서비스의 개발

☞ 기존 제품('18)수준과 2020년 신규 고도화개발 목표

구분	(기존-'18) 4D라이더		(고도화) 신규개발 VR 시뮬레이터
시뮬레이터	2축, ±10도 (Roll, Pitch)		3축, ±15도 (Roll, Pitch, Heave)
미들웨어	기존 콘텐츠 고정형	➡	상용 VR콘텐츠에 모두 적용
콘텐츠	VR 콘텐츠 8종 한정		국내 VR콘텐츠 100종 확대
설치방식	VR 트럭 고정형		고정형 + 이동형 VR시뮬레이터 개발

◦ VR트럭용 융합형 VR시뮬레이터 고도화 개발
- 기존의 초기 4D라이더 모델을 대체하는 고도화된 융합형 VR 시뮬레이터 개발
- VR시뮬레이터와 연동형 미들웨어, 100종의 VR콘텐츠가 통합된 융합형 개발
- 안전과 구동성, VR 콘텐츠와의 동기화, 콘텐츠 범용확장성을 반영하여 개발

- 기존 2축에서 3축으로 고도화 (VR 트럭의 구조를 감안한 운동성 확보)
  (기존 Roll ±10˚, Pitch ±10°에서, 신규 Roll ±15˚, Pitch ±15°, Heave ± 200mm)
- 안전장치 4종 추가(2점식 안전벨트, 밀착형 가로바, H/W Stopper, EMR S/W)
- VR트럭 상판과 모션 액튜에이터의 견고한 설치를 위한 모듈개발
- 이동형 VR 시뮬레이터의 고정설치를 위한 확장형 아이템 개발

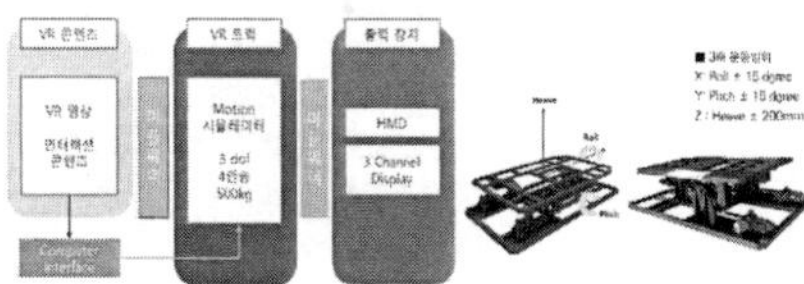

[그림 1] VR 트럭 시뮬레이터 개발 개념도 [그림 2] 시뮬레이터 고도화 개념

◦ VR콘텐츠와 시뮬레이터 연동형 미들웨어 개발
- VR트럭 시뮬레이터 연동 미들웨어 개발
- **異機種** 콘텐츠와 **異機種** 시뮬레이터 연동형 미들웨어 개발
- 모션 연동 콘텐츠제작을 위한 저작도구(SDK)개발

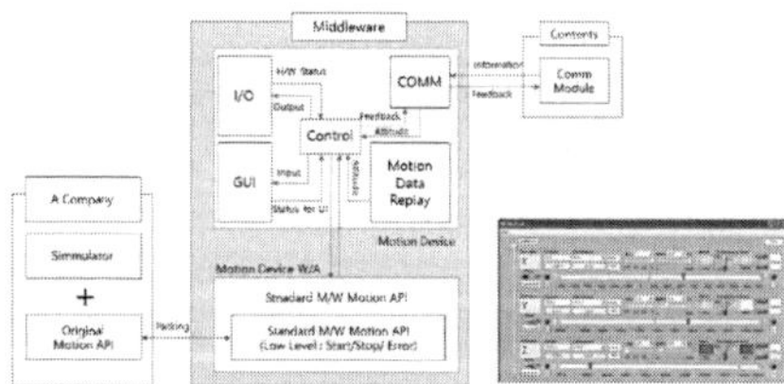

[그림 3] 미들웨어 개념도 / Lavbiew 활용한 시뮬레이터 저작도구

◦ 국내 VR콘텐츠 제작사와의 제휴를 통한 VR콘텐츠 플랫폼 형성
- 국내 상용 VR콘텐츠 제작사와 제휴를 통해 VR 콘텐츠 시뮬레이션 연동
- VR콘텐츠 플랫폼 형성을 통해 VR 에듀테크 콘텐츠 공급자 지위획득

2-1-1-2. 사업화 방안

◦ 아이템 개발과 사업화 구조

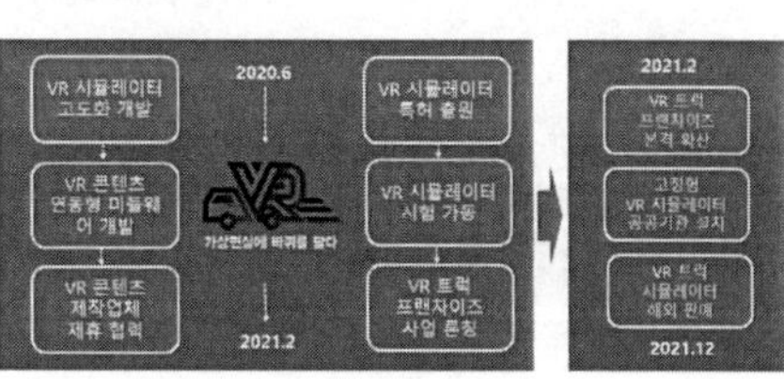

추진내용	추진기간	세부내용
VR 시뮬레이터 개발	2020.6~10	개발 사양서, 외주 제작
VR 콘텐츠 연동형 미들웨어 개발	2020.8~10	내부 개발
VR 콘텐츠 제작업체 제휴	2020.8~12	VR콘텐츠 제작사와 제휴
VR 시뮬레이터 특허 출원	2020. 10.~	안전장치, 미들웨어 등
VR 시뮬레이터 시험가동	2020.10~12	VR 체험교육 내 추진
VR트럭 프랜차이즈 사업론칭	2020.11~2021.2	프랜차이즈 사업기획안 구성 직영 대리점 2곳 론칭
VR트럭 프랜차이즈 사업 본격 확산	2021.3~	홍보계획 수립, 실행론칭
고정형 VR 시뮬레이터 공공기관 설치	2021.3~	본사 직영설치
VR 트럭 해외시장 진출	2021.5~	국내 공공기관 제휴(NIPA 등) 해외 협력사 제휴 추진

2-1-2. 초기창업패키지 사업(협약) 기간 내 목표 및 달성 방안

○ **VR 시뮬레이터 개발과 VR트럭 결합(M+4)**
- 사전 설계사양서 내부 완성
- 전문 외주업체 제작 위탁(한국OOOOO) 제작기일 단축
- VR 트럭 안전장치 제작 및 시뮬레이터 결합

○ **VR 콘텐츠 연동형 미들웨어 개발(M+4)**
- 미들웨어 설계도 기완성, 소형 모션베이스 설치 후 시뮬레이션 자체시험 제작

○ **VR 콘텐츠 제작업체 제휴(M+6)**
- VR콘텐츠 제작업체 제휴를 통한 100종 VR 콘텐츠 확보, VR콘텐츠 플랫폼 확보

○ **VR트럭 시뮬레이터 사업화(M+8)**
- VR 트럭 시뮬레이터 특허출원, VR 시뮬레이터 시험가동,
- VR 트럭 프랜차이즈 기획안 수립 및 직영 대리점 2곳 확보

< 사업 추진일정 >

추진내용	추진기간	세부내용
VR 시뮬레이터 개발	2020.6~10	외주 제작, VR트럭 결합
VR 콘텐츠 연동형 미들웨어 개발	2020.8~10	개발 사양 확정, 자체 개발
VR 콘텐츠 제작업체 제휴	2020.8~12	VR 콘텐츠 100종 제휴
VR트럭 시뮬레이터 사업화	2020.11~2021.2	VR 트럭 시뮬레이터 특허출원 VR 시뮬레이터 시험가동 VR 트럭 프랜차이즈 기획안 구성 직영 대리점 2곳 확보

2-2. 고객 요구사항에 대한 대응방안

○ 자사 아이템 SWOT 분석

- SO전략 : 신규 개발하는 VR트럭 시뮬레이터를 기반으로 체험교육 확대 및 전국가맹점 확산
- WT전략 : VR트럭의 안전성을 확보하고, 고정설치형 모듈 개발을 통해 시뮬레이터 보급 확산

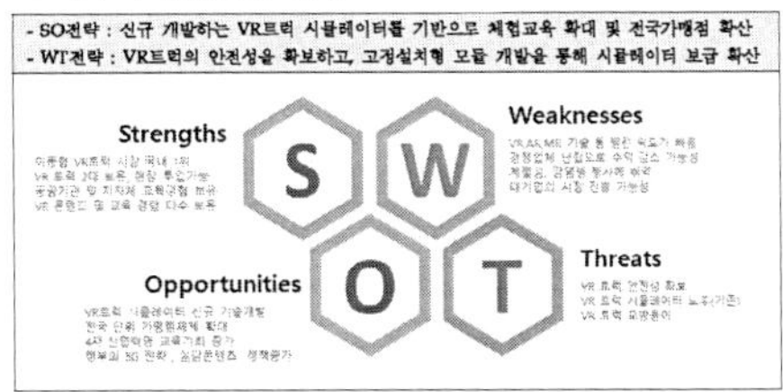

○ **경쟁사 대비 자사 VR트럭 기술현황**
- '20.4. 현재 VR트럭 아이템 경쟁사는 3개이며 자사의 아이템 모방형임
- 경쟁사 시뮬레이터 모두가 낙후된 4D라이더로 구성, 기술적 차별성 없음
- 4사 공히, VR콘텐츠 연동형 미들웨어 없이 일체형 구성되어 콘텐츠 확장성 결여

VR트럭 경쟁사	아이템	시뮬레이터	VR 콘텐츠	론칭 시점
A 사	VR 트럭 (1톤 4인승)	구형 4D 라이더	20종	0000.000
B 사	VR 트럭(3.5톤 3인승× 2대)	구형 4D 라이더	8종	0000.000
C 사	VR트럭 (개발 중)	구형 4D 라이더	미탑재	개발 중
(자사) OOOOOO	VR 트럭(1톤 4인승 × 1대)	구형 4D 라이더	8종	0000.000

○ **경쟁사 대비 우위요소**
- 업계 최초의 VR트럭 시뮬레이터 개발회사
- VR부문 최초, 규제 샌드박스 1호 지정(과학기술정보통신부)
- VR 체험교육 경험보유 VR트럭 브랜드 인지도 획득(2년간 VR체험시장 획득)

○ **경쟁사 대비 차별화 전략**
- VR 시뮬레이터 기술 고도화 (기존의 4D라이더 기술 폐기)
- VR 콘텐츠 연동형 미들웨어 개발로 시뮬레이터에 100여종의 VR콘텐츠 연동
- VR 콘텐츠 제작사와의 협업 플랫폼 구축
- VR 체험교육 BM에서 VR트럭 시뮬레이터 판매 및 보급 BM 전환
- 신규 개발기술 특허 출원과 프랜차이즈 사업 전개

3. 성장전략 (Scale-up)

3-1. 자금소요 및 조달계획

○ VR 시뮬레이터 개발 (내부 설계 & 외주 제작)
- 3축 엑튜에이터 개발 : 제품 사양서 의거 전문제작업체 외주 개발
- VR 트럭 안전장치 4종 개발 : 제품 사양서 의거 전문 제작업체 외주 제작
- VR 엑튜에이터와 VR트럭 결합 : 전문 외주업체 결합

○ VR 콘텐츠 연동 미들웨어 개발(내부 제작)
- LabVIEW Full Development System S/W 구입
- Unity Pro S/W 2식 , 아두이노 메가보드 10개
- 소형 3 AXIS Motion Platform 구입 및 시뮬레이션 운용
- 개발인력 투입 (2 Man × 4 Month)

○ VR 시뮬레이터 콘텐츠 100여종 제휴
- VR 콘텐츠 제작사 제휴, VR 콘텐츠 100종 시뮬레이터 서비스 계약

○ VR 트럭 사업화 추진
- 특허권 출원, VR전시회 출품, VR 프랜차이즈 론칭, 대리점 2곳 시범 운영

< 사업비 세부내역(정부지원금+대응자금) >

비 목	산출근거	금액(원)	
		정부지원금+대응자금(현금)	대응자금(현물)
재료비	• LabVIEW Full Development System 1식		
	• Unity Pro 1식		
	• 아두이노 메가보드 2560 R3 10개		
	• 3축 J4 서보엑프 3식		
	• 리니어 액튜에이터 3식		
외주용역비	• VR 트럭 시뮬레이터(4인승) × 400kg		
	• VR 트럭 안전장치 4종 개발		
	• VR 트럭 구조 결합		
기계장치구입비	• 3 AXIS Motion Platform 1식		
특허권 등	• 특허 출원 "VR시뮬레이터, 미들웨어, 안전장치 등)		
인건비	• 미들웨어 개발 인건비(2인×4개월×70% 참여율)		
	• VR시뮬레이터 사업화 인건비 (1인×6개월×100%)		
	• VR콘텐츠 기획 및 제작 인건비 (1인×5개월×100%)		
지급수수료	• 국내 VR전시회 참가비(부스임차, 집기류 임차 등 포함)		
	• 사무실 임대료		
	• 회계감사비		
	• 전문가 멘토링비		
광고선전비	VR 트럭 프랜차이즈 마케팅 기획		
합 계			

3-2. 시장진입 및 성과창출 전략

3-2-1. 내수시장 현황 (경쟁 및 판매가능성)

3-2-1-1. 경쟁현황

○ **국내시장 경쟁현황**
- 당사가 최초(2018년 3월)로 VR트럭 체험교육시장 론칭, 2020년 후발업체 4개사가 서비스 론칭중
- 기존의 에듀테크 시장에서 VR/AR 체험교육콘텐츠 개발 신입 중 (웅진 씽크빅, 시공사, 교원그룹 등)
- 기존의 VR 어트랙션 제조사들이 VR 트럭사업에 진출 모색 중 (A사, B사)

☞ 당사는 2018~2019 2년간의 VR트럭을 활용한 VR체험교육 경험과 기술을 바탕으로, 2020년 VR시뮬레이터 신규개발을 통하여 전국단위의 가맹사업에 진출, 시장확대 도모

[표] 국내 VR체험교육, VR트럭 시뮬레이터 경쟁업체 현황

경쟁사명	제품명	판매가격	연 판매액
A 사	VR트럭 (개발 중)	8천만원~1억2천만원	2020. 상반기 론칭
B 사	VR버스	1억 5천만원	2억
C 사	VR 트럭 (1톤 4인승)	4천만원~8천만원	2019년 상반기 영업개시
D 사	VR 트럭(3.5톤 3인승× 2대)	1억 5천만원	2020. 5월 론칭
VR Game Truck (미국)	VR 트럭 (1톤) HMD 체험	1억원	미국 내 30개 지사

○ **해외시장 현황**
- 미국과 유럽의 경우, 트럭과 트레일러를 개조한 이동형 트럭VR BM이 활발하게 전개되고 있음
- 미국의 VR Game Truck(www.virtualrealitygametruck.com)은 미국 전역에 30여개의 가맹점 영업중
- 미국의 Exit Reality사(www.exitrealityvr.com)는 VR트럭 출장 혹은 렌탈서비스를 운영 중
- 체코(www.immersive.cz), 스페인(www.xperienciavirtual.es)과 중국에서도 VR트럭 서비스를 전개 중

미국 VR Game Truck사, Exit Reality사의 VR 트럭 체험서비스

○ **추정시장 규모**
- VR 체험교육 시장과 VR 어트랙션을 결합한 시장이 목표시장으로서, 연 500억 이상의 시장형성 전망
- VR 체험교육 시장은 국내 에듀테크 시장부문에서 VR트럭 체험시장을 5% 이상 점유 목표
- VR 어트랙션 시장은 기존의 고가중심에서 보급형 어트랙션 보급으로 대중시장을 창출

국내 VR 어트랙션 시장	KOCCA 보고서, 2019년 현재 약 2,000억원 규모 성장 중
국내 에듀테크 시장	KOCCA 보고서, 2018년 말 현재 4조 1,000억, 2020년 말 5조성장 전망
전세계 에듀테크 시장	에드테크엑스 글로벌, 매년 10% 성장 중이며 2020년 283조 전망

3-2-1-2. 판매실적 및 판매전략

ㅇ 내수시장 진출 주요실적
- '18.03 - (주) OOOOOO 설립, '18.05. VR트럭 4D 라이더 시스템 개발
- '18.5~'19.12. 각급 학교 및 지자체 VR체험교육 200회 30,000여명 체험 수행
- '20.4.15. 한국정보통신진흥원 OOOOOOOO 용역 수주(1억7천만)

유통채널명	진출시기	판매 아이템	판매금액
각급 학교, 지자체	2018.3.30~2018.12	VR트럭 체험, 교육	150백만원
각급 학교, 지자체	2019.1~2019.12	VR트럭 체험, 교육	297백만원

☞ '19년 매출 증빙자료 부가세과세표준증명원 (OOOOO백만원) 별첨

ㅇ 목표시장 진입 및 추가시장 판매전략

연도	목표 시장	판매 아이템	매출 규모
2020년	VR체험교육, 시뮬레이터 개발, 프랜차이즈 추진	VR트럭 체험·교육	400백만원
2021년	광역단위 프랜차이즈 가맹사업, 대리점 판매 체계	VR트럭 시뮬레이터 판매	1,000백만원
2022년	에듀테크 시장, 프랜차이즈 지속, 공공기관 VR 체험존 설치	이동형 시뮬레이터 판매 고정형 시뮬레이터 판매	2,000백만원

▶ 2020년 VR체험교육 축소와 VR시뮬레이터 개발조기 완수, 프랜차이즈 전개
- 코로나 19로 인해, '20년 상반기 예정되어 있던 VR체험 교육이벤트 전면취소
- 2020년 4월, NIPA OOOOOOO 운영 용역수주로 하반기 체험 재개
- VR 시뮬레이터 고도화 개발 조기 완수, 자사 운용체계에서 타사 보급 체계로 전환
- 신규 개발 VR 시뮬레이터 '20년 9월 현장체험 시험 가동
- 보급형 VR트럭 시뮬레이터 특허 출원('20.9)(안전장치 및 시뮬레이터, 미들웨어 등).
- 프랜차이즈 가맹사업 추진('20년 하반기 추진)

▶ 2021년 VR트럭 프랜차이즈 사업전개, 공공기관 VR체험존 설치 추진
- 광역단위 프랜차이즈 가맹사업 추진과 대리점 판매체계 전환 (VR트럭 융합 플랫폼)
- VR 트럭 프랜차이즈 운영체계 지속(VR시뮬레이터+VR 콘텐츠+운영 미들웨어 보급)
- VR 체험 에듀테크 기업과의 제휴, 판매 확대 추진
- 공공기관 VR 체험존 설치, 해외 정부 및 기업에 VR트럭 시뮬레이터 판매 보급

3-2-2. 해외시장 현황 (경쟁 및 판매가능성)

ㅇ '20년 10월 VR 트럭 시뮬레이터 개발완료 시점
- 국내·국제 VR/AR 산업전시회에 VR트럭 시뮬레이터 출품
- 국내 통신사와 협업하여 동남아 VR 콘텐츠 신흥시장인 베트남 진출
- 베트남 VR 게임업체, 통신사, 공공기관을 주요 대상으로 마케팅 추진

ㅇ 동남아국가의 5G정책 강화에 따른 VR트럭 시뮬레이터 판매추진
- 2019년 10월 말레이시아 랑카위를 5G 테스트 베드로 운영 중
- 말레이시아 통신사를 대상으로 VR 트럭 시뮬레이터 판매 추진
- NIPA와 협력하여 '캠프VR 하노이'에 VR트럭 시뮬레이터 입점

ㅇ 글로벌 진출 실적 및 추가시장 창출 방안(향후 계획)

단위 : 천원

구분	수출국가수	수출액	수출품목수	수출품목명
현재	현재 실적 없음			
2020.12	동남아	50,000	시뮬레이터 1종	VR 시뮬레이터
2021.3	동남아	50,000	VR 콘텐츠 50종	VR 콘텐츠
2021.3	동남아	30,000	VR 트럭 미들웨어	VR 미들웨어
2021.12	동남아	150,000	VR 시뮬레이터 3종	VR 시뮬레이터 플랫폼

ㅇ 국·내외 진출 역량

국내 매출 실적과 특허보유 내역				
2020.4.15. 한국정보통신진흥원 OOOOOOO 용역 수주(1억7천만원)				
국내 특허 출원 건수	국내 특허 등록 건수	해외특허 건수 (출원 제외)	국제인증 건수	국제협약체결 건수 (외국 현지기업과 MOU, NDA 등)
	2건			

- 특허권 2건 보유 : 자사
10-1413600 원형 스크린 및 회전 라이더를 이용한 가상현실 구현 장치 및 방법
10-1570303 홀로그램용 스크린의 지지 장치

4. 기업 구성 (Team)

4-1. 대표자·직원의 보유역량 및 기술보호 노력

ㅇ 대표자 현황 및 역량
- OOOOOOOOOOOOOOOOOOOOOOOOOOO
- OOOOOOOOOOOOOOOOOOOOOOOOOOO
- OOOOOOOOOOOOOOOOOOOOOOOOOOO

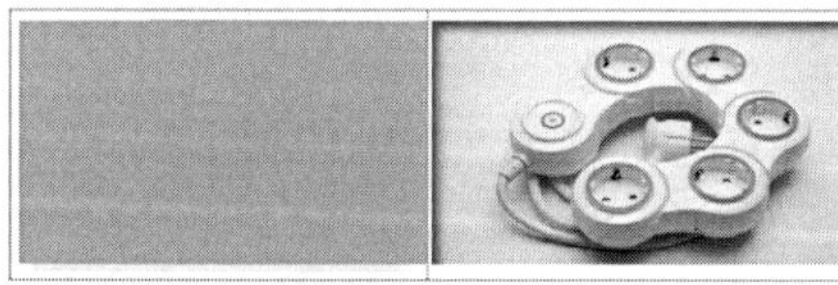

ㅇ 현재 재직인원 및 고용계획
- 기술개발을 위한 고용창출 효과 및 신규인력 채용
- VR시뮬레이터 미들웨어 연구 및 모션 시뮬레이터 연동 기술 개발자 고용
- 개발 완료 후, 가맹사업 전개시점 마케팅 및 영업관리 인력 채용

ㅇ 재직인원 고용유지를 위한 복리후생 등 기업 방안
- 1년 이상 근무자 연차 휴가, 일정기간 집중사용 권한 부여
- 기술개발 관련하여, IP 출원 제안 후 등록 시 포상
- 직원들의 자기계발 지원

ㅇ 신규인력에 대한 교육 프로그램 등 기술인력 육성
- 관련 산업학회, 협회, 전시회 등의 참여를 통해 최신정보 습득 기회부여
- 입무 분장 프로세스를 확립하고 지속적인 사내 교육 실시

현재 재직인원 (대표자 제외)	2 명	추가 고용계획 (협약기간 내)	2 명

ㅇ 직원 현황 및 역량

순번	직급	성명	주요 담당업무	경력 및 학력 등	채용연월	일자리 안정자금 수혜여부
1			S/W 개발	경기대학교 OOOOO학과 졸업	00.00	○
2			콘텐츠 기획	경기대학교 OOOOO학과 졸업	00.00	X
3			H/W 개발	관련 분야 2년 이상 경력	채용예정	○
4			마케팅	관련 분야 2년 이상 경력	채용예정	○

ㅇ 추가 인력 고용계획

순번	주요 담당업무	요구되는 경력 및 학력 등	채용시기
1	H/W 개발	하드웨어 관련 분야 2년 이상 경력	00.00
2	마케팅	마케팅 관련 분야 2년 이상 경력	00.00

ㅇ 업무파트너(협력기업 등) 현황 및 역량

순번	파트너명	주요역량	주요 협력사항	비고
1		특장트럭 제작 가능	테스트 장비 지원	~'20.12
2		VR콘텐츠 50개 회원사 보유	콘텐츠 확보 네트워크 지원	~'20.12

ㅇ 기술보호 노력

전체 수행 인력에게 보안관리 준수사항을 명시하며, 보안서약서 작성을 통해 문제유출 방지와 기타 개인정보 및 각종 유출가능 정보에 대한 철저한 관리 실시

본 과제를 수행하는 과정에서 알게 된 관련 콘텐츠 및 관련 내용에 대해 연구책임자의 허락 없이 자신 또는 제 3자를 이용하여 사용하지 않는다. 본 과제가 완료되거나 과제를 수행할 수 없게 된 경우, 그 시점에서 본인이 보유하고 있는 연구기밀을 포함한 관련 자료를 즉시 과제관리책임자에게 반납하여 제1항에서와 같이 비밀유지 의무를 부담한다. 또한 퇴직 시 본인은 직무상 취득한 핵심기술 및 정보 관련 제반 비밀사항 및 중요 연구비밀을 퇴직 후에도 일체 누설하지 않는다.

사업 진행 중 취득한 개인정보는 모두 암호화하여 별도로 관리하고 사업 종료 시 개인정보를 포함하여 일체의 정보는 모두 물리적·기술적으로 복구할 수 없는 방법으로 파기한다. 상기 사항을 위반할 경우 본인은 유사사업 참여 제한 등의 제재와 손해배상도 감수한다.

발표자료

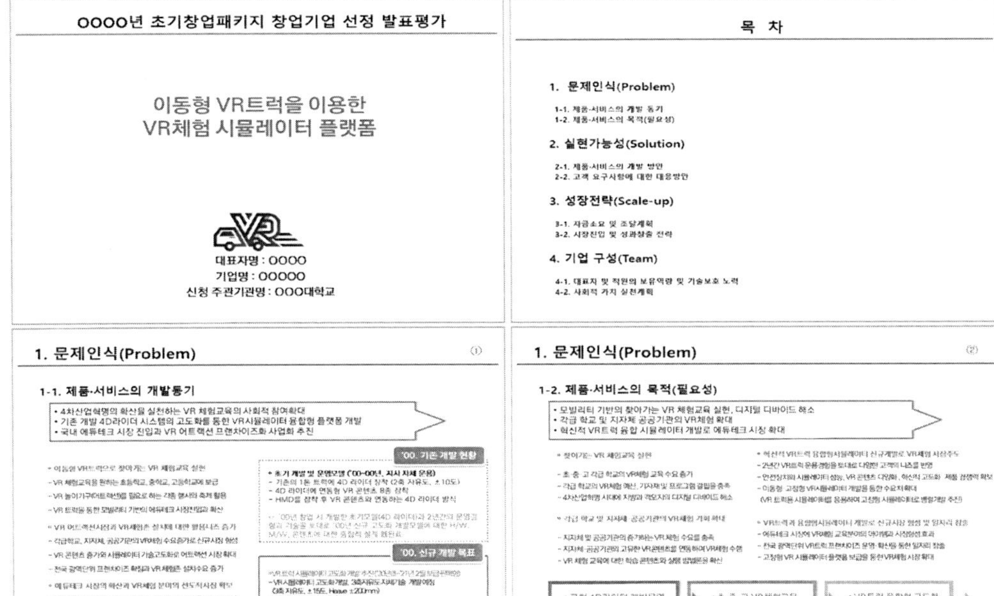

0000년 초기창업패키지 창업기업 선정 발표평가
이동형 VR트럭을 이용한
VR체험 시뮬레이터 플랫폼
대표자명 : OOOO
기업명 : OOOOO
신청 주관기관명 : OOO대학교
목 차
1. 문제인식(Problem)
1-1. 제품·서비스의 개발 동기
1-2. 제품·서비스의 목적(필요성)
2. 실현가능성(Solution)
2-1. 제품·서비스의 개발 방안
2-2. 고객 요구사항에 대한 대응방안
3. 성장전략(Scale-up)
3-1. 자금소요 및 조달계획
3-2. 시장진입 및 성과창출 전략
4. 기업 구성(Team)
4-1. 대표자 및 직원의 보유역량 및 기술보호 노력
4-2. 사회적 가치 실천계획
1. 문제인식(Problem)
1-1. 제품·서비스의 개발동기
'00. 기존 개발 현황
'00. 신규 개발 목표
1. 문제인식(Problem)
1-2. 제품·서비스의 목적(필요성)

2. 실현가능성(Solution)
2-1. 제품·서비스의 개발방안 ① 개발 개요
2. 실현가능성(Solution)
2-1. 제품·서비스의 개발 방안 ② 사업화구조 및 일정
2. 실현가능성(Solution)
2-2. 고객 요구사항에 대한 대응방안
Strengths
Weaknesses
Opportunities
Threats
S
W
O
T
경쟁사 대비 우위요소
차별화 전략
3. 성장전략(Scale-up)
3-1. 자금소요 및 조달계획

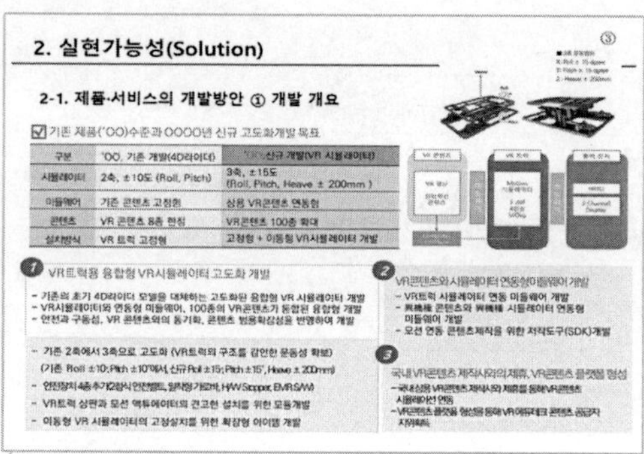
2. 실현가능성(Solution)
③
2-1. 제품·서비스의 개발방안 ① 개발 개요
기존 제품('OO)수준과 OOOO년 신규 고도화개발 목표
구분 | 'OO, 기존 개발(4D라이더) | 신규 개발(VR 시뮬레이터)
시뮬레이터 | 2축, ±10도 (Roll, Pitch) | 3축, ±15도 (Roll, Pitch, Heave ± 200mm)
미들웨어 | 기존 콘텐츠 고정형 | 상용 VR콘텐츠 연동형
콘텐츠 | VR 콘텐츠 8종 한정 | VR콘텐츠 100종 확대
설치방식 | VR 트럭 고정형 | 고정형 + 이동형 VR시뮬레이터 개발
1 VR트럭용 융합형 VR시뮬레이터 고도화 개발
- 기존의 초기 4D라이더 모델을 대체하는 고도화된 융합형 VR 시뮬레이터 개발
- VR시뮬레이터와 연동형 미들웨어, 100종의 VR콘텐츠가 통합된 융합형 개발
- 안전과 구동성, VR 콘텐츠와의 동기화, 콘텐츠 범용확장성을 반영하여 개발
- 기존 2축에서 3축으로 고도화 (VR트럭의 구조를 감안한 운동성 확보)
- VR트럭 상판과 모션 엑튜에이터의 견고한 설치를 위한 모듈개발
- 이동형 VR 시뮬레이터의 고정설치를 위한 확장형 아이템 개발
2 VR콘텐츠와 시뮬레이터 연동형 미들웨어 개발
- VR트럭 시뮬레이터 연동 미들웨어 개발
- 모션 연동 콘텐츠제작을 위한 저작도구(SDK)개발
3 국내 VR콘텐츠 제작사와의 제휴, VR콘텐츠 플랫폼 형성

2. 실현가능성(Solution)
④
2-1. 제품·서비스의 개발 방안 ② 사업화구조 및 일정
2020.6
2021.2
2021.12
초기창업패키지 사업(협약) 기간 내 목표 및 달성 방안('00년 3월~00년 11월)
기간 | 추진내용 | 세부 내용 | 제작구분
M+4 | VR 시뮬레이터 개발과 VR트럭 결합 | 사전 설계사양서 내부 완성, 전문 제작업체 외주 위탁 / VR 트럭 안전장치 제작 및 시뮬레이터 결합 | 자체 설계 외주 제작
M+4 | VR 콘텐츠 연동형 미들웨어 개발 | 미들웨어 설계도 기완성, 소형 모션베이스 설치 후 시뮬레이션 자체시험 제작 | 자체 제작
M+6 | VR 콘텐츠 제작업체 제휴 | 100종 VR 콘텐츠 확보, VR콘텐츠 플랫폼 확보 | 제휴
M+8 | VR트럭 시뮬레이터 사업화 | VR 트럭 시뮬레이터 특허출원, VR 시뮬레이터 시험가동 / VR 트럭 프랜차이즈 기획안 수립 및 직영 대리점 2곳 확보 | 자체, 제휴
4. 기업 구성(Team)
⑩
4-2. 사회적 가치 실천계획
임직원 성과 공유제
경영성과급 지급
직무발명보상
우리사주 분양
찾아가는 VR트럭 체험교육 디지털 격차 해소
'00년 2월
"찾아가는 VR체험 교육"
'00년 2월부터 소셜벤처와 사회적기업 인증과정을 진행하고 있으며
'00년 내 소셜벤처 추진,
'00년 '일자리 제공형' 사회적기업 인증 추진 예정

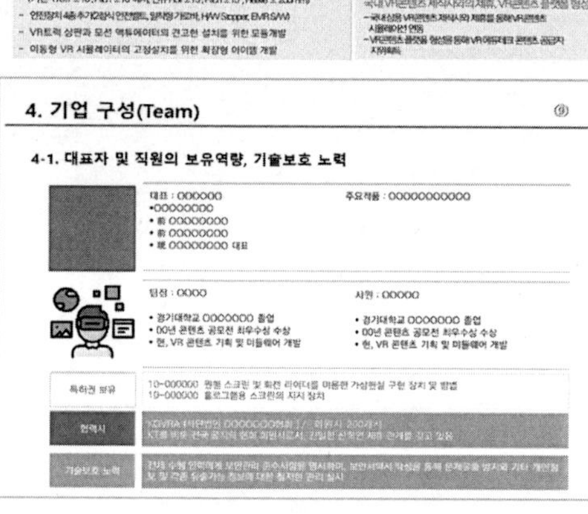
4. 기업 구성(Team)
⑨
4-1. 대표자 및 직원의 보유역량, 기술보호 노력
대표 : OOOOOO
주요작품 : OOOOOOOOOOO
•OOOOOOOO
• 前 OOOOOOOO
• 前 OOOOOOOO
• 現 OOOOOOOO 대표
팀장 : OOOO
• 경기대학교 OOOOOOO 졸업
• 00년 콘텐츠 공모전 최우수상 수상
• 현, VR 콘텐츠 기획 및 미들웨어 개발
사원 : OOOOO
• 경기대학교 OOOOOOO 졸업
• 00년 콘텐츠 공모전 최우수상 수상
• 현, VR 콘텐츠 기획 및 미들웨어 개발
특허권 보유
10-000000 원형 스크린 및 회전 라이더를 이용한 가상현실 구현 장치 및 방법
10-000000 홀로그램용 스크린의 지지 장치
협력사
기술보호 노력

/ 제7장 /
정보탐색 및 활용방안

1. 정보의 탐색

현대 창업 생태계에서 정보는 더 이상 선택사항이 아닌 필수 요소가 되었다. 특히 2025년을 기점으로 AI와 빅데이터 기술의 급속한 발전으로 인해 정보의 중요성은 그 어느 때보다 커지고 있다. 창업가들은 방대한 정보의 바다에서 자신에게 필요한 정확하고 유용한 정보를 효율적으로 찾아내는 능력을 갖추어야 한다.

1.1 아이디어사업화와 정보

현대 창업 생태계에서 정보는 더 이상 선택사항이 아닌 필수 요소가 되었다. 특히 2025년을 기점으로 AI와 빅데이터 기술의 급속한 발전으로 인해 정보의 중요성은 그 어느 때보다 커지고 있다.

아이디어 사업화는 아이디어의 발상에서 사업계획 작성, 디자인, 시제품 제작, 투자 유치 등 복잡한 과정을 거친다. 이 과정에서 창업자는 다양한 정보를 신속하게 탐색하고 활용할 수 있는 역량이 필요하며, 효율적인 정보 활용은 사업 성공의 핵심 요인이다. 예비 창업자는 자신에게 필요한 정보가 어디에 있고, 어떻게 검색해야 하는지 익숙하지 않은 경우가 많다. 실제로 많은 중소기업과 창업자들이 최신의 사이트 정보 대신, 과거의 경험이나 주변 지인, 수기 입력에 의존하는 경우가 많다는 점도 현실이다.

1.2 정보 탐색이란?

정보 탐색은 창업가에게 있어 나침반과 같은 역할을 한다. 올바른 방향으로 나아가기 위해서는 정확한 정보와 이를 해석할 수 있는 능력이 필요하다.

1) 정보의 정의 및 정보 리터러시

정보란 의사결정과 문제 해결을 위해 수집·분석·활용하는 자료와 지식, 데이터, 통찰을 포괄하는 개념이다. 창업 과정에서 정보는 단순한 데이터가 아니라, 사업에 바로 적용할 수 있는 실행 가능한 지식을 의미한다. 정보 리터러시는 필요한 정보를 인식하고, 신속하게 탐색·평가·활용하는 능력이다. 창업가는 방대한 정보 속에서 신뢰할 수 있는 정보를 선별해 실제 사업에 적용하는 역량이 필수적이다.

2) 정보탐색의 목적과 필요성

창업에서 정보탐색의 목적은 아이디어 검증, 시장 타당성 조사, 사업계획 수립 등 실질적 문제 해결에 있다. 아이디어의 시장성, 기술적 실현 가능성, 수익성 등은 객관적인 정보를 바탕으로 검증해야 한다. 시장 규모, 성장성, 경쟁 환경, 고객 특성 등도 정보탐색을 통해 파악한다. 갈수록 AI, 빅데이터 등 신기술을 활용한 정보탐색이 창업 경쟁력의 핵심이 되고 있다.

1.3 정보 검색의 분류

정보 검색을 효과적으로 수행하기 위해서는 정보의 특성과 유형을 정확히 이해하는 것이 중요하다. 정보의 분류 체계를 이해하면 목적에 맞는 최적의 검색 전략을 수립할 수 있다.

1) 정보 형태에 따른 분류

정보 형태에 따라 정보 검색은 서지 검색, 사실 검색, 전문 검색으로 구분된다. 서지 검색은 사용자가 알고자 하는 주제와 관련된 문헌의 서지사항, 즉 제목, 저자, 초록, 서명, 출판사, 출판 연도 등 문헌 목록을 중심으로 검색하는 방식이다. 이 방식은 도서관의 소장자료나 참고문헌을 찾을 때 주로 사용된다.

사실 검색은 일반 데이터나 수치 데이터, 또는 화학물질, 반도체 재료 등과 같은 구체적인 사실 정보를 직접적으로 검색하는 방식이다. 예를 들어, 특정 화학물질의 데이터베이스나 통계, 지표, 재무제표 등에서 필요한 정보를 찾는 것이 이에 해당한다. 사용자는 자신의 질문에 대해 구체적이고 직접적인 사실을 얻을 수 있다.

전문 검색은 문헌의 서지사항뿐만 아니라 원문 전체, 즉 Full text를 대상으로 검색하는 방식이다. 데이터베이스에 축적된 문헌의 전문을 필요에 따라 검색하고, 해당 문장의 원문 일부 또는 전체를 확인할 수 있다.

2) 검색 시점을 기준으로 하는 분류

정보 검색은 과거부터 현재까지 축적된 정보를 대상으로 하느냐, 아니면 앞으로 새롭게 발생하는 정보를 대상으로 하느냐에 따라 구분된다.

과거에서 현재까지의 정보를 검색하는 방법을 소급 검색이라고 한다.

반면, 앞으로 새롭게 발생하는 정보를 검색하는 방법은 SDI(Selective Dissemination of Information) 검색이라고 한다.

SDI 검색은 특정 주제나 키워드에 맞는 정보를 미리 등록해두고, 새로운 정보가 입수될 때마다 자동으로 정기적으로 제공받는 방식이다. 신착잡지의 목차 서비스나 초록지 배포 등도 이에 해당한다.

3) 검색 주체에 따른 분류

정보 검색은 검색을 직접 수행하는 주체에 따라 나눌 수 있다.

이용자가 스스로 정보를 검색하는 방식을 직접 검색이라고 하며, 검색 전문가에게 의뢰하여 정보를 찾는 방식을 대리 검색이라고 한다.

직접 검색은 주로 인터넷에서 무료 데이터베이스를 활용할 때 많이 사용되고, 대리 검색은 상업용 데이터베이스나 전문 검색사가 필요한 경우에 주로 이용된다.

4) 검색 시스템에 따른 분류

검색 시스템에 따라서는 디렉토리 방식(메뉴 방식)과 명령어 방식으로 구분된다. 디렉토리 방식은 파일 시스템을 관리하며, 각 파일이 있는 위치를 쉽게 찾을 수 있도록 도와준다.

대표적인 예로 온라인 디렉토리(OPAC, Online Public Access Catalog)가 있다. OPAC은 도서관에서 컴퓨터로 운영되는 목록 시스템으로, 이용자가 직접 단말기를 통해 서지 정보를 탐색할 수 있도록 한다. 웹디렉토리는 데이터베이스에 축적된 목록 정보를 이용자가 직접 탐색하는 시스템이다. 웹 기반의 웹디렉토리는 다양한 서지 정보를 쉽게 찾을 수 있도록 하며, 인쇄자료와 전자자료의 통합 검색, 소장자료 및 타 기관 자료에 대한 접근점 제공 등 시간과 공간의 제약 없이 정보를 탐색할 수 있도록 지원한다.

1.4 정보 검색 기초 전략

효과적인 정보 검색을 위해서는 체계적인 전략이 필요하다. 검색 전략의 핵심은 적절한 키워드 설정, 논리연산자 활용, 그리고 검색식 최적화이다.

1) 검색전략의 기본원칙

웹 검색에서 나올 수 있는 정보인지 먼저 고려하는 것이 좋다.

좋은 자료는 디지털도서관이나 특정 데이터베이스 안에만 있는 경우가 많으므로, 단순히 웹 검색에 의존하지 않고, 자료의 특성에 따라 접근 방식을 달리해야 한다.

도서, 사전, 신문 같은 참고 정보원에서 검색될 것 같은 정보원은 웹 전체에서 탐색하기보다는 해당 정보 사이트에서 직접 탐색하는 것이 효율적이다. 특정 정보가 이미 잘 정리된 공식 자료원이나 데이터베이스에 있다면, 그곳에서 바로 찾는 것이 시간을 절약할 수 있다.

디지털도서관을 활용하는 것이 바람직하다. 디지털도서관이 제공하는 정보는 신뢰도가 높고 학술적 가치가 높은 자료가 많다. 대학도서관 등은 학생들에게 고가의 유료 정보를 디지털도서관을 통해 쉽게 제공하며, 국가디지털도서관은 여러 기관의 자료를 통합 검색할 수 있도록 지원한다.

2) 키워드 전략

정보 주제를 잘 알지 못하는 이용자는 웹 디렉토리를 효율적으로 이용하는 것이 중요하다. 웹 디렉토리 체계를 따라 브라우징하면 특정 주제의 상위 개념을 알 수 있고, 원하는 정보를 구체적으로 표현할 수 없을 때 브라우징 방식이 유용하다.

키워드 탐색에서 키워드는 개념이 아니라는 것을 알아야 한다. 예를 들어, '서유럽 정보산업'이라는 정보를 찾고 싶을 때, '서유럽'이라는 키워드가 실제로는 다양한 관련 산업 정보를 포함할 수 있으므로, 어떤 용어로 검색할지 고민해야 한다.

키워드 탐색에서는 유사어, 동의어를 활용하는 것이 좋다. 동일한 정보를 찾더라도 표현이 다르면 검색에서 누락될 수 있으므로, 한 용어에 대해 다양한 유사어나 동의어를 함께 사용해야 한다.

키워드 탐색에서는 추상적인 키워드보다 구체적인 키워드가 효과적이다. 예를 들어, '경력'이라는 추상적 키워드보다는 '차라리 졸업', '수상', '취업'과 같은 구체적인 키워드를 사용하는 것이 원하는 정보를 더 쉽게 찾을 수 있다.

3) 검색 범위 제한과 결과 활용

검색되는 범위를 제한해야 너무 많은 정보로 인해 정작 필요한 정보를 찾지 못하는 문제를 해결할 수 있다. 검색 항목, 기간, 주제 분야, 언어 등 다양한 요소로 범위를 제한하면 불필요한 정보가 걸러진다.

검색 결과를 활용하여 탐색 전략을 조정하는 것은 효율적인 탐색에 중요하다. 검색 결과에서 관련 키워드나 개념, 검색엔진 추천 키워드를 추가해 정보 요구를 구체화할 수 있고, NOT 연산자를 활용해 원하지 않는 개념을 제외시키면 더 원하는 정보에 근접할 수 있다.

참고문헌, 인용문헌은 좋은 정보 탐색 시작점이 될 수 있다. 마음에 드는 정보를 찾았다면 그 자료의 참고문헌이나 인용문헌 리스트를 활용하는 것이 전략적이다. 참고문헌이 반복해서 등장하는 자료는 그 분야의 주요 자료일 가능성이 높으므로, 참고문헌 목록을 잘 활용하면 정보의 가치를 평가하는 부담을 줄일 수 있다.

1.5 검색연산자

검색연산자는 보다 정밀하고 효율적인 정보 검색을 위한 고급 도구이다. 이를 잘 활용하면 원하는 정보를 빠르고 정확하게 찾을 수 있다.

1) AND 연산자(& 또는 +)

두 검색어가 모두 포함된 콘텐츠를 찾을 때 사용한다. 예를 들어, '경기대학교'와 '신입생'이 모두 들어간 자료를 찾고 싶다면, 두 키워드를 '&' 연산자 또는 '+' 기호로 연결한다. 이렇게 하면 두 조건을 모두 만족하는 검색 결과만을 얻을 수 있다.

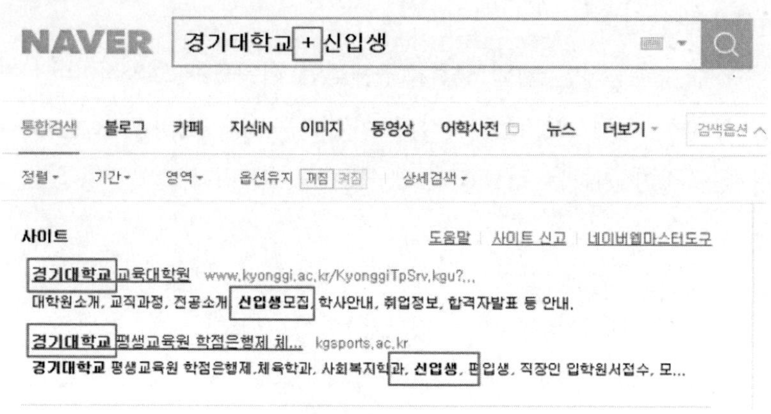

그림 : AND 예시

2) OR 연산자(|)

여러 검색어 중 하나라도 포함된 자료를 찾고 싶을 때 사용한다. 예를 들어, '경기대역' 또는 '신분당선' 중 어느 하나라도 포함된 자료를 찾으려면 키워드 사이에 OR 연산자(또는 '|' 기호)를 넣는다. 이렇게 하면 두 검색어 중 하나 이상이 포함된 모든 자료가 검색된다.

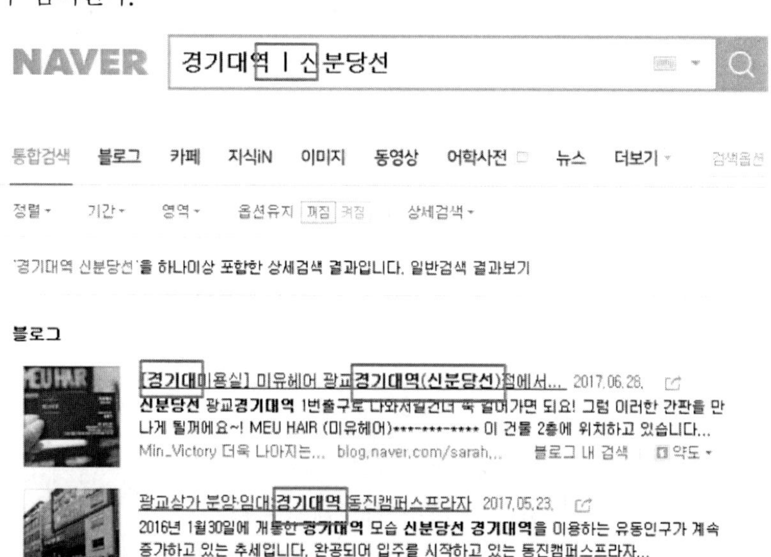

그림 : OR 예시

3) NOT 연산자(!)

특정 검색어를 제외하고 싶을 때 사용한다. 예를 들어, '경기대'라는 키워드에서 '이러닝'이라는 단어가 포함된 결과를 제외하고 싶다면, '경기대 ! 이러닝'과 같이 입력한다. 이렇게 하면 '이러닝'이 들어간 정보는 제외된 결과만을 볼 수 있다.

블로그

수원데이트코스 광교놀거리로 경기대만화방 놀숲 어때 2일 전
있는 경기대만화방 놀숲이 그 주인공이랍니다^^ 열쇠가 있는 보관함이 있어... 시간 보내고 오세요^^ 놀숲 수원경기대점 경기도 수원시 영통구 대학로 16 4층 전화 상세보기
지호맘의 소소한 이야기 blog.naver.com/je... 약도 SmartEditor 3.0

[2017 전국대학배구 해남대회] '황경민 최다 득점' 경기대... 2017.07.11.
경기대가 A조 첫 승을 신고했다. 경기대는 11일 해남 우슬체육관에서 열린 2017 전국대학배구 해남대회 조선대와의 A조 예선 경기에서 세트 스코어 3-1(25-22, 25-18, 17-25,...
대학스포츠 블로그 kusf_sport.blog.me/221049176258 블로그 내 검색

[베이블레이드버스트] 공식 경기대 도착!!! 12시간 전
지난 앰버스더 부상으로 받은 베이블레이드버스트 공식 경기대가 드디어 도착를... 아들녀석이 목빠지게 기다리고 기다린 공식 경기대 박스 안에 요렇게 경기대와...
무적현중의 성장 이... blog.naver.com/gelionyh?Redirect=Log&log... 블로그 내 검색

블로그 더보기

그림 : NOT 예시

4) 따옴표(")구문 검색

정확히 일치하는 단어나 구절이 포함된 자료만을 찾을 때 사용한다. 예를 들어, '경기대역'을 따옴표로 감싸서 검색하면, '경기대역'이라는 글자가 정확히 포함된 결과만을 얻을 수 있다.

그림 : ' ' 따옴표 예시

5) 물결표(~, 틸드)

두 검색어가 순서와 관계없이 일정 범위 내에 함께 등장하는 콘텐츠를 찾을 때 사용한다. 예를 들어, '이러닝~경기대'라고 검색하면, '이러닝'과 '경기대'가 가까이 붙어 있는 자료를 찾을 수 있다.

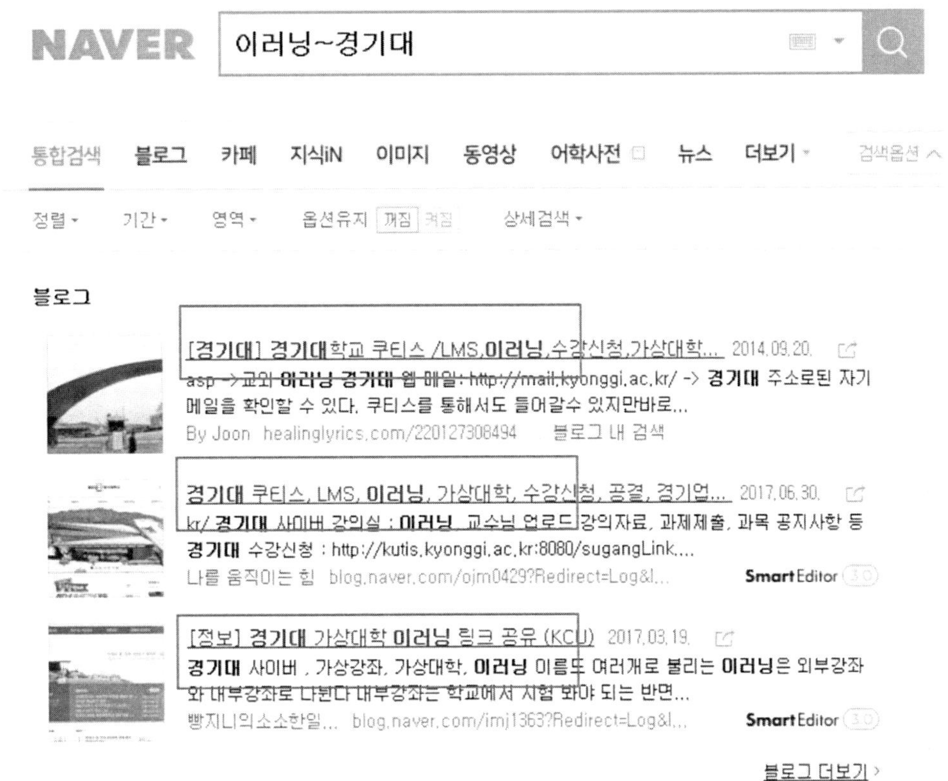

그림 : A~B 예시

6) 위꺽쇠(^, Circumflex)

두 검색어가 입력한 순서대로 일정 범위 내에 함께 등장하는 콘텐츠를 찾을 때 사용한다. 예를 들어, '이러닝 ^ 경기대'라고 검색하면, '이러닝' 다음에 '경기대'가 가까이 등장하는 자료만을 찾을 수 있다.

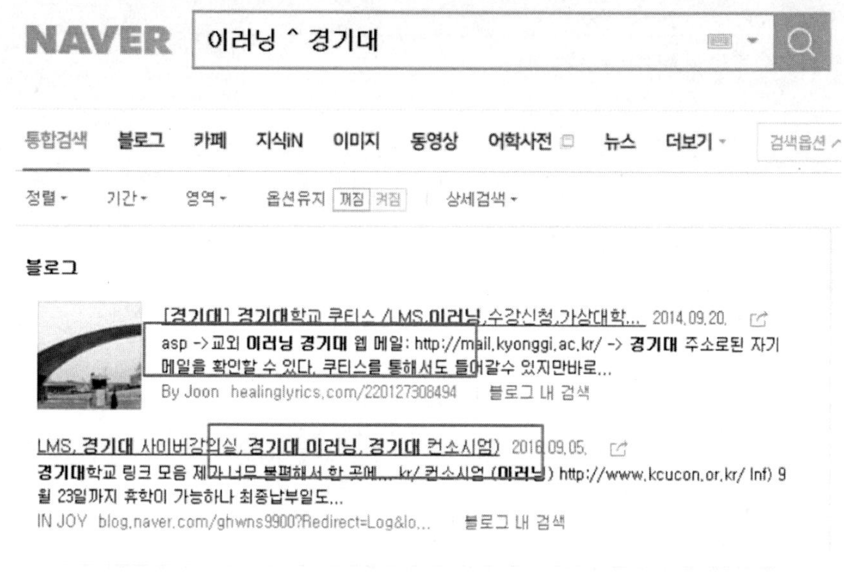

그림 : ^ 위꺽쇠 예시

7) 별표(*, Asterisk)

두 검색어 사이에 다른 단어나 구절이 들어가 있어도, 그 사이에 어떤 단어가 포함된 자료를 찾을 때 사용한다. 예를 들어, '이러닝 * 경기대'라고 검색하면, '이러닝'과 '경기대' 사이에 다른 단어가 들어가 있어도 두 단어가 함께 포함된 자료를 찾을 수 있다.

그림 : * 별표 예시

1.6 구글링

구글은 전 세계에서 가장 많이 사용되는 검색엔진으로, 창업가들에게 필수적인 정보 탐색 도구이다. 구글의 고급 기능들을 잘 활용하면 원하는 정보를 더욱 효율적으로 찾을 수 있다.

1) 고급 검색 기능

* site: 연산자는 특정 사이트 내에서만 검색할 때 사용한다. "site:k-startup.go.kr 창업지원사업"과 같이 사용하면 K-Startup 사이트 내에서만 창업지원사업 관련 정보를 검색한다. 이는 신뢰할 수 있는 정보원에서 정확한 정보를 찾고 싶을 때 매우 유용하다.

* filetype: 연산자는 특정 파일 형식만을 검색할 때 사용한다. "사업계획서 filetype:pdf"는 PDF 형식의 사업계획서만을 검색하고, "시장분석 filetype:xlsx"는 엑셀 파일 형식의 시장분석 자료를 검색한다. 이는 특정 형태의 문서가 필요할 때 매우 효과적이다.

*related: 연산자는 특정 사이트와 유사한 사이트들을 찾을 때 사용한다.
related:techcrunch.com"과 같이 사용하면 TechCrunch와 유사한 기술 뉴스 사이트들을 찾을 수 있다. 이는 새로운 정보원을 발굴할 때 유용하다.

구글의 영역별 검색 기능도 매우 유용하다. 이미지 검색을 통해 제품 사진, 로고, 인포그래픽 등을 찾을 수 있고, 지도 검색으로 경쟁사 위치나 시장 분포를 파악할 수 있다. 뉴스 검색은 최신 동향을 파악하는 데 효과적이며, 학술 검색(Google Scholar)을 통해 연구 논문과 학술 자료를 찾을 수 있다.

2025년 현재 구글 AI 검색(Gemini) 등 최신 기능이 도입되어 더욱 지능적인 검색이 가능해졌다. 자연어 질의를 통해 복잡한 질문도 쉽게 할 수 있고, 검색 결과를 요약하여 제공하는 기능도 있다.

2) 이미지 검색 및 유사문서 탐색

구글의 이미지 검색 기능은 텍스트 검색으로는 찾기 어려운 시각적 정보를 찾는 데 매우 유용하다. 이미지 업로드 기능을 사용하면 가지고 있는 이미지와 유사한 이미지들을 찾을 수 있다. 예를 들어, 경쟁사 제품 사진을 업로드하면 유사한 제품들이나 해당 제품에 대한 리뷰, 기사 등을 찾을 수 있다.

이미지 URL을 활용한 검색도 가능하다. 온라인에서 본 이미지의 URL을 복사하여 검색하면 해당 이미지의 원본 출처나 다른 사용 사례들을 찾을 수 있다. 이는 이미지의 저작권 확인이나 정확한 출처 파악에 유용하다.

related: 연산자를 활용한 유사문서 검색은 새로운 정보원을 발굴하는 데 매우 효과적이다. 유용한 웹사이트를 하나 찾았다면, related: 연산자를 사용하여 유사한 다른 사이트들을 찾을 수 있다. 이를 통해 정보 수집의 범위를 확장할 수 있다.

3) 실전 구글링 연습 사례

창업 아이템 관련 검색에서는 "친환경 포장재 시장규모 2025"와 같이 구체적인 키워드와 연도를 조합하여 검색한다. 또한 "site:ibk.co.kr 친환경 창업"과 같이 특정 금융기관 사이트에서 관련 지원 정보를 찾을 수도 있다.

시장 분석을 위해서는 "배달음식 시장 트렌드 filetype:pdf"와 같이 파일 형식을 지정하여 전문 보고서를 찾거나, "푸드테크 스타트업 투자 OR 펀딩"과 같이 OR 연산자를 활용하여 포괄적인 정보를 수집할 수 있다.

경쟁사 분석에서는 회사명과 함께 "매출", "투자", "사업계획" 등의 키워드를 조합하거나, "site:linkedin.com 회사명"을 통해 직원 정보를 파악할 수 있다. 또한 뉴스 검색을 통해 최근 동향을 파악하는 것도 중요하다.

특허 검색에서는 "기술명 특허 site:kipris.or.kr"과 같이 특허청 사이트에서 직접 검색하거나, "기술명 patent filetype:pdf"를 통해 특허 문서를 직접 찾을 수 있다.

4) 구글 검색엔진의 구조와 원리

구글의 검색 색인은 전 세계의 웹페이지, 이미지, 도서, 동영상, 사실 등 방대한 데이터를 도서관처럼 체계적으로 저장하는 방식으로 구축된다.

이 과정은 주로 크롤러(로봇)라고 불리는 소프트웨어를 통해 이루어진다. 크롤러는 공개적으로 접근 가능한 웹페이지를 자동으로 방문하고, 각 페이지에 포함된 링크를 따라가며 새로운 콘텐츠를 지속적으로 탐색한다.

이렇게 수집된 정보는 구글의 색인에 저장된다. 크롤러가 웹페이지를 찾으면 구글 시스템은 브라우저처럼 페이지의 콘텐츠를 렌더링하고, 키워드, 업데이트 상태 등 주요 신호를 기록해 검색 색인을 구성한다.
웹의 콘텐츠는 끊임없이 변화하기 때문에, 구글의 크롤러는 페이지가 얼마나 자주 변경되는지 확인하고 필요에 따라 반복적으로 방문한다. 새로운 정보나 링크가 나타나면 즉시 색인에 반영하여 최신 정보를 유지한다.
이러한 구조 덕분에 사용자가 검색어를 입력하면, 구글은 방대한 색인에서 가장 관련성 높은 정보를 신속하게 찾아 제공할 수 있다.
2025년 기준, 구글은 전 세계 검색엔진 시장의 약 89%를 차지하며, 여전히 압도적인 1위를 유지하고 있다.
이처럼 구글 검색엔진은 방대한 데이터의 신속한 수집, 체계적 색인, 실시간 정보 갱신을 기반으로, 사용자가 원하는 정보를 가장 빠르고 정확하게 제공하는 시스템으로 진화하고 있다

5) 구글링 잘하기

구글의 고급 기능을 활용하면 원하는 정보를 더욱 효율적으로 찾을 수 있다. site: 연산자는 특정 사이트 내에서만 검색할 때 사용하며, "site:k-startup.go.kr 창업 지원사업"과 같이 활용한다. filetype: 연산자는 "사업계획서 filetype:pdf"처럼 특정 파일 형식만을 검색할 때 유용하다. related: 연산자는 "related:techcrunch.com"과 같이 유사한 사이트를 찾을 때 사용한다.
실전 구글링에서는 구체적인 키워드와 연도를 조합하거나("친환경 포장재 시장규모 2025"), OR 연산자를 활용한 포괄적 검색("푸드테크 스타트업 투자 OR 펀딩"), 특정 기관 사이트 내 검색("site:linkedin.com 회사명") 등의 전략을 사용할 수 있다.
2025년 현재 구글 AI 검색(Gemini)을 통한 자연어 질의와 검색 결과 요약 기능이 도입되어 더욱 지능적인 검색이 가능해졌다. 이미지 업로드를 통한 유사 이미지 검색과 웹 기록 관리 기능도 정보 탐색에 유용하다.

1.7 AI 검색엔진의 부상과 시장 동향

기존의 전통 검색엔진(구글, 네이버, Bing 등)은 웹페이지를 색인화하고 키워드 매칭을 통해 결과를 제공하는 방식이었다.

하지만 2025년 현재, 생성형 AI와 대규모 언어모델(LLM)을 기반으로 한 AI 검색엔진이 빠르게 확산되고 있다. 이들은 사용자의 질문 의도와 맥락을 파악해, 여러 정보원을 종합한 맞춤형 답변을 제공한다.

2025년 기준 주요 AI 검색엔진의 월간 방문량은 다음과 같다:

- ChatGPT: 약 38억 회(1위, OpenAI)
- DeepSeek: 약 2.78억 회(2위, 중국)
- Google Gemini: 약 2.68억 회(3위, 구글)
- Perplexity AI: 약 1억 회(4위, 실시간 웹 검색 · 출처 인용 특화)
- Claude AI: 약 7,680만 회(5위, 대용량 문서 분석 · 추론 특화)
- Bing AI(코파일럿 모드): 전통 검색+AI 답변 결합, Microsoft 365와 연동

전통 검색엔진 시장은 2025년 기준 정체 또는 하락세를 보이고 있으며,
AI 기반 챗봇 · 생성형 검색 서비스 · AI 어시스턴트가 사용자 검색 행동을 빠르게 변화시키고 있다.

1) 대표 AI 검색엔진과 활용 사례

*Perplexity AI
실시간 웹 검색과 AI 분석을 결합한 대표적 대화형 검색엔진이다.
사용자가 자연어로 질문하면 웹의 다양한 소스에서 정보를 결합해 요약 · 분석 답변을 제공하며, 각 답변의 출처를 명확히 표시해 신뢰성을 높인다.
PDF 업로드, 원하는 출처 지정, AI 프로필 설정 등 고급 기능도 지원한다.
창업가는 시장조사, 경쟁사 분석, 최신 트렌드 파악 등에서 Perplexity를 활용해 신뢰도 높은 요약과 인사이트를 빠르게 얻고 있다.

*ChatGPT (OpenAI)
대화형 AI와 검색 기능을 결합해, 사용자의 질문 의도와 맥락을 파악해 체계적이고 논리적인 답변을 제공한다.

복잡한 비즈니스 질문, 시나리오 분석, 단계별 전략 제안 등에서 강점을 보인다. Bing과의 통합으로 실시간 웹 정보도 활용 가능하다.

*Bing AI (코파일럿 모드)
마이크로소프트의 Bing 검색엔진에 GPT 기술을 접목한 하이브리드 방식의 AI 검색엔진이다. 전통 검색 결과와 AI 생성 답변을 결합해, 사용자는 기사 요약, 표·차트 생성, 후속 질문 등 다양한 기능을 활용할 수 있다. Microsoft 365(Word, Excel, PowerPoint 등)와 연동되어, 실무 문서·프레젠테이션·데이터 분석 등 업무 자동화에 강점을 가진다.

*Google Gemini
구글의 차세대 AI 모델로, 기존 Bard에서 발전했다.
구글 검색에 AI 기반 요약·개요 기능을 도입해, 복잡한 질문에도 간결하고 정확한 답변을 제공한다.

*Claude, You.com, Phind 등
Claude: 대용량 문서 분석, 복잡한 추론, 계약서 검토 등 특화
You.com: 개인화 검색, 다양한 AI 모델 통합, 실시간 인용
Phind: 개발자·기술 전문가 대상 코드·기술문서 특화

2) 기존 검색 방식과 AI 검색 방식의 차이점
기존 검색: 키워드 중심, 관련 문서의 링크 나열, 정확한 키워드가 필요, 광고·스폰서 콘텐츠 혼재, 사용자의 질문 의도·맥락 파악이 어려움

AI 검색: 자연어 질의, 질문 의도와 문맥 이해, 여러 데이터 소스 종합, 요약·비교·분석·출처 명시, 대화형 인터페이스로 연속 질의·후속 질문 가능, 개인화·맞춤화, 멀티모달(텍스트·이미지·음성 등) 지원, 실시간 정보 반영, 예측 분석, 맥락 유지

3) 정보탐색의 진화 방향과 미래 전망

*통합적 정보 생태계
AI가 정부 데이터, 학술 연구, 기업 보고서, 뉴스, 소셜미디어 등 다양한 정보원을 통합 분석 → 창업가는 여러 사이트를 방문하지 않고도 종합 분석 결과를 한 번에 얻을 수 있다.

*개인화 · 맞춤화의 고도화
AI가 사용자의 검색 이력, 관심사, 업무 분야를 학습해 각자에게 최적화된 정보를 제공한다.

*멀티모달 검색의 확산
텍스트뿐 아니라 이미지, 음성, 영상 등 다양한 형태의 정보 통합 검색 · 분석 지원
→ 예: 제품 사진 업로드 후 시장 동향 분석, 음성 · 영상 기반 질의응답 등

*실시간 정보 연동과 예측 분석
소셜미디어, 뉴스, 정부 발표 등 실시간 정보가 즉시 반영 과거 데이터와 현재 트렌드를 분석해 미래 전망까지 제시

*AI와 인간의 협력
AI가 방대한 정보 수집 · 분석, 인간은 창의적 해석 · 전략적 판단 → 창업가는 AI의 분석을 바탕으로 더 나은 비즈니스 결정을 내릴 수 있다.

*다양한 분야로의 확산
시장 조사, 경쟁 분석, 투자 분석, 교육, 콘텐츠 제작, 마케팅 등 AI 검색엔진이 단순 정보 도구를 넘어 종합 지식 플랫폼으로 진화하고 있다.

2. 유형별 정보탐색 및 활용

정보탐색의 효율성을 높이기 위해서는 다양한 탐색 방법과 도구를 상황에 맞게 활용할 수 있어야 한다. 현재 창업가들이 활용할 수 있는 정보탐색 방법은 전통적인 방식부터 최신 AI 기술을 활용한 방식까지 매우 다양하다. 각각의 방법은 고유한 장점과 특성을 가지고 있으므로, 목적과 상황에 따라 적절한 방법을 선택하여 활용하는 것이 중요하다.

2.1 전화 상담을 이용한 정보 탐색

전화 상담은 정보 탐색에서 가장 손쉬운 방법 중 하나이다. 아이디어 사업화 개발자는 중소기업통합콜센터(1357)나 기업공감원스톱서비스(1379)와 같은 대표적인 전화 상담처를 통해 궁금한 사항을 직접 문의할 수 있다. 온라인 검색을 하지 않고도 전화로 아이디어 사업화와 관련된 다양한 궁금증을 1:1로 상담받을 수 있다.

그림 : 중소기업통합콜센터(전화번호 : 1357)

2.2 조건 선택을 통한 정보 탐색

조건 선택을 통한 정보 탐색은 방대한 정보 중에서 자신의 상황에 맞는 정보만을 효율적으로 찾아내는 방법이다. 특히 정부 지원사업이나 창업 관련 프로그램을 찾을 때 매우 유용하다. 2025년 현재 대부분의 정부 포털사이트에서 고도화된 필터링 시스템을 제공하여 정밀한 조건 검색이 가능하다.

1) K-Startup, 기업마당 등 포털

조건 선택을 통한 정보 탐색은 정부 창업지원사업 정보를 한 곳에 모아두고, 창업의 시작부터 성장 단계별로 필요한 정보를 효율적으로 찾을 수 있는 방법이다.

K-Startup은 창업자가 자신의 조건에 맞는 정보를 선택하면, 창업교육, 시설공간, 멘토링, 사업화 지원, 정책자금, 연구개발, 판로 및 해외진출지원, 공모전, 네트워크 등 다양한 정보를 제공한다.

이처럼 조건별 맞춤 검색을 활용하면, 창업자는 방대한 정보 중에서 자신에게 꼭 필요한 정보만을 빠르게 확인할 수 있다.

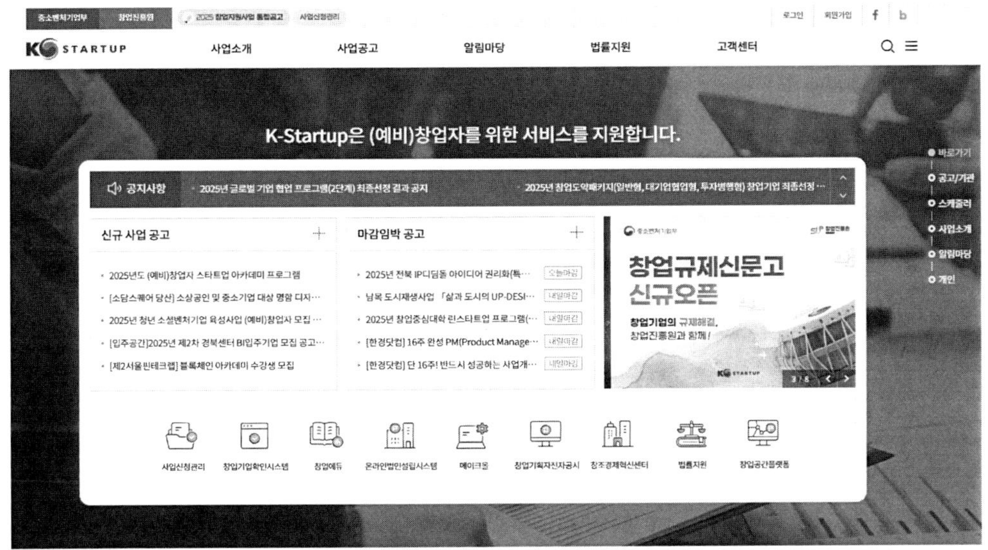

그림 : K스타트업 메인 홈페이지

2.3 회원 맞춤형 정보 탐색 서비스

기업마당은 중소기업 지원사업, 정책, 교육, 전시회 등 다양한 정보를 회원 맞춤형으로 제공한다.

회원은 조건을 선택해 원하는 정보를 쉽게 찾을 수 있으며, 신청 현황, 알림 설정, 추천 콘텐츠, 스크랩 등 개인별 맞춤형 서비스도 이용할 수 있다.

정책, 교육, 세미나, 전시회, 중소기업 지원책 등은 지원 분야, 기업형태, 지역, 업종 등 다양한 검색 옵션을 통해 편리하게 탐색할 수 있다.

이처럼 조건별 맞춤 검색과 개인화 알림 서비스를 활용하면, 방대한 정보 중에서 자신에게 꼭 필요한 정보만을 빠르게 확인할 수 있다

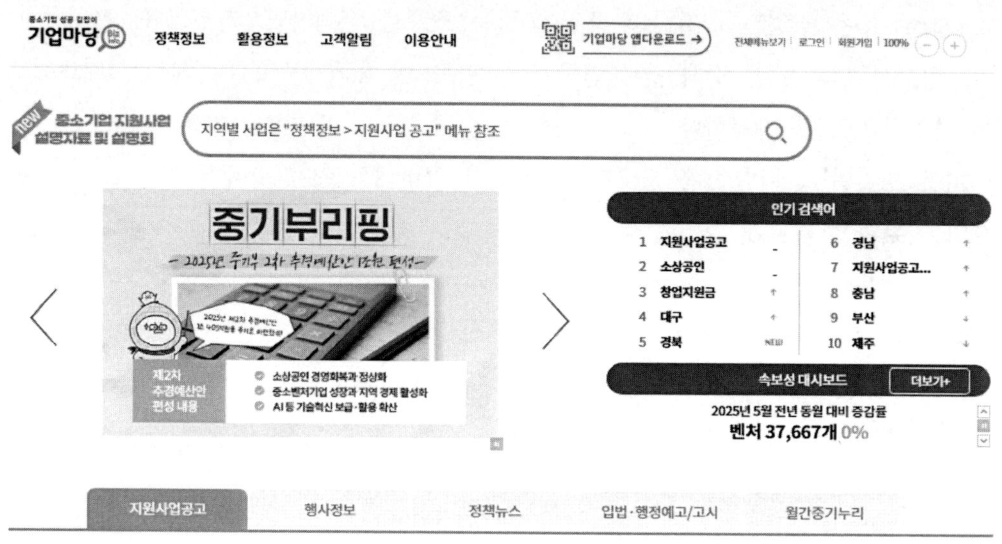

그림 : 기업마당 홈페이지
출처 : www.bizinfo.go.kr

2.4 모바일 App을 이용한 정보의 탐색 및 활용

모바일 앱을 이용한 정보 탐색은 언제 어디서나 실시간으로 필요한 정보에 접근할 수 있다는 점에서 큰 장점이 있다. 2025년 현재, 중소벤처기업부의 공식 앱인 기업마당 앱은 중소기업과 창업자를 위한 지원사업, 정책가이드, 교육·세미나·전시회 정보 등을 종합적으로 제공한다. 사용자는 앱스토어나 플레이스토어에서 '기업마당'으로 검색해 앱을 설치할 수 있으며, 웹과 동일하게 모바일 환경에서 다양한 정보를 확인할 수 있다.

기업마당 앱은 정책자금 신청 현황 조회, 지원사업 검색, 온라인 교육 수강, 서류 제출 등 주요 기능을 제공하며, 보안 강화를 위해 기업 인증서를 통한 로그인도 지원한다. 실시간 대시보드와 푸시 알림 기능을 통해 신청한 지원사업의 진행 상황, 심사 일정, 결과 발표 등 중요한 정보를 즉시 확인할 수 있다. 또한, CEO 정책알림 서비스를 통해 중소기업 CEO가 꼭 알아야 할 핵심 정책 정보를 문자로 받아볼 수 있다.

지원사업 신청 및 자료 제출 기능도 크게 개선되어, 모바일에서도 신청이 가능하고,

스마트폰 카메라로 서류를 촬영해 바로 업로드할 수 있다. 단계별 가이드와 임시 저장, 오류 알림 등 편의 기능이 강화되어 복잡한 신청 절차도 쉽게 진행할 수 있다. OCR(광학문자인식) 기술과 AI 기반 서류 검증 기능을 통해 서류의 오류나 누락을 사전에 확인할 수 있으며, 전자서명과 생체 인증을 통한 보안성 강화로 대부분의 행정 업무를 모바일에서 손쉽게 처리할 수 있다.

창업마당, 소상공인마당 등에서도 유사한 형태의 앱 서비스를 제공하고 있어, 각자의 비즈니스 상황에 맞는 앱을 선택해 활용할 수 있다.

2.5 논리연산자 검색, 검색식 설정을 통한 검색 결과의 이메일 서비스

논리연산자를 활용한 고급 검색과 자동 이메일 서비스는 정보 탐색의 효율성을 높일 수 있는 방법이다.

KIPRIS(특허정보검색서비스)는 국내외 특허, 상표, 디자인 등 지식재산권 정보를 데이터베이스로 구축하여, 회원이 관심 키워드와 조건을 설정하면 논리연산자(AND, OR, NOT 등)를 활용한 검색 결과를 자동으로 이메일로 받아볼 수 있는 서비스를 제공한다. 검색식 설정을 통해 원하는 조건의 특허 정보를 지속적으로 모니터링할 수 있으며, 이메일 푸시 서비스로 최신 정보를 놓치지 않고 받아볼 수 있다.

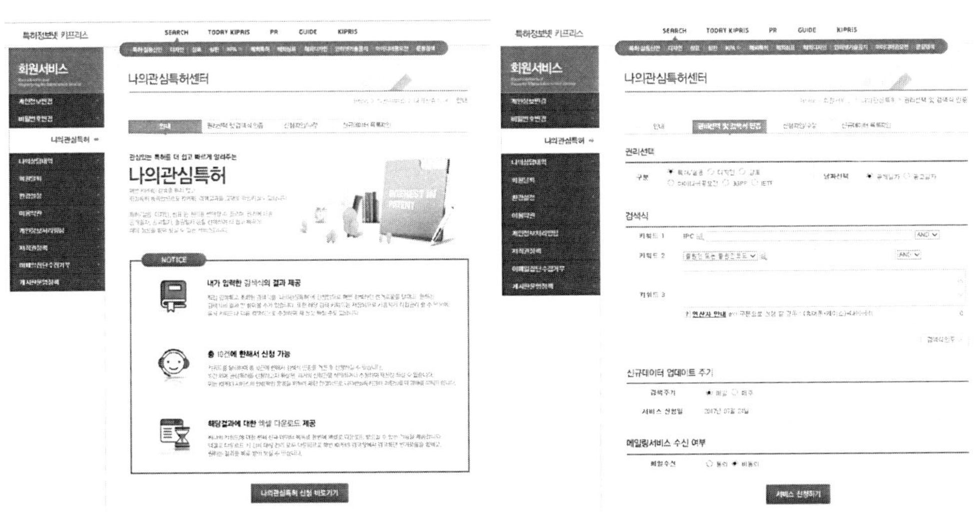

그림 : 특허정보넷 www.kipris.or.kr

NDSL(과학기술정보통합서비스) 역시 논문, 특허, 보고서, 동향정보 등 다양한 과학 기술 정보를 논리연산자 검색식으로 설정해두면, 관련 최신 정보를 이메일로 정기적으로 받아볼 수 있다. 특히 KIPRIS와 연동하여, 관심 분야의 논문·특허·동향 정보를 맞춤형으로 제공받을 수 있다.

이러한 자동 이메일 알림 서비스는 한 번 검색 조건을 설정해두면, 별도의 추가 검색 없이도 관련 최신 정보를 정기적으로 받아볼 수 있어 시간을 절약하고 중요한 정보를 놓치지 않는 데 효과적이다.

2.6 KOCW(한국교육학술정보원/고등교육 교수학습자료 공동활용 서비스)

KOCW(한국교육학술정보원, Korea Open CourseWare)는 국내 고등교육 기관들이 공동으로 제작한 교수학습 자료를 무료로 제공하는 서비스이다.

다양한 대학의 강의 동영상, 강의노트, 교재, 시험문제 등 학습 자료를 온라인으로 제공하며, 누구나 무료로 접근할 수 있다.

고등교육 학습자뿐 아니라 일반인도 활용할 수 있고, 학습자 맞춤형 검색 기능과 주제별 분류 체계를 제공하여 필요한 자료를 쉽게 찾을 수 있다.

KOCW는 교수자와 학습자 모두에게 유용한 자료 공유 플랫폼의 역할을 하며, 국내 대학들의 교육 콘텐츠를 통합해 접근성을 높이고 있다.

그림 : 한국교육학습정보원

출처 : 한국교육학습정보원 메인 홈페이지

활용 방안으로는 자기주도 학습 및 보충 학습 자료, 교수자의 강의 자료 제작 및 수업 보조 자료, 원격 교육 및 평생 교육 콘텐츠 등 다양한 분야에서 활용이 가능하다. 이 서비스는 한국교육학술정보원(KERIS)에서 운영하며, 교육부와 협력하여 고등교육 발전에 기여하고 있다.
현재도 지속적으로 콘텐츠가 업데이트되고 있으며, AI 기반 검색 및 추천 기능 도입으로 사용자 편의성이 더욱 향상되고 있다.

3. 아이디어 사업화에 유용한 사이트

창업 아이디어를 실제 사업으로 발전시키기 위해서는 다양한 분야의 전문 정보가 필요하다. 현재 창업가들이 활용할 수 있는 전문 사이트들은 그 범위와 깊이가 크게 확장되었으며, AI 기술의 도입으로 사용자 편의성도 대폭 향상되었다. 각 분야별로 특화된 정보원을 효과적으로 활용하면 창업 과정에서 필요한 모든 정보를 체계적으로 수집하고 활용할 수 있다.

3.1 기업가정신

기업가정신은 성공적인 창업의 기반이 되는 핵심 요소이다. 이론적 이해와 실제 사례를 통한 학습이 모두 중요하며, 다양한 온라인 플랫폼에서 관련 콘텐츠를 제공하고 있다. 기업가정신의 함양은 단순한 지식 습득을 넘어서 창업가로서의 마인드셋과 역량을 개발하는 과정이다.

1) K-Startup, 창업넷 등 기업가정신 콘텐츠

K-Startup의 기업가정신 섹션은 창업가정신의 이론적 배경부터 실무적 적용까지 포괄적인 콘텐츠를 제공한다. 2025년 현재 AI 기반 개인화 학습 시스템을 도입하여 학습자의 수준과 관심사에 맞는 맞춤형 콘텐츠를 추천한다. 기업가정신의 핵심 구성요소인 혁신성, 진취성, 위험감수성에 대한 이론 설명과 함께 국내외 성공 사례를 통한 실제 적용 방법을 제시한다.
K-Startup의 기업가정신 교육 프로그램은 단계별로 구성되어 있다. 기초 과정에서는 기업가정신의 개념과 중요성을 학습하고, 중급 과정에서는 기업가정신을 바탕으

로 한 사업 기회 발굴과 아이디어 개발을 다룬다. 고급 과정에서는 기업가정신을 조직 문화로 정착시키는 방법과 지속적인 혁신 체계 구축을 학습한다.

온라인 강의, 웹툰, 팟캐스트, 인터랙티브 게임 등 다양한 형태의 콘텐츠를 통해 학습자의 선호도에 맞는 방식으로 기업가정신을 학습할 수 있다. 특히 VR/AR 기술을 활용한 몰입형 학습 콘텐츠는 창업 상황을 가상으로 체험해볼 수 있어 매우 효과적이다.

창업넷은 중소벤처기업부와 창업진흥원이 공동으로 운영하는 창업 전문 포털로, 기업가정신 교육 프로그램과 콘텐츠를 체계적으로 제공한다. 특히 단계별 학습 프로그램이 잘 구성되어 있어 창업 초보자부터 경험자까지 수준에 맞는 학습이 가능하다.

창업넷의 특징은 실시간 멘토링 시스템이다. 기업가정신 관련 궁금증이나 고민이 있을 때 전문 멘토와 실시간으로 상담할 수 있다. 또한 동료 창업가들과의 네트워킹 기능을 통해 서로의 경험을 공유하고 학습할 수 있는 환경을 제공한다.

중소기업연구원과 한국창업학회에서 운영하는 학술 플랫폼들도 기업가정신 연구의 최신 동향을 파악하는 데 유용하다. 국내외 연구 논문, 학회 발표 자료, 연구 보고서 등을 통해 기업가정신의 이론적 발전과 실증 연구 결과를 확인할 수 있다.

또한, 실제 강의안 이미지에 포함된 다양한 전문 사이트와 기관 정보(예: 아산기업가정신리뷰, 한국청년기업가정신재단, 청소년 기업가체험센터, 중소벤처24, 기업가정신포털, 글로벌 기업가정신 모니터(GEM), 벤처기업협회 등)는 별도의 표나 참고자료로 정리하여 학습자가 필요할 때 쉽게 찾아볼 수 있도록 한다.

- 아산기업가정신 리뷰 http://asan-aer.org
- 한국청년기업가정신 재단 http://www.koef.or.kr
- 유일한 박사 온라인 기념관
  http://www.yuhan.co.kr/Founder/ founder_main.html
  기업가정신 교육목적 사례 개발, 기업가정신 인프라 구축에 기여
- 청소년 기업가체험 프로그램 https://www.yeep.kr
  교육부 한국직업능력개발원 온라인시스템, 중고등학교 기업가체험 프로그램
- 중소기업연구원(http:db.kosbi.re.kr) 전세계 기업가정신 관련 논문, 학술지, 언론자료 등 종합 연구자료 수록(5,183건)
- 한국경제연구원(http:www.keri.org)
  – 한국경제와 기업의 장, 단기 발전과제를 종합적으로 연구하고, 국가차원의 기업가정신 관련 정책 연구자료 발간

- G EM(Global Entrepreneurship Monitor) https://www.gemconsortium.org/
  1999년 미국의 밥슨대와영국의 런던비즈니스스쿨이 공동프로젝트로 설립하였으며, 전 세계 100개국 이상의 국가별 기업가정신 조사연구기관을 두고 있음.
- 벤처기업협회 예스리더(www.yesleaders.com)
  벤처기업협회에서 운영하는 벤처기업 성공 CEO초빙 기업가정신 특강 사이트

2) 실제 사례 중심의 학습 자료

성공한 기업가들의 실제 경험과 인사이트를 담은 학습 자료는 기업가정신 함양에 매우 중요하다. K-Startup의 '창업성공스토리' 섹션에서는 국내 대표 스타트업 창업자들의 인터뷰와 창업 과정을 상세히 다룬다. 단순한 성공담을 넘어서 실패와 시행착오, 그리고 이를 극복한 과정을 솔직하게 공유하여 실질적인 학습 효과를 제공한다.

실제 사례 학습에서는 창업자의 기업가정신이 어떻게 발현되었는지, 어떤 상황에서 어떤 선택을 했는지, 그리고 그 결과가 어떠했는지를 구체적으로 분석한다. 예를 들어, 위기 상황에서의 의사결정 과정, 새로운 시장 기회를 포착한 방법, 혁신적인 솔루션을 개발한 과정 등을 상세히 살펴본다.

TED와 같은 글로벌 플랫폼의 기업가정신 관련 강연들도 매우 유용하다. 세계적인 기업가들의 통찰력 있는 강연을 통해 글로벌 관점의 기업가정신을 학습할 수 있다. 한국어 자막이 제공되는 강연들이 많아 언어 장벽 없이 학습이 가능하다. 2025년 현재 AI 기반 실시간 번역 기능도 크게 개선되어 다양한 언어의 콘텐츠를 쉽게 이해할 수 있다.

국내 기업가들의 자서전과 경영 철학서들도 좋은 학습 자료가 된다. 삼성, LG, 현대 등 대기업 창업자들의 기업가정신뿐만 아니라 최근의 스타트업 창업자들의 경험담도 다양하게 출간되고 있다. 이러한 서적들은 한국적 상황과 문화를 반영한 기업가정신의 실제 적용 사례를 제공한다.

실패 사례 분석도 중요한 학습 자료이다. 성공 사례만큼이나 실패 사례에서 얻을 수 있는 교훈이 크다. 실패한 창업가들의 회고록이나 인터뷰를 통해 어떤 기업가정신의 부족이 실패로 이어졌는지, 어떤 점을 보완했다면 다른 결과를 얻을 수 있었는지를 분석할 수 있다.

3.2 지식재산권

지식재산권은 창업 아이디어를 보호하고 경쟁 우위를 확보하는 데 핵심적인 역할을 한다. 2025년 현재 AI 기술의 발전으로 특허 검색과 출원 과정이 크게 개선되었으며, 창업가들의 접근성도 높아졌다. 지식재산권 정보의 효과적 활용은 창업 전략 수립의 기본이 되고 있다.

1) 특허청, 키프리스, WIPO 등 특허 · 상표 · 디자인권 정보

특허청의 공식 웹사이트는 한국의 지식재산권 정보의 중심이다. 특허, 실용신안, 상표, 디자인에 대한 모든 공식 정보와 서비스를 제공한다. 2025년 현재 AI 기반 검색 시스템을 도입하여 자연어 질의를 통한 특허 검색이 가능해졌다. 예를 들어, "음성 인식 기술 관련 특허"와 같은 일반적인 질문으로도 관련 특허들을 정확히 찾을 수 있다.

특허청 웹사이트의 주요 서비스는 다음과 같다.

- 특허 정보 검색
- 출원 현황 조회
- 심사 진행 상황 확인
- 연차료 납부
- 각종 신청서 작성

특히 창업가를 위한 맞춤형 서비스가 강화되어, 중소기업 및 스타트업 대상 특허 출원 지원 프로그램의 정보와 신청 방법을 쉽게 확인할 수 있다.

또한 지식재산권 교육 콘텐츠도 풍부하게 제공된다. 특허 출원 과정, 상표 등록 절차, 디자인 보호 방법 등에 대한 상세한 가이드와 함께 동영상 강의, 웨비나 등 다양한 형태의 교육 자료를 제공한다. 창업가들이 지식재산권에 대한 기초 지식을 체계적으로 학습할 수 있도록 단계별 커리큘럼도 구성되어 있다.

키프리스(KIPRIS)는 특허청에서 운영하는 지식재산권 종합 검색 시스템으로, 국내외 특허, 상표, 디자인 정보를 통합 검색할 수 있다. 단순한 키워드 검색부터 고급 검색식을 활용한 정밀 검색까지 다양한 검색 옵션을 제공한다. 특히 AI 기반 유사특허 검색 기능은 자신의 아이디어와 유사한 기존 특허를 자동으로 찾아주어 특허성 검토에 매우 유용하다.

키프리스의 혁신적인 기능 중 하나는 특허 지형도(Patent Landscape) 자동 생성 기능이다. 특정 기술 분야를 입력하면 해당 분야의 특허 출원 동향, 주요 출원인, 기술 발전 방향 등을 시각화된 지도 형태로 제공한다. 이를 통해 창업가들은 자신의 기술 분야의 전체적인 특허 현황을 한눈에 파악할 수 있다.

WIPO(세계지식재산권기구)의 글로벌 브랜드 데이터베이스와 특허 데이터베이스는 해외 진출을 계획하는 창업가들에게 필수적인 정보원이다. PCT 국제특허출원 정보, 마드리드 국제상표등록 정보 등을 통해 글로벌 지식재산권 전략을 수립할 수 있다. 현재 AI 번역 기능이 크게 개선되어 언어 장벽 없이 해외 특허 정보를 검색하고 분석할 수 있다.

- 특허로 http://www.patent.go.kr/portal/Main.do
  국내 출원, PCT출원 국제상표, 국제디자인 출원과 더불어 각종 절차의 진행 및 관리 등을 온라인으로 할 수 있다.
  또한 이러한 전자출원 및 등록에 관한 교육 동영상도 제공하고 있다.
- 특허정보 넷 키프리스 http://www.kipris.or.kr/khome/main.jsp
  특허, 실용신안, 디자인, 상표 등의 출원 및 등록 내용의 정보 검색서비스로, 특허 · 실용신안 디자인 상표 심판 해외특허, 해외 상표 해외디자인 인터넷기술 공지 기술의 검색과 아이디어공모전 문장 검색을 통해 모든 선행기술 조사 가능
- 표준특허센터 http://www.epcenter.or.kr/index.action
  국제표준을 획득하고자하는국가 및 민간 R&D를 지원
- IP-Biz 하나로 서비스 https://www.ip-biz.kr/main.do
  IP · 기술 · 시장 · R&D 영역을 포괄하는 통합 정보 서비스로 특허청이 보유한 지식재산권 정보를 중심으로 타 정부부처 및 공공기관이 보유 중인
  다양한 비즈니스 정보를 연계하여 활용할 수 있는 정보채널을 제공
- 한국발명특허지원센터 http://www.kipsc.or.kr/
  개인 또는 기업의 신기술 개발에 대한 지식재산권 창출 및 보호를 목적으로 특허 실용신안 디자인 상표 출원 및 권리등록을 위한 지식재산권, 실무교육지원, 특허 기술 사업화 지원컨설팅, 특허거래 및 기술이전지원, 지식재산권 관련 정보제공 등의 사업을 수행
- 키프러스플러스 http://plus.kipris.or.kr
  특허 정보 및 특허 데이터를 활용한 각종 사업을 지원하기 위하여 만든 포탈.
- 윕스 http://www.wipscorp.com/main.wips#
  온라인 전 세계 특허정보서비스를 실시하며 상표, 디자인에 이르기까지 지식재산 전반에 걸친 조사-분석-컨설팅을 제공하는 대표적 민간 기업

2) 최신 특허 검색, 출원, 심사절차 안내

현재 특허 검색 시스템은 AI 기술의 도입으로 혁신적으로 개선되었다. 기존의 키워드 중심 검색에서 벗어나 개념 기반 검색이 가능해졌다. 예를 들어, "스마트폰 배터리 수명을 늘리는 기술"이라고 검색하면 관련된 모든 기술 분야의 특허를 의미론적으로 분석하여 결과를 제시한다.

의미론적 검색의 장점은 검색자가 전문 용어를 정확히 몰라도 개념만으로 검색이 가능하다는 점이다. AI가 검색어의 의도를 파악하여 관련된 다양한 기술 용어와 분야를 자동으로 포함하여 검색한다. 또한 검색 결과를 관련도 순으로 정렬하여 가장 유사한 특허부터 순차적으로 확인할 수 있다.

이미지 기반 특허 검색도 가능해졌다. 제품 사진이나 기술 도면을 업로드하면 AI가 이미지를 분석하여 유사한 특허를 찾아준다. 이는 특히 디자인 특허나 실용신안 검색에 매우 유용하다. 또한 3D 모델을 활용한 검색도 지원하여 복잡한 구조의 발명품도 정확히 검색할 수 있다.

특허 출원 과정도 대폭 간소화되었다. AI 기반 명세서 작성 도구가 도입되어 기술 내용을 입력하면 특허 명세서 초안을 자동으로 생성해준다. 물론 전문가의 검토가 여전히 필요하지만, 초기 작성 시간과 비용을 크게 절약할 수 있다. 또한 AI가 기존 특허와의 차별점을 자동으로 분석하여 신규성과 진보성을 강조하는 방향으로 명세서를 작성해준다.

온라인 출원 시스템도 사용자 친화적으로 개선되었다. 단계별 가이드가 제공되며, 각 단계에서 필요한 서류와 작성 방법이 상세히 안내된다. 또한 실시간 오류 검증 기능을 통해 서류 작성 중 문제점을 즉시 확인하고 수정할 수 있다.

심사절차도 AI 기술을 활용하여 신속성과 정확성이 향상되었다. AI가 선행기술 조사를 자동으로 수행하여 심사관의 업무 부담을 줄이고 심사 기간을 단축했다. 우선심사 제도와 패스트트랙 심사 제도를 통해 창업가들이 빠른 시일 내에 특허권을 확보할 수 있도록 지원한다.

특히 4차 산업혁명 관련 기술이나 국가 전략 기술의 경우 더욱 신속한 심사가 이루어진다. AI, 바이오, 신재생에너지 등의 분야는 별도의 전담 심사팀이 운영되어 일반 기술보다 빠른 심사를 받을 수 있다.

3.3. 기술검색

창업 아이디어의 기술적 타당성 검토와 관련 기술 동향 파악은 성공적인 기술 창업의 핵심 요소이다. 다양한 기술 데이터베이스와 AI 도구를 활용하여 효율적인 기술 정보 수집이 가능하며, 이를 통해 기술 창업의 성공 확률을 높일 수 있다.

1) NDSL, KISTI, KOSEN 등 논문 · 특허 · 기술동향 데이터베이스

NDSL(국가과학기술정보센터)은 국내외 과학기술 문헌 정보의 최대 집합체이다. 학술논문, 특허, 보고서, 동향정보 등 과학기술 분야의 모든 정보를 통합 검색할 수 있다. 2025년 현재 AI 기반 연구동향 분석 서비스를 제공하여 특정 기술 분야의 연구 트렌드, 주요 연구자, 핵심 기술 키워드 등을 자동으로 분석해준다.

NDSL의 혁신적인 기능 중 하나는 기술 연관성 분석이다. 특정 기술을 입력하면 관련된 다른 기술들과의 연관성을 네트워크 형태로 시각화하여 보여준다. 이를 통해 창업가들은 자신의 기술이 어떤 다른 기술들과 연계될 수 있는지, 어떤 융합 기술의 가능성이 있는지를 파악할 수 있다.

또한 NDSL은 기술 수명주기 분석 기능도 제공한다. 특정 기술 분야의 논문 및 특허 출원 추이를 분석하여 해당 기술이 도입기, 성장기, 성숙기, 쇠퇴기 중 어느 단계에 있는지를 판단해준다. 이는 창업 타이밍을 결정하는 데 매우 중요한 정보가 된다.

KISTI(한국과학기술정보연구원)에서 제공하는 다양한 정보 서비스들은 기술 창업가들에게 매우 유용하다. 특히 글로벌동향브리핑(GTB)은 해외 주요 기술 동향을 실시간으로 제공하며, 기술가치평가 도구를 통해 기술의 시장성을 정량적으로 평가할 수 있다. KISTI의 기술가치평가 시스템은 기술의 시장성, 기술성, 사업성을 종합적으로 분석한다. 특허 분석, 시장 분석, 경쟁 기술 분석을 통해 기술의 경쟁력과 시장 진입 가능성을 정밀하게 평가한다. 또한 기술 이전가나 라이선싱 수수율 등도 제시하여 기술 사업화 전략 수립에 도움을 준다.

KOSEN(과학기술 네트워크)은 과학기술 전문가들의 네트워킹 플랫폼으로, 전문가 Q&A, 기술동향 분석, 연구 협력 등의 서비스를 제공한다. 특정 기술 분야의 전문가와 직접 소통할 수 있어 기술적 궁금증을 해결하고 협력 파트너를 찾는 데 유용하다.

KOSEN의 특별한 서비스 중 하나는 기술 멘토링이다. 경험이 풍부한 기술 전문가들이 창업가들의 기술 개발과 사업화 과정을 멘토링해준다. 기술적 문제 해결뿐만 아니라 기술 사업화 전략, 지식재산권 확보 방안 등에 대한 조언도 받을 수 있다.

- 한국과학기술정보연구원 (KISTI) http://www.kisti.re.kr/
  과학기술 R&D 인프라의 체계적 구축을 통 한 국가 경쟁력 확보를 위해 출범한 정부 출연 연구기관으로, 전 세계의 과학기술 정 보를 수집하여 국내기업 연구기관에 제공 함으로써 첨단 R&D를 위한 길잡이 역할 과, 연구자와 중소기업이 제때 올바른 의사 결정을 할 수 있도록 맞춤형 정보 분석 서비스를 제공한다.
- NDSL(NationalDigitalScienceLibrary) http://www.ndsl.kr/index.do
  국내외 학술논문, 국내외 학술회의 논문, 학위논문 등 전체 75백만여 건, 공개특허 33백만 여 건 27만여 건의 국가연구보고서와 분석리포트 국내외 과학기술동향 20여만건 KS, ISO, IEC 등 표준 6만여 건을 보유한 디지털 과학기술도서관으로 선행기술 조사를 위한 필수 정보 검색사이트
- 신기술 다이내믹스분석 시스템 (MIRIAN) http://mirian.kisti.re.kr/index.jsp
  Monitor Information of R&D and Insightful Knowledge Alerting Network 미래기술 탐색 을 입체적으로 지원하는 플랫폼으로 연구개발 및 신규 사업 영역을 개척하는 산학연 전문가 들에게 최신 과학기술 동향과 미래유망기술을 탐색할 수 있는 체계적인 정보를 제공
- KOSEN(한민족과학기술자네트워크) http://www.kosen21.org/
  전 세계 한인 과학기술자들을 하나로 연결하는 네트워크 서비스로 현재 70여개국14 만여 회원들로 이루어진 거대한 네트워크로 성장하였다. 네트워크를 통한 한인 과학기술자들 의 지식 공유로, 연구자들을 위한 다양한 서비스를 무상으로 제공

2) AI 기반 기술트렌드 분석 도구(Perplexity, ChatGPT 등)

Perplexity, ChatGPT, Claude 등의 AI 도구들은 기술 트렌드 분석에 혁신적인 변화를 가져왔다. 이들 도구는 방대한 데이터를 실시간으로 분석하여 최신 기술 동향을 요약하고 미래 전망을 제시한다. 특히 자연어 처리 능력이 뛰어나 복잡한 기술 내용도 쉽게 이해할 수 있도록 설명해준다.

Perplexity는 특히 최신 정보 검색과 분석에 특화되어 있어 기술 트렌드 파악에 매우 유용하다. "2025년 AI 기술 트렌드"와 같은 질문에 대해 최신 논문, 뉴스, 보고서를 종합하여 포괄적인 분석 결과를 제공한다. 또한 출처를 명확히 제시하여 정보의 신뢰성을 확보한다.

Perplexity의 강점은 실시간 정보 업데이트이다. 매일 새로 발표되는 연구 결과나 기술 뉴스를 즉시 반영하여 가장 최신의 기술 동향을 제공한다. 또한 질문에 따라 추가적인 관련 질문을 제안하여 더 깊이 있는 정보 탐색을 도와준다.

ChatGPT는 기술 개념 설명과 아이디어 발전에 강점이 있다. 복잡한 기술을 쉽게 설명해주고, 기존 기술의 한계점과 개선 방안을 제시하며, 새로운 기술 아이디어의 가능성을 검토해준다. 특히 브레인스토밍과 창의적 사고에 도움이 된다.

ChatGPT는 또한 기술 로드맵 작성에도 유용하다. 현재 기술 수준에서 목표 기술까지의 발전 경로를 단계별로 제시하고, 각 단계에서 필요한 연구 개발 과제와 예상 소요 시간을 제안한다. 이는 창업가들이 기술 개발 계획을 수립하는 데 매우 도움이 된다.

이러한 AI 도구들은 또한 특허 분석에도 활용할 수 있다. 특정 기술 분야의 특허 동향을 분석하고, 백지 공간(white space)을 찾아 새로운 기술 개발 기회를 제시한다. 경쟁사의 특허 포트폴리오 분석을 통해 기술 개발 전략을 수립하는 데도 유용하다.

최근에는 AI 도구들이 기술 융합 분석 기능도 제공한다. 서로 다른 기술 분야 간의 융합 가능성을 분석하고, 새로운 융합 기술의 아이디어를 제안한다. 예를 들어, AI와 바이오 기술의 융합, IoT와 농업 기술의 융합 등 혁신적인 기술 조합을 제안한다.

3.4 시장조사

시장조사는 창업 아이디어의 상업적 타당성을 검증하는 핵심 과정이다. 정확하고 신뢰할 수 있는 시장 데이터를 바탕으로 사업 전략을 수립해야 성공 가능성을 높일 수 있다. 2025년 현재 빅데이터와 AI 기술의 발전으로 더욱 정밀하고 실시간적인 시장 분석이 가능해졌다.

1) 통계청, KOSIS, KOTRA, 산업연구원 등

시장조사는 창업 아이디어의 상업적 타당성을 검증하는 데 중요한 과정이다. 창업가는 정확하고 신뢰할 수 있는 시장 데이터를 바탕으로 사업 전략을 수립해야 성공 가능성을 높일 수 있다. 2025년 현재 빅데이터와 AI 기술의 발전으로 시장 분석은 더욱 정밀해지고 실시간성이 강화되었다.

통계청 국가통계포털(KOSIS)은 대한민국의 공식 통계 정보를 제공하는 주요 사이트이다. 이 포털은 인구, 경제, 사회, 환경 등 다양한 분야의 시계열 통계 데이터를 제공하며, 시장 규모 추정과 트렌드 분석에 필수적인 정보를 담고 있다. 2025년에는 AI 기반 데이터 분석 도구가 도입되어 복잡한 통계 데이터를 쉽게 시각화하고 인사이트를 추출할 수 있게 되었다. 사용자는 관심 있는 지표를 선택해 개인화된 대시보드를 실시간으로 만들 수 있으며, AI가 과거 데이터 패턴을 분석해 향후 3~5년간의 시장 전망을 제시한다. 초거대 AI 통계 챗봇을 활용하면 자연어로 질문해도 맥락과 의도를 파악해 통계 정보를 안내받을 수 있다.

KOTRA는 해외 시장 정보의 대표 기관으로, 전 세계 주요 국가의 시장 동향, 산업분석, 바이어 정보, 무역 통계 등을 제공한다. Global Market Report와 Country Profile은 해외 진출을 준비하는 창업가에게 필수적인 자료이다. KOTRA는 실시간 글로벌 트렌드 모니터링 서비스를 통해 전 세계 시장의 소비 트렌드, 규제 변화, 기술 동향을 실시간으로 제공하며, 현지 무역관을 통한 맞춤형 시장조사 서비스도 지원한다. 산업연구원과 각 분야별 정부출연연구기관은 산업 구조 분석, 경쟁력 평가, 정책 제언 등 산업의 현황과 전망을 종합적으로 다루는 심층 분석 보고서를 제공한다. 이 보고서들은 사업계획서 작성 시 시장 분석의 핵심 자료로 활용된다. 산업연구원은 다양한 경제적, 기술적, 사회적 변수를 고려해 낙관적, 보통, 비관적 시나리오별로 산업 전망을 제시한다. 이를 통해 창업가는 리스크를 고려한 사업 전략을 수립할 수 있다.

업종별 시장 정보는 한국표준산업분류(KSIC)를 기준으로 체계적으로 정리되어 있다. 각 업종별로 시장 규모, 성장률, 주요 기업 현황, 수급 구조 등의 정보를 확인할 수 있으며, 신산업 분야는 별도의 분석 보고서와 통계 자료가 지속적으로 업데이트된다. AI, 그린테크, 바이오헬스, 핀테크, 이커머스, 콘텐츠 등 4차 산업혁명 관련 분야의 시장 분석 자료도 실시간으로 제공된다. 성장성 분석을 위해서는 과거 5~10년간의 시계열 데이터를 활용해 매출 증가율, 사업체 수 변화, 종사자 수 변화 등을 추적하고, 정부 정책 방향과 투자 동향도 함께 고려해야 한다.

코로나19 이후에는 비대면 서비스, 디지털 헬스케어, 온라인 교육 등 팬데믹으로 급성장한 분야의 지속가능성에 대한 정밀 분석이 중요해졌다. 글로벌 트렌드 정보는 맥킨지, 보스턴컨설팅, 딜로이트 등 글로벌 컨설팅 회사의 리포트와 가트너, IDC 등 IT 전문 조사기관의 자료를 통해 확인할 수 있다. 2025년에는 AI 번역 기술이 발전해 영어로 제공되는 글로벌 리포트도 실시간 번역과 요약이 가능해졌다.

글로벌 트렌드 분석에는 지역별 특성 분석도 포함된다. 북미, 유럽, 아시아 등 주요 지역별로 소비 패턴, 규제 환경, 기술 수용도가 다르기 때문에 진출 목표 지역에 특화된 시장 분석이 필요하다. 특히 아시아 시장은 중국, 일본, 동남아시아 등 세부 지역별로 매우 다른 특성을 보이므로, 정밀한 분석이 요구된다.

3.5 기술이전 및 기술평가

기술이전과 기술평가는 기술 기반 창업에서 핵심적인 요소이다. 우수한 기술을 확보하고 그 가치를 정확히 평가하는 것이 성공적인 기술 창업의 출발점이다. 2025년 현재 AI와 블록체인 기술을 활용한 투명하고 효율적인 기술거래 시스템이 구축되어 있다.

1) 대학 기술지주회사, 국가기술이전센터, 기술거래소

대학 기술지주회사들은 대학의 우수한 연구 성과를 사업화하는 핵심 기관이다. 서울대, KAIST, 포스텍 등 주요 대학들의 기술지주회사에서는 정기적으로 기술설명회를 개최하고 온라인으로도 이전 가능한 기술 정보를 제공한다. 2025년 현재 AI 기반 기술-창업자 매칭 시스템을 도입하여 창업자의 사업 아이템과 가장 적합한 기술을 추천해주는 서비스도 제공한다.

대학 기술지주회사의 매칭 시스템은 창업자의 프로필, 사업 분야, 기술 수준 등을 종합 분석하여 최적의 기술을 추천한다. 또한 기술 이전 후에도 지속적인 사후 관리 서비스를 제공하여 기술 사업화의 성공률을 높이고 있다. 기술 개발자인 교수와 창업자 간의 지속적인 협력 관계도 구축해준다.

국가기술이전센터(NTC)는 정부출연연구기관과 대학의 기술이전을 총괄하는 기관이다. 전국의 이전 가능 기술을 통합 검색할 수 있으며, 기술 분야별 전문가 상담도 제공한다. 특히 창업자를 위한 기술이전 절차 안내와 사후 관리 서비스가 체계적으로 운영된다. NTC의 특별한 서비스 중 하나는 기술이전 컨설팅이다. 기술 선택부터 이전 계약, 사업화 전략 수립까지 전 과정에 걸쳐 전문가 컨설팅을 제공한다. 또한 기술이전 성공 사례를 데이터베이스화하여 유사한 기술의 사업화 전략을 참고할 수 있도록 한다. 온라인 기술거래소는 24시간 기술 거래가 가능한 플랫폼이다. 이전 희망 기술과 도입 희망 기술을 등록하여 자동 매칭이 이루어지며, 가격 협상과 계약까지 온라인으로 처리할 수 있다. 블록체인 기술을 활용한 투명한 거래 시스템과 AI 기반 기술 가치 평가 시스템도 도입되었다.

2) 기술가치평가 기준, 오픈이노베이션 플랫폼

기술가치평가는 기술의 경제적 가치를 정량적으로 산정하는 과정이다. 2025년 현재 AI 기반 자동 평가 시스템이 도입되어 기본적인 기술가치평가를 신속하게 수행할 수 있다. 시장접근법, 비용접근법, 수익접근법 등 다양한 평가 방법론을 AI가 자동으로 적용하여 종합적인 평가 결과를 제시한다.

기술의 시장성, 기술성, 사업성을 종합적으로 평가하는 다면적 평가 시스템도 구축되었다. 특허 분석, 시장 분석, 경쟁 기술 분석을 통해 기술의 경쟁력과 시장 진입 가능성을 정밀하게 평가한다. 또한 기술 수명주기와 시장 수명주기를 고려한 동적 평가 모델도 적용된다. 오픈이노베이션 플랫폼은 기업과 외부 혁신 주체 간의 협력을 촉진하는 디지털 플랫폼이다. 대기업들이 필요로 하는 기술 과제를 공개하고, 스타트업이나 연구기관이 솔루션을 제안하는 방식으로 운영된다. 삼성, LG, 현대 등 주요 대기업들이 자체 오픈이노베이션 플랫폼을 운영하고 있으며, 정부에서도 통합 플랫폼을 구축하여 운영하고 있다.

3.6 시제품 제작 및 연구장비 공동활용

시제품 제작과 연구장비 활용은 아이디어를 실제 제품으로 구현하는 핵심 과정이다. 2025년 현재 메이커스페이스와 공동활용 시설이 전국적으로 확산되어 창업가들의 접근성이 크게 향상되었으며, AI와 IoT 기술을 활용한 스마트 제조 시스템이 구축되어 있다.

1) NTIS, 메이커스페이스, 창조경제혁신센터 등

시제품 제작과 연구장비의 공동활용은 창업 아이디어를 실제 제품으로 구현하는 데 필수적인 과정이다. 2025년 현재 전국적으로 메이커스페이스와 공동활용 시설이 확산되어 창업가와 연구자들의 접근성이 크게 높아졌으며, AI와 IoT 기술을 접목한 스마트 제조 시스템이 도입되어 있다.

NTIS(국가과학기술지식정보서비스)는 전국 대학과 연구기관이 보유한 고가의 연구장비를 공유할 수 있는 플랫폼을 운영한다. 사용자는 장비별 사용료, 예약 현황, 운영 기관 정보를 실시간으로 확인할 수 있고, 온라인으로 예약과 결제가 가능하다. 2025년에는 AI 기반 장비 추천 시스템이 도입되어, 사용자의 연구 목적에 가장 적합한 장비를 자동으로 추천받을 수 있다.

전국의 메이커스페이스는 창업가들이 시제품을 제작할 수 있는 핵심 인프라로 자리잡았다. 3D 프린터, 레이저 커터, CNC 밀링머신 등 다양한 디지털 제조 장비를 갖추고 있으며, 전문 기술자의 지도를 받을 수 있다. 대부분의 메이커스페이스에서는 초보자도 쉽게 장비를 활용할 수 있도록 기초 교육 프로그램을 정기적으로 운영한다. 창조경제혁신센터는 각 지역에 설치된 창업 지원 기관으로, 시제품 제작뿐만 아니라 사업화까지 연계 지원을 제공한다. 지역 대기업과 연계한 멘토링, 시장 검증, 투자 연결 등 시제품 제작 이후의 사업화 과정까지 종합적인 지원이 이루어진다.

3D프린팅 기술은 2025년 현재 재료의 다양화와 정밀도 향상으로 실제 제품 수준의 시제품 제작이 가능해졌다. 플라스틱뿐만 아니라 금속, 세라믹, 바이오 소재 등 다양한 재료로 출력할 수 있으며, 복잡한 형상의 제품도 일체형으로 제작할 수 있다.

프로토타입 제작은 아이디어 검증의 핵심 단계로, 디지털 프로토타입부터 실물 프로토타입까지 단계별로 제작하여 기능성과 사용성을 검증할 수 있다. VR/AR 기술을 활용한 가상 프로토타입 테스트도 가능해져, 개발 비용과 시간을 크게 절약할 수 있다. 공동장비 활용 시스템은 예약부터 사용료 결제까지 모든 과정이 온라인으로 자동화되어 있다. QR코드를 통한 장비 접근 제어, 사용 시간 자동 측정, 안전 교육 이수 확인 등 체계적인 관리 시스템이 구축되어, 누구나 효율적이고 안전하게 첨단 장비를 활용할 수 있다.

3.7 디자인

제품이나 서비스의 디자인은 시장에서의 성공을 좌우하는 핵심 요소이다. 2025년 현재 AI 기반 디자인 도구와 글로벌 디자인 트렌드 분석 시스템이 발달하여 창업가들도 전문가 수준의 디자인을 구현할 수 있게 되었다.

1) 디자인진흥원, 디자인맵 등 디자인 지원기관

한국디자인진흥원(KIDP)은 국내 디자인 산업 발전의 중심 기관으로, 창업가들을 위한 다양한 디자인 지원 서비스를 제공한다. 디자인 컨설팅, 디자인 교육, 디자인 개발 지원 등을 통해 창업가들이 경쟁력 있는 제품과 서비스를 개발할 수 있도록 돕는다.

디자인맵은 전국의 디자인 자원과 서비스를 통합한 플랫폼으로, 디자이너 검색, 디자인 업체 매칭, 디자인 아웃소싱 등의 서비스를 제공한다. 창업가들은 자신의 요구사항과 예산에 맞는 디자이너나 업체를 쉽게 찾을 수 있으며, 포트폴리오와 평가를 통해 신뢰할 수 있는 파트너를 선택할 수 있다.

2) 시제품 디자인 도구, 최신 디자인 트렌드 자료

2025년 현재 AI 기반 디자인 도구들이 급속히 발전하여 전문 디자이너가 아닌 창업가들도 고품질의 디자인을 제작할 수 있게 되었다. Figma, Adobe Creative Cloud, Canva 등의 도구들에 AI 기능이 통합되어 자동 레이아웃 생성, 색상 조합 제안, 폰트 매칭 등을 지원한다.

최신 디자인 트렌드 정보는 글로벌 디자인 전문 사이트들을 통해 실시간으로 업데이트된다. Behance, Dribbble, DesignBoom 등에서 전 세계 디자이너들의 최신 작품과 트렌드를 확인할 수 있다. 2025년 현재 주요 트렌드로는 지속가능한 디자인, 미니멀리즘, 네오모피즘, 글래스모피즘 등이 있다.

3.8 연구개발

기술 창업에서 연구개발은 핵심 경쟁력의 원천이다. 2025년 현재 정부 R&D 지원사업이 크게 확대되었으며, AI를 활용한 연구개발 효율성 향상 도구들이 다양하게 개발되어 있다.

1) R&D 정보포털, 중기부 R&D 지원사업

국가과학기술지식정보서비스(NTIS)의 R&D 정보포털은 국내 모든 정부 R&D 사업의 종합 정보를 제공한다. 사업 공고, 신청 방법, 선정 결과, 성과 정보 등을 통합적으로 확인할 수 있으며, AI 기반 맞춤형 사업 추천 서비스도 제공한다.

중소벤처기업부의 R&D 지원사업은 중소기업과 스타트업에 특화된 프로그램들로 구성되어 있다. 초기기술개발사업, 상용화기술개발사업, 융복합기술개발사업 등 기술 발전 단계별로 차별화된 지원을 제공한다.

2) 과제검색, 평가기준, 예산구조 등 실전 정보

R&D 과제 검색 시스템은 키워드 검색뿐만 아니라 의미론적 검색도 지원한다. 기술 분야, 연구 목표, 연구 방법 등을 자연어로 입력하면 관련된 모든 과제들을 찾아준다. 또한 과제 간의 연관성을 분석하여 융합 연구 기회도 제안한다.

평가기준은 기술성, 시장성, 사업성, 연구 역량 등 다면적으로 구성되어 있다. 각 평가 영역별로 세부 평가 항목과 배점이 공개되어 있어 창업가들이 제안서 작성 시 중점적으로 준비해야 할 부분을 명확히 알 수 있다.

예산구조는 인건비, 연구장비비, 연구재료비, 연구활동비 등으로 세분화되어 있으며, 각 항목별로 사용 가능한 범위와 제한 사항이 명시되어 있다.

3.9 자금, 투자

창업 자금 확보는 모든 창업가들이 직면하는 핵심 과제이다. 2025년 현재 정책자금과 민간투자가 다양하게 발달하여 창업 단계와 업종에 맞는 맞춤형 자금 조달이 가능해졌다.

1) 정책자금(중소벤처기업부, 기술보증기금, 소상공인진흥원 등)

중소벤처기업부의 정책자금은 창업기업을 위한 핵심 자금원으로, 창업자금, 성장자금, 경영안정자금 등 목적별로 차별화된 지원을 제공한다. 금리와 보증 조건도 일반 금융권보다 유리하며, 2025년 현재 AI 기반 신용평가 시스템이 도입되어 기존 담보나 보증인 없이도 기술력과 사업성만으로 자금을 지원받을 수 있다.

기술보증기금의 기술평가보증은 기술 집약적 창업기업에게 특히 유용하다. 기술의 사업화 가능성과 시장 전망을 평가하여 보증서를 발급해주며, 이를 바탕으로 은행에서 저금리 융자를 받을 수 있다.

소상공인진흥원은 소규모 창업자를 위한 다양한 지원 프로그램을 운영한다. 창업자금, 경영개선자금, 긴급자금 등을 제공하며, 특히 청년창업자와 여성창업자에게는 우대 조건을 적용한다.

2) 엔젤투자, 크라우드펀딩, TIPS, 벤처캐피탈 등 민간투자 정보

엔젤투자는 초기 창업기업들에게 가장 중요한 민간투자원이다. 한국엔젤투자협회를 통해 엔젤투자자들과 연결될 수 있으며, 정기적으로 개최되는 투자설명회와 네트워킹 행사에 참여할 수 있다. 2025년 현재 AI 기반 투자자-창업자 매칭 플랫폼이 구축되어 더욱 효율적인 매칭이 가능해졌다.

크라우드펀딩은 와디즈, 텀블벅, 킥스타터 등의 플랫폼을 통해 일반 대중으로부터 자금을 조달하는 방식이다. 제품의 완성도와 마케팅전략이 성공의 핵심이며, 동시에 시장 검증의 기회도 제공한다.

TIPS(민간투자주도형 기술창업지원) 프로그램은 민간 투자와 정부 지원이 결합된 혁신적인 지원 방식이다. 민간투자를 먼저 유치한 후 정부가 추가 지원을 제공하는 구조로, 시장 검증된 우수한 창업기업들에게 집중 지원한다.

벤처캐피탈(VC) 투자는 성장 단계의 창업기업들에게 중요한 자금원이다. 국내 주요 VC들의 투자 포커스와 선호 분야를 파악하여 적합한 투자자를 선정하는 것이 중요하다. 2025년 현재 ESG 투자와 임팩트 투자가 크게 확산되어 사회적 가치를 추구하는 창업기업들에게 새로운 투자 기회가 열리고 있다.

/ 제8장 /
사회적기업과 소셜벤처 창업

1. 사회적기업 개념과 창업

1.1 사회적기업진흥원 소개

사회적기업진흥원은 사회적기업의 육성과 지원을 전담하는 국가기관으로서 사회적기업 생태계 조성과 발전을 위한 핵심적인 역할을 수행하고 있다. 이 기관은 사회적기업 육성법에 근거하여 설립되었으며, 사회적기업의 인증 및 지정부터 성장 지원까지 전 과정을 체계적으로 관리하고 있다.

기관의 역할과 정책 담당 분야

사회적기업진흥원은 사회적기업의 발굴, 육성, 지원을 통해 사회적 가치 창출과 지속가능한 발전을 도모하는 것을 주요 목적으로 한다. 기관의 핵심 역할은 사회적기업 정책 수립 지원, 인증 및 예비 사회적기업 지정 업무, 창업 및 경영 지원, 네트워킹 및 생태계 조성 등으로 구분된다. 특히 고용노동부와 협력하여 사회적기업 관련 정책을 기획하고 실행하며, 지역별 중간지원조직과의 연계를 통해 전국적인 지원 체계를 구축하고 있다.

그림 : 사회적기업진흥원 홈페이지

1) 2025년 최신 서비스 현황

사회적기업진흥원의 공식 홈페이지(https://www.socialenterprise.or.kr)에서는 2025년 기준으로 다양한 최신 서비스를 제공하고 있다. 인증·지정 서비스에서는 예비 사회적기업 지정신청부터 사회적기업 인증신청까지의 전 과정을 온라인으로 처리할 수 있으며, 성장지원센터를 통해 맞춤형 컨설팅과 교육 프로그램을 제공한다. e-store36.5는 사회적기업 제품 판매를 위한 온라인 플랫폼으로, 365일 24시간 운영되는 전용몰을 통해 판로 개척을 지원한다. 교육·컨설팅 서비스는 창업 단계별 맞춤형 교육과 전문가 컨설팅을 제공하며, 사회적가치지표(SVI) 시스템을 통해 사회적기업의 사회적 성과를 체계적으로 측정하고 관리할 수 있도록 지원한다.

2) 상담 · 지원체계

사회적기업진흥원은 다양한 채널을 통해 상담 및 지원 서비스를 제공하고 있다. 대표번호를 통한 전화 상담, 온라인 상담 시스템, 그리고 현장 방문 상담까지 다층적인 상담 체계를 운영한다. 판로 지원의 경우 e-store36.5를 중심으로 한 온라인 판매부터 오프라인 박람회 참가 지원, 공공기관 우선구매 연계까지 포괄적인 서비스를 제공한다. 입주 지원은 사회적기업 전용 인큐베이터와 지역 내 창업 공간 제공을 통해 이루어지며, 임대료 지원과 함께 시설 사용료 할인 혜택도 함께 제공된다.

1.2 사회적기업 개념과 등장배경

사회적기업의 개념과 등장배경을 이해하는 것은 사회적기업이 현재 우리 사회에서 담당하고 있는 역할과 의미를 파악하는 데 핵심적인 요소이다. 사회적기업은 단순한 기업의 형태를 넘어서 사회문제 해결과 경제적 가치 창출을 동시에 추구하는 새로운 형태의 조직이다.

✓ 사회적기업 육성법 기준 정의

「사회적기업 육성법」(2025년 현행)에 따르면, 사회적기업은 취약계층에게 사회서비스 또는 일자리를 제공하거나 지역사회에 공헌함으로써 지역주민의 삶의 질을 높이는 등의 사회적 목적을 추구하면서 재화 및 서비스의 생산·판매 등 영업활동을 하는 기업을 의미한다. 이러한 정의는 사회적기업이 사회적 목적과 경제적 활동을 동시에 수행해야 함을 명확히 제시하고 있다.

1) 등장배경과 시대적 요청

사회적기업의 등장은 1997년 외환위기 이후 한국 사회가 직면한 다양한 사회경제적 문제들에 대한 대응으로 시작되었다. 고용 없는 성장이 지속되면서 실업률이 증가하고, 소득격차가 확대되는 상황에서 기존의 공공부문과 민간부문만으로는 해결하기 어려운 복지 사각지대가 발생하였다. 또한 고령화 사회로의 진입과 함께 사회서비스에 대한 수요가 급증하면서 새로운 형태의 서비스 공급 방식이 필요하게 되었다.

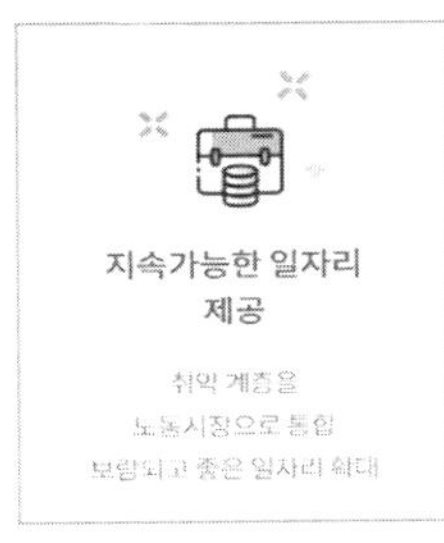

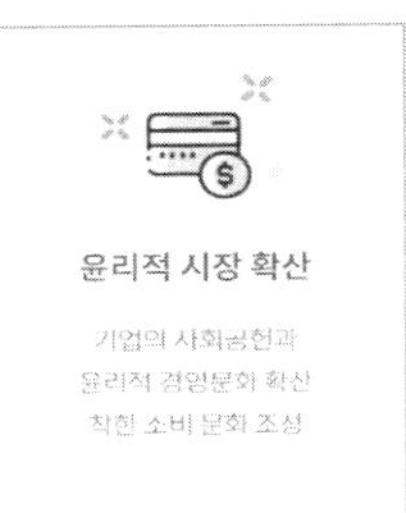

그림 : 사회적기업 의의

2) 새로운 사회문제 해결 기여

최근 사회적기업은 환경, 디지털, 지역, ESG 등 새로운 사회문제 해결에 적극적으로 기여하고 있다. 환경 분야에서는 친환경 제품 생산, 재활용 사업, 신재생에너지 개발 등을 통해 지속가능한 발전에 기여하고 있다. 디지털 분야에서는 디지털 격차 해소, 고령층 디지털 교육, 온라인 플랫폼을 통한 사회서비스 제공 등의 활동을 펼치고 있다. 지역 분야에서는 지역자원 활용, 지역문화 보존, 농촌 재생 등을 통해 지역발전에 기여하고 있으며, ESG 경영 확산과 함께 사회적 가치 측정과 관리에도 앞장서고 있다.

1.3 사회적기업 현황

사회적기업의 현황을 파악하는 것은 사회적기업 생태계의 규모와 성장 추이, 그리고 향후 발전 방향을 이해하는 데 중요한 기초자료가 된다. 2025년 3월 기준으로 국내 사회적기업은 양적 성장과 함께 질적 발전을 동시에 이루어내고 있다.

2025년 3월 기준 인증 현황

2025년 3월 현재 인증 사회적기업은 총 3,200개소에 달하며, 예비사회적기업은 1,800개소로 집계되고 있다. 인증 사회적기업의 총 고용인원은 약 65,000명으로, 이 중 취약계층 고용 비중은 52%에 해당하는 33,800명이다. 이는 사회적기업이 단순히 일자리 창출을 넘어서 사회적 취약계층의 경제적 자립을 지원하는 중요한 역할을 하고 있음을 보여준다.

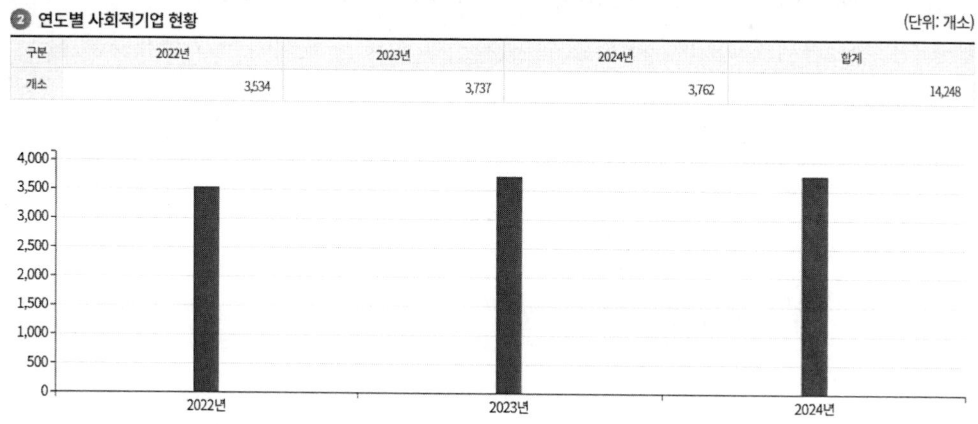

② 연도별 사회적기업 현황 (단위: 개소)

구분	2022년	2023년	2024년	합계
개소	3,534	3,737	3,762	14,248

그림 : 연도별 사회적기업 현황

출처 : https://www.seis.or.kr/home/sub.do?menukey=7204

1) 유형별 분포 현황

2024년 사회적기업의 유형별 분포를 살펴보면, 일자리제공형이 전체의 약 66%로 가장 높은 비중을 차지하고 있으며, 사회서비스제공형(9%), 지역사회공헌형(10%), 혼합형(5%), 기타(창의 · 혁신형, 10%) 순으로 나타난다.

이러한 분포는 사회적기업이 고용 창출을 주요 목적으로 하면서도 사회서비스 제공, 지역사회 발전, 혁신적 사회문제 해결 등 다양한 사회적 가치를 실현하고 있음을 보여준다.

• 인증유형별

❶ 인증유형별 사회적기업 현황

(단위 : 개소)

구분	2022년	2023년	2024년
일자리제공형	2,349	2,488	2,492
사회서비스제공형	271	310	336
지역사회공헌형	309	346	362
혼합형	207	206	198
기타(창의/혁신형)	398	387	374
합계	3,534	3,737	3,762

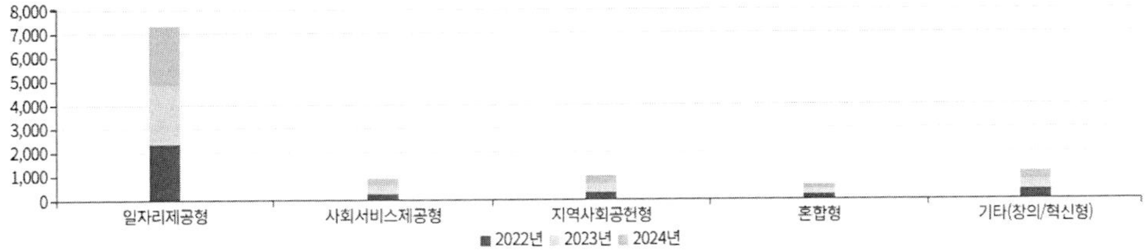

그림 : 인증유형별 사회적기업 현황

출처 : https://www.seis.or.kr/home/sub.do?menukey=7204

2) 성장 추이와 특징

최근 5년간 사회적기업의 성장 추이를 보면, 연평균 8%의 성장률을 보이며 지속적으로 확대되고 있다. 특히 창의·혁신형 사회적기업의 성장률이 연평균 15%로 가장 높게 나타나고 있으며, 이는 사회적기업이 전통적인 사회문제 해결을 넘어서 혁신적이고 창의적인 접근을 통해 새로운 가치를 창출하고 있음을 의미한다.

1.4 사회적기업 유형

사회적기업의 유형 구분은 각 기업이 추구하는 사회적 목적과 사업 방식에 따라 분류되며, 이는 지원 정책과 평가 기준의 차별화에도 중요한 기준이 된다. 2025년 현재 사회적기업은 다섯 가지 유형으로 구분되고 있다.

1) 일자리제공형

일자리제공형 사회적기업은 취약계층에게 일자리를 제공하는 것을 주요 목적으로 하는 사회적기업이다. 이 유형의 사회적기업은 전체 근로자 중 취약계층의 고용 비율이 30% 이상이어야 하며, 취약계층에게는 최저임금 이상의 임금을 지급해야 한다.

대표적인 예시로는 장애인 고용 제조업체, 고령자 일자리 창출 서비스업, 북한이탈 주민 취업 지원 기업 등이 있다.

2) 사회서비스제공형

사회서비스제공형 사회적기업은 취약계층에게 사회서비스를 제공하는 것을 주요 목적으로 한다. 보건, 복지, 의료, 환경, 문화 등의 분야에서 취약계층에게 시장가격보다 낮은 가격으로 서비스를 제공하거나 무료로 서비스를 제공한다. 지역아동센터, 방과후 돌봄서비스, 재가노인복지서비스, 환경정화서비스 등이 대표적인 사례이다.

3) 지역사회공헌형

지역사회공헌형 사회적기업은 지역사회의 인적·물적 자원을 활용하여 지역주민의 소득과 일자리를 늘리고 지역경제 발전에 기여하는 것을 목적으로 한다. 지역의 특산품을 활용한 가공업, 지역 관광자원 개발, 전통문화 보존 및 활용 사업 등이 이에 해당한다. 이 유형의 사회적기업은 지역사회 구성원이 참여하여 지역의 문제를 해결하고 발전시키는 데 중점을 둔다.

4) 혼합형과 창의·혁신형

혼합형 사회적기업은 앞서 언급한 세 가지 유형 중 두 가지 이상을 동시에 추구하는 형태이다. 창의·혁신형 사회적기업은 사회적 목적을 우선적으로 추구하면서 혁신적인 사업 아이디어나 기술을 활용하여 사회문제를 해결하는 형태이다. 이 유형은 2025년 현재 가장 빠르게 성장하고 있는 유형으로, 사회적기업의 혁신성과 지속가능성을 높이는 데 중요한 역할을 하고 있다.

1.5 사회적경제의 의미

사회적경제는 협동, 연대, 자조를 기반으로 사회적 가치 창출을 목적으로 하는 경제활동의 총체를 의미한다. 이는 전통적인 시장경제와 공공경제의 한계를 보완하면서 사회통합과 지속가능한 발전을 추구하는 새로운 경제 패러다임이다.

사회적경제의 정의와 특징으로 사회적경제는 사회적 목적을 추구하면서 경제적 활동을 수행하는 모든 조직과 활동을 포괄하는 개념이다. 이는 이윤 극대화를 목적으로 하는 일반 기업과는 달리, 사회적 가치 창출과 사회문제 해결을 우선시하면서도 경제적 지속가능성을 추구한다. 사회적경제의 핵심 원칙은 사회적 목적 우선, 자율적 운영, 민주적 의사결정, 수익의 사회적 재투자 등이다.

1) 주요 조직 유형

사회적경제의 주요 조직 유형으로는 사회적기업, 협동조합, 마을기업, 자활기업, 소셜벤처 등이 있다. 사회적기업은 사회적 목적을 추구하면서 영업활동을 하는 기업이며, 협동조합은 공동소유와 민주적 운영을 원칙으로 하는 조직이다. 마을기업은 지역주민이 주도하여 지역의 각종 자원을 활용한 수익사업을 통해 지역공동체를 활성화하고 지역주민의 소득과 일자리를 창출하는 마을단위의 기업이다. 자활기업은 국민기초생활보장법에 따라 수급자의 자활을 돕기 위해 설립된 기업이며, 소셜벤처는 혁신적인 기술과 비즈니스 모델로 사회문제를 해결하는 기업이다.

2) 관련 법률 체계

사회적경제와 관련된 주요 법률로는 「사회적기업 육성법」, 「협동조합기본법」, 「사회적경제 기본법」(제정 추진 중) 등이 있다. 이러한 법률들은 사회적경제 조직의 설립과 운영, 지원 방안 등을 규정하고 있으며, 사회적경제 생태계의 제도적 기반을 제공하고 있다.

1.6 사회적기업 지원제도

2025년 기준 사회적기업 지원제도는 창업부터 성장까지 전 과정을 포괄하는 종합적인 지원 체계로 발전하였다. 이러한 지원제도는 사회적기업의 지속가능성과 사회적 임팩트 확대를 목표로 하고 있다.

✓ 창업 지원 제도

창업 지원은 사회적기업의 설립 초기 단계에서 필요한 자금과 인프라를 제공하는 제도이다. 초기 자금 지원은 최대 5천만 원까지 지원되며, 사업계획의 타당성과 사회적 임팩트를 평가하여 지원 규모가 결정된다. 멘토링 프로그램은 사회적기업 창업 경험자와 전문가를 연결하여 창업 과정에서 발생하는 다양한 문제들을 해결할 수 있도록 지원한다. 마케팅비 지원은 브랜드 개발, 홍보물 제작, 온라인 마케팅 등에 활용할 수 있도록 지원하고 있다.

1) 일자리 창출 지원

일자리 창출 지원은 사회적기업의 핵심 목적 중 하나인 고용 창출을 촉진하기 위한 제도이다. 인건비 지원은 신규 고용자에 대해 최대 2~3년간 월 180만 원까지 지원되며, 사회보험료 지원도 함께 제공된다. 여성, 장애인, 청년 고용 시에는 추가 가점을 부여하여 취약계층의 고용을 장려하고 있다. 사업개발비는 R&D 활동, 마케팅 강화, 품질개선 등에 활용할 수 있도록 지원하고 있다.
(※ 2025년 일부 지방자치단체는 최저임금의 40~50%까지, 최대 30인까지 지원하는 등 지역별 세부 기준이 있다.)

2) 전문인력 및 판로 지원

전문인력 지원은 회계, 마케팅, 법무 등 전문가를 파견하여 사회적기업의 경영 역량 강화를 돕는 제도이다. 판로 개척 지원은 e-store36.5를 통한 온라인 판매, 오프라인 박람회 참가 지원, 공공기관 우선구매 연계 등 다양한 방식으로 이루어진다. 디지털 전환 지원은 스마트워크 시스템 구축, CRM 도입, 온라인 서비스 개발 등을 지원하며, ESG 기반 육성사업은 ESG 우수기업에 대한 가산점 부여와 저리 융자를 제공한다.

3) 자원연계 및 경영역량 강화

2025년 현재 사회적기업 지원제도는 「사회적기업 육성법」 제7조와 제8조, 그리고 같은 법 시행규칙 제12조에 근거해 체계적으로 운영되고 있다.
특히 고용노동부가 발표한 2025년 사회적기업 인증 계획 및 심사기준(공고 제2025-5호)에 따라, 사회적기업의 창업부터 성장까지 전 과정을 아우르는 종합적인 지원 체계가 마련되었다.
이러한 지원제도는 사회적기업의 지속가능성과 사회적 임팩트 확대를 목표로 하며, 최근에는 디지털 전환, ESG 연계, 사회적가치지표(SVI) 고도화 등 최신 정책 방향이 적극적으로 반영되고 있다.

2. 소셜벤처와 ESG 경영

2.1 소셜벤처 개념과 특징

소셜벤처는 사회적 가치와 경제적 가치를 동시에 추구하는 새로운 형태의 기업으로, 혁신적인 기술이나 비즈니스 모델을 통해 사회문제를 해결하는 것을 목적으로 한다. 2025년 현재 소셜벤처는 사회적경제 생태계의 중요한 축으로 자리 잡고 있다.

✓ 소셜벤처의 정의와 법적 근거

「벤처기업육성특별조치법」 제2조 제10항에 따르면, 소셜벤처는 사회적 가치를 추구하면서 혁신적인 기술이나 비즈니스 모델을 통해 사회문제를 해결하는 벤처기업을 의미한다. 소셜벤처는 사회성, 혁신성, 성장성이라는 세 가지 핵심 요소를 갖추어야 하며, 이는 일반적인 벤처기업과 구별되는 특징이다. 사회문제 해결을 위한 명확한 미션, 혁신적인 기술이나 비즈니스 모델의 활용, 경제적 지속가능성 추구, 창의적 기업가정신 등이 소셜벤처의 핵심 특징이다.

1) 주요 지원 기관

2025년 현재 소셜벤처를 지원하는 주요 기관으로는 서울소셜벤처허브, 기술보증기금 소셜벤처스퀘어, 한국사회적기업진흥원 등이 있다. 서울소셜벤처허브는 서울시에서 운영하는 소셜벤처 전용 지원 기관으로, 창업 공간 제공, 액셀러레이팅 프로그램, 투자 연계 등의 서비스를 제공한다. 기술보증기금 소셜벤처스퀘어는 소셜벤처 판별과 평가, 투자 연계를 담당하는 플랫폼이다.

2) 개념과 판별기준

소셜벤처를 사회적 목적과 경제적 목적을 균형 있게 추구하는 기업으로 정의하며, 사회성과 혁신성장성을 종합적으로 평가하는 판별기준을 제시하고 있다. 이러한 기준은 소셜벤처가 단순한 사회적 활동이나 일반적인 영리 활동을 넘어서 사회적 임팩트와 경제적 성과를 동시에 창출해야 함을 강조한다.

2.2 소셜벤처의 핵심요소

소셜벤처의 핵심요소는 사회문제 인식, 소셜미션, 혁신적 솔루션, 성장성 등으로 구성되며, 이러한 요소들이 조화롭게 결합되어야 성공적인 소셜벤처가 될 수 있다.

사회문제 인식은 소셜벤처의 출발점이 되는 핵심 요소이다. 이는 단순히 사회문제를 인지하는 것을 넘어서 문제의 원인과 구조를 깊이 있게 분석하고, 해결 가능한 방안을 모색하는 과정을 포함한다. 성공적인 소셜벤처는 구체적이고 명확한 사회문제를 정의하고, 이를 해결하기 위한 체계적인 접근 방법을 개발한다. 사회문제 정의에는 문제의 규모, 영향을 받는 대상, 기존 해결책의 한계 등에 대한 구체적인 분석이 포함되어야 한다.

1) 소셜미션

소셜미션은 소셜벤처가 추구하는 사회적 목적과 가치를 명확히 제시하는 것이다. 이는 기업의 모든 활동과 의사결정의 기준이 되며, 구성원들의 동기부여와 외부 이해관계자들의 지지를 이끌어내는 핵심 요소이다. 명확한 소셜미션은 소셜벤처의 정체성을 확립하고 지속가능한 성장의 기반이 된다. 소셜미션은 구체적이고 측정 가능한 목표를 포함해야 하며, 소명의식을 바탕으로 한 진정성 있는 접근이 필요하다.

2) 혁신적 솔루션과 성장성

혁신적 솔루션은 기존의 방식과는 다른 창의적이고 효과적인 문제해결 방법을 의미한다. 이는 기술적 혁신, 비즈니스 모델의 혁신, 서비스 전달 방식의 혁신 등 다양한 형태로 나타날 수 있다. 창의적이고 유연한 문제해결 접근법과 기술 및 비즈니스 모델 개발이 핵심이다. 성장성은 소셜벤처가 시장에서 지속적으로 성장할 수 있는 잠재력을 의미하며, 시장성, 사업화 가능성, 확장성 등으로 평가된다.

2.3 소셜벤처스퀘어 소개

소셜벤처스퀘어는 기술보증기금이 운영하는 소셜벤처 판별, 평가, 지원을 위한 통합 플랫폼으로, 2025년 현재 소셜벤처 생태계의 핵심 인프라 역할을 하고 있다.

플랫폼 개요와 기능으로 소셜벤처스퀘어(sv.kibo.or.kr)는 소셜벤처의 체계적인 관리와 지원을 위해 개발된 온라인 플랫폼이다. 이 플랫폼은 자가진단 기능을 통해 예비 창업자들이 자신의 사업 아이디어가 소셜벤처로서의 요건을 갖추고 있는지 확인할 수 있도록 지원한다. 판별신청 기능은 정식 소셜벤처 인정을 위한 절차를 온라인으로 진행할 수 있게 한다.

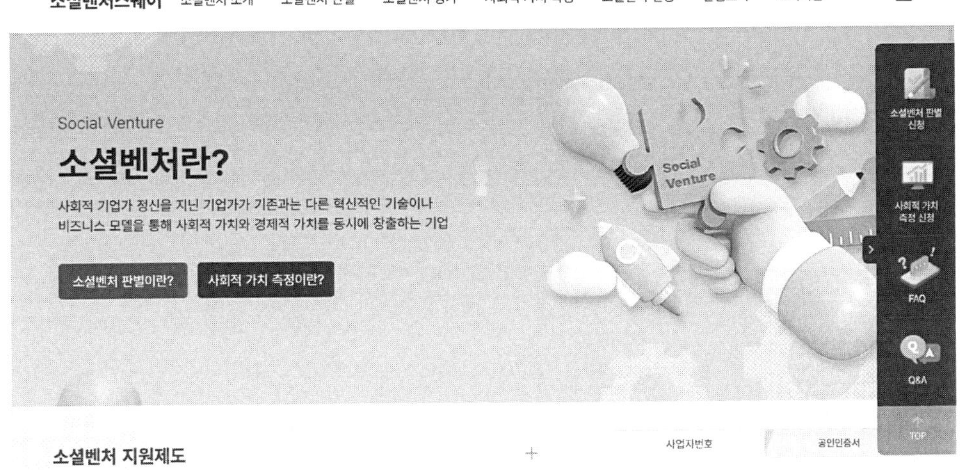

그림 : 소셜벤처스퀘어 홈페이지

출처 : https://sv.kibo.or.kr/HomeMain.do

1) 2025년 지원 서비스

2025년 현재 소셜벤처스퀘어에서 제공하는 주요 서비스로는 가치평가, 현황조회, 투자연계, 액셀러레이팅 등이 있다. 가치평가 서비스는 소셜벤처의 사회적 가치와 경제적 가치를 종합적으로 평가하여 투자 유치와 사업 개선에 활용할 수 있는 정보를 제공한다. 투자연계 서비스는 소셜벤처와 임팩트 투자자를 연결하여 자금 조달을 지원한다. 액셀러레이팅 서비스는 소셜벤처의 성장 단계별로 필요한 프로그램을 제공한다.

2) 연계 프로그램

서울소셜벤처허브를 비롯한 지자체와 민간 기관과의 연계 프로그램을 통해 소셜벤처의 성장을 종합적으로 지원하고 있다. 이러한 연계 프로그램은 지역별 특성과 소셜벤처의 발전 단계에 맞는 맞춤형 지원을 제공하며, 소셜벤처 생태계의 확산과 발전에 기여하고 있다.

2.4 지속가능발전과 ESG 경영

지속가능발전과 ESG 경영은 2025년 현재 전 세계적으로 주목받고 있는 경영 패러다임으로, 소셜벤처에게도 중요한 경영 철학이 되고 있다.

지속가능발전은 1987년 UN에서 정의된 개념으로, 현재 세대의 필요를 충족시키면서도 미래 세대의 필요를 충족시킬 수 있는 능력을 손상시키지 않는 발전을 의미한다. 이는 환경, 사회, 경제라는 세 축의 균형을 통해 달성될 수 있으며, 모든 경제주체가 고려해야 할 중요한 원칙이다. 지속가능발전은 단순한 환경 보호를 넘어서 사회적 형평성과 경제적 번영을 동시에 추구하는 통합적 접근법이다.

1) UN SDGs와 K-SDGs

UN SDGs(지속가능발전목표)는 2015년 채택된 17개의 글로벌 목표로, 2030년까지 달성을 목표로 하고 있다. 이는 빈곤 종식, 기아 해결, 건강과 웰빙, 양질의 교육, 성평등, 깨끗한 물과 위생, 지속가능한 에너지, 양질의 일자리와 경제성장, 산업혁신과 사회기반시설, 불평등 완화, 지속가능한 도시와 공동체, 지속가능한 소비와 생산, 기후변화 대응, 해양 생태계 보전, 육상 생태계 보전, 평화와 정의, 글로벌 파트너십 등으로 구성되어 있다.

K-SDGs는 UN SDGs를 한국의 실정에 맞게 재구성한 것으로, 17개 목표와 122개 세부목표로 구성되어 있다. 2025년 이행보고서에 따르면, 한국은 교육, 성평등, 혁신 등 일부 분야에서 우수한 성과를 보이고 있으나, 기후변화 대응과 해양 보전 등 환경 분야에서는 개선이 필요한 상황이다.

2) 소셜벤처와 SDGs 연계

소셜벤처는 혁신적인 기술과 비즈니스 모델을 통해 다양한 SDGs 목표 달성에 기여할 수 있다. 예를 들어, 교육 기술을 활용한 소셜벤처는 양질의 교육(SDG 4) 달성에 기여하고, 친환경 기술을 개발하는 소셜벤처는 기후변화 대응(SDG 13)에 기여한다. 헬스케어 분야의 소셜벤처는 건강과 웰빙(SDG 3) 목표에, 농업 기술을 활용한 소셜벤처는 기아 해결과 지속가능한 농업(SDG 2)에 기여하고 있다. 이러한 연계는 소셜벤처의 사회적 임팩트를 체계적으로 측정하고 관리하는 데 중요한 기준이 된다.

2.5 소셜벤처와 한국형 지속가능발전목표 K-SDGs

K-SDGs는 UN SDGs를 한국의 실정에 맞게 재설계한 지속가능발전목표로, 소셜벤처가 추구해야 할 사회적 가치의 방향성을 제시하고 있다.

K-SDGs는 17개 목표와 122개 세부목표로 구성되어 있으며, 한국의 사회경제적 특성과 발전 단계를 반영하여 설계되었다. 주요 목표로는 빈곤 종식, 기아 해결, 건강과 웰빙, 양질의 교육, 성평등, 깨끗한 물과 위생, 지속가능한 에너지, 양질의 일자리와 경제성장, 산업혁신과 사회기반시설, 불평등 완화, 지속가능한 도시와 공동체, 지속가능한 소비와 생산, 기후변화 대응, 해양 생태계 보전, 육상 생태계 보전, 평화와 정의, 글로벌 파트너십 등이 있다. K-SDGs는 국내 실정에 맞게 세부목표와 지표를 조정하여 한국적 특성을 반영하고 있다.

1) 2025년 정부 정책 반영 현황

2025년 현재 정부는 K-SDGs 이행을 위해 다양한 정책을 추진하고 있다. 국가 차원에서는 제4차 지속가능발전 기본계획을 통해 K-SDGs 달성을 위한 로드맵을 제시하고 있으며, 지자체 차원에서는 지역 특성에 맞는 세부 실행계획을 수립하여 추진하고 있다. 기업 차원에서는 ESG 경영과 연계하여 K-SDGs 달성에 기여하는 활동을 확대하고 있다. 정부는 공공기관 경영평가에 K-SDGs 이행 성과를 반영하고, 기업의 K-SDGs 달성 노력을 지원하는 다양한 정책을 시행하고 있다.

2) 실제 적용 사례

소셜벤처의 K-SDGs 적용 사례는 다양한 분야에서 나타나고 있다. 교육 분야의 에듀테크 기업은 양질의 교육 목표 달성에 기여하고, 헬스케어 분야의 소셜벤처는 건강과 웰빙 목표에 기여하고 있다. 농업 기술을 활용한 소셜벤처는 기아 해결과 지속가능한 농업 발전에, 재생에너지 기술을 개발하는 소셜벤처는 지속가능한 에너지 목표 달성에 기여하고 있다. 또한 사회적 취약계층을 위한 서비스를 제공하는 소셜벤처는 불평등 완화와 포용적 성장에 기여하고 있다.

2.6 ESG 경영 관련 개념

ESG 경영은 환경(Environmental), 사회(Social), 지배구조(Governance)를 고려

한 경영 방식으로, 2025년 현재 전 세계적으로 기업 경영의 핵심 패러다임으로 자리 잡고 있다.

✓ ESG 평가 기준

ESG 평가는 환경, 사회, 지배구조 세 영역에서 기업의 성과를 종합적으로 평가하는 것이다. 환경 분야에서는 온실가스 배출, 에너지 효율성, 자원 사용, 폐기물 관리, 생물다양성 보전 등이 평가된다. 사회 분야에서는 인권, 노동권, 지역사회 기여, 제품 안전성, 데이터 보안 등이 평가되며, 지배구조 분야에서는 이사회 구성, 경영진 보상, 감사 시스템, 주주권 보호 등이 평가된다. 이러한 평가는 기업의 장기적 지속가능성과 리스크 관리 능력을 종합적으로 판단하는 기준이 된다.

1) 2025년 글로벌 ESG 규제 강화

2025년 현재 글로벌 ESG 규제가 크게 강화되고 있다. 유럽연합의 CSRD(기업 지속가능성 보고 지침), 미국의 SEC 기후 공시 규칙, 일본의 TCFD 의무화 등이 시행되고 있으며, 우리나라도 금융기관과 공공기관에 대한 ESG 평가를 의무화하고 있다. 탄소중립 목표 달성을 위한 정책도 강화되어 재생에너지와 클린테크 분야에 대한 투자가 확대되고 있다. 이러한 규제 강화는 기업들이 ESG 경영을 선택이 아닌 필수로 인식하게 만들고 있다.

2) 관련 개념들

ESG와 관련된 주요 개념으로는 지속가능경영, CSR(기업의 사회적 책임), 기업시민, CSV(공유가치 창출) 등이 있다. 지속가능경영은 기업이 환경, 사회, 경제적 가치를 균형 있게 추구하는 경영 방식이며, CSR은 기업이 사회에 대해 가지는 책임을 의미한다. 기업시민은 기업이 사회의 일원으로서 시민적 책임을 다하는 것이며, CSV는 기업이 사회적 가치 창출을 통해 경제적 가치도 함께 창출하는 개념이다. 이러한 개념들은 상호 보완적이며 통합적으로 접근할 때 더 큰 효과를 발휘할 수 있다.

2.7 ESG 경영 패러다임의 변화

ESG 경영 패러다임은 2025년 현재 투자자, 금융기관, 소비자 중심의 실질적 가치 창출로 전환되고 있으며, 이는 기업 경영에 근본적인 변화를 요구하고 있다.

✓ 패러다임 변화의 동인

ESG 경영 패러다임 변화의 주요 동인으로는 기후변화와 환경 문제의 심각성 증대, 사회적 불평등 문제에 대한 관심 증가, 투자자들의 장기적 가치 중시 성향 확산, 소비자들의 윤리적 소비 확산 등이 있다. 특히 젊은 세대를 중심으로 한 가치 소비 트렌드는 기업들이 ESG 경영을 선택이 아닌 필수로 인식하게 만들고 있다. 또한 투자자들도 단기적 수익률보다는 장기적 지속가능성을 중시하는 방향으로 투자 철학이 변화하고 있다.

1) 글로벌 평가기관의 기준 강화

MSCI, S&P Global, Sustainalytics 등 글로벌 ESG 평가기관들이 평가 기준을 지속적으로 강화하고 있다. 이들 기관은 단순한 정책 수립을 넘어서 실제 성과와 임팩트를 중시하는 방향으로 평가 기준을 개선하고 있으며, 업종별 특성을 반영한 차별화된 평가 기준을 적용하고 있다. 탄소중립과 재생에너지 전환에 대한 평가 비중도 지속적으로 확대되고 있으며, 사회적 리스크 대응 능력에 대한 평가도 강화되고 있다.

2) 경영 패러다임의 상호 연계

2025년 현재 ESG, SDGs, CSR, CSV 등 다양한 경영 패러다임들이 상호 연계되어 통합적인 가치 창출 체계를 형성하고 있다. 이러한 통합적 접근은 기업이 사회적 가치와 경제적 가치를 동시에 추구할 수 있는 새로운 경영 모델을 제시하고 있으며, 소셜벤처에게는 경쟁 우위의 원천이 되고 있다. 기업들은 이러한 패러다임들을 개별적으로 접근하는 것이 아니라 통합적으로 연계하여 시너지 효과를 창출하고 있다.

2.8 소셜벤처 판별기준

소셜벤처 판별기준은 기술보증기금 소셜벤처스퀘어에서 운영하는 체계적인 평가 시스템으로, 2025년 현재 사회성과 혁신성장성 두 축을 중심으로 평가하고 있다.

✓ 기본 평가 체계

소셜벤처 판별은 사회성(사회적 가치)과 혁신성장성(혁신·성장 가능성) 두 영역에서 각각 70점 이상을 획득해야 한다. 이는 소셜벤처가 사회적 목적과 경제적 지속가능성을 동시에 갖추어야 함을 의미한다. 예외적으로 한 영역에서 70점 미만을 받더라도 자문위원회의 인정을 받으면 소셜벤처로 판별될 수 있다. 이러한 이중 평가 체계는 소셜벤처의 본질적 특성인 사회적 가치와 경제적 가치의 조화를 반영한 것이다.

1) 사회성 평가 기준

사회성 평가는 다음과 같은 다양한 항목을 종합적으로 고려한다. 중앙정부나 지자체로부터 인가 또는 인증을 받은 사회적 경제기업(사회적기업, 예비사회적기업, 사회적 협동조합, 마을기업, 자활기업) 여부, 중앙정부 · 지자체 펀드의 소셜임팩트 분야에서 5천만 원 이상의 투자를 받은 실적, 제공하는 제품이나 서비스로 사회적 문제를 해결하고 사회적 가치를 창출하고 있는지 여부가 주요 평가 항목이다.

이외에도 B-Corp 인증, 정관상 사회적 목적 명시 및 추진 여부, 사회적 성과의 측정 및 보고체계, 이윤 배분 및 청산 시 처분제한 원칙의 명시와 실행, 사회적 경제 또는 소셜벤처 관련 대회 수상, 육성사업 창업팀 여부, 외부기관과의 파트너십 구축, 대표자의 사회적 가치 창출 관련 경력 및 교육 이수, 사회적 가치 창출 관련 활동 수행 등도 평가에 포함된다.

2025년에는 사회성 평가가 더욱 강화되어, 단순한 사회적 목적 선언을 넘어서 실제 사회적 임팩트 창출 실적과 성과 측정 체계의 구축 및 실행 여부가 중점적으로 평가된다.

2) 혁신성장성 평가 기준

혁신성장성 평가는 벤처기업, 이노비즈기업, 메인비즈기업 등 법령상 인증 · 확인 보유 여부, 최근 3년간 매출액 또는 고용인원의 연평균 증가율, 소셜임팩트 분야 투자 실적, 민간 임팩트 투자기관의 투자 실적, 기술력 또는 상품성에 대한 정부 인증, 기술보증기금의 기술사업평가 등급, 등록된 지식재산권 보유, 매출액 대비 연구개발비 비율, 글로벌 창업경진대회 수상, 창업지원플랫폼 입주 · 보육, R&D 성공판정, 연구소 보유, 전국 규모 창업경진대회 수상, 사회적경제 지원사업 선정, 혁신성장공동기준 해당, 전문가 창업 등 다양한 항목을 종합적으로 평가한다.

2025년에는 R&D 투자에 대한 가점이 확대되고, ESG 연계 가산점이 새롭게 도입되어 혁신성과 지속가능성을 동시에 추구하는 소셜벤처에게 유리한 평가 체계로 개선되었다. 또한 글로벌 진출과 확장성에 대한 평가도 강화되었다.

3) 법적 근거와 운영 규정

소셜벤처 판별의 법적 근거는 「벤처기업육성특별조치법」 제2조 제10항에 있으며, 구체적인 판별 기준과 절차는 기술보증기금 소셜벤처스퀘어 운영규정(2025년 3월 개정)에 따라 운영된다. 이러한 제도적 기반은 소셜벤처의 객관적이고 공정한 판별을 보장하며, 소셜벤처 생태계의 건전한 발전에 기여한다.

실제 판별 절차는 온라인 신청, 서류 심사, 전문가 평가, 자문위원회 심의 순으로 진행되며, 최신 사례와 현장 의견을 반영해 평가 기준의 지속적인 개선이 이루어지고 있다.

이와 같이 소셜벤처 판별기준은 사회적 가치와 혁신 · 성장 가능성을 균형 있게 평가하여, 사회적기업과 소셜벤처의 본질적 특성을 반영하고 있다.

/ 제9장 /

회사설립과 경영관리

1. 회사설립 개요

1.1 회사설립 개요

1) 회사의 종류

합명회사는 2인 이상의 무한책임사원으로 구성되며 모든 사원이 회사 채무에 대해 연대책임을 진다. 사원들은 회사 경영에 직접 참여할 권한과 의무를 가지며, 사원 중 일부가 탈퇴하거나 사망할 경우 회사가 해산되는 것이 원칙이다. 설립 절차가 간단하고 운영의 자유도가 높지만 무한책임으로 인한 개인적 위험부담이 크다는 특징을 갖는다. 모든 사원이 업무 집행권을 가지므로 의사결정이 신속하게 이루어질 수 있으나, 사원 간 의견 충돌 시 경영상 어려움이 발생할 수 있다.

합자회사는 무한책임사원과 유한책임사원이 혼합되어 구성되는 회사 형태이다. 무한책임사원은 회사 경영에 참여하고 회사 채무에 대해 무한책임을 지며, 유한책임사원은 출자액 한도 내에서만 책임을 지고 경영에는 참여하지 않는다. 이러한 구조를 통해 경영과 출자책임이 분리되어 경영 전문성과 자본 조달의 효율성을 동시에 추구할 수 있다. 무한책임사원은 실질적인 경영을 담당하고, 유한책임사원은 투자자 역할을 하는 구조로 운영된다.

유한책임회사는 모든 사원이 출자액 한도 내에서만 책임을 지는 회사이다. 사원의 개인 재산이 회사 채무로부터 보호받을 수 있으며, 패스스루 과세 방식을 적용받아 법인세와 소득세의 이중과세 문제를 피할 수 있다. 소규모 창업이나 합작사업에 적합한 형태로 평가받고 있다. 사원총회를 통한 민주적 의사결정이 이루어지며, 정관으로 운영 방식을 자유롭게 정할 수 있어 유연한 경영이 가능하다.

주식회사는 자본을 주식으로 분할하고 주주의 책임을 출자액 한도로 제한하는 회사이다. 국내 창업에서 가장 일반적으로 선택되는 형태로서 자본 조달의 용이성과 경영의 연속성을 보장한다. 소유와 경영이 분리되어 전문 경영진에 의한 효율적 운영이 가능하며, 주식 양도를 통한 자본의 유동성 확보가 가능하다. 법인격의 독립성으로 인해 개인 재산과 회사 재산이 명확히 구분되어 경영상 안정성을 제공한다.
유한회사는 소수의 출자자로 구성되며 모든 사원이 유한책임을 진다. 주식회사에 비해 설립과 운영이 간소하며 출자지분 양도에 일정한 제한이 있어 폐쇄적 성격을 갖는다. 가족 기업이나 소규모 동업 사업에 적합하며 의사결정이 신속하고 운영비용이 상대적으로 적다. 사원 간 신뢰 관계를 바탕으로 운영되며, 외부인의 참여가 제한되어 안정적인 사업 운영이 가능하다.

2) 법인 설립

법인설립의 절차는 먼저 상호를 결정하고 중복 여부를 확인하는 것부터 시작된다. 상호는 회사의 대외적 명칭으로서 동일한 시군구 내에서 동일한 영업을 하는 회사와 중복될 수 없다. 인터넷등기소에서 상호 검색을 통해 중복 여부를 확인할 수 있으며, 특수문자나 숫자의 사용에도 일정한 제한이 있다.
정관 작성은 회사의 근본 규칙을 정하는 중요한 절차이다. 표준 정관을 활용하면 효율적이며, 회사의 목적, 상호, 본점 소재지, 발행주식총수, 설립 시 발행주식수, 액면가액, 발기인의 성명과 주소 등이 필수적으로 기재되어야 한다. 정관은 공증인의 인증을 받아야 하며, 발기인 전원이 기명날인 또는 서명해야 한다.
발기인과 주주 구성 단계에서는 회사 설립을 주도하는 발기인을 정하고, 주주 구성을 확정한다. 자본금 납입을 위해 은행에 예비계좌를 개설하고, 각 발기인이 인수한 주식의 납입금액을 입금한 후 납입증명서를 발급받는다. 납입증명서는 은행에서 발급하는 공식 문서로서 자본금 납입의 사실을 증명하는 중요한 서류이다.
창립총회는 발기설립의 경우 생략할 수 있으나, 모집설립의 경우 반드시 개최해야 한다. 창립총회에서는 정관의 승인, 이사와 감사의 선임, 설립경비의 승인 등을 의결한다. 창립총회 의사록은 상세히 작성하여 설립등기 시 첨부해야 한다.
설립등기는 대법원 인터넷등기소를 통해 온라인으로 신청할 수 있다. 설립등기 신청서와 함께 정관, 창립총회 의사록, 이사의 취임승낙서, 납입증명서, 이사의 인감증명서 등을 첨부해야 한다. 등기 신청 후 3-5일 정도의 심사를 거쳐 등기가 완료되며, 등기부등본을 발급받을 수 있다.

설립등기가 완료되면 국세청 홈택스에서 사업자등록을 진행한다. 사업자등록 시에는 사업장 소재지, 업종, 사업개시일 등을 신고해야 하며, 부가가치세 과세사업자로 등록된다. 이후 4대보험 가입 및 업종별 인허가 등 후속 절차를 순차적으로 진행해야 한다.

온라인 법인설립시스템인 startbiz.go.kr을 활용하면 설립서류 자동작성, 전자등기, 세무서 신고, 4대보험 가입 등을 창업자가 한 번에 처리할 수 있어 시간과 비용을 절약할 수 있다. 이 시스템은 정부에서 창업 지원을 위해 구축한 통합 서비스로서 법인설립의 전 과정을 온라인으로 처리할 수 있게 해준다.

그림 : 온라인 법인설립 시스템 (출처 : https://www.startbiz.go.kr)

3) 회사설립제도

STEP 1에서는 startbiz.go.kr에서 회원가입을 진행한다. 대표자와 발기인 모두가 개별적으로 회원가입을 해야 하며, 이때 공동인증서가 필수적으로 요구된다. 공동인증서는 법적 효력을 갖는 전자서명을 위해 반드시 필요하므로 미리 발급받아야 한다. 회원가입 시에는 개인정보 제공 동의와 함께 창업 관련 기본 정보를 입력하게 되며, 이후 모든 설립 절차가 이 계정을 통해 이루어진다.

STEP 2에서는 설립유형과 정보를 입력한다. 주식회사, 유한회사 등 회사유형을 선택하고 상호를 결정하며, 본점 소재지와 사업목적을 구체적으로 기재한다. 자본금 규모를 설정하고 임원과 주주 정보를 상세히 입력해야 한다. 이 단계에서 입력된 정보는 이후 정관 작성과 등기 서류 생성의 기초 자료가 되므로 정확성이 매우 중요하다. 특히 사업목적은 향후 영위할 수 있는 사업의 범위를 결정하므로 신중하게 선택해야 한다.

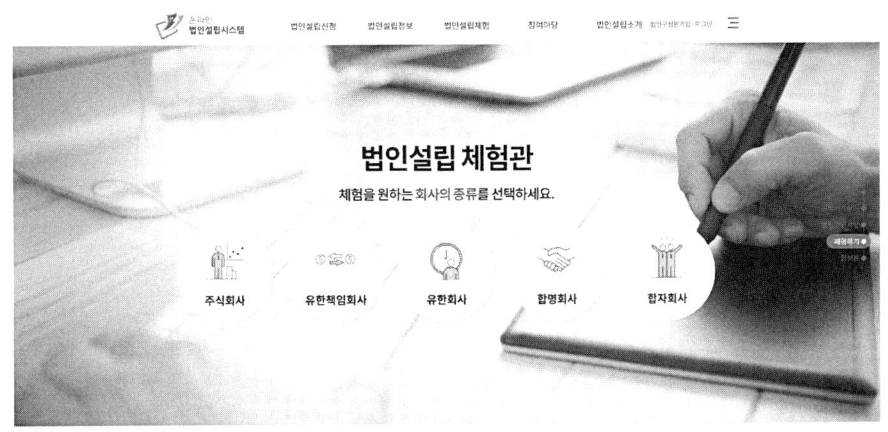

그림 : 설립유형과 정보
출처 : https://www.startbiz.go.kr/index.do

STEP 3에서는 시스템이 입력된 정보를 바탕으로 표준 정관을 자동 생성한다. 자동 생성된 정관은 상법의 요건을 충족하도록 설계되어 있지만, 회사의 특성에 따라 필요시 수정이 가능하다. 정관은 회사의 근본 규칙이므로 각 조항을 꼼꼼히 검토하고, 특별한 사업 구조나 운영 방식이 있다면 이를 반영하여 수정해야 한다. 정관 수정 시에는 상법의 강행규정에 위배되지 않도록 주의해야 한다.

STEP 4에서는 출자금을 납입한다. 은행에 예비계좌를 개설하고 발기인별로 정해진 출자금을 해당 계좌에 입금한 후, 은행에서 납입증명서를 발급받아 시스템에 업로드한다. 납입증명서는 회사 설립의 실질적 요건을 증명하는 중요한 서류이므로 발급일자와 금액을 정확히 확인해야 한다. 출자금은 회사명의 계좌가 개설될 때까지 예비계좌에서 보관되며, 설립등기 완료 후 회사 계좌로 이체된다.

STEP 5에서는 설립등기 서류를 제출한다. 정관, 납입증명서, 주주명부, 임원취임승낙서 등이 시스템에서 자동으로 생성되며, 이들 서류를 시스템에 업로드하면 등기 신청이 가능하다. 각 서류는 법정 요건을 충족해야 하므로 내용을 정확히 확인하고, 누락된 서류가 없는지 점검해야 한다. 서류의 형식이나 내용에 오류가 있으면 등기가 반려될 수 있으므로 신중하게 준비해야 한다.

STEP 6에서는 인터넷등기소와 연계하여 설립등기를 온라인으로 신청한다. 전자등기 시스템을 통해 등기 신청서와 첨부 서류를 제출하면, 등기소에서 서류 검토 후 등기를 처리한다. 등기 처리 기간은 일반적으로 3-5일 정도 소요되며, 등기 완료 후 등기부등본을 온라인으로 발급받을 수 있다. 등기가 완료되면 회사가 법적으로 성립되며, 이후 사업 활동을 시작할 수 있다. STEP 7에서는 사업자등록 및 세무신고를 진행한다. 홈택스에서 사업자등록을 신청하고 사업용계좌를 개설하며, 4대보험 가입 등 후속 절차를 처리한다. 업종에 따라 필요한 인허가가 있다면 해당 기관에 신청해야 한다. 이러한 후속 절차들은 회사 운영의 기본 인프라를 구축하는 과정이므로 빠짐없이 처리해야 한다.

유의사항으로는 회사명 중복, 사업 목적 적법성, 자본금과 임원의 결격사유, 인감증명서 등 필수 서류 준비가 있다. 회사명은 기존 등록된 상호와 중복되지 않아야 하며, 사업목적은 관련 법령에 위배되지 않는 적법한 내용이어야 한다. 임원 중 파산자나 금고 이상의 형을 받은 자 등 결격사유가 있는 자가 없는지 확인해야 하며, 각종 서류 작성을 위한 인감증명서를 미리 준비해야 한다.

4) 협동조합 설립

STEP 1에서는 설립동의자 모집을 진행한다. 5인 이상의 개인, 법인, 단체가 설립동의자가 될 수 있으며, 협동조합의 목적과 가치에 동의하는 자여야 한다. 설립동의자는 향후 협동조합의 초기 조합원이 되어 조합 운영 방향과 사업 계획 수립에 참여한다. 설립동의자 모집 시에는 협동조합의 기본 원칙과 운영 방식을 충분히 설명하고, 참여 의지를 확인해야 한다. STEP 2에서는 창립총회를 개최한다. 정관을 제정하고 임원을 선출하며 사업계획과 예산을 승인한다. 설립동의서를 작성하여 모든 참석자의 동의를 받으며, 충분한 토론과 민주적 의결 과정을 거쳐야 한다. 의사록은 상세히 작성하여 설립신고 시 첨부 서류로 활용된다. 창립총회는 협동조합 설립의 핵심 절차이므로 모든 설립동의자가 참석할 수 있도록 일정을 조정하고, 충분한 사전 준비를 해야 한다. STEP 3에서는 설립신고를 진행한다. 시와 군, 구청에 일반 협동조합을, 중앙부처에 사회적협동조합 설립신고를 한다. 설립신고서와 함께 정관, 의사록, 임원명부, 사업계획서 등을 첨부하며, 행정기관에서 제출 서류를 검토하고 법적 요건 충족 여부를 확인한 후 설립신고증을 교부한다. 신고 기관은 협동조합의 유형에 따라 달라지므로 사전에 확인해야 한다. STEP 4에서는 신고증 교부와 사업자등록을 처리한다. 설립신고증 교부로 협동조합이 법적으로 성립되며, 이후 홈택스에서 사업자등록을 신청한다. 협동조합도 일반 기업과 마찬가지로 사업자등록과 세무 신고 의무를 갖는다. 사업자등록 시에는 협동조합의 특성을 반영한 업종 코드를 선택해야 한다. STEP 5에서는 등기 및 운영을 개시한다. 법인 형태의 협동조합은 법원 등기소에서 법인 등기를 하며, 등기 완료 후 계좌 개설과 본격적인 사업 개시, 인허가, 4대보험 신고 등을 진행한다. 협동조합은 설립 후 6개월 이내에 사업을 개시해야 하며, 매년 행정기관에 사업실적을 보고해야 한다. 협동조합은 7대 원칙에 따라 운영된다. 자발적이고 개방적인 조합원제를 통해 누구나 조합원이 될 수 있으며, 민주적 운영을 통해 모든 조합원이 의사결정에 참여한다. 경제적 참여를 통해 조합원들이 자본을 제공하고 수익을 공유하며, 자율과 독립을 바탕으로 자주적인 운영을 한다. 교육과 훈련, 정보 제공을 통해 조합원의 역량을 강화하고, 협동조합 간 협동을 통해 상호 발전을 도모한다. 지역사회 기여를 통해 지속가능한 발전에 기여한다. 실무 팁으로는 협동조합 지원센터와 사회적경제지원센터에서 설립 컨설팅, 표준 정관, 사업계획서 샘플 등을 제공받을 수 있다. 한국사회적기업진흥원과 각 지역의 사회적경제지원센터에서는 협동조합 설립 교육과 상담 서비스를 제공하므로 적극 활용하는 것이 좋다.

국제협동조합(ICA) 협동조합 7대원칙

번호	원칙
1	자발적이고 개방적인 협동조합
2	조합원에 의한 민주적 관리
3	조합원의 경제적 참여
4	자율과 독립

5	교육 훈련 및 정보 제공
6	협동조합 간의 협동
7	지역사회에 대한 기여

5) 개인기업 설립

개인기업 설립 절차는 먼저 사업자등록 신청부터 시작된다. 홈택스 또는 세무서에 직접 방문하여 신청하며, 임대차계약서 등 서류를 준비해야 한다. 사업자등록 신청 시에는 사업장 현황신고서와 함께 임대차계약서 사본, 신분증, 인감도장을 준비해야 한다. 사업장이 자가 소유인 경우에는 건물등기부등본을, 임차인 경우에는 임대차계약서를 제출해야 한다. 사업용 계좌 개설을 위해서는 사업자등록증 사본, 신분증, 인감도장이 필요하다. 은행에서는 사업자의 신용도와 사업 내용을 간단히 확인한 후 계좌를 개설해준다. 사업용 계좌는 개인 계좌와 분리하여 사업 자금을 관리하기 위해 반드시 필요하며, 향후 세무 관리에도 중요한 역할을 한다. 세무 신고 및 관리 단계에서는 부가가치세와 소득세 등을 신고하고, 홈택스 전자세금계산서 발행 등을 처리한다. 개인사업자는 연 2회 부가가치세 신고와 연 1회 종합소득세 신고 의무가 있다. 홈택스에 가입하여 전자세금계산서를 발행하고 수취할 수 있으며, 이를 통해 매입세액 공제를 받을 수 있다. 근로자 채용 시에는 4대보험 신고를 해야 한다. 국민연금, 건강보험, 고용보험, 산재보험에 가입해야 하며, 각각의 보험료를 납부해야 한다. 업종별로 필요한 인허가가 있다면 해당 기관에 신청해야 한다. 음식점업의 경우 영업신고, 건설업의 경우 건설업 등록 등이 필요하다. 개인기업의 특징은 설립이 간편하고 비용이 저렴하다는 점이다. 법인에 비해 설립 절차가 단순하며, 설립비용도 사업자등록 수수료 정도로 매우 적다. 대표자가 전권과 책임을 지며, 의사결정이 신속하고 운영이 자유롭다. 성장 후 법인 전환이 가능하여 초기 창업 형태로 적합하다. 세무 관리가 상대적으로 단순하지만 사업 확장 시 신용도나 투자 유치 면에서 제약이 있을 수 있다.

6) 법인기업 전환

법인기업 전환의 필요성은 사업 확장, 신용도 향상, 세제 혜택, 투자 유치 등에서 찾을 수 있다. 사업이 성장하면서 더 큰 규모의 자금이 필요하거나, 기업 신용도를 높여 금융기관 대출을 받기 용이하게 하기 위해 법인 전환을 고려한다. 또한 법인세율이 소득세율보다 낮은 경우 세제 혜택을 받을 수 있으며, 외부 투자 유치나 사업 확장을 위해서도 법인 형태가 유리하다. 전환 절차는 먼저 법인설립 준비 단계에서 자산과 부채를 정리하고 정관을 작성하며 발기인을 구성한다. 개인사업체의 모든 자산과 부채를 목록화하고 가치를 평가해야 한다. 법인 정관을 작성하고 발기인을 구성하며, 자본금 규모를 결정한다. 이때 개인사업체의 순자산 가치를 기준으로 자본금을 설정하는 것이 일반적이다. 법인설립 등기 단계에서는 온라인 시스템을 활용하여 등기부등본을 발급받는다. 앞서 설명한 법인설립 절차와 동일하게 진행하며, 설립등기 완료 후 법인등기부등본을 발급받는다. 사업자등록 전환에서는 법인 명의로 신규 등록하고 개인사업자 폐업 신고를 한다. 법인 사업자등록과 개인사업자 폐업신고는 동시에 처리할 수 있다.

자산과 부채 이전 과정에서는 양도와 양수 신고를 하고 세금을 정산한다. 개인사업체의 자산을 법인에 양도하고 부채를 승계받는 절차를 거쳐야 한다. 이때 양도소득세나 부가가치세 등의 세금이 발생할 수 있으므로 사전에 세무 상담을 받는 것이 필요하다. 각종 계약과 계좌 등을 법인 명의로 변경하는 절차도 필요하다. 임대차계약, 공급계약, 고용계약 등을 법인 명의로 변경하거나 신규 체결해야 한다. 은행 계좌도 법인 명의로 새로 개설하고, 기존 개인 계좌는 정리해야 한다. 유의사항으로는 세무와 회계 전문가 자문을 권장하며, 행정 절차를 꼼꼼히 관리해야 한다는 점이 있다. 법인 전환 과정에서는 복잡한 세무 문제가 발생할 수 있으므로 세무사나 회계사의 전문적인 도움을 받는 것이 바람직하다. 또한 각종 인허가나 계약 변경 등의 행정 절차를 빠뜨리지 않도록 체계적으로 관리해야 한다.

2. 재무관리 개요

2.1 재무관리 개요

1) 홈택스 가입 및 활용

홈택스는 국세청에서 운영하는 온라인 세무 서비스로서 hometax.go.kr을 통해 이용할 수 있다. 사업자등록, 세금신고, 전자세금계산서 발행, 증명서 발급 등의 기능을 제공한다. 창업자는 홈택스를 통해 대부분의 세무업무를 온라인으로 처리할 수 있으며, 이를 통해 시간과 비용을 절약할 수 있다. 홈택스는 24시간 이용 가능하며 모바일 앱을 통해서도 주요 기능을 이용할 수 있어 접근성이 뛰어나다. 절차는 회원가입 후 공인인증서를 등록하고, 사업자등록을 신청한 다음 각종 세무업무를 처리하는 순서로 진행된다. 회원가입 시에는 개인정보를 정확히 입력하고, 공인인증서 등록을 통해 보안을 강화해야 한다. 공인인증서는 전자세금계산서 발행과 각종 신고서 제출 시 전자서명을 위해 필수적으로 요구된다. 홈택스에서는 부가가치세 신고, 소득세 신고, 원천세 신고 등 각종 세무 신고를 온라인으로 처리할 수 있다. 신고서 작성 시 시스템에서 제공하는 가이드를 따라 작성하면 오류를 줄일 수 있으며, 신고 기한도 자동으로 알려준다. 전자세금계산서 발행과 수취도 가능하며, 매입세액 공제를 위한 세금계산서 관리도 체계적으로 할 수 있다.

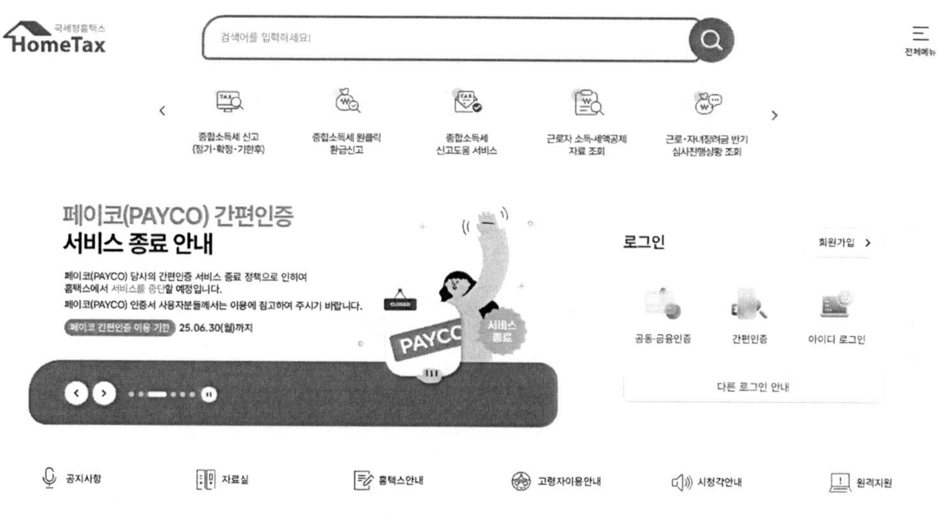

그림 : 홈택스 홈페이지
출처 : www.hometax.go.kr

또한 각종 세무 증명서를 즉시 발급받을 수 있어 업무 효율성이 높다. 사업자등록증명, 납세증명서, 소득금액증명원 등을 온라인으로 즉시 발급받을 수 있어 각종 계약이나 입찰 참여 시 필요한 서류를 신속하게 준비할 수 있다. 세무 달력 기능을 통해 신고 기한을 놓치지 않도록 관리할 수 있으며, 과세 자료 조회를 통해 세무 현황을 실시간으로 파악할 수 있다.

2) 사업용계좌 개설 · 관리

사업용계좌 개설은 사업자 명의로 은행에서 진행하며, 사업자등록증과 신분증, 인감도장이 필요하다. 은행에서는 사업자의 신용도와 사업 내용을 검토한 후 계좌를 개설해준다. 개설 시에는 거래 목적과 예상 거래 규모를 명확히 설명해야 하며, 자금세탁 방지를 위한 확인 절차도 거쳐야 한다. 최근에는 온라인으로도 사업용계좌 개설이 가능한 은행들이 늘어나고 있어 편의성이 향상되고 있다.

관리 방법으로는 매출과 지출, 세금, 급여 등 목적별로 계좌를 분리하는 것이 효율적이다. 매출 입금 전용 계좌, 경비 지출 전용 계좌, 세금 납부 전용 계좌, 급여 지급 전용 계좌 등을 구분하여 운영하면 자금의 흐름을 명확히 파악할 수 있다. 업무용 카드를 발급받아 소액 경비를 처리하고, 전자세금계산서와 연동하여 매출과 매입을 자동으로 관리할 수 있다.

그림 : 사업자 계좌 개설관리
출처 : 홈택스 공식홈페이지

정기적인 계좌 정리를 통해 불필요한 수수료를 줄이고, 인터넷뱅킹과 모바일뱅킹을 적극 활용하여 업무 효율성을 높여야 한다. 계좌별 잔액 현황을 정기적으로 점검하고, 유휴 자금은 적절한 금융상품에 운용하여 수익을 창출할 수 있다. 또한 계좌 거래 내역을 정기적으로 정리하여 회계 처리에 활용해야 한다.

사업용계좌는 개인 재산과 사업 재산을 명확히 구분하기 위해 반드시 필요하다. 모든 사업 관련 입출금을 사업용계좌를 통해 처리하면 회계 처리가 명확해지고, 세무 조사 시에도 투명한 자료를 제공할 수 있다. 사업의 재무 현황을 정확히 파악하고 자금 흐름을 체계적으로 관리하는 데 핵심적인 역할을 한다.

3) 창업자금 관리 및 조달

자금 관리는 창업 준비자금, 운영자금, 비상자금으로 구분하여 체계적으로 진행하는 것이 바람직하다. 창업 준비자금은 사업 시설 구축과 장비 구입, 초기 마케팅 등 사업 시작 전에 필요한 모든 비용을 포함한다. 운영자금은 임대료, 인건비, 원재료비 등 일상적인 사업 운영에 필요한 자금으로, 매월 발생하는 고정비와 매출 변동에 따라 달라지는 변동비로 나뉜다. 비상자금은 경기 침체나 매출 감소, 예상치 못한 지출 등 불확실한 상황에 대비하는 여유 자금으로, 일반적으로 3~6개월치 운영비를 확보하는 것이 안정적인 사업 운영에 도움이 된다.

자금 관리는 안전성을 우선으로 하되 효율성도 함께 고려해야 한다. 목적별 계좌를 구분하여 관리하고, 현금 흐름을 미리 예측하여 자금 부족 상황에 대비하는 것이 중요하다. 고위험 투자는 지양하며, 안정적인 금융상품을 통해 자금을 운용하고, 예비 자금을 확보하는 보수적 투자 전략이 필요하다.

자금 조달 방법에는 자기자본과 정부 정책자금이 있다. 자기자본은 창업자의 자금이나 가족, 지인으로부터 조달한 자금으로, 이자 부담이 없고 상환 압박이 적다는 장점이 있다. 정부의 정책자금은 중소벤처기업부나 창업진흥원 등에서 일반 금융기관보다 낮은 금리와 우대 조건으로 제공되며, 초기 창업 기업에게 유리하다. 신용보증기금이나 기술보증기금 같은 보증기관을 활용하면 담보가 부족한 경우에도 대출이 가능하다. 또한 성장 가능성이 높은 기술 기반 기업의 경우 엔젤 투자나 벤처캐피털 투자를 받는 방법도 있다.

금융기관이나 투자기관은 자금 지원 여부를 결정할 때 사업계획서의 타당성과 현실성을 중시하며, 창업자의 신용도와 사업 경험, 담보 제공 능력, 보증인의 유무, 사업의 성장 가능성과 수익성을 종합적으로 평가한다. 이러한 요건을 충족하면 자금 조달의 성공 가능성을 높일 수 있다.

3. 인증 취득

3.1 인증 취득

1) 벤처기업

벤처기업 인증은 벤처투자, 연구개발, 혁신성장, 예비벤처 등의 유형으로 구분된다. 각 유형별로 요구되는 조건과 혜택이 다르므로 사업 특성에 맞는 유형을 선택하여 신청해야 한다. 벤처투자 기업은 벤처캐피털이나 개인투자조합으로부터 투자를 받은 기업이며, 연구개발 기업은 연구개발비 비중이나 특허 보유 등의 기준을 충족하는 기업이다. 혁신성장 기업은 기술성과 사업성을 종합적으로 평가받은 기업이며, 예비벤처는 창업 3년 이내의 초기 기업을 대상으로 한다. 확인 절차는 민간이 주도하는 방식으로 진행된다. 벤처기업협회 등 확인기관을 통해 온라인으로 신청하고, 서류심사와 현장 실사를 거쳐 확인서를 발급받는다. 심사 과정에서는 사업계획서와 재무제표, 기술력 증빙 자료 등이 검토되며, 현장 실사를 통해 실제 사업 현황과 연구개발 활동을 확인한다. 확인 기간은 일반적으로 1-2개월 정도 소요되며, 확인서는 3년간 유효하다. 벤처기업으로 확인받기 위해서는 각 유형별 요건을 충족해야 한다. 벤처투자 기업의 경우 벤처캐피털 등으로부터 일정 금액 이상의 투자를 받아야 하며, 연구개발 기업의 경우 연구개발비가 매출액의 일정 비율 이상이어야 하거나 특허권 등을 보유해야 한다. 혁신성장 기업은 기술신용평가기관의 평가를 받아야 하며, 예비벤처는 창업 후 3년 이내여야 한다.

그림 : 벤처확인종합관리 홈페이지
출처 : www.smes.go.kr

혜택으로는 정책자금 지원과 세제 혜택, 판로 지원, 보증 혜택 등이 제공된다. 벤처기업 확인을 받으면 각종 정부 지원사업에 참여할 수 있는 자격을 얻게 되며, 정책금융기관의 우대 금리로 자금을 조달할 수 있다. 세액공제와 과세이연 등의 세제 혜택을 받을 수 있으며, 벤처기업 전용 펀드의 투자 대상이 될 수 있다.

또한 공공조달 시장 참여 기회가 확대되고, 신용보증 한도가 우대된다. 벤처기업에 대해서는 공공기관 구매 시 우선 구매 제도가 적용되며, 신용보증기금과 기술보증기금의 보증 한도가 일반 기업보다 높게 설정된다. 벤처기업 임직원에 대한 스톡옵션 세제 우대와 벤처투자 소득공제 등의 추가 혜택도 있다.

2) 기업부설 기술연구소

기업부설 기술연구소 설립을 위해서는 전담 연구인력과 독립 연구공간, 연구장비를 갖춰야 한다. 전담 연구인력은 학사 이상의 학위를 가진 상근 연구원이어야 하며, 업종에 따라 최소 인원이 정해져 있다. 제조업의 경우 5명 이상, 소프트웨어업의 경우 3명 이상의 연구원을 확보해야 한다. 연구원은 해당 기업에 전적으로 근무하는 상근직이어야 하며, 겸직은 인정되지 않는다.

연구공간은 다른 용도와 구분되는 독립적인 공간이어야 한다. 연구개발 업무만을 위한 전용 공간으로서, 일반 사무공간이나 생산시설과는 물리적으로 분리되어야 한다. 연구공간의 면적은 연구원 1인당 최소 면적 기준을 충족해야 하며, 연구개발 업무 수행에 적합한 환경을 갖춰야 한다.

연구장비는 연구개발 업무 수행에 필요한 기본적인 장비를 보유해야 한다. 업종 특성에 맞는 연구장비와 측정장비, 시험장비 등을 갖춰야 하며, 장비의 가치는 업종별 최소 기준을 충족해야 한다. 장비는 자가 소유뿐만 아니라 임차나 공동 활용도 인정되지만, 연구소의 독점적 사용이 보장되어야 한다.

신고는 한국산업기술진흥협회의 온라인 신고관리시스템을 통해 진행한다. 연구소신고관리시스템에 접속하여 신고서를 작성하고, 연구소 설치계획서와 연구인력 현황, 연구시설 및 장비 현황 등을 제출해야 한다. 신고 후에는 현장 확인을 거쳐 연구소 인정서가 발급된다. 현장 확인에서는 연구인력의 상근 여부와 연구공간의 독립성, 연구장비의 보유 현황 등을 실제로 확인한다.

혜택으로는 R&D 세액공제와 정부 지원사업 가점, 연구인력 지원 등이 있다. 연구개발비에 대한 세액공제율이 일반 기업보다 우대되며, 중소기업의 경우 더 높은 공제율을 적용받는다. 정부 R&D 사업 신청 시 가점을 받을 수 있어 선정 가능성이 높아진다. 또한 석박사 연구인력 채용 시 인건비 지원을 받을 수 있고, 기술개발 관련 각종 지원사업에 참여할 수 있는 자격을 얻게 된다.

연구소 운영 시에는 매년 연구개발실적을 신고해야 하며, 운영 현황에 대한 사후 관리를 받는다. 연구인력이나 연구시설에 변동이 있을 때는 변경신고를 해야 하며, 설립 요건을 계속 유지해야 한다. 연구소 폐지 시에는 폐지신고를 하고, 그동안 받은 세제 혜택에 대한 정산이 이루어질 수 있다.

그림 : 기업부설연구소 홈페이지
출처 : www.rnd.or.kr

3) 국내외 주요 인증

KS제품 인증은 한국표준협회에서 담당하며, 산업표준화법에 따라 품질과 안전 기준을 충족하는 제품에 부여된다. 인증을 받기 위해서는 제품의 설계부터 생산, 검사에 이르는 전 과정이 KS 기준에 적합해야 한다. 심사는 서류 심사와 현장 심사, 제품 시험을 통해 진행되며, 인증 후에는 정기적인 사후 관리가 이루어진다. KS 인증을 받은 제품은 품질 신뢰성을 인정받아 시장에서 경쟁력을 갖게 되며, 공공조달 시장에서도 우대를 받는다. 신기술 NET 인증과 신제품 NEP 인증은 산업통상자원부와 한국산업기술진흥협회에서 담당한다. NET 인증은 새로운 기술이 적용된 제품이나 공법에 대해, NEP 인증은 새로운 개념의 제품에 대해 부여된다. 인증을 받으면 기술의 우수성을 공인받을 수 있으며, 공공조달 시장에서 우대를 받을 수 있다. 또한 기술혁신형 중소기업 선정이나 각종 정부 지원사업에서 가점을 받을 수 있어 사업 확장에 도움이 된다.

녹색기업과 뿌리기업 인증은 각각 환경부와 산업부에서 담당한다. 녹색기업 인증은 환경친화적인 경영을 하는 기업에 부여되며, 환경경영시스템 구축과 환경성과 개선 등이 평가 기준이 된다. 뿌리기업 인증은 제조업의 핵심 기반기술을 보유한 기업에 부여되며, 주조, 금형, 소성가공, 용접, 표면처리, 열처리 등 6개 분야의 기술을 대상으로 한다. 인증을 받으면 각종 정부 지원사업에서 우대를 받을 수 있다. ISO 등 국제 인증으로는 품질경영 ISO9001, 환경경영 ISO14001, 정보보안 ISO27001, 식품안전 ISO22000 등이 있다. ISO9001은 품질경영시스템에 대한 국제 표준으로서, 고객 만족과 지속적 개선을 목적으로 한다. ISO14001은 환경경영시스템에 대한 표준으로서, 환경 영향을 최소화하고 환경성과를 개선하는 것을 목표로 한다.

ISO27001은 정보보안경영시스템에 대한 표준으로서, 정보자산의 기밀성과 무결성, 가용성을 보장하는 것을 목적으로 한다. ISO22000은 식품안전경영시스템에 대한 표준으로서, 식품 안전 위해요소를 예방하고 관리하는 것을 목표로 한다. 이러한 국제 인증은 해외 진출 시 신뢰도를 높이는 중요한 요소가 되며, 체계적인 경영시스템 구축에도 도움이 된다. 인증 취득을 위해서는 해당 분야의 관리시스템을 구축하고 운영해야 하며, 제3자 인증기관의 심사를 통해 인증서를 발급받는다. 인증 과정에서는 문서 심사와 현장 심사가 이루어지며, 인증 후에는 연차 심사와 갱신 심사를 통해 지속적인 관리가 이루어진다. 인증을 유지하기 위해서는 관련 요구사항을 지속적으로 충족해야 하며, 내부 심사와 경영 검토를 통해 시스템을 개선해나가야 한다.

그림 : 한국인정지원센터
출처 : https://isopass.or.kr/

/ 제10장 /

창업조직, 리더십 및 크라우드펀딩 · 소싱

1. 창업조직, 리더십

1.1 창업조직의 유형과 특징

창업조직은 구성원의 수와 역할 분담에 따라 크게 세 가지 유형으로 구분된다. 각 유형은 고유한 특징과 장단점을 가지며, 창업자의 상황과 사업 특성에 따라 선택되어야 한다.

1) 1인 창업의 정의와 특징

1인 창업은 개인이 단독으로 사업을 시작하는 형태로, 모든 의사결정권과 책임이 창업자 개인에게 집중된다. 이는 가장 기본적인 창업 형태로 진입 장벽이 낮고 초기 비용이 적게 든다는 장점이 있다.

1인 창업의 주요 장점은 다음과 같다.
첫째, 의사결정이 신속하고 명확하여 시장 변화에 빠르게 대응할 수 있다.
둘째, 수익 배분이나 지분 분할 등의 복잡한 문제가 발생하지 않는다.
셋째, 개인의 비전과 철학을 온전히 반영할 수 있어 브랜드 일관성을 유지하기 쉽다.

반면 단점도 존재한다.
첫째, 개인의 전문성과 역량에 한계가 있어 사업 확장에 제약이 따른다.
둘째, 모든 리스크를 개인이 부담해야 하므로 실패 시 타격이 클 수 있다.
셋째, 업무 과부하로 인한 소진 위험이 높으며, 개인 사정에 따라 사업 운영이 불안정해질 수 있다.

2) 공동창업의 정의와 특징

공동창업은 2명 이상의 창업자가 동등한 입장에서 사업을 시작하는 형태이다. 각자의 전문성과 자원을 결합하여 시너지 효과를 창출하는 것이 핵심이다.

공동창업의 주요 장점은 다음과 같다.
첫째, 서로 다른 전문 분야의 역량을 결합하여 보완적 효과를 얻을 수 있다.
둘째, 업무 분담을 통해 효율성을 높이고 개인의 부담을 줄일 수 있다.
셋째, 공동 책임으로 리스크를 분산시킬 수 있으며, 상호 견제와 균형을 통해 합리적 의사결정이 가능하다.

단점으로는 다음과 같은 요소들이 있다.
첫째, 의사결정 과정에서 의견 충돌이 발생할 수 있어 결정 속도가 느려질 수 있다.
둘째, 지분 배분과 역할 분담 문제로 인한 갈등이 발생할 수 있다.
셋째, 창업자 간의 가치관이나 비전의 차이로 인해 방향성에 혼란이 올 수 있다.

3) 창업팀의 정의와 특징

창업팀은 명확한 리더십 구조 하에서 역할과 책임이 체계적으로 분담된 조직 형태이다. 일반적으로 CEO를 중심으로 CTO, CFO, CMO 등 전문 분야별 임원진이 구성된다.

창업팀의 주요 장점은 다음과 같다.
첫째, 전문성의 최대 활용이 가능하여 각 분야에서 최적의 성과를 낼 수 있다.
둘째, 체계적인 조직 구조로 인해 효율적인 업무 운영이 가능하다.
셋째, 투자 유치 시 전문성과 조직력을 어필할 수 있어 유리하다.

단점으로는 다음과 같은 요소들이 있다.
첫째, 초기 인건비 부담이 크며, 조직 운영 비용이 많이 든다.
둘째, 의사결정 과정이 복잡해질 수 있으며, 조직 내 권력 갈등이 발생할 수 있다.
셋째, 초기 스타트업의 유연성이 떨어질 수 있어 시장 변화에 대한 대응력이 제한될 수 있다.

1.2 창업팀 구성과 리더십

1) 핵심 인재 확보와 역할 분담

창업팀의 성공은 적절한 인재 확보와 명확한 역할 분담에 달려 있다. 핵심 인재 확보 시에는 기술적 역량뿐만 아니라 창업 정신과 조직 문화에 대한 적합성을 종합적으로 고려해야 한다.

기술 중심 스타트업의 경우 CTO는 기술 개발과 제품 구현을 담당하며, CEO는 전략 수립과 대외 업무를 주도한다. 마케팅과 영업 분야의 전문성이 중요한 사업의 경우 CMO의 역할이 핵심적이며, 자금 조달과 재무 관리가 중요한 단계에서는 CFO의 참여가 필수적이다.

역할 분담 시에는 각자의 전문성과 경험을 바탕으로 책임 영역을 명확히 구분하되, 초기 단계에서는 유연성을 유지하여 상황에 따라 역할을 조정할 수 있도록 해야 한다.

2) 리더십의 실제 역할

창업팀의 리더는 비전 제시, 동기부여, 갈등 조정 등 다양한 역할을 수행해야 한다. 이는 단순한 관리자의 역할을 넘어서 조직의 방향성을 설정하고 구성원들을 하나로 결집시키는 핵심적 기능이다.

비전 제시 측면에서 리더는 명확하고 설득력 있는 미래 청사진을 구성원들에게 전달해야 한다. 이를 통해 구성원들이 공동의 목표를 향해 일치된 노력을 기울일 수 있도록 한다. 동기부여 측면에서는 개별 구성원의 성장과 성취를 인정하고 격려함으로써 조직 전체의 사기를 높여야 한다.

갈등 조정 역할에서는 구성원 간의 의견 차이나 이해관계 충돌을 합리적으로 해결하여 조직의 화합을 도모해야 한다. 이는 특히 초기 창업팀에서 중요한데, 작은 갈등이 조직 전체의 결속력을 해칠 수 있기 때문이다.

3) 지분 배분 원칙과 실전 배분 방식

창업팀의 지분 배분은 공정성, 투명성, 기여도 기반 원칙을 바탕으로 이루어져야 한다. 이는 향후 발생할 수 있는 갈등을 예방하고 구성원들의 동기를 유지하는 데 중요한 역할을 한다.

공정성 원칙에서는 각 구성원의 역할과 책임, 기여도를 객관적으로 평가하여 그에 상응하는 지분을 배분해야 한다. 투명성 원칙에서는 지분 배분 과정과 기준을 모든 구성원이 이해할 수 있도록 명확하게 공개해야 한다.

기여도 기반 원칙에서는 아이디어 제공, 초기 자금 투입, 전문성 기여, 네트워크 활용 등 다양한 기여 요소를 종합적으로 고려해야 한다. 시간적 기여도 역시 중요한 요소로, 초기 참여자와 후발 참여자 간의 기여도 차이를 인정해야 한다.

실전 배분 방식으로는 스톡옵션과 제한조건부 주식 등이 활용된다. 스톡옵션은 미래의 성과에 따라 주식을 매수할 수 있는 권리를 부여하는 방식으로, 장기적 동기부여에 효과적이다. 제한조건부 주식은 특정 조건(재직 기간, 성과 목표 달성 등)을 만족할 때만 완전한 소유권을 인정하는 방식으로, 구성원의 이탈을 방지하는 효과가 있다.

1.3 글로벌 10대 기업 창업자 사례

1) Apple의 창업자와 팀 구성

Apple은 1976년 스티브 잡스(Steve Jobs), 스티브 워즈니악(Steve Wozniak), 로널드 웨인(Ronald Wayne)에 의해 공동 창업되었다. 이는 공동창업의 대표적 사례로, 각자의 전문성이 명확하게 구분되어 있었다.

스티브 잡스는 비전과 마케팅을 담당하며 제품의 방향성을 제시했고, 스티브 워즈니악은 기술 개발과 제품 설계를 전담했다. 로널드 웨인은 초기 문서 작성과 조직 운영을 담당했지만, 리스크를 우려하여 설립 12일 만에 지분을 매각하고 떠났다.

이후 Apple은 잡스의 리더십 하에 혁신적인 제품 개발과 브랜드 구축에 집중했으며, 워즈니악의 기술력과 결합하여 개인용 컴퓨터 시장을 개척했다. 이는 서로 다른 전문성을 가진 창업자들이 협력할 때 얻을 수 있는 시너지 효과를 보여주는 대표적 사례이다.

2) Microsoft의 창업자와 팀 구성

Microsoft는 1975년 빌 게이츠(Bill Gates)와 폴 앨런(Paul Allen)에 의해 공동 창업되었다. 두 창업자는 하버드 대학교 시절부터 함께 프로그래밍에 관심을 가지고 있었으며, 상호 보완적인 역할을 담당했다.

빌 게이츠는 사업 전략과 경영을 담당하며 회사의 전체적인 방향성을 설정했고, 폴 앨런은 기술 개발과 제품 아키텍처를 담당했다. 특히 앨런은 초기 BASIC 인터프리터 개발에 핵심적 역할을 했으며, 게이츠는 이를 상업화하는 데 집중했다.
Microsoft의 성공 요인 중 하나는 두 창업자의 명확한 역할 분담과 상호 신뢰였다. 게이츠의 뛰어난 사업 감각과 앨런의 기술적 통찰력이 결합되어 소프트웨어 산업의 새로운 표준을 만들어냈다.

3) Google의 창업자와 팀 구성

Google은 1998년 래리 페이지(Larry Page)와 세르게이 브린(Sergey Brin)에 의해 공동 창업되었다. 두 창업자는 스탠포드 대학교 박사과정에서 만나 PageRank 알고리즘을 공동 개발했으며, 이를 바탕으로 검색 엔진 사업을 시작했다.
래리 페이지는 CEO로서 회사의 전체적인 전략과 제품 개발을 이끌었고, 세르게이 브린은 기술 담당 사장으로서 알고리즘 개발과 기술 혁신을 담당했다. 특히 두 창업자는 모두 컴퓨터 과학 박사 과정 출신으로, 기술적 전문성을 바탕으로 한 깊이 있는 협력이 가능했다.
Google의 창업팀은 초기부터 기술 중심의 문화를 구축했으며, 엔지니어링 우수성을 최우선 가치로 삼았다. 이는 지속적인 기술 혁신과 새로운 서비스 개발로 이어졌다.

4) Amazon의 창업자와 팀 구성

Amazon은 1994년 제프 베조스(Jeff Bezos)에 의해 1인 창업 형태로 시작되었다. 베조스는 월스트리트에서 일하던 중 인터넷의 성장 가능성을 확신하고 온라인 서점 사업을 시작했다.
초기에는 베조스가 모든 의사결정을 담당하며 사업을 운영했지만, 회사가 성장하면서 점차 전문 인재들을 영입하여 조직을 확장했다. 특히 기술 개발, 물류, 마케팅 등 각 분야별 전문가들을 영입하여 창업팀 형태로 발전시켰다.
Amazon의 성공 요인 중 하나는 베조스의 강력한 리더십과 장기적 비전이었다. 그는 단기 수익보다는 장기적 성장에 집중하며, 지속적인 혁신과 고객 만족을 추구했다.

5) Facebook의 창업자와 팀 구성

Facebook은 2004년 마크 저커버그(Mark Zuckerberg)를 중심으로 더스틴 모스코비츠(Dustin Moskovitz), 크리스 휴즈(Chris Hughes), 에두아르도 사베린(Eduardo

Saverin)에 의해 공동 창업되었다.

마크 저커버그는 CEO로서 제품 개발과 회사 전략을 담당했고, 더스틴 모스코비츠는 CTO로서 기술 개발을 이끌었다. 크리스 휴즈는 초기 사용자 확보와 마케팅을 담당했으며, 에두아르도 사베린은 초기 자금 조달과 사업 개발을 담당했다.

Facebook의 창업팀은 하버드 대학교라는 동일한 배경을 가진 젊은 창업자들로 구성되어, 빠른 의사결정과 혁신적인 아이디어 구현이 가능했다. 하지만 성장 과정에서 창업자 간의 갈등도 발생했으며, 이는 지분 배분과 역할 분담의 중요성을 보여주는 사례이기도 하다.

6) Berkshire Hathaway의 창업자와 팀 구성

Berkshire Hathaway는 1839년 올리버 체이스(Oliver Chace)에 의해 설립된 미국의 대표적인 투자회사로, 초기에는 섬유 제조업체로 시작했다. 올리버 체이스는 제조업 경험을 바탕으로 회사를 성장시켰고, 이후 워런 버핏(Warren Buffett)이 인수하면서 투자회사로 변모했다. 워런 버핏은 탁월한 투자 전략과 장기적 가치투자를 통해 회사를 세계 최대의 투자지주회사로 성장시켰다. Berkshire Hathaway의 성공은 창업 초기의 제조업 기반과 이후 경영진의 투자 전문성, 조직 내 신뢰와 장기적 관점의 경영 철학이 결합된 결과라 할 수 있다.

7) Johnson & Johnson의 창업자와 팀 구성

Johnson & Johnson은 1886년 로버트 우드 존슨 1세(Robert Wood Johnson I), 제임스 우드 존슨(James Wood Johnson), 에드워드 미드 존슨(Edward Mead Johnson) 세 형제에 의해 공동 창업되었다. 이들은 의료용 붕대와 소독 제품을 생산하며 위생 개념을 대중화하는 데 기여했다. 각 창업자는 생산, 경영, 연구개발 등 분야별로 역할을 분담하여 조직의 효율성을 극대화했다. Johnson & Johnson의 창업팀은 가족 경영의 장점을 살려 신속한 의사결정과 긴밀한 협업을 이뤘으며, 의료 혁신과 품질 경영을 통해 글로벌 헬스케어 기업으로 성장했다.

8) Saudi Aramco의 창업과 성장

Saudi Aramco는 1933년 사우디아라비아 정부와 미국 스탠다드 오일(캘리포니아)

이 합작하여 설립한 국영 석유회사다. 창업 초기에는 미국 기업의 기술과 자본, 사우디 정부의 자원 및 정책 지원이 결합된 형태였다. 이후 사우디 정부가 점진적으로 지분을 인수하며 완전한 국영기업이 되었고, 세계 최대 석유 생산 및 수출 기업으로 성장했다. Saudi Aramco의 성공은 국가 차원의 전략적 자원 개발과 글로벌 에너지 시장에서의 경쟁력 확보, 대규모 인프라 투자에 기반한다.

9) UnitedHealth Group의 창업자와 팀 구성

UnitedHealth Group은 1977년 리처드 T. 버크(Richard T. Burke)에 의해 설립되었다. 초기에는 의료 서비스 관리와 건강보험을 결합한 혁신적 비즈니스 모델을 도입했다. 버크는 의료 서비스의 효율성과 접근성을 높이기 위해 데이터 분석과 IT 시스템을 적극 도입했으며, 다양한 의료 전문가와 경영진을 영입하여 조직을 확장했다. UnitedHealth Group은 이후 인수합병과 사업 다각화를 통해 미국 최대의 헬스케어 서비스 기업으로 성장했다. 창업자의 전략적 리더십과 조직 내 전문성, 혁신적 서비스 모델이 성공의 핵심 요인이다.

10) Exxon Mobil의 창업자와 팀 구성

Exxon Mobil은 1870년 존 D. 록펠러(John D. Rockefeller)가 설립한 스탠다드 오일(Standard Oil)이 그 기원이다. 록펠러는 석유 정제, 운송, 판매 등 전 과정을 통합한 수직계열화 전략으로 회사를 성장시켰다. 이후 반독점법에 따라 스탠다드 오일이 분할되면서 여러 개의 석유회사가 탄생했으며, 이 중 엑슨(Exxon)과 모빌(Mobil)이 1999년 합병하여 현재의 Exxon Mobil이 되었다. 창업자와 후계 경영진은 석유 산업의 대규모 투자, 효율적 운영, 글로벌 네트워크 구축에 집중하여 세계 최대 에너지 기업 중 하나로 성장시켰다.

시가총액 기준 글로벌 10대 기업 현황표 (창업자 포함) 2024년말 기준

순위	기업명	시가총액 (USD)	창업자
1	NVIDIA	$4.4조	젠슨 황(Jensen Huang)
2	Microsoft	$3.9조	빌 게이츠& 폴 앨런
3	Apple	$3.3조	스티브 잡스& 스티브 워즈니악
4	Alphabet (Google)	$2.1조	래리 페이지& 세르게이 브린
5	Amazon	$1.9조	제프 베조스(Jeff Bezos)
6	Saudi Aramco	$1.8조	사우디 정부(국영기업)
7	Meta Platforms	$1.2조	마크 저커버그(Mark Zuckerberg)
8	Berkshire Hathaway	$945십억	워런 버핏(Warren Buffett)
9	TSMC	$830십억	모리스 창(Morris Chang)
10	Tesla	$741십억	마틴 에버하드& 마크 타펜닝 (일론 머스크는 2004년 투자자로 참여)

2. 크라우드펀딩

2.1 크라우드펀딩의 개념

1) 크라우드펀딩의 정의

크라우드펀딩은 'Crowd(군중)'와 'Funding(자금조달)'을 결합한 용어로, 불특정 다수의 개인으로부터 온라인 플랫폼을 통해 소액의 자금을 모아 프로젝트나 사업을 실현하는 자금조달 방식이다. 이는 전통적인 금융 기관이나 벤처캐피털에 의존하지 않고, 일반 대중의 참여를 통해 자금을 확보하는 혁신적인 방법이다.

크라우드펀딩의 핵심은 집단지성과 소액 다수의 원리에 있다. 개별적으로는 작은 금액이지만, 많은 사람들이 참여함으로써 상당한 규모의 자금을 조달할 수 있다. 이는 인터넷과 소셜미디어의 발달로 가능해진 새로운 금융 모델이다.

2) 등장 배경

크라우드펀딩의 등장 배경은 여러 요인이 복합적으로 작용한 결과이다.

첫째, 2008년 금융위기 이후 전통적인 금융 기관의 대출 심사가 까다로워지면서 중소기업과 개인사업자들이 자금 조달에 어려움을 겪게 되었다. 둘째, 인터넷과 소셜 미디어의 발달로 개인이 불특정 다수와 쉽게 소통할 수 있는 환경이 조성되었다.

셋째, 개인의 소득 수준 향상과 투자 의식 변화로 소액 투자나 후원에 대한 관심이 높아졌다. 넷째, 기존 금융 시스템의 경직성과 높은 거래비용에 대한 대안으로 더 유연하고 효율적인 자금조달 방식이 필요하게 되었다.

3) 기존 금융 방식과의 차이점

크라우드펀딩은 기존 금융 방식과 여러 측면에서 차별화된다.

첫째, 접근성 측면에서 기존 금융 기관은 엄격한 심사 기준과 담보 요구 등으로 진입 장벽이 높지만, 크라우드펀딩은 상대적으로 낮은 진입 장벽을 가진다.

둘째, 자금 조달 과정에서 기존 방식은 소수의 전문 투자자나 금융 기관에 의존하지만, 크라우드펀딩은 다수의 일반인이 참여한다. 이는 위험 분산과 동시에 시장 검증의 효과를 가져온다.

셋째, 투명성과 소통 측면에서 기존 금융 방식은 제한적인 정보 공개와 일방적 관계를 특징으로 하지만, 크라우드펀딩은 프로젝트 진행 과정을 공개하고 후원자와 지속적으로 소통한다.

넷째, 자금 조달 속도와 효율성 측면에서 크라우드펀딩은 온라인 플랫폼을 통해 빠른 자금 조달이 가능하며, 중간 수수료도 상대적으로 낮다.

2. 크라우드펀딩의 유형

1) 투자형 크라우드펀딩

투자형 크라우드펀딩은 투자자가 자금을 제공하고 그 대가로 지분이나 채권을 받는 형태이다. 이는 다시 지분형과 채권형으로 구분된다.

지분형 크라우드펀딩에서는 투자자가 회사의 지분을 취득하여 향후 회사의 성장에 따른 수익을 기대할 수 있다. 이는 전통적인 벤처캐피털 투자와 유사하지만, 소액 투자자들도 참여할 수 있다는 점에서 차별화된다. 성공 시 높은 수익을 기대할 수 있지만, 실패 시 원금 손실의 위험도 크다.

채권형 크라우드펀딩에서는 투자자가 회사에 대출을 제공하고 정해진 이자를 받는 형태이다. 지분형에 비해 상대적으로 안전하지만 수익률은 제한적이다. 만기가 정해져 있으며, 회사의 상환 능력에 따라 투자 위험이 결정된다.

2) 후원형 크라우드펀딩

후원형 크라우드펀딩은 후원자가 금전적 수익을 기대하지 않고 프로젝트나 제품을 지원하는 형태이다. 이는 리워드형, 공익형, 신제품 개발형으로 세분화된다.

리워드형 크라우드펀딩에서는 후원자가 후원 금액에 따라 제품이나 서비스를 보상으로 받는다. 킥스타터(Kickstarter)나 와디즈(Wadiz)가 대표적인 플랫폼이다. 창업자는 제품 개발 자금을 확보하고, 후원자는 정식 출시 전에 제품을 먼저 받을 수 있다.

공익형 크라우드펀딩은 사회적 가치나 공익을 위한 프로젝트에 후원하는 형태이다. 환경 보호, 교육, 문화 예술 등 다양한 분야에서 활용되며, 후원자는 사회적 기여에 대한 만족감을 얻는다.

신제품 개발형 크라우드펀딩은 혁신적인 제품이나 기술 개발을 위해 자금을 모으는 형태이다. 후원자는 제품을 미리 주문하는 개념으로 참여하며, 성공 시 제품을 받을 수 있다.

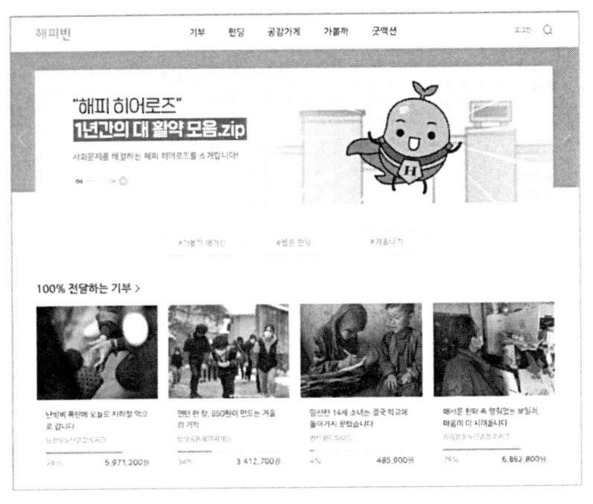

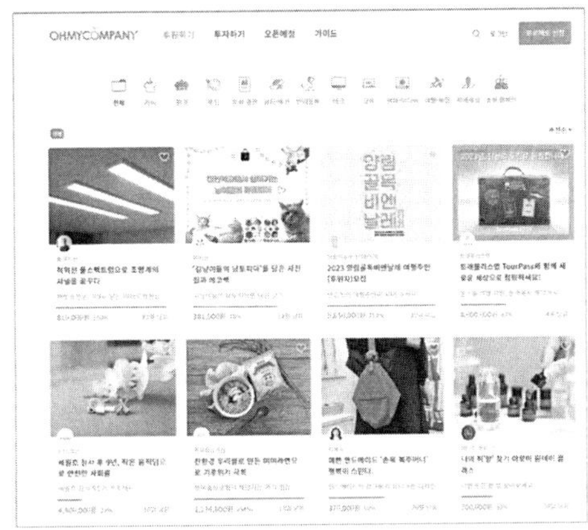

3) 대출형 크라우드펀딩 (P2P)

대출형 크라우드펀딩은 개인과 개인 간의 직접적인 대출 관계를 온라인 플랫폼을 통해 중개하는 형태이다. P2P(Peer-to-Peer) 대출이라고도 불린다.

이 방식에서는 자금이 필요한 개인이나 기업이 플랫폼에 대출을 신청하고, 여유 자금을 가진 개인들이 직접 대출을 제공한다. 플랫폼은 중개 역할을 하며, 신용평가와 리스크 관리를 담당한다.

대출형 크라우드펀딩의 장점은 기존 금융 기관보다 낮은 금리로 대출을 받을 수 있고, 투자자는 예금보다 높은 수익률을 기대할 수 있다는 점이다. 하지만 대출자의 신용 위험과 플랫폼의 운영 위험이 존재한다.

3. 크라우드펀딩 사이트

1) 국내 대표 플랫폼

국내 크라우드펀딩 시장은 다양한 플랫폼이 각자의 특성을 살려 경쟁하고 있다. 각 플랫폼은 고유한 서비스 구조와 성공 사례를 보유하고 있다.

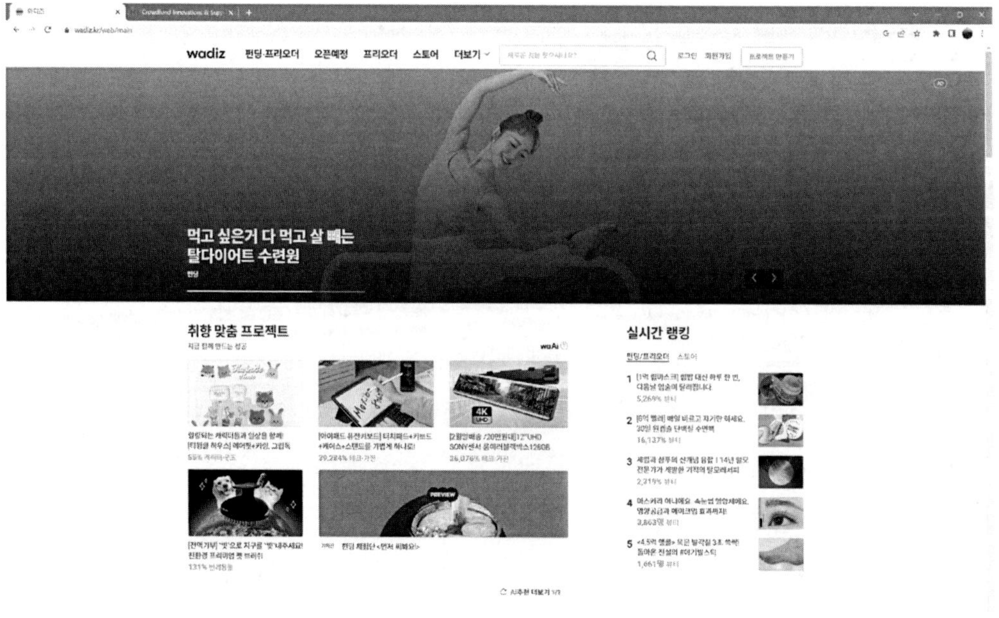

와디즈(Wadiz)는 국내 최대 규모의 크라우드펀딩 플랫폼으로, 리워드형과 투자형을 모두 지원한다. 2012년 설립되어 현재까지 수많은 프로젝트를 성공시켰으며, 특히 기술 제품과 디자인 제품 분야에서 강세를 보인다. 와디즈는 체계적인 프로젝트 관리와 마케팅 지원을 통해 창업자들에게 종합적인 서비스를 제공한다.

텀블벅(Tumblbug)은 창작자 중심의 크라우드펀딩 플랫폼으로, 문화 예술 분야에 특화되어 있다. 책, 음악, 영화, 게임 등 다양한 창작 분야의 프로젝트를 지원하며, 창작자와 후원자 간의 소통을 중시한다. 텀블벅은 독특한 프로젝트와 창의적인 아이디어를 발굴하는 데 강점을 가지고 있다.

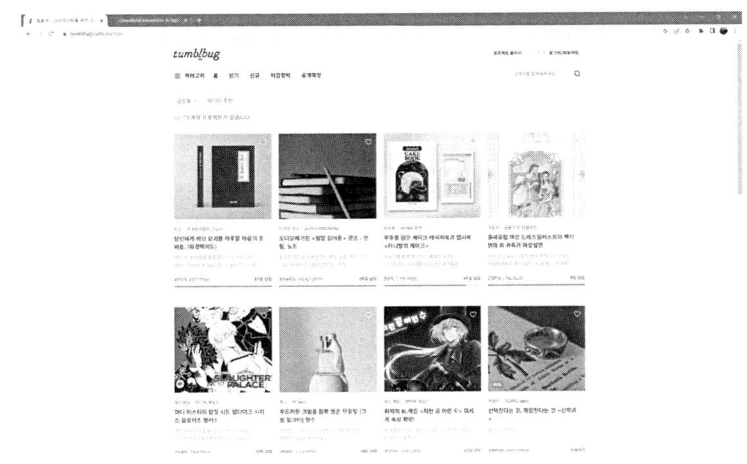

오마이컴퍼니(ohmycompany)는 투자형 크라우드펀딩에 특화된 플랫폼으로, 스타트업과 중소기업의 지분 투자를 중개한다. 금융위원회의 허가를 받은 온라인소액투자중개업자로, 체계적인 심사와 관리를 통해 투자자를 보호한다.

오픈트레이드(OpenTrade)는 P2P 대출 플랫폼의 대표주자로, 개인과 기업 간의 직접 대출을 중개한다. 다양한 리스크 등급의 대출 상품을 제공하며, 투자자는 자신의 위험 선호도에 따라 상품을 선택할 수 있다.

2) 해외 대표 플랫폼

해외 크라우드펀딩 시장은 미국을 중심으로 발달했으며, 각 플랫폼은 글로벌 시장에서 독특한 위치를 차지하고 있다.

킥스타터(Kickstarter)는 2009년 미국에서 설립된 세계 최대의 리워드형 크라우드펀딩 플랫폼이다. 창의적이고 혁신적인 프로젝트에 특화되어 있으며, 올오어낫싱(All-or-Nothing) 방식을 채택하여 목표 금액을 달성해야만 자금을 받을 수 있다. 킥스타터는 엄격한 심사 기준과 높은 품질의 프로젝트로 유명하며, 수많은 혁신 제품이 이 플랫폼을 통해 세상에 나왔다. 인디고고(Indiegogo)는 킥스타터와 함께 양대 리워드형 크라우드펀딩 플랫폼 중 하나로, 보다 유연한 정책을 가지고 있다. 플렉시블 펀딩(Flexible Funding) 방식을 지원하여 목표 금액을 달성하지 못해도 모금된 금액을 받을 수 있다. 또한 전 세계 어느 국가에서든 프로젝트를 진행할 수 있어 국제적 접근성이 높다. GoFundMe는 개인적인 목적의 기부형 크라우드펀딩에 특화된 플랫폼이다. 의료비, 교육비, 재해 구호 등 개인의 어려운 상황을 도와주는 프로젝트가 주를 이룬다. 간단한 프로젝트 생성과 소셜미디어 공유 기능으로 일반인도 쉽게 이용할 수 있다.

AngelList는 스타트업 투자에 특화된 플랫폼으로, 엔젤 투자자와 스타트업을 연결한다. 투자형 크라우드펀딩의 성격을 가지며, 전문 투자자들이 주로 참여한다. 스타트업 생태계에서 중요한 역할을 담당하고 있다.

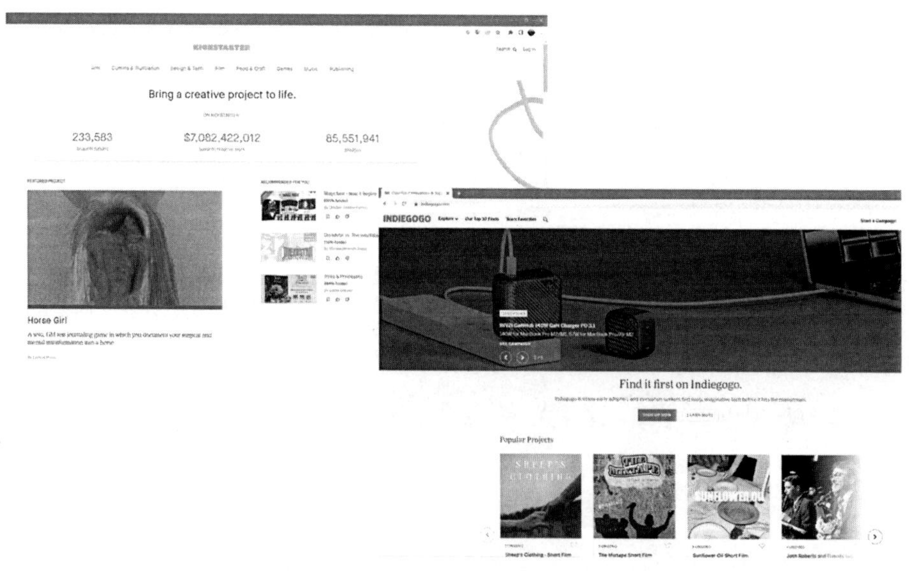

그림. 킥스타터(Kickstarter & Indigogo 크라우드 펀딩 사이트

4. 크라우드소싱

1. 크라우드소싱 개념과 특징

1) 크라우드소싱의 정의

크라우드소싱은 'Crowd(군중)'와 'Sourcing(조달)'을 결합한 용어로, 기업이나 조직이 불특정 다수의 사람들로부터 아이디어, 서비스, 콘텐츠 등을 조달하는 방식이다. 이는 전통적으로 내부 직원이나 특정 계약업체에 의해 수행되던 업무를 온라인 플랫폼을 통해 대중에게 개방하여 해결하는 혁신적인 업무 모델이다.

크라우드소싱의 핵심은 집단지성의 활용에 있다. 수많은 사람들이 각자의 전문성과 창의력을 발휘하여 문제 해결에 참여함으로써, 기존 방식으로는 도달할 수 없었던 혁신적인 솔루션을 창출할 수 있다. 이는 인터넷과 디지털 기술의 발달로 가능해진 새로운 협업 방식이다.

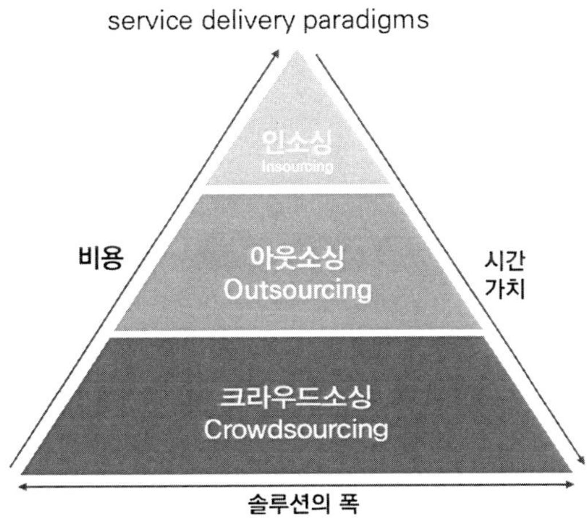

그림 크라우드소싱 〉 아웃소싱〉 인소싱 비교 개념

출처 : Comparing three service delivery paradigms: insourcing, outsourcing, and crowdsourcing (Econom2015)

2) 크라우드소싱의 주요 특징

크라우드소싱은 여러 독특한 특징을 가지고 있다.

첫째, 공개모집 방식을 통해 누구나 참여할 수 있는 개방성을 가진다. 기존의 제한적인 인력풀에서 벗어나 전 세계의 다양한 인재들이 프로젝트에 참여할 수 있다.

둘째, 자발적 참여를 기반으로 한다. 참여자들은 강제가 아닌 자신의 의지와 관심에 따라 프로젝트에 참여하며, 이는 높은 동기와 창의성으로 이어진다. 참여자들은 금전적 보상뿐만 아니라 자아실현, 사회적 기여, 학습 기회 등 다양한 동기를 가진다.
셋째, 비용과 시간의 절감 효과가 크다. 전통적인 방식에 비해 낮은 비용으로 빠른 시간 내에 문제를 해결할 수 있다. 특히 대규모 인력이 필요한 작업이나 창의적 아이디어가 필요한 프로젝트에서 효과적이다.
넷째, 다양성과 창의성을 보장한다. 서로 다른 배경과 전문성을 가진 사람들이 참여함으로써 기존에 생각하지 못했던 새로운 관점과 해결책을 제시할 수 있다.

3) 크라우드소싱의 활용 분야

크라우드소싱은 다양한 분야에서 광범위하게 활용되고 있다. 디자인 분야에서는 로고, 웹사이트, 패키지 디자인 등을 불특정 다수의 디자이너들이 경쟁을 통해 제작한다. 99designs, Designhill 등의 플랫폼을 통해 전 세계 디자이너들의 창의력을 활용할 수 있다. AI 데이터 분야에서는 머신러닝 모델 훈련을 위한 데이터 라벨링, 이미지 태깅, 음성 전사 등의 작업이 크라우드소싱을 통해 이루어진다. Amazon의 Mechanical Turk나 국내의 크라우드웍스 등이 대표적인 플랫폼이다.
번역 분야에서는 다국어 문서의 번역 작업을 전 세계의 번역가들이 협력하여 수행한다. 특히 긴급하거나 대용량의 번역 작업에서 효과적이다. 플리토(Flitto) 등이 이 분야의 대표적인 플랫폼이다.
IT 개발 분야에서는 소프트웨어 개발, 앱 개발, 웹 개발 등의 프로젝트를 크라우드소싱을 통해 진행한다. 복잡한 프로젝트를 여러 개발자가 분담하여 수행하거나, 특정 기능의 개발을 전문가에게 맡기는 방식이 활용된다.

2. 크라우드소싱과 아웃소싱

1) 크라우드소싱과 아웃소싱의 정의

아웃소싱은 기업이 내부에서 수행하던 업무를 외부 전문업체에 위탁하는 것이다. 이는 비용 절감, 전문성 활용, 핵심 업무 집중 등을 목적으로 한다. 일반적으로 장기적인 계약 관계를 바탕으로 하며, 특정 업체와의 지속적인 협력을 전제로 한다.
크라우드소싱은 불특정 다수에게 업무를 개방하여 최적의 해결책을 찾는 방식이다.

단기적인 프로젝트 기반으로 진행되며, 경쟁을 통해 최상의 결과물을 선택한다.

2) 공통점과 차이점

두 방식의 공통점은 외부 자원을 활용한다는 점과 효율성 추구를 목적으로 한다는 점이다. 또한 기업의 내부 역량으로는 해결하기 어려운 문제를 외부의 전문성을 통해 해결한다는 측면에서 유사하다.

하지만 여러 중요한 차이점이 존재한다. 참여방식 측면에서 아웃소싱은 특정 업체와의 계약을 통해 진행되지만, 크라우드소싱은 불특정 다수가 자발적으로 참여한다. 모집구조 측면에서 아웃소싱은 제한적인 업체 풀에서 선택하지만, 크라우드소싱은 전 세계 누구나 참여할 수 있다. 혁신성 측면에서 아웃소싱은 기존의 검증된 방식과 솔루션을 활용하는 경향이 있지만, 크라우드소싱은 다양한 관점과 창의적 아이디어를 통해 혁신적인 솔루션을 창출할 가능성이 높다. 비용구조 측면에서 아웃소싱은 일반적으로 고정적이고 예측 가능한 비용 구조를 가지지만, 크라우드소싱은 성과에 따른 보상이나 경쟁을 통한 비용 최적화가 가능하다.

3) 실제 응용사례

IT 개발 분야에서는 기존에 특정 SI업체에 위탁하던 대규모 프로젝트를 여러 개발자들이 모듈별로 분담하여 개발하는 크라우드소싱 방식이 활용되고 있다. 이는 비용 절감과 동시에 다양한 기술적 접근법을 확보할 수 있다는 장점이 있다.

디자인 분야에서는 기존에 특정 디자인 에이전시에 의존하던 브랜딩 작업을 크라우드소싱을 통해 진행하는 사례가 늘어나고 있다. 수백 개의 디자인 시안 중에서 최적의 결과물을 선택할 수 있으며, 비용도 크게 절감할 수 있다.

번역 분야에서는 긴급한 다국어 번역 작업을 기존의 번역업체 대신 크라우드소싱을 통해 진행하여 시간을 단축하고 비용을 절감하는 사례가 있다. 특히 실시간성이 중요한 뉴스나 소셜미디어 콘텐츠 번역에서 효과적이다.

3. 크라우드소싱 대표 사례

1) 이노센티브(InnoCentive)

이노센티브는 2001년 설립된 세계 최대의 오픈 이노베이션 플랫폼으로, 기업들이 해결하지 못한 기술적 문제를 전 세계의 과학자와 연구자들에게 공개하여 해결책을 찾는다. 현재 40만 명 이상의 전문가가 참여하고 있으며, NASA, P&G, 듀폰 등 글로벌 기업들이 고객으로 참여하고 있다.

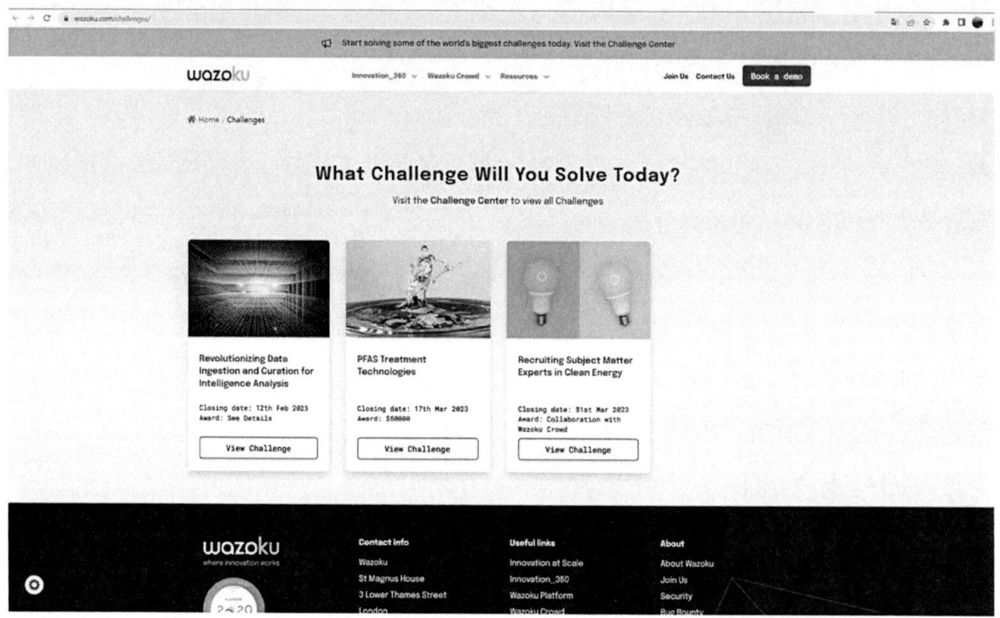

이노센티브의 성공 요인은 명확한 문제 정의와 적절한 보상 체계에 있다. 기업들은 해결하고자 하는 문제를 구체적으로 제시하고, 해결책에 대해 수만 달러의 상금을 제공한다. 이는 기존의 R&D 비용에 비해 훨씬 효율적인 비용으로 혁신적인 솔루션을 얻을 수 있게 한다.

2) Waze

Waze는 사용자들이 실시간으로 교통 정보를 공유하는 크라우드소싱 기반의 내비게이션 앱이다. 사용자들이 직접 교통사고, 공사, 과속단속, 주유소 가격 등의 정보를 입력하고 공유함으로써 가장 정확하고 실시간적인 교통 정보를 제공한다.

Waze의 혁신성은 사용자 참여를 게임화한 점에 있다. 정보를 제공할 때마다 포인트를 얻고, 활동량에 따라 등급이 올라가는 시스템을 통해 지속적인 참여를 유도한다. 2013년 구글에 13억 달러에 인수되면서 크라우드소싱의 가치를 증명했다.

3) Lego Ideas

Lego Ideas는 레고 팬들이 직접 새로운 레고 세트를 제안하고, 다른 사용자들의 투표를 통해 실제 제품으로 출시되는 플랫폼이다. 사용자가 제안한 아이디어가 1만 표를 받으면 레고에서 검토하여 실제 제품으로 출시하며, 제안자는 로열티를 받는다.

이는 고객을 제품 개발 과정에 직접 참여시킨 성공적인 사례로, 레고는 새로운 아이디어를 얻고 고객은 자신이 원하는 제품을 만들 수 있다. 현재까지 수십 개의 아이디어가 실제 제품으로 출시되었다.

4) My Starbucks Idea

스타벅스는 2008년부터 2017년까지 My Starbucks Idea라는 플랫폼을 운영하여 고객들로부터 새로운 아이디어를 수집했다. 고객들은 새로운 음료, 서비스 개선, 매장 환경 등에 대한 아이디어를 제안하고, 다른 고객들이 투표하여 우수한 아이디어를 선정했다.

이 플랫폼을 통해 300개 이상의 아이디어가 실제로 구현되었으며, 대표적인 예로는 무료 와이파이, 스플래시 스틱(splash stick), 케이크 팝(cake pop) 등이 있다. 스타벅스는 이를 통해 고객과의 소통을 강화하고 혁신적인 아이디어를 지속적으로 확보할 수 있었다.

5) Wikipedia

위키피디아는 누구나 편집할 수 있는 온라인 백과사전으로, 크라우드소싱의 가장 성공적인 사례 중 하나이다. 전 세계 수백만 명의 자발적 기여자들이 지식을 공유하고 편집함으로써 인류 역사상 가장 큰 백과사전을 만들어냈다.

위키피디아의 성공 요인은 개방성과 자율성에 있다. 누구나 참여할 수 있고, 전문가뿐만 아니라 일반인도 자신의 지식을 기여할 수 있다. 또한 투명한 편집 과정과 집단적 검증을 통해 정확성을 확보한다.

6) Quirky

Quirky는 일반인들이 제품 아이디어를 제안하고, 커뮤니티의 투표와 협력을 통해 실제 제품으로 개발하여 판매하는 플랫폼이었다. 아이디어 제안부터 디자인 개선,

마케팅까지 모든 과정에 커뮤니티가 참여했으며, 성공한 제품의 수익을 기여자들과 공유했다.

비록 Quirky는 2015년 파산했지만, 크라우드소싱을 통한 제품 개발의 가능성을 보여준 중요한 사례로 평가된다. 실패 원인은 과도한 확장과 수익성 부족이었지만, 크라우드소싱 모델 자체의 문제는 아니었다.

4. 크라우드소싱 플랫폼 - 해외

1) Designhill

Designhill은 2014년 인도에서 설립된 글로벌 디자인 크라우드소싱 플랫폼으로, 현재 전 세계 100만 명 이상의 디자이너가 참여하고 있다. 로고, 웹사이트, 브로셔, 패키지 디자인 등 다양한 디자인 서비스를 제공한다. Designhill의 주요 특징은 경쟁 기반의 디자인 프로세스와 합리적인 가격 정책이다. 고객이 프로젝트를 올리면 여러 디자이너들이 시안을 제출하고, 고객이 최종 디자인을 선택하는 방식이다. 24-48시간 내에 첫 번째 디자인을 받을 수 있으며, 100% 환불 보장 정책을 운영한다. 플랫폼은 직관적인 인터페이스와 체계적인 프로젝트 관리 시스템을 제공하며, 디자이너들의 포트폴리오와 평점 시스템을 통해 품질을 관리한다. 또한 AI 기반의 로고 메이커 도구도 제공하여 간단한 디자인은 자동으로 생성할 수 있다.

2) 99designs

99designs는 2008년 호주에서 시작된 세계 최대의 디자인 크라우드소싱 플랫폼 중 하나로, 현재 190개국에서 100만 명 이상의 디자이너가 활동하고 있다. 특히 높은 품질의 디자인과 전문적인 서비스로 유명하다. 99designs의 주요 서비스는 로고, 웹 디자인, 패키지 디자인, 책 표지, 의류 디자인 등 다양한 분야를 포괄한다. 경쟁 기반의 프로젝트와 1:1 매칭 서비스를 모두 제공하여 고객의 다양한 요구에 대응한다. 플랫폼의 강점은 엄격한 디자이너 심사 과정과 체계적인 품질 관리 시스템이다. Top Level 디자이너 제도를 통해 우수한 디자이너들을 별도로 관리하며, 이들에게는 더 높은 수수료와 우선권을 제공한다. 또한 전담 컨설턴트 서비스를 통해 고객의 프로젝트 성공률을 높인다.

3) Crowdspring

Crowdspring은 2008년 미국에서 설립된 창작 중심의 크라우드소싱 플랫폼으로, 디자인뿐만 아니라 네이밍, 작문 등 창의적 서비스를 제공한다. 20만 명 이상의 창작자가 참여하고 있으며, 특히 스타트업과 중소기업에 특화된 서비스를 제공한다.

Crowdspring의 독특한 점은 창작자와 고객 간의 깊이 있는 소통을 중시한다는 것이다. 단순한 경쟁 방식을 넘어서 창작자가 고객의 비즈니스를 이해하고 맞춤형 솔루션을 제공할 수 있도록 돕는다. 플랫폼은 무료 상담 서비스와 상세한 가이드라인을 제공하여 프로젝트 성공률을 높인다. 또한 지적재산권 보호와 100% 환불 보장 정책을 통해 고객의 위험을 최소화한다.

4) Appen

Appen은 1996년 호주에서 설립된 AI 및 머신러닝 데이터 서비스 전문 기업으로, 100만 명 이상의 크라우드워커가 참여하는 글로벌 플랫폼을 운영한다. 주요 서비스는 데이터 수집, 라벨링, 전사, 번역, 검색 평가 등이다. Appen의 강점은 전문적인 AI 데이터 서비스와 엄격한 품질 관리 시스템이다. Google, Microsoft, Apple 등 글로벌 IT 기업들이 주요 고객으로, 고품질의 AI 훈련 데이터를 제공한다. 130개 이상의 언어를 지원하며, 다양한 문화권의 데이터를 수집할 수 있다.

플랫폼은 복잡한 프로젝트 관리 시스템과 실시간 품질 모니터링을 제공한다. 또한 크라우드워커들을 위한 체계적인 교육 프로그램과 인증 시스템을 운영하여 서비스 품질을 보장한다.

5) Amazon Mechanical Turk (MTurk)

Amazon Mechanical Turk는 2005년 아마존에서 출시한 마이크로태스크 크라우드소싱 플랫폼이다. HITs(Human Intelligence Tasks)라고 불리는 소규모 작업들을 전 세계 워커들이 수행하는 방식으로 운영된다.

MTurk의 주요 특징은 대용량의 단순 반복 작업을 효율적으로 처리할 수 있다는 점이다. 데이터 입력, 이미지 태깅, 콘텐츠 검토, 설문조사 등 다양한 마이크로태스크를 지원한다. API를 통해 기업의 워크플로우에 직접 통합할 수 있어 자동화된 대용량 처리가 가능하다.

플랫폼은 아마존의 인프라를 바탕으로 안정적인 서비스를 제공하며, 다양한 품질 관리 도구와 통계 분석 기능을 제공한다. 하지만 낮은 작업 단가와 제한적인 워커 보호 정책으로 인해 일부 비판도 받고 있다.

5. 크라우드소싱 플랫폼 - 국내

1) 크몽(Kmong)

크몽은 2012년 설립된 국내 대표적인 온라인 재능거래 플랫폼으로, 디자인, 개발, 마케팅, 번역, 상담 등 다양한 전문 서비스를 제공한다. 현재 100만 명 이상의 전문가가 활동하고 있으며, 연간 거래액이 수백억 원에 달한다.

크몽의 주요 특징은 개인과 개인 간의 직접적인 서비스 거래를 중개한다는 점이다. 판매자가 자신의 전문 서비스를 등록하면 구매자가 이를 선택하여 구매하는 방식으로, 기존의 경쟁 입찰 방식과는 차별화된다. 명확한 가격과 작업 기간을 제시하여 투명한 거래를 보장한다.

플랫폼은 체계적인 평점 시스템과 포트폴리오 관리를 통해 전문가들의 신뢰성을 확보한다. 또한 에스크로 서비스와 분쟁 조정 시스템을 통해 안전한 거래 환경을 제공한다. 최근에는 기업 고객을 위한 크몽 비즈니스 서비스도 확대하고 있다.

2) 크라우드웍스(Crowdworks)

크라우드웍스는 2012년 설립된 AI 데이터 전문 크라우드소싱 플랫폼으로, 머신러닝과 딥러닝을 위한 고품질 데이터 서비스를 제공한다. 20만 명 이상의 크라우드워커가 참여하고 있으며, 네이버, 카카오, 삼성전자 등 국내 주요 IT 기업들이 고객이다.

크라우드웍스의 주요 서비스는 데이터 라벨링, 이미지 태깅, 음성 전사, 챗봇 훈련 데이터 구축 등이다. 특히 한국어 AI 모델 개발에 필요한 고품질 데이터 구축에 강점을 가지고 있다. 엄격한 품질 관리 시스템과 다단계 검수 과정을 통해 높은 정확도를 보장한다.

플랫폼은 프로젝트 관리자와 전담 QA팀을 운영하여 전문적인 프로젝트 관리를 제공한다. 또한 크라우드워커들을 위한 체계적인 교육 프로그램과 인증 시스템을 운영하여 작업 품질을 지속적으로 향상시킨다.

3) 플리토(Flitto)

플리토는 2012년 설립된 AI 기반 번역 서비스 플랫폼으로, 전 세계 170만 명의 번역가가 참여하는 글로벌 크라우드소싱 플랫폼이다. 현재 173개 언어를 지원하며, 실시간 번역부터 전문 번역까지 다양한 서비스를 제공한다.

플리토의 주요 특징은 AI 번역과 인간 번역을 결합한 하이브리드 서비스이다. 먼저 AI가 1차 번역을 수행하고, 전문 번역가가 이를 검토하고 개선하는 방식으로 빠르고 정확한 번역을 제공한다. 또한 실시간 채팅 번역과 이미지 번역 등 모바일 최적화된 서비스를 제공한다.

플랫폼은 번역가들의 전문성과 신뢰성을 관리하기 위해 체계적인 평가 시스템을 운영한다. 번역 품질, 속도, 고객 만족도 등을 종합적으로 평가하여 등급을 부여하고, 우수한 번역가에게는 더 많은 기회를 제공한다.

4) 딥네츄럴(DeepNatural)

2017년 설립된 AI 음성 및 언어 데이터 전문 크라우드소싱 플랫폼이다. 주로 음성 인식, 자연어 처리, 대화형 AI 개발을 위한 고품질 데이터를 구축하는 서비스를 제공한다. SK텔레콤, LG유플러스, 현대자동차 등 국내 주요 기업들과 파트너십을 맺고 있다. 딥네츄럴의 핵심 서비스는 음성 데이터 수집 및 라벨링, 대화 시나리오 작성, 방언 및 특수 상황 음성 데이터 구축 등이다. 특히 한국어의 다양한 방언과 연령별, 성별 음성 데이터 구축에 전문성을 가지고 있다. 자체 개발한 음성 수집 앱과 웹 플랫폼을 통해 전국의 크라우드워커들이 참여할 수 있다.

플랫폼은 음성학 전문가들이 설계한 엄격한 품질 기준을 적용하여 높은 정확도의 데이터를 보장한다. 또한 개인정보 보호와 데이터 보안에 특별히 신경을 써서 안전한 데이터 수집 환경을 제공한다. 크라우드워커들을 위한 상세한 가이드라인과 실시간 피드백 시스템을 운영한다.

5) 셀렉트스타(Selectstar)

셀렉트스타는 2018년 설립된 AI 데이터 플랫폼으로, 컴퓨터 비전과 자연어처리를 위한 고품질 학습 데이터를 제공한다. 자동차, 의료, 금융, 리테일 등 다양한 산업 분야의 AI 개발을 위한 맞춤형 데이터 솔루션을 제공한다.

셀렉트스타의 주요 서비스는 이미지 및 영상 라벨링, 3D 포인트 클라우드 어노테이션, 의료 영상 분석, 자율주행 데이터 구축 등이다. 특히 자율주행차와 의료 AI 분야에서 높은 전문성을 인정받고 있다. 자체 개발한 라벨링 도구와 품질 관리 시스템을 통해 정확하고 일관된 데이터를 제공한다.

플랫폼은 도메인별 전문가 네트워크를 구축하여 복잡하고 전문적인 라벨링 작업을 수행한다. 의료진, 법무진, 엔지니어 등 각 분야의 전문가들이 참여하여 고도의 전문성이 요구되는 데이터를 구축한다. 또한 ISO 27001 인증을 통해 정보보안 관리체계를 구축하고 있다.

6) 기타 국내 플랫폼

위시켓(Wishket)은 2013년 설립된 IT 아웃소싱 플랫폼으로, 웹/앱 개발, 디자인, 마케팅 등의 프로젝트를 전문가와 매칭해주는 서비스를 제공한다. 기업 고객이 프로젝트를 등록하면 검증된 전문가들이 제안서를 제출하고, 고객이 적합한 파트너를 선택하는 방식이다.

탈런트뱅크(TalentBank)는 크리에이티브 전문가들을 위한 프로젝트 매칭 플랫폼으로, 광고, 마케팅, 디자인, 영상 제작 등의 분야에 특화되어 있다. 대기업과 광고대행사의 프로젝트를 프리랜서들과 연결해주며, 높은 수준의 포트폴리오 관리와 평가 시스템을 운영한다.

숨고(Soomgo)는 생활 서비스 전문가 매칭 플랫폼으로, 인테리어, 청소, 수리, 레슨 등 일상생활에 필요한 다양한 서비스를 제공한다. 크라우드소싱의 개념을 오프라인 서비스 영역으로 확장한 사례로, 지역 기반의 전문가 네트워크를 구축하고 있다.

/ 제11장 /
창업 아이디어 개발

1. 창업기회의 개발

1.1 기회의 창

창업기회는 기술 혁신, 시장 변화, 고객의 변화, 정부 정책 변화 등 다양한 외부 환경 요인에 의해 발생한다. 코로나19로 인한 아웃도어 시장의 성장은 팬데믹이라는 외부 환경 변화가 새로운 시장 기회를 창출한 대표적인 사례다. 메타버스와 VR/AR 산업의 부상은 기술 발전과 비대면 문화의 확산이 결합되어 나타난 현상이며, AI와 디지털 플랫폼 산업의 확장은 4차 산업혁명의 핵심 동력으로 작용하고 있다.

시장의 규모와 성장 시기는 사업 성공 가능성에 큰 영향을 미친다. 대규모 시장은 경쟁이 치열하지만 성장 잠재력이 크고, 니치 시장은 진입 장벽이 낮고 특정 고객층을 대상으로 차별화된 가치를 제공할 수 있다는 점에서 매력적이다. 창업자는 자신의 역량과 자원을 고려하여 적절한 시장을 선택해야 한다.

모든 기회에는 적절한 '타이밍'이 중요하다. 사업 특성에 따라 기회의 창이 열리는 시기와 지속 기간이 다르게 나타난다. 너무 이른 진입은 시장 형성 전에 자원이 소진될 위험이 있고, 너무 늦은 진입은 이미 경쟁이 포화상태에 이른 상황에 직면할 수 있다. PEST 분석을 통해 정치, 경제, 사회, 기술적 변화 요인을 체계적으로 파악하는 것이 필요하다.

1.2 기회의 원천

창업기회의 원천은 크게 네 가지로 구분된다.

기술 발전	ICT기반의 4차산업혁명과 메타버스 시대라는 새로운 기술발전 환경 GPU, NPU, 반도체 기술의 개발 AI, 블록체인, 나노기술 등 융합적 기술 환경
사회변화	소득증가, 교육수준 향상, 정보와 지식의 증가 워라벨, 여가생활의 중요성 인식 증대 IOT 기반의 라이프 스타일 변화 초고령층 사회로 인한 실버산업 수요 증가
정부정책 변화	성장산업에 대한 규제완화 속에 사업기회 창출 ESG 경영의 확대로 ESG 관련 산업의 사회적 필요성 증가 4차산업혁명 기반확대를 통한 기술기반 산업 수요 증가
자연재난, 사회재난	기후변화로 인한 자연재해 증가로 자연재해 구난 산업 증가 사회재난으로 인한 안전용품 산업 시장 수요 증가 전쟁, 지역분쟁 등으로 해당 산업 수요 증가

그림. 기회의 원천 사례 설명

1) 기술 발전

기술 발전은 새로운 사업 기회의 가장 강력한 동력이다. AI, 블록체인, 나노기술 등 4차 산업혁명 기반의 융합기술은 기존 산업의 패러다임을 바꾸고 있다. 반도체, GPU, NPU 등 하드웨어 혁신은 소프트웨어와 결합하여 무한한 가능성을 창출한다. 이러한 기술 발전은 단순히 기술 자체의 진보를 넘어 사회 전반의 변화를 이끌어내고 있다.

2) 사회 변화

사회 변화는 새로운 시장을 만드는 중요한 원천이다. 소득 증가와 교육 수준 향상은 소비자의 기대 수준을 높이고 있으며, 워라밸을 중시하는 문화는 여가 및 웰빙 산업의 성장을 촉진하고 있다. 초고령화 사회로의 진입은 실버 산업과 헬스케어 분야에 막대한 기회를 제공하고 있다.

3) 정부 정책 변화

정부 정책 변화는 창업 환경에 직접적인 영향을 미친다. 규제 완화는 새로운 비즈니스 모델의 등장을 가능하게 하고, ESG 경영 확대는 지속가능한 사업 모델에 대한 수요를 창출한다. 신산업 육성 정책은 특정 분야의 창업을 적극 지원하여 생태계 형성을 돕는다.

4) 자연 · 사회재난

자연 · 사회재난은 역설적으로 새로운 기회를 제공한다. 기후변화는 친환경 기술과 신재생 에너지 산업의 성장을 가속화하고, 재해와 전쟁은 안전 및 복구 관련 산업의 수요를 증가시킨다. 팬데믹은 비대면 기술과 헬스케어 산업의 혁신을 촉진하는 계기가 되었다.

1.3 기회와의 만남

창업기회는 다양한 경험과 의도적 탐색을 통해 발견된다.

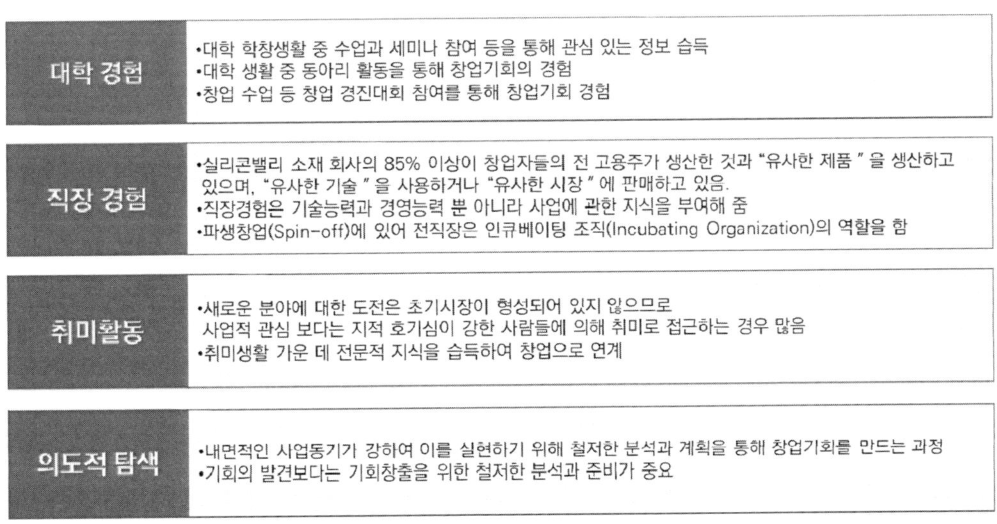

그림. 기회와의 만남 사례 설명

1) 대학 경험

대학 경험은 창업의 중요한 출발점이 될 수 있다. 수업과 세미나를 통해 최신 지식과 트렌드를 습득하고, 동아리 활동을 통해 같은 관심사를 가진 동료들과 네트워킹

할 수 있다. 창업 경진대회 참여는 아이디어를 구체화하고 검증받는 기회를 제공한다. 대학은 실패의 비용이 상대적으로 낮은 환경에서 다양한 시도를 해볼 수 있는 안전한 실험장이다.

2) 직장 경험

직장 경험은 실질적인 창업 역량을 쌓는 중요한 과정이다. 실리콘밸리 기업의 85% 이상이 전 고용주와 유사한 기술·시장에 기반해 창업한다는 통계는 직장 경험의 중요성을 보여준다. 직장에서 습득한 기술·경영 능력과 사업 지식은 창업의 든든한 기반이 된다. 업계 네트워크와 고객에 대한 이해도 창업 성공의 중요한 자산이다.

3) 취미 활동

취미 활동은 열정을 사업으로 전환할 수 있는 기회를 제공한다. 초기 시장이 형성되지 않은 분야에서 지적 호기심과 전문성을 쌓아가다 보면 자연스럽게 사업 기회를 발견할 수 있다. 취미로 시작한 활동이 전문성으로 발전하고, 이것이 창업으로 이어지는 사례는 많다.

4) 의도적 탐색

의도적 탐색은 체계적인 창업 준비 과정이다. 내면적 동기를 바탕으로 철저한 분석과 준비를 통해 기회를 창출한다. 시장 조사, 고객 인터뷰, 경쟁사 분석 등을 통해 기회를 발굴하고 검증한다. 이러한 의도적 탐색은 우연한 발견보다 성공 가능성이 높은 창업 기회를 만들어낸다.

1.4 분석프레임_PEST분석

PEST 분석은 정치(Political), 경제(Economic), 사회(Social), 기술(Technological) 요인을 체계적으로 분석하여 창업 환경의 변화를 파악하는 도구이다.

정치적 요인은 정부 정책, 법규, 규제 환경의 변화를 포함한다. 경제적 요인은 경제성장률, 금리, 환율, 소득 수준 등 경제 지표의 변화를 다룬다. 사회적 요인은 인구구조, 라이프스타일, 가치관의 변화를 분석한다. 기술적 요인은 기술 혁신, R&D 투자, 기술 인프라의 발전을 살펴본다.

PEST 분석을 통해 거시 환경의 변화 트렌드를 파악하고, 이것이 창업 아이템에 미칠 영향을 예측할 수 있다. 각 요인별로 기회와 위협 요소를 도출하여 전략적 대응 방안을 수립한다.

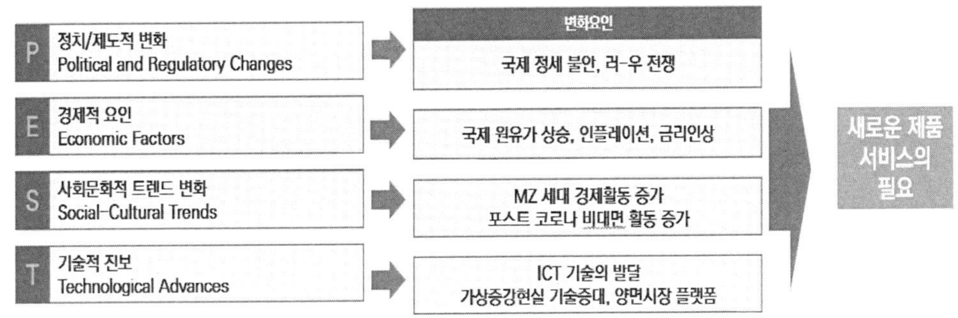

그림 : 분석프레임_PEST분석

1.5 분석프레임_비즈니스 모델캔버스

알렉산더 오스터왈더(Alexander Osterwalder)와 예스피그누어(Yves Pigneur)는 핵심 파트너십, 핵심 활동, 핵심 자원, 채널, 고객 세분화, 고객관계, 가치 제안, 수익원, 비용구조의 9 가지 블록을 바탕으로 기업들이 비즈니스 모델을 만들어 볼 수 있는 '비즈니스 모델 캔버스'를 제시하였다. 비즈니스 모델 캔버스는 9가지 블록으로 구성되어, 사업의 구조와 전략을 한눈에 파악할 수 있도록 돕는다.

1) 9가지 블록 구성

핵심 파트너는 사업 운영에 필요한 공급업체, 유통업체, 전략적 제휴 파트너를 포함한다. 핵심 활동은 가치 제안을 실현하기 위해 반드시 수행해야 하는 중요한 활동들이다. 핵심 자원은 사업 운영에 필요한 물리적, 지적, 인적, 재무적 자원을 의미한다.

가치 제안은 고객의 문제를 해결하거나 니즈를 충족시키는 제품·서비스의 핵심 가치다. 고객관계는 고객과의 관계 유형과 관계 구축·유지 방법을 정의한다. 채널은 고객에게 가치를 전달하고 소통하는 경로를 나타낸다.

고객 세그먼트는 기업이 제공하는 가치를 필요로 하는 목표 고객군이다. 비용 구조는 사업 운영에 필요한 모든 비용을 체계화한 것이다. 수익원은 각 고객 세그먼트로부터 수익을 창출하는 방법을 보여준다.

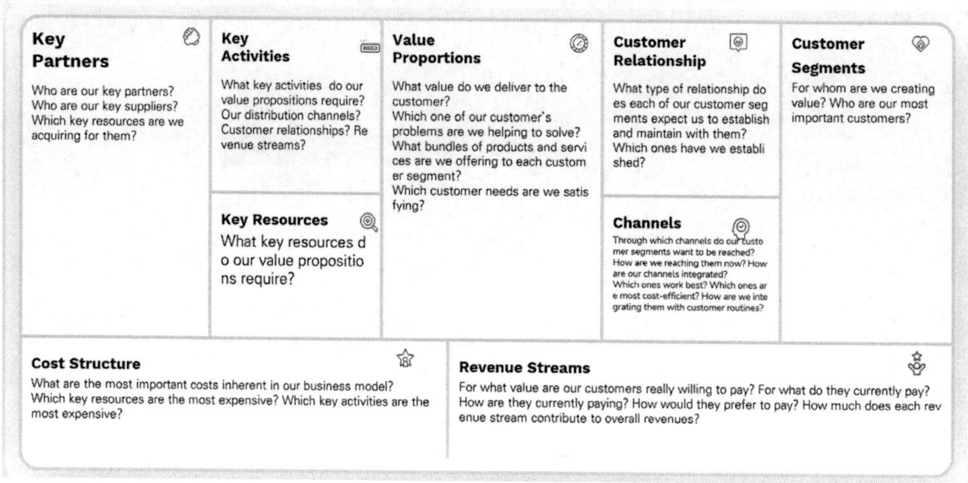

그림 : 비즈니스 모델 캔버스 (영문)

2) 블록 간의 연관성

각 블록은 상호 연결되어 있으며, 하나의 변화가 전체 비즈니스 모델에 영향을 미친다. 이를 통해 사업의 논리적 일관성을 검증하고 개선점을 찾을 수 있다.

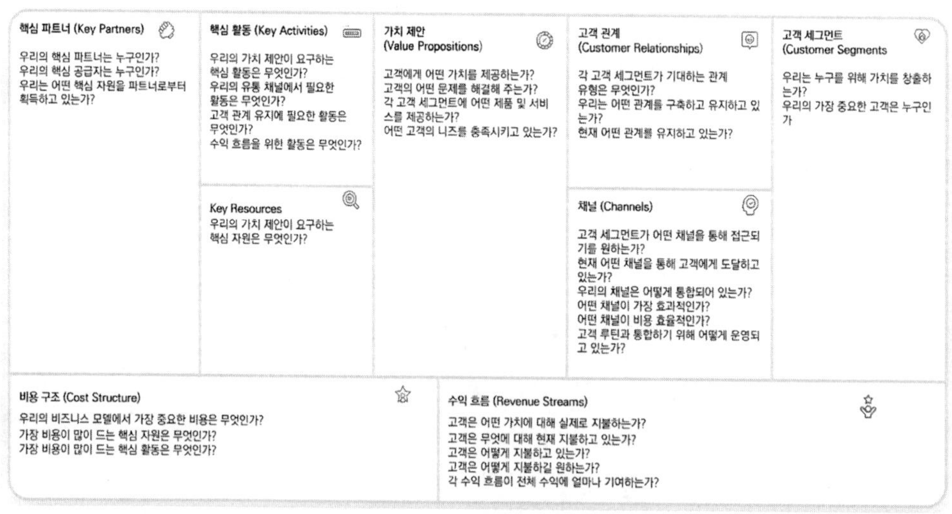

그림 : 비즈니스 모델 캔버스 (국문)

1.6 비즈니스모델캔버스_사례

1) Google

Google의 비즈니스 모델은 무료 서비스로 사용자를 확보하고 광고로 수익을 창출하는 양면시장 모델의 전형이다. 데이터센터, IP, 브랜드 등 핵심 자원을 바탕으로 검색, 광고, 클라우드 등 다양한 가치 제안을 제공한다. 사용자에게는 무료로 최고의 검색 서비스를 제공하고, 광고주에게는 정교한 타겟팅 광고 플랫폼을 제공한다. 광고 수익이 전체 매출의 대부분을 차지하며, 이를 바탕으로 새로운 서비스 개발에 지속적으로 투자한다.

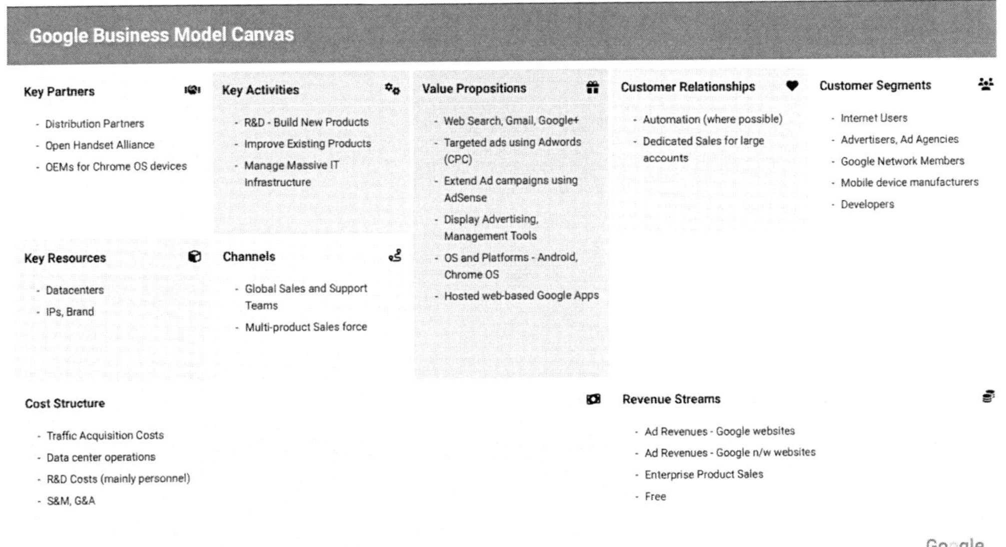

그림 : 구글 비즈니스 모델 캔버스

Amazon은 고객 중심의 철학을 바탕으로 다각화된 비즈니스 모델을 구축했다. 물류 인프라, 데이터, 브랜드를 핵심 자원으로 활용한다. 온라인 유통으로 시작해 프라임 서비스로 고객 충성도를 높이고, AWS로 B2B 시장에 진출했다. 마켓플레이스, 구독 서비스, 클라우드 서비스 등 다양한 수익원을 확보하여 안정적인 성장을 지속하고 있다. 고객 데이터를 기반으로 개인화된 서비스를 제공하며 지속적으로 새로운 사업 영역을 개척한다.

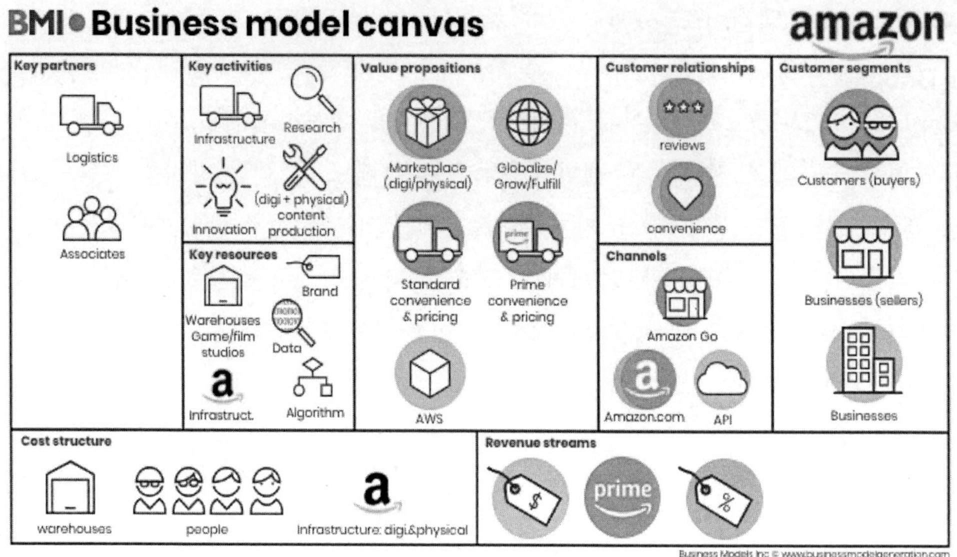

그림 : 아마존 비즈니스 모델 캔버스

3) 삼성전자

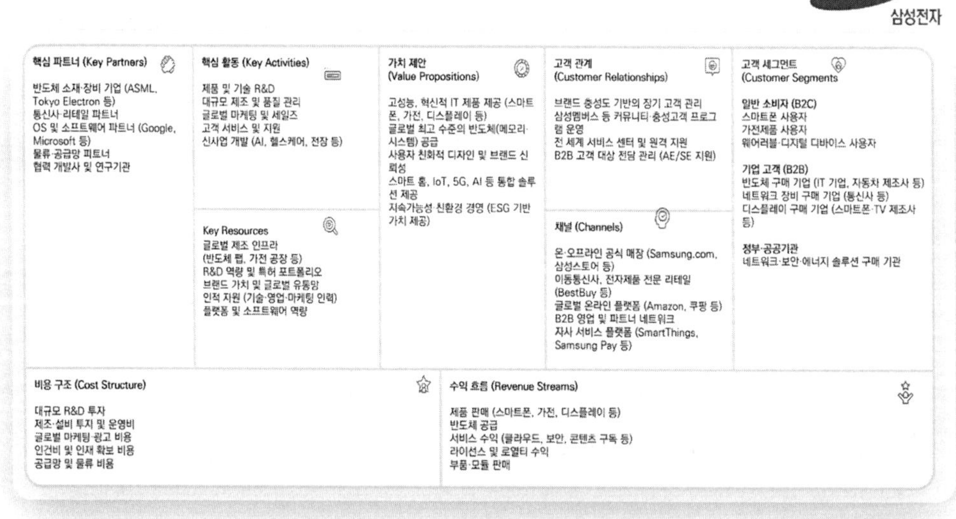

그림 : 삼성 비즈니스 모델 캔버스

삼성전자는 혁신적인 기술력과 글로벌 제조 인프라를 바탕으로 다양한 IT 제품과 서비스를 제공하는 다각화된 비즈니스 모델을 구축하고 있다. 반도체, 디스플레이, 스마트폰, 가전 등 핵심 사업 분야에서 세계적인 경쟁력을 확보하고 있으며, 글로벌 생산·유통망과 브랜드 신뢰도를 핵심 자원으로 활용한다. 삼성은 대규모 R&D 투자와 신기술 개발을 통해 고성능·혁신적 IT 제품(스마트폰, 가전, 디스플레이 등)을 시장에 공급하고, 글로벌 브랜드 파워와 사용자 친화적 디자인으로 고객 가치를 높인다. 또한, B2B 및 B2C 시장을 아우르는 다양한 고객 세그먼트에 맞춰 온·오프라인 공식 매장, 글로벌 유통망, 디지털 플랫폼 등 다양한 채널을 운영한다. 수익원은 제품 판매(스마트폰, 가전, 디스플레이 등), 반도체 공급, 서비스(클라우드, 보안, 구독 등), 라이선스 및 로열티, 부품 판매 등으로 다변화되어 있으며, 지속가능한 경영(ESG)과 친환경 혁신을 통해 미래 성장 동력 확보에도 집중하고 있다.

1.7 Case 사례

1) 직방

직방 / 비즈니스모델 캔버스(Business Model Canvas)

<table>
<tr>
<td rowspan="2">7.핵심 파트너
(Key Partners)
✓ 부동산 중개업자
✓ 웹/앱 기술 제공 기업
✓ 광고 및 마케팅 파트너
✓ 정부 및 관련 기관
✓ 투자자</td>
<td>8.핵심 활동
(Key Activities)
✓ 부동산 정보 제공
✓ 부동산 중개인과 임차인 연결</td>
<td rowspan="2">2.가치 제안
(Value Proposition)
✓ 스마트폰 앱을 통해 실시간 매물정보 제공
✓ 헛걸음 보상제
✓ 안심 중개사 서비스
✓ VIP 광고</td>
<td>4.고객 관계
(Customer Relationship)
✓ 헛걸음 보상제와 안심 중개사 서비스를 통해 신뢰도 및 만족도 상승
✓ 정기 세미나 및 교육
✓ 고객 센터</td>
<td rowspan="2">1.고객분류
(Customer Segment)
✓ 20~30대 젊은 직장인
✓ 대학생
✓ 공인중개사</td>
</tr>
<tr>
<td>6.핵심 자원
(Key Resource)
✓ 브랜드와 시장 점유율
✓ 이용자 데이터
✓ 웹/앱 플랫폼
✓ 인적 자원</td>
<td>3.채널
(Distribution Channel)
✓ 자사 모바일앱/웹사이트
✓ 지하철역 광고판
✓ 버스 정류장 광고판</td>
</tr>
<tr>
<td colspan="2">9.비용 구조
(Cost Structure)
✓ 광고 수익
✓ 중개 서비스 수수료
✓ 부가 서비스
✓ 데이터 및 분석 서비스</td>
<td colspan="3">5.수익 흐름
(Revenue Stream)
✓ 광고 수익
✓ 중개 서비스 수수료
✓ 부가 서비스
✓ 데이터 및 분석 서비스</td>
</tr>
</table>

그림 : 직방 비즈니스모델 캔버스

직방은 부동산 중개 시장의 고질적인 문제인 정보의 비대칭과 시장의 비효율성을 해소하는 O2O 서비스다. 기존 부동산 시장에서는 허위 매물, 불투명한 정보, 복잡한 중개 과정 등이 소비자의 불편을 초래했다. 직방은 모바일 앱을 통해 검증된 매물 정보를 제공하고, 360도 VR 기술로 현장 방문 없이도 매물을 확인할 수 있게 했다. 수익 모델은 중개사의 광고비와 프리미엄 서비스 이용료, 거래 관리 수수료 등으로 구성된다. 가짜 매물 근절 정책과 투명한 정보 제공으로 사용자 신뢰를 구축했으며, 원룸부터 아파트까지 다양한 주거 형태를 아우르는 종합 부동산 플랫폼으로 성장했다.

2) 네이버웹툰

네이버웹툰은 오프라인 만화 시장의 한계를 극복하고 새로운 콘텐츠 생태계를 구축한 혁신 사례다. 종이 만화의 유통 구조적 문제와 불법 복제 이슈를 해결하기 위해 웹에 최적화된 '웹툰' 포맷을 개발했다. 세로 스크롤 방식, 컬러 만화, 모바일 최적화 등 디지털 환경에 맞는 새로운 형식을 창조했다. 도전만화 시스템을 통해 신인 작가 발굴 채널을 만들고, 기본 무료 정책으로 대중적 기반을 확대했다. 광고 수익, 유료 콘텐츠(미리보기, 완결작품), IP 사업(드라마, 영화, 게임화) 등으로 수익 모델을 다각화했다. 작가에게는 안정적인 수익과 성장 기회를, 독자에게는 다양하고 질 높은 콘텐츠를 제공하는 선순환 생태계를 구축했다.

네이버 웹툰 비지니스 모델 캔버스(Business Model Canvas)

핵심 파트너
작가·제작사
광고주·브랜드사
출판·방송·영화·게임사
해외 현지화 파트너

핵심활동
웹툰 기획·제작·편집
플랫폼 운영 및 유지보수
작가 발굴·육성
글로벌 서비스 확장
IP 비즈니스 운영

핵심자원
플랫폼 기술 및 서버 인프라
인기 작가 및 콘텐츠 IP
글로벌 운영 네트워크
데이터 분석·추천 알고리즘

가치제안
무료 및 유료 웹툰 콘텐츠 제공
글로벌 서비스(다국어 지원)
안정적 창작 환경 및 수익 구조 제공
웹툰 IP 기반 2차 콘텐츠 제작 가능

고객관계
무료 체험 + 유료 결제(쿠키, 미리보기)
댓글·커뮤니티 기반 팬덤 형성
작가·독자 간 소통 기능
구독 및 알림 서비스

채널
네이버웹툰 앱
웹 브라우저 플랫폼
글로벌 플랫폼
(Line Webtoon 등)
SNS, 유튜브, 마케팅 캠페인

고객 세그먼트
웹툰 독자(국내·글로벌)
작가(프로·아마추어)
광고주 및 브랜드
IP 활용 기업
(출판, 영화, 게임 등)

비용 구조
- 서버 운영·개발 비용
- 작가 원고료·수익 배분
- 마케팅·프로모션 비용
- 글로벌 서비스 운영 비용

수입원
- 유료 결제(쿠키, 미리보기)
- 광고 수익
- IP 라이선스·판권 판매
- 굿즈·출판물 판매

그림 : 네이버 웹툰 BM CANVAS

2. 창업아이디어 개발 프로세스

2.1 창업 아이디어의 함정

창업 아이디어는 다양한 함정에 빠질 수 있으며, 이를 인식하고 피하는 것이 중요하다.

1) 고객가치의 함정

고객가치의 함정은 창업자가 고객이 원하는 가치가 아닌 자신이 생각하는 가치에 집착할 때 발생한다. 고객에게 실질적 가치를 제공하지 못하는 제품이나 서비스는 시장에서 외면받는다. 창업자는 자신의 아이디어에 대한 애착을 버리고 객관적으로 고객의 니즈를 파악해야 한다.

2) 기술 중심의 함정

기술 중심의 함정은 기술의 우수성에만 집중하고 시장의 니즈를 간과할 때 나타난다. 아무리 혁신적인 기술이라도 고객이 필요로 하지 않으면 무용지물이다. 기술은 고객 문제를 해결하는 수단일 뿐, 그 자체가 목적이 되어서는 안 된다.

3) 수익 중심의 함정

수익 중심의 함정은 단기적 수익에만 집착하여 장기적 고객 가치 창출을 소홀히 할 때 발생한다. 지속가능한 비즈니스는 고객 가치 창출과 수익 창출의 균형을 맞춰야 한다. 고객에게 진정한 가치를 제공할 때 자연스럽게 수익이 따라온다는 원칙을 잊지 말아야 한다.

2.2 창업자가 빠질 수 있는 아이디어의 실패

1) 기능 접근 vs. 가치 접근

기능 접근과 가치 접근의 차이를 이해하는 것이 중요하다. 단순히 기능을 개선하는 것과 고객이 진정으로 원하는 가치를 창출하는 것은 다르다. 예를 들어, 더 많은 기능을 탑재한 제품이 아니라 사용자 경험을 개선하는 제품이 시장에서 성공한다. 고객은 드릴이 아니라 구멍을 원한다는 격언을 기억해야 한다.

2) 현장 중심 vs. 책상 위 아이디어

현장 중심과 책상 위 아이디어의 차이도 명확히 인식해야 한다. 현장 경험과 실증이 없는 아이디어는 실효성이 떨어진다. 직접 고객을 만나고, 시장을 관찰하고, 프로토타입을 테스트하는 과정을 거쳐야 한다. 책상에서 상상한 아이디어와 현실의 간극은 생각보다 크다. 린 스타트업 방법론이 강조하는 것처럼 빠르게 시장에 나가 검증받는 것이 중요하다.

2.3 아이디어 개발 프로세스

1) 마인드 맵

마인드 맵은 중심 개념에서 가지를 뻗어가며 아이디어를 시각적으로 확장하는 기법이다. 창의적 사고를 촉진하고 아이디어 간의 연결고리를 발견하는 데 효과적이다. 팀워크와 협업에도 유용하며, 복잡한 문제를 구조화하여 직관적으로 이해할 수 있게 한다. 중심 주제에서 시작해 관련 아이디어를 방사형으로 전개하며, 색상과 이미지를 활용해 시각적 효과를 높인다.

☞ 빌 게이츠는 마인드 맵을 한다. 잭캔필드, 앨 고어 역시 마찬가지다.
레오나르도다빈치는 역사상 가장 유명한 마인드맵 추종자다.
다빈치 특유의 시각적 메모 습관은 그의 공책에 불멸의 유산으로 남아 있다.
마인드맵은 아이디어를 시각화하고 개발하는 기법이다.
사람의 뇌는 사방으로 아이디어를 방출하고 자연적인 고리를 통해 이를 연결하는데,
마인드 맵은 선형적 메모와 달리 이러한 뇌의 작용 방식을 모조한다.

따라서 브레인스토밍, 복잡한 프로젝트 계획, 그리고 비즈니스 기획안에 이르기까지 손으로 쓰는 모든 것에 잘 맞는다.

마인드맵의 시작은 맵의 중앙에 위치하는 이미지 또는 텍스트로 표현되는 중심 개념이다. 여기서부터 자유 연결을 시작해서 주 노드에서 바깥으로 가지를 치고, 거기서 다시 아이디어 가지를 나누고, 계속 그런 식으로 반복한다.

디지털시대 이전에는 종이에 색연필을 사용해서 그렸다. 그러나 지금은 수작업을 대신 해주는 유용한 컴퓨터 및 웹 앱이 많이 있다. 특히 최근에는 인공지능 플랫폼을 활용하여 다양한 마인드맵을 구상할 수 있다.

☞ 마인드 맵 사례

레오나르드다빈치의 7,000페이지 분량의 메모는 호기심 가득했던 위대한 천재의 흔적이다. 400~500년 전에 비행기, 전차, 잠수함 등에 대한 아이디어가 이미 그 메모에 적혀 있다.

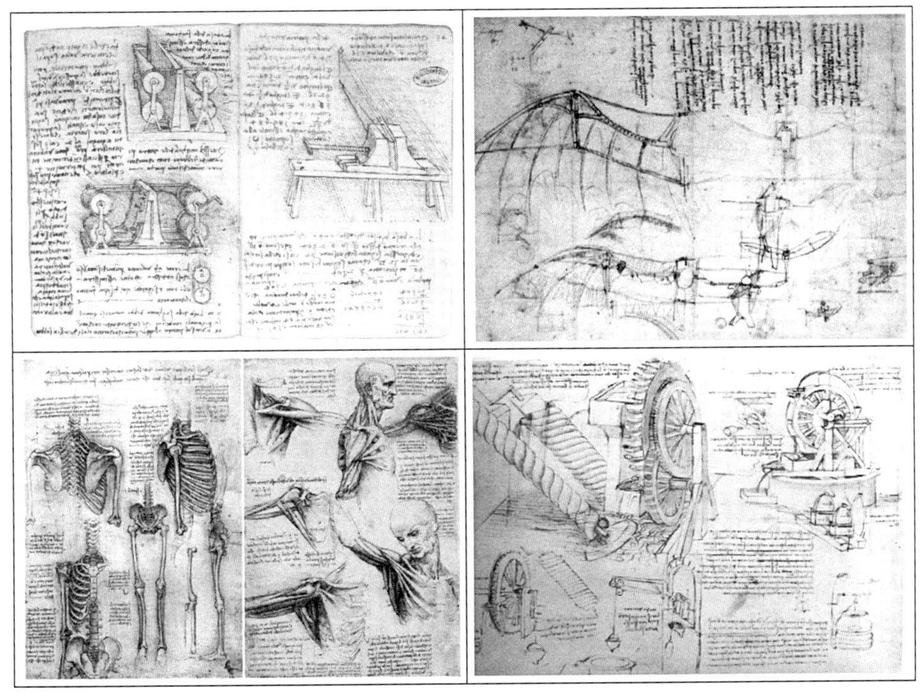

그림 : 레오나르드 다빈치의 마인드맵 사례

2) 브레인스토밍

브레인스토밍은 판단과 비판을 배제하고 자유롭게 아이디어를 쏟아내는 방식이다. 양질전환의 원칙에 따라 많은 아이디어를 낸 후 선별하는 과정을 거친다. 다양한 배경을 가진 참가자들이 상호작용하며 창의적 시너지를 만든다. 시각적 표현과 기록이 중요하며, 한 아이디어가 다른 아이디어를 촉발하는 연쇄 효과를 기대할 수 있다.

그림 : 브레인스토밍 장면 Createde by Dalle

☑ 브레인스토밍 규칙_1

1. 판단을 뒤로 미루자 ...
2. 거친 아이디어도 환영 ...
3. 이미 나온 아이디어를 이용 ...
4. 주제에 집중하자 ...
5. 다른 사람의 말에 귀를 기울이자 ...
6. 시각적으로 표현하자 ...
7. 가능한 아이디어를 많이 내자

☑ 브레인스토밍 규칙_2

1. 일어서기
2. 공간 확보하기
3. 이성 잃기
4. 계획하기
5. 적합한 사람들과 소통하기
6. 팀의 규모를 조정하기
7. 준비운동 하기
8. 판단하거나 비판하지 않기
9. 3개중 3번째 원칙을 참고하기
10. 기록하기
11. 활기찬 분위기로 마무리하기

3) 브레인라이팅

브레인라이팅은 브레인스토밍의 문제점을 보완하고자 독일의 프랑크푸르트 바텔연구소에서만들어진 창의적 사고 기법으로 브레인스토밍과는 달리 말을 하지 않고, 브레인라이팅 기록지에 해결할 주제에 대한 자신의 아이디어를 각자 기록한 다음 다른 참가자들과 교환하여 검토해봄으로써새로운 아이디어를 창출해내는 방식이다. 때로는 말하는 것보다 쓰는 것이 더 창의적인 아이디어가 나올 수 있다. 브레인라이팅은 말 대신 기록지를 활용해 아이디어를 적고, 이를 순차적으로 교환하며 새로운 아이디어를 창출하는 방식이다. 6-3-5 원칙 (6명이 3개의 아이디어를 5분씩 작성)이 대표적이다. 내향적인 참가자도 적극적으로 참여할 수 있고, 모든 아이디어가 문서로 남아 후속 분석이 용이하다. 익명성이 보장되어 더 자유로운 아이디어 제시가 가능하다.

그림 : 배-3-5 원칙, 브레인 라이팅

출처 : https://online.visual-paradigm.com/knowledge/brainstorming/why-brainwriting/

순서	진행 절차
1	인원수와 자리 배치 등을 고려, 적절하게 집단을 구성
2	구성원들에게 포스트잇 또는 기록지를 한장씩배부
3	주제를 설명하고, 생각할 시간을 5분 부여 후, 개별 주제를 정해 적도록 한다.
4	3개의 아이디어를 적는다. * 아이디어 생각할 시간 5분 부여
5	자신의 기록지를 옆사람에게 전달한다.
6	전달받은 기록지를 참고하여, 다음 기록지에 자신의 아이디어를 3개 정도 적는다. * 아이디어 생각할 시간 5분 부여
7	참가자 기록지가 모두 돌아갈 때 까지 5,6번 정도 과정을 반복한다.

4) 랜덤 링크

랜덤 링크는 전혀 관련 없어 보이는 대상들을 조합해 창의적 아이디어를 도출하는 기법이다. 고정관념을 깨고 새로운 관점을 제공한다. 예를 들어, '우산'과 '커피'를 연결하면 '비 오는 날 커피 배달 서비스' 같은 아이디어가 나올 수 있다. 의외의 연결에서 혁신적 아이디어가 탄생하며, 기존 사고의 틀을 벗어나는 훈련이 된다.

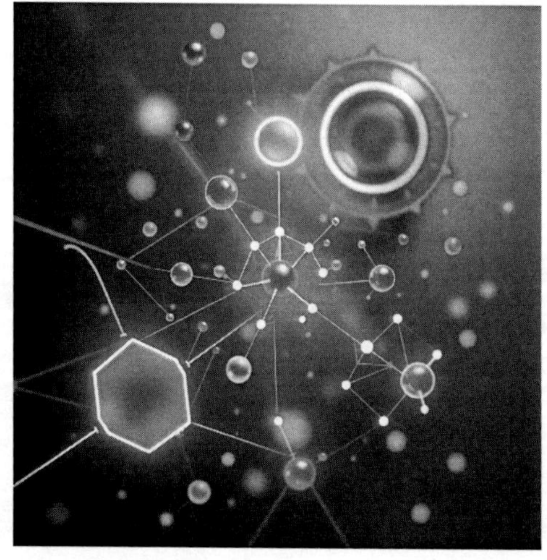

그림 : 랜덤링크 Createde by Dalle

/ 제12장 /
디자인 씽킹

1. 디자인 씽킹의 정의

1.1 사용자 중심의 혁신적 프로세스

디자인 씽킹은 고객에 대한 공감을 기반으로, 고객 본인조차 명확하게 규정하지 못하는 니즈를 이해하고 이를 해결할 수 있는 기회를 찾아내는 문제 해결 기법이자 사업화 방법론이다. 이 개념은 스탠퍼드대학교 디자인 스쿨에서 이론적 체계가 제시되었으며, 비즈니스 측면에서는 산업디자인 회사 IDEO를 통해 확산되었다. 디자인 씽킹은 제품과 서비스는 물론 비즈니스 모델과 프로세스 전반에 걸쳐 다양한 형태의 문제 해결에 적용할 수 있는 사용자 중심의 혁신 프로세스로, 창의적 문제 해결 방식을 기반으로 한다. 애플, 시스코, GE, IBM, 인튜이트(Intuit), 카이저 퍼머넌트(Kaiser Permanent), 마이크로소프트, 나이키, 삼성 등 다양한 기업이 제품과 서비스를 혁신하기 위해 디자인 씽킹을 활용해 왔다.

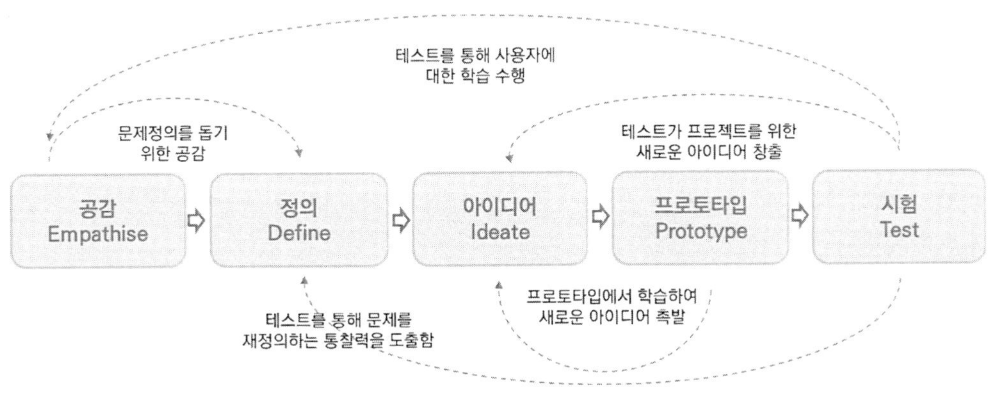

출처: Dam, R. F., & Siang, T. Y. (2021)

1.2 생각하는 방법의 하나

디자인 사고는 생각하는 방법 중 하나이다. IDEO의 CEO 팀 브라운(Tim Brown)은 디자인적 사고를 소비자들이 가치 있게 평가하고 시장의 기회를 활용할 수 있으며, 기술적으로도 가능한 비즈니스 전략에 대한 요구를 충족시키기 위해 디자이너의 감수성과 작업 방식을 활용하는 사고 방식이라고 설명한다. 그는 디자이너가 문제를 해결할 때 논리적 연관성을 넘어서는 직관적 사고를 하며, 이를 통해 통합적으로 사고한다고 강조한다.

또한 디자인 사고는 하나의 방법론이기도 하다. 그 과정은 크게 영감을 얻는 단계(Inspiration), 아이디어를 구체화하는 단계(Ideation), 그리고 구현 단계(Implementation)로 나뉜다. 영감을 얻는 단계에서는 관찰과 공감, 협력을 통해 통찰을 얻고, 아이디어 단계에서는 확산적 사고와 수렴적 사고를 반복하여 구체적인 해결안을 도출한다. 구현 단계에서는 프로토타입을 제작하고 테스트하며, 실패와 개선을 반복하여 최선의 답을 찾아낸다.

나아가 디자인 사고는 경영과 교육 분야에서 하나의 패러다임으로 자리 잡고 있다. 디자인 사고를 실천하는 사람들은 마치 양자 물리학자들이 상상 속에서 무엇이든 가능한 세계를 만들어내듯, 제약을 뛰어넘어 창의적인 아이디어를 창출한다. 이러한 사고 방식은 혁신과 창의성을 기반으로 문제 해결의 폭을 넓힌다.

1.3 문제를 해결하는 사고방식

문제를 해결하는 사고 방식에는 크게 분석적 사고와 직관적 사고가 있다.

분석적 사고는 논리와 데이터에 기반하여 문제를 체계적으로 분석하는 방식이며, 직관적 사고는 영감과 창의적인 직감을 통해 새로운 아이디어를 떠올리는 방식이다. 이 두 사고 방식은 각각 장점이 있지만, 단독으로는 한계가 있으므로 효과적이고 창의적인 문제 해결을 위해서는 두 방식을 결합할 필요가 있다.

디자인 씽킹은 이러한 결합을 실현하는 통합적 사고 방법으로, 분석적 사고에서 비롯된 논리성과 직관적 사고에서 나온 창의성이 균형을 이루며 상호작용하도록 고안되었다. 그 전개 과정은 먼저 관찰과 공감을 통해 문제 상황을 깊이 이해하고 영감을 얻는 단계(Inspiration), 다음으로 다양한 아이디어를 발산하고 그중 중요한 것을 선택하는 단계(Ideation), 그리고 프로토타입을 제작하고 테스트하며 피드백과 개선을 반복하는 실행 단계(Implementation)로 이루어진다.

결국 디자인 씽킹은 분석과 창의의 결합을 바탕으로, 문제를 깊이 있게 이해하고 새로운 가능성을 탐색하여 최적의 해결책을 도출하는 사고 전개 방식이다.

2. 디자인 씽킹의 5가지 기본개념

2.1 공감/사용자 중심

관찰, 인터뷰, 체험을 통해 고객의 숨겨진 니즈를 발견한다. 사용자의 입장에서 생각하고 느끼며, 그들의 행동 뒤에 숨은 동기를 이해한다. 선입견을 버리고 열린 마음으로 관찰하며, 사용자와의 깊은 교감을 통해 인사이트를 얻는다.

2.2 문제의 정의

문제의 정의: 고객의 진짜 문제를 명확히 규정한다. 표면적 증상이 아닌 근본 원인을 파악하고, 해결할 가치가 있는 문제인지 검증한다. 문제를 재정의하는 과정에서 새로운 기회를 발견하며, 구체적이고 실행 가능한 문제 정의문을 작성한다.

2.3 아이디어 찾기

아이디어 찾기: 팀원 및 사용자와 상호작용하며 다양한 아이디어를 도출한다. 발산적 사고로 많은 아이디어를 생성하고, 수렴적 사고로 최적의 아이디어를 선별한다. 실현 가능성보다 창의성을 우선하며, 다양한 관점에서 해결책을 모색한다.

2.4 프로토타입 · 테스트 · 개선 반복

프로토타입 · 테스트 · 개선 반복: 시제품을 만들고 테스트하며, 개선을 반복한다. 빠르고 저렴하게 프로토타입을 제작하고, 사용자 피드백을 즉시 반영한다. 실패를 학습의 기회로 삼으며, 반복적 개선을 통해 완성도를 높인다.

고객의 입장에서 평가: 고객 관점에서 솔루션을 검증한다. 실제 사용 환경에서 테스트하고, 정량적 · 정성적 평가를 병행한다. 지속적인 개선 포인트를 찾으며, 고객 만족도를 최우선 기준으로 삼는다.

3. 디자인 씽킹 사례

3.1 아쿠아 덕트(Aqua Duct) 사례

아쿠아 덕트는 IDEO가 개발한 정수기 자전거로, 개발도상국의 깨끗한 물 문제를 해결한 혁신 사례다. 물을 운반하는 동시에 정수하는 아이디어로, 이동 중 페달의 동력을 이용해 물을 정화한다. 현지 사용자의 생활 패턴을 깊이 관찰하고 공감한 결과물이며, 기술과 디자인, 사회적 가치가 결합된 솔루션이다.

[아쿠아 덕트 디자인 씽킹 5단계 프로세스]

1. 공감(Empathize): 사용자와 문제 상황 깊이 이해하기

IDEO 디자인팀은 개발도상국, 특히 농촌 지역에서 사람들이 물을 얻는 과정을 현지 조사와 인터뷰를 통해 면밀히 파악하였다. 많은 여성과 어린이들이 하루에 수 킬로미터를 걸어 오염된 물을 운반해야 했고, 이 과정은 매우 힘들고 많은 시간이 소요되었다. 또한, 오염된 물로 인한 질병이 만연한 현실도 확인하였다. IDEO 팀은 단순히 정수기를 공급하는 것이 아니라, 이동성, 에너지 부족, 생활 습관 등 사용자의 실제 환경과 니즈를 깊이 이해해야 함을 깨달았다.

2. 문제 정의(Define): 핵심 문제 도출

IDEO는 단순히 '깨끗한 물이 부족하다'는표면적 문제를 넘어, 오염된 물을 장거리 운반하는 과정에서 발생하는 노동 강도와 비효율성, 그리고 전기 없이도 사용할 수 있는 정수 솔루션의 필요성을 핵심 문제로 정의하였다. 이를 바탕으로 "깨끗한 물이 부족한 농촌 지역 주민들이 오랜 시간 동안 힘들게 물을 운반하고 있는 문제를, 이동 중에도 정수 가능한 솔루션으로 해결하자"는명확한 문제 정의를 도출하였다.

3. 아이디어 도출(Ideate): 다양한 솔루션 탐색

팀원들은 브레인스토밍을 통해 '이동 수단'과'정수' 기술을 결합하는 다양한 아이디어를 탐색하였다. 휴대용 정수기, 휴대용 펌프, 자전거에 물탱크 장착, 자전거 페달 동력으로 펌프 작동 등 여러 아이디어가 논의되었다. 기술적 가능성과 사용자 편의성을 고려한 결과, 자전거와 정수 시스템을 결합하는 방향으로 아이디어가

구체화되었다.

4. 시제품 제작 및 테스트(Prototype): 빠른 시제품 제작과 개선
IDEO 팀은 자전거에 물탱크와 펌프 시스템을 장착한 1차 시제품을 제작하였다. 사용자가 페달을 밟으면 펌프가 작동해 물이 이동하며 필터링이 이루어지고, 정수 필터는 교체가 가능하도록 설계되었다. 이 시제품은 개발도상국 시골 지역에서 직접 시연 및 테스트되었으며, 사용자 피드백을 바탕으로 무게 조정, 페달링강도, 정수 속도, 이동 중 물이 새지 않도록 디자인을 반복적으로 개선하였다.

5. 검증 및 확산(Test): 실제 환경 적용과 피드백 수집
완성된 프로토타입은 2008년 Innovate or Die 디자인 대회에 출품되어 수상하며 주목을 받았다. 이후 실제 배포 및 장기 사용성 검증 단계에서는 NGO, 사회적기업, 정부 기관과의 협력을 통해 확산 가능성이 검토되었다. IDEO는 아쿠아덕트를상용화하기보다는 사회적 가치 창출을 위한 콘셉트 모델로 제시하였다.

3.2 에어비앤비(Airbnb)

에어비앤비는 디자인 씽킹을 통해 혁신적 성장을 이룬 대표적 사례로 꼽힌다. 세 명의 공동창업자 중 두 명이 디자이너 출신으로, 디자인적 사고와 사용자의 경험을 사업의 중심에 두었다.

창업 초기 1년간 100명 정도였던 이용자가, 디자인과 사용자 중심 개선을 통해 현재 누적 이용객 5억명을 넘었다. 회사의 가치는 10년 만에 300억달러를 돌파하며 세계적인 기업으로 성장했다. 에어비앤비는 머물고 싶은 집, 지역과 함께 하는 경험 등 고객가치 창출에 집중했다. 특히 초창기 뉴욕에서의 부진을 타개하기 위해 창업자들이 직접 숙소를 방문해 사진을 전문적으로 촬영해 등록하는 전략을 사용했다. 이 과정은 디자인 씽킹의 공감과 현장 실험 원리를 반영한 것으로, 사진 개선 후 예약률과 매출이 눈에 띄게 상승했다. 이후에도 에어비앤비는 직관과 데이터, 지속적 사용자 피드백을 바탕으로 디자인을 개선하며, 사용자 중심 혁신을 지속하고 있다.

결론적으로 에어비앤비의 디자인 씽킹 성공 사례는 창업자가 디자인 관점을 경영에 녹이고, 고객 경험을 공감하며, 시각적 · 정서적 측면을 꾸준히 개선해 글로벌 플랫폼으로 성장한 이야기라 할 수 있다.

Airbnb's successful designthinking story
(from 200euros to 40+ million euros earnings)

출처 : https://strate.in/airbnbs-successful-design-thinking-story/

[에어비앤비 디자인 씽킹 5단계 프로세스]

1. 공감(Empathize): 사용자 니즈 깊이 이해하기
에어비앤비의창업자들은 여행자와 집주인 모두의 입장에서 문제를 이해하기 위해 직접 현장에 뛰어들었다. 여행자들은 저렴하면서도 집과 같은 편안함을 원했고, 집주인들은 남는 공간을 활용해 수익을 얻고 싶어 했다. 또한, 기존 호텔과는 다른 현지 경험을 원하는 관광객의 니즈도 파악했다. 창업자들은 실제로 호스트의 집에 머물며, 여행자와 집주인 모두와 깊이 소통함으로써 이들의 진짜 필요와 불편을 체감했다.

2. 문제 정의(Define): 핵심 문제 도출
에어비앤비는단순히 숙박 공간을 연결하는 것이 아니라, "여행자가 저렴하고 현지스러운숙소를 찾고, 집주인은 남는 공간을 안전하게 공유할 수 있도록 연결하는 것"이핵심 문제임을 정의했다. 이를 통해 에어비앤비는단순한 숙박 플랫폼이 아니라, 경험 중심의 서비스로 차별화할 수 있었다.

3. 아이디어 도출(Ideate): 다양한 해결책 탐색
팀은 신뢰와 안전을 높이기 위한 프로필 인증, 안전한 결제 시스템, 후기 시스템 등 다양한 아이디어를 도출했다. 또한, 숙소의 매력을 높이기 위해 전문 사진작가를 고용해 숙소 사진의 품질을 개선했고, 여행자에게는 현지 체험 프로그램(에어비앤비익스피리언스) 등 새로운 서비스를 기획했다. 이 과정에서 사용자 경험을 극대화할 수 있는 다양한 방안을 모색했다.

4. 시제품 제작(Prototype): 실제 서비스 구현 및 실험
창업자들은 자신들의 집을 직접 임대해보며 아이디어를 실험했다. 이후 최소기능제품(MVP) 형태의 간단한 웹사이트를 만들어 숙소 등록과 예약이 가능하도록 했다. 실제 사용자들의 피드백을 받아 서비스 구조와 기능을 반복적으로 개선했다. 이 과정에서 숙소 사진 품질 개선, 후기 시스템 도입 등 실질적인 변화가 이루어졌다.

5. 테스트(Test): 사용자 피드백 기반 개선과 확장
에어비앤비는소규모 시장에서 서비스를 먼저 출시해 사용자 반응을 면밀히 관찰했다. 사용자 피드백을 바탕으로 신뢰 구축, 결제 시스템, 후기 기능 등 핵심 요소를 지속적으로 개선했다. 이후 시장의 요구에 맞춰 프리미엄 숙소(에어비앤비럭스) 등 다양한 서비스를 확장하며, 전 세계로 사업을 넓혀 나갔다. 이러한 반복적 개선과 실험이 에어비앤비의성공을 이끌었다.

3.3 다이슨(Dyson)

다이슨은 제품 혁신에 디자인 씽킹을 적용한 사례다. 5,127회의 시제품 테스트를 거쳐 완성된 무필터 청소기는 집요한 반복 개선의 결과다. 타분야 기술을 융합하여 사이클론 원리를 청소기에 적용했고, '뺄셈의 법칙'으로 불필요한 요소를 제거했다. 사용자의 불편함을 철저히 관찰하고 개선한 결과, 청소기 시장의 패러다임을 바꿨다.

[다이슨 디자인 씽킹 5단계 프로세스]

1. 공감(Empathize): 사용자 문제 깊이 이해하기
다이슨은제품 개발의 출발점으로 사용자의 실제 불편과 문제를 깊이 이해하는 데 집중했다. 예를 들어, 제임스 다이슨은기존 진공청소기의 흡입력이 먼지봉투 때문에 점점 약해지는 문제를 직접 경험했다. 그는 사용자의 입장에서 청소기의 불편함을 관찰하고, 일상에서 겪는 문제를 세밀하게 분석했다. 이러한 공감 단계는 단순히 제품을 개선하는 것이 아니라, 사용자의 근본적인 니즈와 불편을 파악하는 데 초점을 맞췄다.

2. 문제 정의(Define): 핵심 문제 명확화
다이슨은사용자의 경험을 바탕으로 "청소기의 흡입력이 시간이 지남에 따라 약해진다"는핵심 문제를 정의했다. 단순히 청소기의 디자인을 바꾸는 것이 아니라, 먼지봉투가 막혀 흡입력이 떨어지는 구조적 문제에 주목했다. 이를 통해 "흡입력이 지속되는 청소기"라는명확한 목표를 설정했다.

3. 아이디어 도출(Ideate): 다양한 해결책 탐색
문제 정의 후, 다이슨은다양한 해결책을 모색했다. 그는 기존 청소기 구조를 분해하고, 여러 산업 분야의 기술을 조사했다. 특히 제재소에서 사용하는 사이클론 기술에 착안해, 먼지와 공기를 분리하는 새로운 방식을 고안했다. 이 과정에서 수많은 아이디어를 스케치하고, 팀원들과 브레인스토밍을 반복했다.

4. 시제품 제작(Prototype): 반복적 시제품 개발
다이슨은아이디어를 실제로 구현하기 위해 5년간 5,127개의 시제품을 제작했다. 각 시제품은 실제 사용 환경에서 테스트되었고, 문제점이 발견될 때마다 구조와 기능을 개선했다. 이처럼 다이슨은실패를 두려워하지 않고, 반복적인 프로토타이핑을 통해 제품의 완성도를 높였다. 프로토타입은 CAD 설계가 아닌 실제 물리적 형태로 제작되어, 사용성과 기능을 직접 검증할 수 있었다.

5. 테스트(Test): 사용자 피드백과 최종 개선
완성된 시제품은 실제 사용자와 함께 테스트를 거쳤다. 다이슨은제품이 사용자의 기대를 충족하는지, 내구성과 성능이 충분한지 반복적으로 검증했다. 테스트 결과를 바탕으로 추가적인 개선이 이루어졌고, 최종적으로 먼지봉투 없는 청소기가 탄생했다. 이 제품은 시장에 출시된 후에도 지속적으로 사용자 피드백을 반영해 업그레이드되었다.

4. 비트루비우스적인간

4.1 비트루비우스적인간의 의미

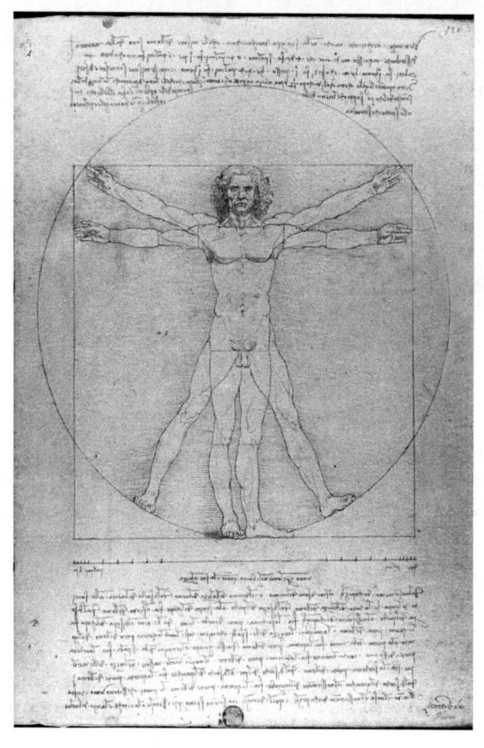

레오나르도 다빈치의 '비트루비우스적인간(Vitruvian Man)'은 1490년경에 그려진 드로잉으로, 인간 신체의 이상적인 비례를 표현한 작품이다. 로마 시대 건축가 비트루비우스의 이론을 시각화한 것으로, 원과 정사각형 안에 팔과 다리를 벌린 남성의 모습을 그렸다.

이 작품은 수학적 완벽함과 인간적 아름다움의 조화를 상징한다. 인체의 각 부분이 전체와 조화로운 비례를 이루며, 이는 우주의 질서를 반영한다고 여겨졌다. 배꼽을 중심으로 한 원과 성기를 중심으로 한 정사각형은 천원지방(天圓地方) 사상을 나타낸다.

4.2 창업과 혁신의 관점에서 본 비트루비우스적인간

창업과 혁신의 관점에서 비트루비우스적인간은 중요한 메타포다.

1) 통합적 사고의 중요성

다빈치는 예술가이자 과학자, 엔지니어였다. 그의 다재다능함은 서로 다른 분야를 연결하고 융합하는 능력에서 나왔다. 현대의 창업자도 기술, 디자인, 비즈니스, 인문학을 아우르는 통합적 사고가 필요하다.

2) 균형과 조화의 가치

비트루비우스적인간의 완벽한 비례처럼, 성공적인 창업은 여러 요소의 균형에서 나온다. 기술과 시장, 이상과 현실, 혁신과 실행, 성장과 지속가능성 사이의 균형을 맞춰야 한다.

3) 인간 중심의 혁신

이 작품의 중심은 인간이다. 모든 기술과 혁신도 결국 인간을 위한 것이어야 한다. 사용자를 중심에 두고, 그들의 니즈와 경험을 깊이 이해하는 것이 혁신의 출발점이다.

4) 관찰과 실험의 정신

다빈치는 수많은 시체를 해부하며 인체를 관찰했고, 이를 바탕으로 정확한 비례를 도출했다. 창업자도 끊임없는 관찰과 실험을 통해 시장과 고객을 이해하고 최적의 솔루션을 찾아야 한다.

5) 예술과 과학의 융합

아름다움과 기능성, 감성과 논리는 대립하는 것이 아니라 상호보완적이다. 스티브 잡스가 "기술과 인문학의 교차점"을 강조한 것처럼, 진정한 혁신은 이성과 감성의 결합에서 나온다.

4.3 21세기 비트루비우스적 창업자

비트루비우스적인간은 인간의 무한한 가능성을 상징한다. 팔과 다리를 뻗은 인간의 모습은 도전과 확장의 정신을 나타낸다. 창업자는 이처럼 기존의 한계를 넘어 새로운 가능성을 탐구하고, 불가능해 보이는 것을 가능하게 만드는 사람이다.

결론적으로, 창업 아이디어 개발은 과학적 분석과 예술적 창의성, 논리적 사고와 직관적 통찰, 기술적 가능성과 인간적 가치의 조화로운 결합을 요구한다. 비트루비우스적인간이 보여주는 완벽한 균형과 조화처럼, 성공적인 창업은 다양한 요소들이 유기적으로 연결되고 통합될 때 가능하다.

창업자는 다빈치처럼 호기심을 가지고 세상을 관찰하고, 다양한 분야의 지식을 융합하며, 끊임없이 실험하고 개선해야 한다. 그리고 무엇보다 인간에 대한 깊은 이해와 공감을 바탕으로, 세상을 더 나은 곳으로 만드는 가치를 창출해야 한다. 이것이 21세기 비트루비우스적 창업자의 모습이다.

/ 제13장 /

마케팅전략_1

1. 거시적 분석

1.1 거시적 환경분석의 개념과 필요성

1) 거시적 환경분석의 개념

거시적 환경분석이란 기업이 직접적으로 통제할 수 없는 외부 환경요소들이 경영활동에 미치는 영향을 체계적으로 분석하는 과정을 말한다. 이는 정치, 경제, 사회, 기술, 환경, 법률 등 다양한 외부 요인을 포괄하며, 기업의 전략 수립과 실행에 있어 필수적인 단계이다.

마케팅에서 거시적 환경분석은 기업이 직접 통제할 수 없는 외부 환경요소가 사업에 미치는 영향을 체계적으로 파악하여, 전략 수립과 위험 관리, 기회 발굴에 활용하는 핵심 과정이다. 대표적인 방법론으로PEST 분석이 있으며, 이외에도 STEEP, PESTEL, SWOT, 포터의 5 Forces, BCG 매트릭스 등 다양한 분석 도구가 사용된다.

2) 거시적 환경분석의 필요성

불확실성 대응: 시장, 기술, 사회, 정치 등 외부 환경의 변화는 예측이 어렵고, 기업의 생존과 성장에 직접적인 영향을 준다. 거시환경분석을 통해 위험 요소를 조기에 감지하고, 기회를 선점할 수 있다.

전략 수립의 기초: 환경 분석 결과는 목표시장 선정, 제품 개발, 마케팅전략, 자원배분 등 경영 의사결정의 근거가 된다.

경쟁력 확보: 환경 변화에 민감하게 대응함으로써 경쟁사보다 유리한 위치를 선점할 수 있다.

필요성 항목	구체적 설명
불확실성 대응	환경변화에 따른 위험 사전 인지 및 대응
전략 수립	합리적 의사결정의 근거 제공
경쟁우위 확보	경쟁사 대비 빠른 변화 대응
지속가능경영	환경 · 사회적 책임 등 미래지향적 경영 실현

표 . 거시적 환경분석의 필요성 요약

1.2 거시적 환경분석의 주요 방법론

1) 거시적 환경분석 방법론 개요

거시적 환경분석에는 다양한 방법론이 존재하며, 대표적으로 PEST, STEEP, PESTEL, SWOT, 포터의 5 Forces, BCG Matrix 등이 있다. 각 방법론은 분석 목적과 범위에 따라 선택적으로 활용된다.

분석방법	주요 목적	분석 범위	활용 분야
PEST	외부 환경 변화 예측	정치, 경제, 사회, 기술	마케팅, 전략 기획
STEEP	환경요소 강조	PEST + 환경	지속가능경영, CSR
PESTEL	법률 · 환경요소 포함	PEST + 환경 + 법률	글로벌 경영, 리스크 관리
SWOT	내 · 외부 환경 종합	강점, 약점, 기회, 위협	전략 수립 전반

표 . 거시적 환경분석 방법론 비교

2) PEST 분석

PEST 분석은 기업이 직접 통제할 수 없는 외부 환경요소를 정치(Political), 경제(Economic), 사회(Social), 기술(Technological)로 구분하여 분석한다.

① 분석 대상(기업, 산업, 시장 등) 선정

② 각 요소별 최신 데이터 및 트렌드 수집

③ 각 요소가 기업에 미치는 영향 평가

④ 기회와 위협 도출 및 전략적 시사점 도출

구분	주요 내용 및 분석 포인트
정치 · 법률적	법률 · 규제 변화, 정부 정책, 정치 안정성, 압력단체 · NGO의 영향, 공정거래 · 소비자 보호 등
경제적	경제성장률, 금리, 환율, 물가, 경기순환, 소득 수준, 소비구조, 산업구조, 경쟁 강도, 대체재 등장 가능성 등
사회 · 문화적	인구구조(고령화 · 출생률), 문화 · 가치관, 종교, 라이프스타일, 사회적 윤리, 하위문화, 사회계층, 교육 수준 등
기술적	기술혁신 속도, 신제품 개발, 생산방식 변화, 기술 확산, 4차 산업혁명 동향 등

1.3 기타 거시적 환경분석 방법론

1) STEEP 및 PESTEL 분석

STEEP 분석: PEST에 환경(Environmental) 요소를 추가하여, 기후변화, 자원고갈, 친환경 트렌드 등 자연환경 이슈를 강조한다.

PESTEL 분석: PEST에 환경(Environmental)과 법률(Legal) 요소를 더해, 환경규제, 법적 분쟁, 특허권 등까지 포함한다.

PEST 분석은 기업이 직접 통제할 수 없는 외부 환경요소를 정치(Political), 경제(Economic), 사회(Social), 기술(Technological)로 구분하여 분석한다.

STEEP 분석은 PEST에 환경(Environmental) 요소를 추가하여, 자연환경 · 기후변화 · 자원고갈 · 환경규제 등도 함께 고려한다.
PESTEL 분석은 법률(Legal) 요소까지 포함하여, 법적 분쟁, 규제, 특허 등 법률적 환경까지 확장한다.

분석 요소	주요 내용 예시
사회(S)	인구구조, 가치관, 사회 트렌드
기술(T)	기술혁신, 신제품, 자동화
경제(E)	경제성장률, 환율, 경기순환
환경(E)	기후변화, 자원고갈, 환경규제
정치(P)	정부 정책, 법률, 정치적 안정성
법률(L, PESTEL)	특허, 규제, 법적 분쟁

[표 STEEP/PESTEL 분석 요소]

2) SWOT 분석

① SWOT 분석의 개념과 의의

SWOT 분석은 기업이나 조직, 개인이 내부 및 외부 환경을 체계적으로 분석하여 전략적 방향을 설정하기 위한 기법이다. SWOT이라는 이름은 강점(Strengths), 약점(Weaknesses), 기회(Opportunities), 위협(Threats)의 영문 앞 글자를 따서 만들어졌다.
이 분석 방법은 1960년대 미국 스탠퍼드대학교 경영연구팀에서 기업 전략 수립을 목적으로 처음 개발되었으며, 이후 기업 경영뿐만 아니라 개인의 진로 개발, 정책 기획, 마케팅전략 수립 등 다양한 분야에서 폭넓게 활용되고 있다.
SWOT 분석의 가장 큰 장점은 내부 요인과 외부 요인을 통합적으로 고려하여 현재 상황을 객관적으로 진단하고, 이를 바탕으로 실행 가능한 전략을 도출할 수 있다는 점이다. 이를 통해 조직이나 개인이 강점은 더욱 강화하고 약점은 보완하며, 외부의 기회는 선점하고 위협에는 선제적으로 대응하는 전략적 사고를 확립할 수 있다.

② SWOT 분석의 구성 요소

SWOT 분석은 크게 내부 환경 분석과 외부 환경 분석으로 나뉜다. 내부 환경 분석에서는 강점과 약점을 파악하며, 외부 환경 분석에서는 기회와 위협을 도출한다.

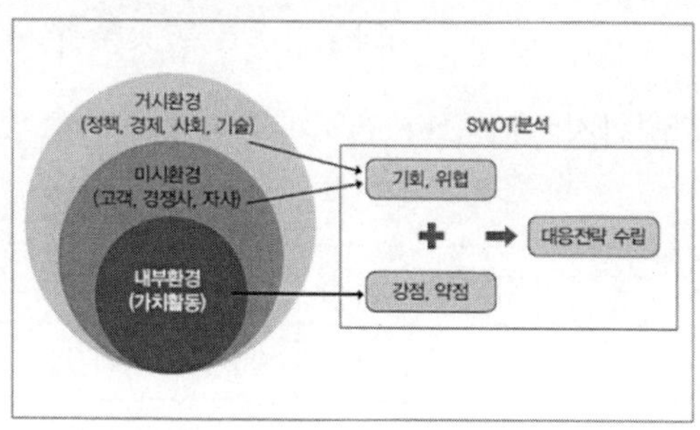

✓ **강점**(Strengths)

강점은 조직이나 개인이 보유한 경쟁 우위 요소로, 이를 통해 시장에서 차별적 가치를 제공할 수 있는 요소를 의미한다. 예를 들어, 우수한 기술력, 강력한 브랜드 인지도, 숙련된 인력, 효과적인 유통망, 높은 고객 충성도 등이 강점에 해당한다. 강점은 외부 환경의 기회를 활용하거나 위협에 대응하는 데 중요한 기반이 된다.

✓ **약점**(Weaknesses)

약점은 조직이나 개인이 보완해야 할 내부적 한계나 취약 요소이다. 예를 들어, 자금 부족, 기술력 열세, 낮은 브랜드 인지도, 비효율적인 조직 구조, 마케팅 역량 부족 등이 있다. 약점은 외부의 위협을 더욱 악화시키거나 기회를 놓치는 요인이 될 수 있으므로, 이를 명확히 인식하고 개선 방안을 마련하는 것이 필요하다.

✓ **기회**(Opportunities)

기회는 외부 환경에서 발생하는 유리한 변화나 추세로, 조직이나 개인이 이를 활용하면 성장과 성과 창출이 가능한 요소이다. 예를 들어, 시장 규모 확대, 정책적 지원, 소비자 트렌드 변화, 기술 혁신, 경쟁사 철수 등이 있다. 이러한 기회를 선제적으로 포착하고 전략화하는 것이 중요하다.

✓ **위협**(Threats)

위협은 외부 환경에서 발생하는 부정적 요소로, 조직이나 개인의 목표 달성에 장애가 되는 요인이다. 예를 들어, 경쟁 심화, 규제 강화, 원자재 가격 상승, 고객 요구의 변화, 기술 대체 등이 있다. 위협 요소는 조직의 성과를 저해할 수 있으므로, 이에 대한 사전 대응 전략이 필요하다.

③ SWOT 분석의 구성요소와 도출 방법

브레인스토밍: 내부 구성원이 자유롭게 아이디어 도출

데이터 기반 분석: 시장 조사, 경쟁사 분석 등 데이터 기반으로 근거 확보

전문가 인터뷰: 객관적 외부 시각 반영

✓ 내부 환경 분석: Strengths & Weaknesses

구분	주요 예시	분석 질문
강점 (S)	자원, 인재, 브랜드 가치, 기술력	우리 조직의 핵심 강점은 무엇인가? 경쟁사 대비 우위 요소는 무엇인가?
약점 (W)	자금 부족, 낮은 인지도, 기술력 미흡	우리 조직의 한계는 무엇인가? 개선이 필요한 부분은 무엇인가?

※ 내부 자원과 역량을 객관적으로 진단, 과대평가나 과소평가를 피해야 한다.

✓ 외부 환경 분석: Opportunities & Threats

구분	주요 예시	분석 질문
기회 (O)	시장 성장, 정책 지원, 기술 변화	현재 또는 미래에 활용 가능한 기회 요인은 무엇인가?
위협 (T)	경쟁 심화, 규제 강화, 소비 트렌드 변화	우리에게 불리한 외부 변화는 무엇인가?

※ 시장 환경, 정책, 경쟁 상황, 고객 트렌드 등 외부 요인을 폭넓게 고려

④ SWOT 분석 결과의 전략화: TOWS Matrix

단순히 S, W, O, T를 도출하는 것만으로는 부족하며, 이를 조합해 구체적 전략을 수립해야 합니다. 이를 위한 도구가 TOWS 매트릭스입니다.

	기회(O)	위협(T)
강점(S)	SO 전략 (강점을 활용해 기회 선점)	ST 전략 (강점을 활용해 위협 대응)
약점(W)	WO 전략 (약점을 보완해 기회 활용)	WT 전략 (약점 보완 및 위협 회피)

전략 유형	기본 방향	적용 시점	전략적 성격
SO 전략	성장 및 시장 확장	공격적 전략이 필요한 경우	적극적, 진취적
ST 전략	방어적 시장 유지	경쟁 심화, 환경 악화 시	강점 활용 기반의 방어적

WO 전략	내적 역량 강화	성장 기회는 있으나 준비 부족	보완적, 성장 지향
WT 전략	리스크 최소화	내 · 외부 모두 불리할 때	보수적, 생존 전략

전략 예시

SO 전략: 보유 기술력을 기반으로 신시장 진출

ST 전략: 강력한 브랜드로 경쟁사 가격 전쟁 대응

WO 전략: R&D 투자 확대를 통해 시장 기회 선점

WT 전략: 비용 구조 개선으로 경기 침체 대응

전략 유형	전략 방향
SO 전략	강점을 최대한 활용하여 기회를 극대화
ST 전략	강점을 활용하여 위협을 최소화
WO 전략	약점을 보완하여 기회를 활용
WT 전략	약점과 위협 모두 최소화 (방어적 전략)

그림 : TOWS MATRIX[1)]

1) 출처 : This work is licensed under the Creative Commons Attribution 4.0 International (CC BY-SA 4.0) license. First published in 1965 by 3x colleagues from the Stanford Research Institute. Designed by: Digital Leadership AG - digitalleadership.com.

✓ SWOT 분석 3단계

구분	1단계	2단계	3단계
작성관점	분석결과 정리	분석결과를 바탕으로 핵심전략 도출	핵심전략에 대한 시사점
콘텐츠	강점, 양점, 기회, 위협	SO, ST, WO, WT 전략	핵심성공요인 CSF도출

1.4. 거시적 환경분석의 실제 적용 및 시사점

1) 거시적 환경분석의 적용 절차

✓ 분석 목적 및 범위 설정:

기업의 비전과 전략 방향에 맞는 분석 목적을 명확히 한다.

✓ 환경요소별 자료 수집:

각 분석 요소별로 신뢰성 있는 자료와 데이터를 수집한다.

✓ 요인별 영향력 평가:

수집된 자료를 바탕으로 각 요인이 기업에 미치는 영향력과 중요도를 평가한다.

✓ 기회와 위협 도출:

긍정적 · 부정적 요인을 정리하여 전략적 시사점을 도출한다.

전략 수립 연계: 분석 결과를 바탕으로 구체적인 경영전략을 수립한다.

2) 거시적 환경분석의 시사점

환경 변화에 대한 민감한 감지와 신속한 대응이 기업의 생존과 성장에 결정적이다. 분석 결과는 단순 정보 수집이 아니라, 전략적 의사결정과 실행에 적극적으로 활용되어야 하며, 다양한 분석방법론을 상황에 맞게 조합하여 사용하는 것이 바람직하다.

단계	주요 내용
1. 목적/범위 설정	분석 목표, 대상, 범위 명확화
2. 자료 수집	각 요소별 신뢰성 있는 정보 확보
3. 영향 평가	요인별 영향력, 중요도 분석
4. 시사점 도출	기회와 위협 정리, 전략적 시사점 도출
5. 전략 연계	분석 결과를 바탕으로 전략 수립

[표] 거시적 환경분석 절차 요약

2. 미시적 분석

2.1 미시적 환경분석의 개념과 필요성

1) 미시적 환경의 개념

미시적 환경이란 기업이 직접적으로 영향을 주고받는 환경요인으로, 공급자, 마케팅 중개업자, 소비자, 경쟁업체, 대중 등으로 구성된다. 이는 기업의 제품 개발, 유통, 판매, 마케팅 활동에 직접적인 영향을 미친다.

2) 미시적 환경분석의 필요성

직접적 영향 파악: 미시적 환경요인은 기업의 마케팅 성과에 즉각적이고 구체적인 영향을 미친다. 예를 들어, 공급자의 가격 인상이나 경쟁사의 신제품 출시 등은 즉시 기업의 전략에 반영되어야 한다.

경쟁우위 확보: 경쟁사, 고객, 유통망 등 핵심 이해관계자와의 관계를 분석함으로써 차별화된 전략 수립이 가능하다.

위기관리 및 기회 포착: 산업 내 변화에 민감하게 대응하여 위험을 최소화하고, 새로운 기회를 선점할 수 있다.

효율적 자원배분: 자사 내부 역량과 외부 이해관계자 분석을 통해 마케팅 자원을 효율적으로 배분할 수 있다.

필요성	구체적 설명
직접적 영향 파악	마케팅 실적에 즉각적 영향을 주는 요인 분석
경쟁우위 확보	경쟁사, 고객, 유통망 등 핵심 이해관계자 분석
위기 · 기회 관리	산업 내 변화에 민감하게 대응
자원배분 최적화	내부 역량과 외부 환경을 바탕으로 효율적 배분

[표] 미시적 환경분석의 필요성

2.2 미시적 환경요인 구성

✓ 기업 내부 환경: 사업영역, 목표, 기업문화, 마케팅부서 및 기타 부서의 역할

✓ 공급자: 원자재, 부품, 설비 등 제공자. 공급 안정성과 가격이 중요.

✓ 마케팅 중개업자: 유통업자, 물류회사, 마케팅 서비스 대행사, 금융기관 등

✓ 소비자: 최종구매자, 생산자, 재판매업자, 공공기관, 해외시장 등 다양한 시장 유형

✓ 경쟁사: 직접 · 간접 경쟁자, 경쟁의 형태(독점, 과점, 독점적 경쟁, 순수경쟁)

✓ 대중(공중): 금융, 매체, 정부, 시민단체, 지역사회, 내부구성원 등

요인	주요 분석 내용
기업 내부	조직문화, 목표, 부서 간 협력
공급자	가격, 납기, 품질, 공급 안정성
중개업자	유통망 구조, 서비스 품질, 협상력
소비자	구매 패턴, 니즈, 충성도, 시장 세분화
경쟁사	시장점유율, 경쟁전략, 신제품, 가격정책
대중	기업 이미지, 사회적 책임, 이해관계자 요구

[표] 미시적 환경요인과 주요 분석 포인트

2.3 미시적 산업분석

1) 미시적 산업분석의 개념

산업분석은 기업이 속한 산업의 구조, 경쟁 강도, 성장 가능성, 그리고 주요 성공요인 등을 체계적으로 파악하는 방법론으로, 이는 미시적 분석에 해당한다. 산업분석

은 산업 내 플레이어들의 특징을 일반화하여 산업 전반에 대한 개요를 제공하고, 산업의 수익 잠재력과 수익에 영향을 미치는 다양한 세력들을 식별한다. 이러한 분석을 통해 기업은 경쟁우위를 유지하거나 확대할 수 있는 전략적 방향을 도출할 수 있다.

대표적으로 포터의 5 Forces 모델이 산업분석에 활용된다. 포터의 5 Forces 모델은 특정 산업 내에서 기업의 수익성과 경쟁 강도에 영향을 미치는 다섯 가지 요인, 즉 기존 경쟁자 간의 경쟁, 신규 진입자의 위협, 대체재의 위협, 공급자의 교섭력, 구매자의 교섭력을 체계적으로 분석한다. 이 모델은 산업 전체의 구조적 특성에 초점을 두지만, 정치, 경제, 사회 등 거시적 환경보다는 산업 내부의 경쟁 구도와 힘의 균형을 구체적으로 파악하는 데 중점을 둔다. 따라서 포터의 5 Forces 모델은 산업분석에서 미시적 분석방법에 해당한다.

BCG 매트릭스 분석 역시 미시적 분석 방법에 속한다. 이 분석은 기업이 보유한 개별 사업이나 제품군을 대상으로 하여, 각 사업의 시장 성장률과 상대적 시장 점유율을 기준으로 '스타', '캐시카우', '물음표', '도그' 네 가지 유형으로 분류한다. 분석의 초점은 기업 내부의 사업 포트폴리오와 각 사업 단위의 경쟁적 위치, 그리고 자원 배분 전략에 맞춰져 있다. 즉, 산업 전체나 국가 경제 등 거시적 환경보다는, 기업 내부 사업 또는 제품의 경쟁력과 성장 가능성을 평가하는 데 중점을 둔 미시적 분석 도구이다.

분석 방법	주요 목적	분석 범위	활용 분야
5 Forces	산업 내 경쟁구조 분석	5대 경쟁요소	산업분석, 진입전략
BCG 매트릭스	사업 포트폴리오 분석	시장 성장률, 점유율	자원배분, 사업전략
3C 분석	시장 환경 및 경쟁력 종합 분석	고객, 자사, 경쟁사	비즈니스 전략, 마케팅, 신사업 기획

2) 포터의 5 Forces 분석

포터의 5 Forces 분석은 마이클 포터(Michael Porter)가 제안한 산업 구조 분석 도구로, 기업이 직면한 외부 환경을 다섯 가지 경쟁 요인 (산업 내 경쟁 강도, 신규 진입자 위협, 대체재 위협, 공급자 및 구매자 교섭력)으로 분류하여 산업의 경쟁 강도와 수익성을 평가하는 방법이다. 이 분석은 기업이 전략을 수립할 때 시장의 구조적 특성을 이해하고, 경쟁 우위를 확보하는 데 도움을 준다.

출처 : http://wsobi.com/news/articleView.html?idxno=115662

① 기존 경쟁자 간의 경쟁 강도

산업 내 기존 기업들 사이의 경쟁 정도는 시장의 성장률, 경쟁 기업의 수, 제품 차별화 수준, 고정비 비중 등에 따라 결정된다. 경쟁이 치열할수록 가격 인하, 마케팅 비용 증가, 혁신 압박 등이 나타나며, 이는 산업 전체의 수익성을 저하시킬 수 있다.

② 신규 진입자의 위협

새로운 기업이 시장에 진입할 수 있는 용이성은 진입 장벽의 높이에 따라 달라진다. 진입 장벽에는 규모의 경제, 브랜드 충성도, 초기 투자 비용, 정부 규제, 유통망 확보 등이 포함된다. 진입 장벽이 낮을수록 신규 진입자에 의한 경쟁 압력이 커지고, 기존 기업의 수익성이 위협받는다.

③ 대체재의 위협

대체재란 산업의 제품이나 서비스를 대체할 수 있는 다른 제품이나 서비스를 의미한다. 대체재의 존재와 그 매력도는 소비자의 선택 폭을 넓히고, 가격 경쟁을 유도한다. 대체재가 많거나 품질, 가격 면에서 우수할 경우 산업 내 기업들은 가격 인하나 차별화 전략을 통해 경쟁력을 유지해야 한다.

④ 공급자의 교섭력

공급자는 원자재, 부품, 노동력 등 기업이 필요로 하는 자원을 제공하는 주체이다.

공급자의 수가 적거나, 제공하는 자원이 독점적일수록 공급자의 교섭력이 강해진다. 이는 원가 상승, 품질 저하 등으로 이어져 기업의 수익성에 부정적인 영향을 미칠 수 있다.

⑤ 구매자의 교섭력

구매자는 기업의 제품이나 서비스를 구매하는 고객을 의미한다. 구매자의 수가 적거나, 구매 규모가 크며, 제품 간 차별화가 적을수록 구매자의 교섭력이 높아진다. 이 경우 구매자는 가격 인하, 품질 개선, 서비스 향상 등을 요구할 수 있으며, 이는 기업의 이익률을 낮출 수 있다.

3) BCG 매트릭스

BCG 매트릭스는 미국의 보스턴 컨설팅 그룹(BCG)이 1970년대에 개발한 사업 포트폴리오 분석 도구로, 기업이 보유한 여러 사업이나 제품을 평가하여 자원의 효율적 배분과 전략적 의사결정을 돕는 데 사용된다. 이 매트릭스는 시장 성장률과 상대적 시장 점유율이라는 두 가지 기준을 바탕으로 사업을 네 가지 유형으로 분류한다.

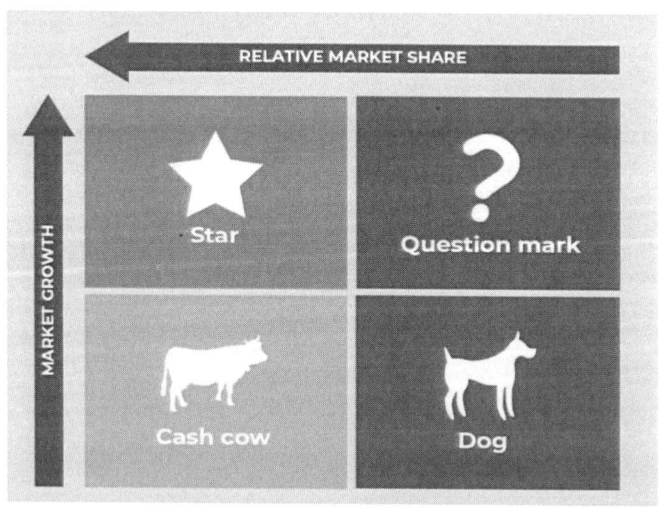

그림 : BCG Matrix Model

출처 : https://www.edrawmind.com/article/best-10-bcg-matrix-examples-for-students.html

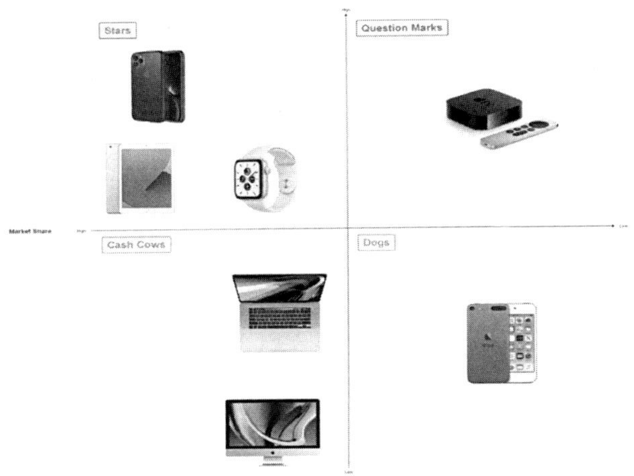

그림 : 애플의 BCG Matrix

① BCG 매트릭스의 두 가지 기준

✓ 시장 성장률: 해당 사업이나 제품이 속한 시장의 성장 속도를 의미한다. 성장률이 높을수록 시장의 매력도가 크고, 미래 성장 가능성이 높다고 평가된다.

✓ 상대적 시장 점유율: 기업이 해당 시장에서 차지하는 점유율을 경쟁사와 비교한 지표로, 점유율이 높을수록 경쟁 우위에 있다고 본다.

유형	시장 성장률	시장 점유율	특징 및 전략 방향
스타(Star)	높음	높음	성장성과 수익성이 높아 지속적 투자가 필요하다. 미래의 현금 창출원이 될 수 있다.
현금젖소 (Cash Cow)	낮음	높음	성숙한 시장에서 안정적으로 수익을 창출하며, 추가 투자가 많지 않아도 된다. 발생한 현금은 다른 사업에 투자된다.
물음표 (Question Mark)	높음	낮음	성장 가능성은 높지만 점유율이 낮아 많은 투자가 필요하다. 향후 스타로 성장하거나, 실패 시 개(Dog)로 전락할 수 있다. 전략적 선택이 중요하다.
개(Dog)	낮음	낮음	성장성과 수익성이 모두 낮아, 사업 철수나 최소한의 자원만 투입하는 것이 바람직하다.

② BCG 매트릭스의 활용 목적

BCG 매트릭스는 기업이 각 사업의 현재 위치를 파악하고, 그에 맞는 전략을 수립할 수 있도록 한다. 예를 들어, 현금젖소에서 발생한 수익을 스타나 물음표 사업에 투자하여 미래의 성장 동력을 확보하고, 개 사업은 정리하거나 최소한의 자원만 투입하는 방식으로 포트폴리오를 관리한다. 이를 통해 기업은 자원을 효율적으로 배분하고, 장기적인 성장과 수익성을 도모할 수 있다.

③ BCG 매트릭스의 한계

이 분석 도구는 시장 성장률과 시장 점유율이라는 두 가지 지표만을 사용하기 때문에, 사업 간의 시너지 효과나 외부 환경 변화 등 다양한 요인을 충분히 반영하지 못할 수 있다. 또한, 정확한 시장 성장률과 점유율 수치를 산출하기 어려운 경우도 있다. 그럼에도 불구하고, BCG 매트릭스는 복수의 사업을 운영하는 기업이 전략적 자원 배분과 사업 구조조정에 있어 유용하게 활용할 수 있는 대표적인 분석 틀이다

4) 3C 분석

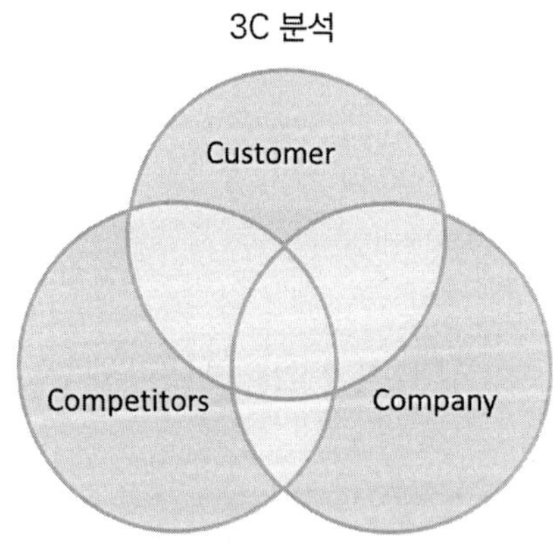

3C 분석은 일본의 경영학자 오마에 겐이치가 개발한 전략 프레임워크로, 비즈니스의 성공적인 전략 수립을 위해 고객(Customer), 경쟁사(Competitor), 자사(Company)라는 세 가지 핵심 요소를 체계적으로 분석하는 방법이다. 이 분석은 시장 환경을 다각적으로 파악함으로써, 기업이 경쟁 우위를 확보하고 효과적인 비즈니스 전략을 수립하는 데 중요한 역할을 한다.

3C 분석의 주요 목적은 고객의 니즈와 시장의 변화, 경쟁사의 전략과 역량, 그리고 자사의 강점과 약점을 종합적으로 분석하여 차별화된 경쟁전략을 도출하는 데 있다. 이를 통해 기업은 시장에서의 성공 가능성을 높이고, 지속적인 성장 동력을 확보할 수 있다.

구분	대상	분석기준
고객 (Customer)	현재 및 잠재고객 조직 등 이해관계자	타겟 고객은 적절한가? 시장 규모, 성장률, 고객 니즈, 구매 동기, 소비 트렌드 등
경쟁사 (Competiotors)	동종업계 종사자 전후방 대체제산업에 속한 기업	현재 경쟁사,잠재 경쟁사 진입가능성 경쟁사와 차별성, 시장 점유율, 진입장벽 등
자사 (Company)	기업 내부자원 수행주체가 되는 제품, 서비스, 조직	기업 내부 조직문화 자사의 역량, 브랜드 인지도, 제품 품질, 마케팅 역량, 자원 등

3C 분석은 마케팅전략, 신사업 기획, 시장 진입 전략 등 다양한 경영 의사결정 분야에서 활용된다. 이 프레임워크는 고객 중심적 사고를 기반으로 하며, 경쟁사와의 비교를 통해 자사의 차별화 포인트를 명확히 할 수 있도록 돕는다.

이와 같이 5 Forces 모델, BCG 매트릭스 분석, 3C 분석은 모두 미시적 산업분석에 해당한다.
미시적 산업분석이란 기업이 속한 특정 산업 내에서 직접적으로 영향을 미치는 환경 요인이나 경쟁구조, 사업 포트폴리오, 시장 내 플레이어의 특성 등을 체계적으로 파악하는 분석 방법을 의미한다. 미시적 분석은 주로 기업의 내부 환경과 산업 내 과업환경(고객, 경쟁사, 자사 등)에 초점을 맞추며 핵심의미는 다음과 같다.

/ 제14장 /

마케팅전략_2

1. 마케팅전략 프로세스

1.1 마케팅전략 프로세스 개요

마케팅전략 프로세스는 고객 데이터 분석을 통해 인사이트와 기회를 파악하고, 이를 바탕으로 옴니채널 및 개인화 전략을 구체화하여 실행과 성과 측정으로 이어지는 3단계 과정이다. 이 과정은 기업이 디지털 환경에서 경쟁력을 확보하고 지속 가능한 고객 관계를 구축하기 위한 체계적인 전략 수립과 실행을 목표로 한다.

1.2 단계별 프로세스

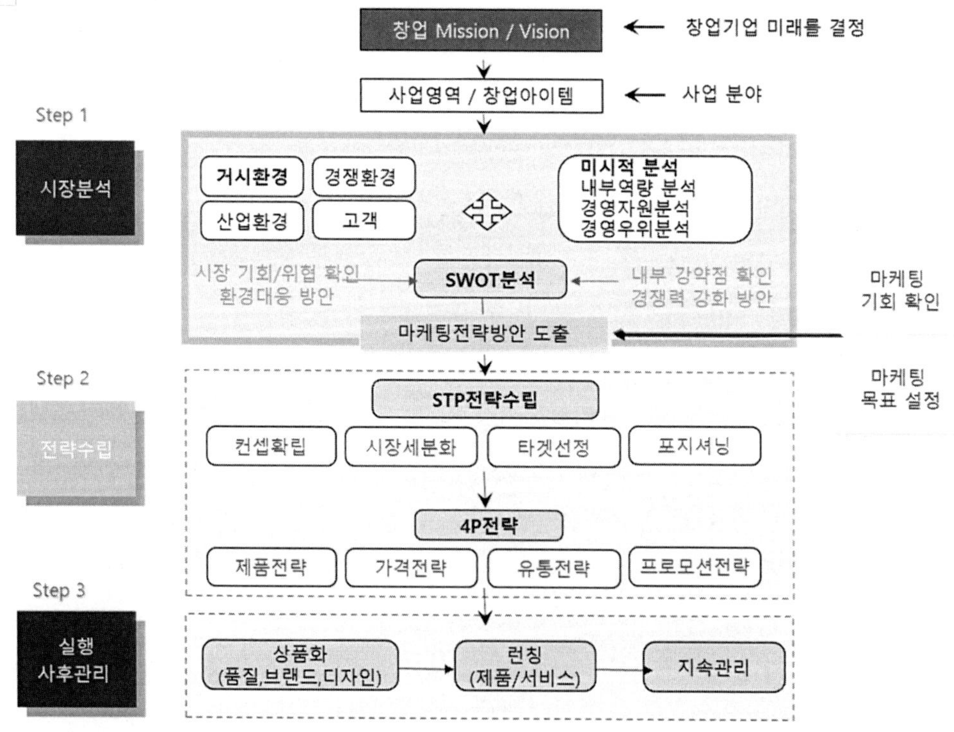

그림 : 마케팅전략 3단계

1) 1단계: 고객 데이터 분석

디지털 마케팅전략 수립의 첫 번째 단계는 고객 데이터를 체계적으로 분석하는 것이다. 이 단계에서는 먼저 기업의 디지털 전환 목표와 비전을 설정하고, 이를 바탕으로 고객 여정과 터치포인트를 구체적으로 정의한다. 이후 온라인과 오프라인 환경을 분석하여 기업이 직면한 디지털 기회와 위협, 강점과 약점을 파악한다. 고객 행동 분석에서는 웹 분석, 소셜 미디어 분석, 모바일 앱 분석, 구매 패턴 분석을 수행하여 고객의 디지털 행동과 선호도를 이해하고, 데이터 기반 인사이트를 도출한다. 내부 분석에서는 기업의 디지털 역량, 기술 인프라, 콘텐츠 자산을 분석하여 기업의 디지털 강점과 약점을 도출한다.

이러한 분석 결과를 종합하여 디지털 SWOT 분석을 수행하고, 이를 통해 기업이 디지털 시장에서 성공할 수 있는 마케팅전략 방향을 설정한다. 마지막으로 분석 결과를 바탕으로 디지털 마케팅 기회를 확인하고, 구체적인 KPI와 목표를 설정한다.

2) 2단계: 전략수립

두 번째 단계에서는 고객 데이터 분석 결과를 바탕으로 구체적인 디지털 마케팅전략을 수립한다. 먼저 고객 세그먼테이션을 통해 디지털 고객을 세분화하고, 타겟 오디언스를 선정하며, 선정한 고객군에서 기업이 어떤 디지털 경험으로 자리 잡을지 포지셔닝 전략을 수립한다. 이러한 디지털 STP 전략 수립을 통해 목표 고객층에게 개인화된 가치 제안을 전달할 수 있도록 한다. 이후 디지털 마케팅 믹스를 구체화한다. 콘텐츠 전략에서는 고객에게 제공할 콘텐츠와 디지털 경험을 어떻게 설계할지 결정하고, 채널 전략에서는 옴니채널 환경과 고객 접점, 플랫폼별 특성을 고려하여 최적의 채널 조합을 설정한다. 자동화 전략에서는 마케팅 자동화와 AI를 활용하여 고객에게 효과적으로 메시지가 전달될 수 있도록 시스템을 설정하고 관리한다. 마지막으로 퍼포먼스 전략에서는 실시간 모니터링, A/B 테스트, 데이터 분석 등 다양한 측정 수단을 활용하여 고객에게 최적화된 디지털 경험을 제공한다.

3) 3단계: 실행 및 성과 측정

마지막 단계에서는 수립한 디지털 마케팅전략을 실제로 실행하고 성과를 측정한다. 실행 단계에서는 콘텐츠와 캠페인을 제작하여 구체적인 크리에이티브, 메시지, 경험을 완성하고, 각 디지털 채널에 배포한다. 배포 이후에는 고객의 반응과 디지털 지표를 실시간으로 모니터링하면서 문제점을 개선하고, 캠페인과 콘텐츠의 성과를 유지하거나 향상시킨다. 또한 지속 가능한 성장을 위해 장기적인 고객 관계 관리와 로열티 프로그램을 실행한다. 이러한 성과 측정과 최적화를 통해 기업은 디지털 시장 내에서 안정적으로 자리 잡고, 지속 가능한 디지털 경쟁력을 유지할 수 있다.

1.3 마케팅전략수립 및 실행

1) 1단계: 기업 환경 분석

디지털 마케팅전략 수립의 첫 단계는 기업을 둘러싼 디지털·기술 환경을 분석하는 것이다. 소셜 미디어 환경은 플랫폼 분석과 인플루언서 생태계 분석을 통해, 모바일 환경은 앱 사용 패턴, 모바일 커머스, 위치 기반 서비스 등을 통해 파악한다. 이러한 분석 결과를 종합하여 디지털 SWOT 분석으로 기업의 디지털 강점, 약점, 기회, 위협을 도출하고, 이를 바탕으로 디지털 전략 수립의 기초를 마련한다.

2) 2단계: 마케팅전략 수립

환경 분석을 통해 도출한 내용을 기반으로 디지털 마케팅전략의 방향성을 구체화한다. 우선 고객 여정 매핑을 수립하여 디지털 터치포인트를 세분화하고, 타겟 오디언스를 선정하며, 개인화된 포지셔닝을 통해 기업의 디지털 경쟁적 위치를 확립한다. 이어서 옴니채널 믹스를 통해 콘텐츠 전략, 소셜미디어 전략, 검색 최적화 전략, 이메일 마케팅전략을 체계적으로 수립하여 디지털 시장 공략 방안을 구체화한다.
최근 디지털 마케팅에서는 개인화의 중요성이 커짐에 따라, 기존 전략에 고객 데이터(Customer Data), 실시간성(Real-time), 자동화(Automation), 측정 가능성(Measurability)을 강조하는 CRAM 개념을 결합한다. 이를 통해 채널 중심이 아닌 고객 중심의 디지털 마케팅전략을 수립하고, 소비자에게 실질적인 디지털 가치를 제공하는 방향으로 전략을 강화한다.

3) 3단계: 마케팅 실행

수립한 디지털 마케팅전략은 실행 단계에서 실제 디지털 활동으로 이어진다. 디지털 마케팅 활동을 실행할 때는 고객 경험을 중심으로 하는 4D 요소를 적용한다. 4D는 고객에게 개인화된 디지털 경험(Digital Experience)을 제공하고, 고객과의 데이터 기반 상호작용(Data-driven Interaction) 가치를 높이며, 다양한 디바이스(Devices)를 통해 일관된 브랜드 경험을 제공하고, 고객이 기업의 디지털 커뮤니티 구성원(Digital Community)이 되도록 만드는 것을 목표로 한다. 이를 통해 전략적 방향이 단순한 계획에 그치지 않고, 실제 디지털 환경에서 고객과의 상호작용을 통해 성과로 이어지도록 한다.

디지털 마케팅 실행은 전략적 일관성을 유지하면서도 실시간 데이터에 기반해 민첩하게 대응하여, 장기적인 고객 관계를 구축하고 지속 가능한 디지털 성장을 추구한다. 이와 같이 디지털 마케팅전략은 데이터 분석을 기초로 하여, 고객 중심의 전략수립(고객여정, 옴니채널, CRAM)과 경험 중심의 실행(4D)을 통해 디지털 시장에서의 성과 창출을 목표로 한다.

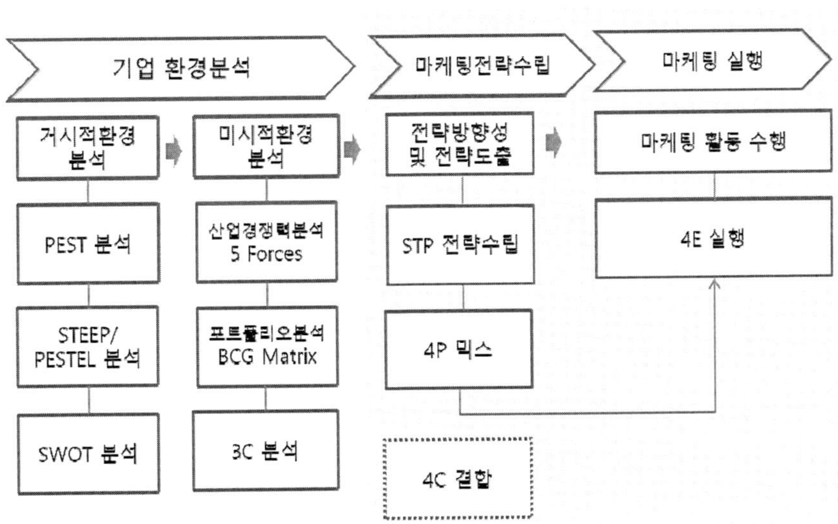

그림 : 마케팅전략수립 및 실행

2. STP전략

2.1. STP전략 개요

STP 전략 프로세스는 시장 세분화 → 목표 시장 선정 → 포지셔닝 전략 수립 → 마케팅 믹스 결정 → 실행 프로그램 개발의 순서로 체계적으로 이루어지며, 이를 통해 기업은 고객 중심의 차별화된 마케팅전략을 수립하고 실행할 수 있다.

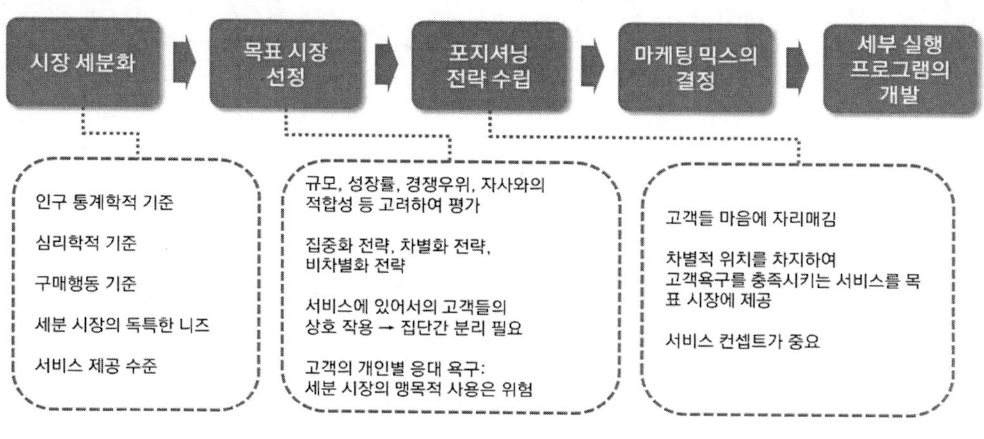

그림 : STP전략 프로세스

첫 번째 단계에서는 시장을 세분화한다. 시장 세분화는 전체 시장을 소비자의 특성이나 행동에 따라 동질적인 그룹으로 나누는 과정이다. 이를 통해 기업은 다양한 소비자 집단의 니즈와 특성을 보다 구체적으로 파악하고, 전략적 대응 방안을 마련할 수 있다.

두 번째 단계에서는 세분화된 시장 중에서 자사가 집중할 목표 시장(Target Market)을 선정한다. 이 과정에서는 각 시장 세그먼트의 매력도, 경쟁 상황, 자사의 역량 등을 종합적으로 고려하여 가장 효과적으로 공략할 수 있는 시장을 선택한다.

세 번째 단계에서는 선정한 목표 시장에 대해 포지셔닝 전략을 수립한다. 포지셔닝 전략이란 목표 시장의 소비자들에게 자사 제품이나 브랜드가 어떤 차별적 가치나 이미지를 제공할 것인지 결정하는 것이다. 이를 통해 소비자들이 자사 브랜드를 명확하게 인식하고, 경쟁 제품과 구별할 수 있도록 한다.

네 번째 단계에서는 포지셔닝 전략을 바탕으로 구체적인 마케팅 믹스(4P)를 결정한다. 제품(Product), 가격(Price), 유통(Place), 촉진(Promotion) 전략을 통합적으로 설계하여 포지셔닝 목표를 효과적으로 실현할 수 있도록 한다.
마지막 단계에서는 마케팅 믹스 전략을 실행하기 위한 세부 실행 프로그램을 개발한다. 이는 실제 마케팅 활동으로 연결되는 구체적인 실행 방안으로, 광고, 프로모션, 유통 전략 등 각 전략별로 실행 계획을 세우고, 이를 효과적으로 수행하기 위한 세부 프로그램을 마련한다.

2.2 시장세분화(Segmentation)

1) 시장세분화의 개념

시장세분화는 시장을 구분하는 과정으로 각기 상이한 니즈를 지닌 다양한 고객들의 집합인 하나의 시장을 특정 제품군에 대한 태도, 의견, 구매행동 등에서 비슷한 성향을 가진 집단으로 묶는 것을 말한다.
시장세분화는 하나의 커다란 시장을 다양한 소비자 집단으로 나누는 과정이다. 초기에는 모든 고객이 하나의 동일한 시장으로 간주되지만, 시장세분화를 통해 소비자의 욕구와 특성이 서로 다른 여러 집단으로 나누어진다. 이 과정을 통해 기업은 각 소비자 그룹의 특성에 맞는 맞춤형 마케팅전략을 수립할 수 있게 된다.
시장세분화를 통해 얻을 수 있는 효과는 고객의 욕구에 보다 정확하게 대응할 수 있다는 점이다. 시장 전체를 대상으로 하는 마케팅보다 세분화된 시장에 집중하면 마케팅 자원을 보다 효율적으로 활용할 수 있으며, 고객 만족도와 기업의 성과를 높일 수 있다.
시장세분화를 할 때 활용하는 기준(변수)에는 크게 네 가지가 있다.
첫째, 지리적 변수는 지역, 기후, 인구 밀도와 같은 지역적 특성에 따라 시장을 나누는 방법이다. 둘째, 인구통계적 변수는 연령, 성별, 소득, 직업, 학력 등 인구 특성에 따라 시장을 구분한다. 셋째, 심리적 변수는 소비자의 라이프스타일, 성격, 가치관 등을 기준으로 세분화하는 방법이다. 넷째, 행동적 변수는 소비자의 구매 행동, 제품 사용량, 브랜드 충성도, 구매 동기 등을 기준으로 시장을 나눈다.

시장세분화의 효과

- ✓ 경쟁우위 확보
- ✓ 마케팅 기회의 발견
- ✓ 차별화를 통한 가격경쟁 완화

시장세분화의 변수

- ✓ 인구통계학적 변수
- ✓ 심리분석적 변수
- ✓ 구매행동 변수
- ✓ 추구효용 변수
- ✓ 사용상황 변수

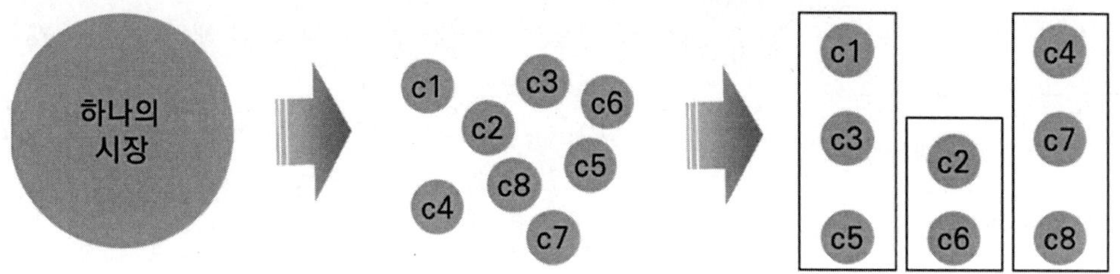

그림 : 시정세분화의 효과와 변수

2) 시장세분화의 유형

① 경쟁적 좌표에 의한 시장 세분화는 시장 점유율과 제품 수명주기 등에 따라 공격시장, 방어시장, 철수시장 등으로 나누는 방식이다.

② 개개인의 집합으로서 시장 세분화는 인구통계학적 변수나 생활유형, 지리적 변수 등을 활용하여 소비자 집단을 구분하지만 구매력 예측에는 한계가 있다.

③ 구매자와 사용주체에 따른 시장 세분화는 어린이 시장, 주부 시장, 가계 시장, 기업체 시장 등 구매자 유형에 따라 시장을 나눈다.

④ 구매행동 측면에서의 시장 세분화는 구매량, 구매 노력, 구매 혜택에 따라 신규시장, 보급시장, 대체시장 등으로 구분하며, 고가시장과 저가시장으로도 나눌 수 있다.

⑤ 제품 및 시장 개발 측면의 시장 세분화는 제품이 사용되는 장소와 용도, 시장 개발 및 진입 순서, 제품 공간 등을 기준으로 시장을 구분한다.

구분	특 성
경쟁적 좌표에 의한 시장 세분화	시장점유율과 제품 수명주기에 따른 공격시장, 방어시장, 철수시장, 표기시장으로 세분화 하는 경쟁적 좌표를 사용
개개인의 집합으로서 시장 세분화	인구통계학적 변수를 기반으로 활용, 인구통계, 생활유형변수, 지리적 변수 등이나 구매력 예측에 한계가 있다.
구매와 사용주체'에 의한 시장 세분화	어린이시장, 주부시장, 가계시장, 기업체 시장 등 세분화

'구매행동 측면에서 시장세분화	구매량에의한 시장 세분화, 구매 노력의 정도에 의한 시장세분화 구매 혜택에 의한 시장 세분화, (신규시장, 보급시장, 대체시장, 추가시장) 고가시장과 저가시장
제품 및 시장개발 측면의 시장 세분화	제품 개념의 확대, 제품이 사용되는 장소와 용도, 시장개발과 시장 진입순서, 제품 공간 등에 의한 세분화

〈세장세분화의 사례〉

그림 : 시장세분화의 사례_1

Baby	Feminine Care	Family	Fabric	Home	Hair	Skin & Personal Care	Grooming	Oral	Personal Health Care

그림 : P&G Product Line 시장세분화 사례_2

3) 니치마켓

사업 성공은 여러 가지 요소에 달려 있지만, 많은 기업에게는 적절한 틈새시장을 선택하는 것이 완벽한 시작이다. 거의 모든 성공적인 사업은 소규모로 시작하여, 소수의 소비자 집단을 타깃으로 하고 매우 특정한 문제들을 해결하며, 그 시장에서 권위 있는 브랜드로 자리 잡은 후 다른 시장으로 확장하는 전략을 구사할 수 있다.

니치마켓은 시장세분화 전략에서 특정한 소비자 집단의 세밀한 욕구를 충족시키기 위해 설정하는 매우 좁고 특화된 시장이다. 이 시장은 대규모 시장이 아닌 소규모의 특수한 수요를 가진 소비자 집단을 대상으로 한다. 경쟁이 비교적 적고 소비자의 충성도가 높은 경우가 많다.

니치마켓 전략은 대기업이 간과하거나 진입하지 않은 틈새 시장을 공략하여 전문화된 제품이나 서비스를 제공함으로써 차별화된 경쟁우위를 확보하는 것을 목표로 한다. 기업은 니치마켓을 통해 자사의 역량과 자원을 집중하여 시장 내에서 강한 브랜드 이미지와 고객 관계를 형성한다.

니치마켓	• 범주별세분 변수로 나누어진 시장보다 더 규모가 작고 특별하게 형성된 세분시장 • 더욱 좁게 정의된 욕구, 독특하게 조합된 욕구를 가진 작은 고객집단 • 다른 기업들이 지나치고 있는 시장으로 새로운 틈새를 개발,시장 선점 • 소비자의 대상 중에서 그 상품과 알맞고 우리가 가장 잘 접근하는 타겟층을 대상 • 벤처기업의 차별화 전략은 니치마케팅
니치마켓 접근전략	상품의 차별화 가격의 차별화 기술력의 차별화 운영력과경영 효율성의 차별화 고객의 욕구에 맞춰 민감하고 유연하게 대처 독자적 시장을 형성한 미니시장 선도자로서 수익성 확보

〈니치마켓 성공사례〉

블루보틀 커피의 한국 진출

[국내]

ㅇ딤채

딤채는 1995년 김치만을 위한 냉장고를 국내 최초로 출시하며 니치마켓 전략에 성공한 대표적인 사례다. 기존 냉장고로는 김치의 맛과 신선도를 유지하기 어렵다는 점에 착안해, 김치 보관에 최적화된 기능을 갖춘 제품을 선보였다. 이로 인해 김치냉장고라는 새로운 시장을 창출했고, 전국적으로 김치냉장고 보급을 확산시키는 데 큰 역할을 했다. 딤채의 성공은 세분화된 소비자 니즈를 정확히 파악하고 이를 제품에 반영한 결과라 할 수 있다.

출처 : 위니아딤채 홈페이지 갈무리

ㅇ 마켓컬리 - 프리미엄 신선식품 새벽배송

마켓컬리는 2015년 국내 최초로 신선식품 새벽배송 서비스를 시작하며, '신선식품, 새벽배송'이라는 틈새시장을 개척했다. 기존에는 오프라인에서 직접 식료품을 구매하는 것이 일반적이었으나, 마켓컬리는 온라인에서 품질이 보증된 식자재를 새벽에 빠르게 배송하는 서비스를 제공해 품질과 편의성을 중시하는 소비자층을 공략했다. 이 전략은 매년 매출이 크게 증가하는 등 큰 성공을 거두었고, 이후 다양한 유통기업들이 유사 서비스를 도입할 정도로 시장에 영향을 미쳤다.

출처 : 서울경제, 「6년차 '새벽배송'...'전국으로 달린다」, 박민주 기자, 2021년 4월 26일.

[해외]

○ Chewy - 반려동물 맞춤형 온라인 쇼핑

Chewy는 바쁜 반려동물 주인들을 위한 저렴하고 고품질의 사료 및 용품을 신속하게 배송하는 구독형 비즈니스 모델로 미국에서 큰 성공을 거뒀다. 아마존 등 대형 경쟁자와 차별화된 맞춤 서비스와 빠른 배송, 고객 맞춤형 상담을 통해 반려동물 시장이라는 니치마켓에서 두각을 나타냈다. 그 결과, 설립 6년 만에 30억 달러에 인수되었고, 현재도 연 10% 이상의 성장률을 기록하고 있다.

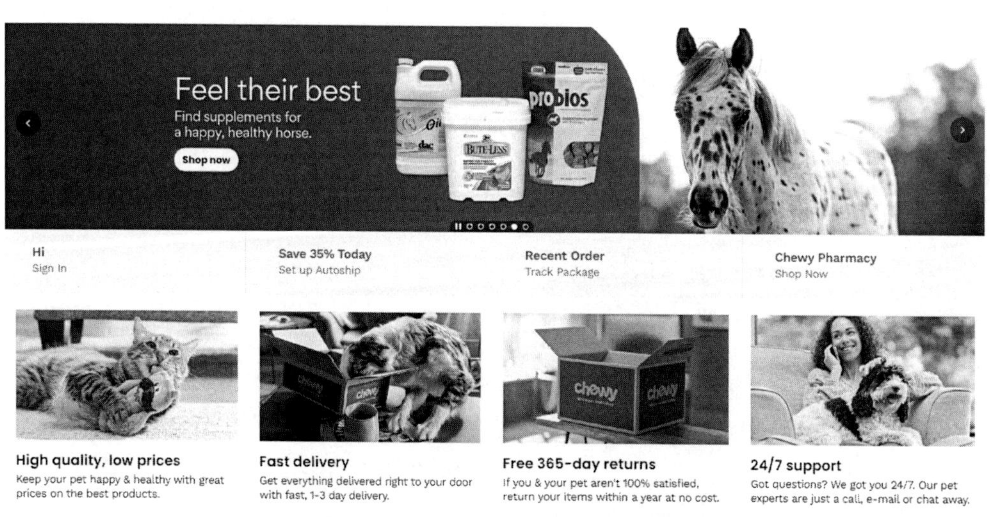

출처 : https://whop.com/blog/niche-market-examples/

○ **Glorious PC Gaming Race - 하드웨어 중심 PC 게이머 타깃**

Glorious PC Gaming Race는 게임 소프트웨어가 아닌 하드웨어(마우스, 키보드, 마우스패드 등)에 집중해 PC 게이머라는 특정 소비자층을 겨냥했다. 고품질, 맞춤형 제품 제공을 통해 기존 시장과 차별화에 성공했고, 단기간에 7자리 수익을 달성하는 등 하드웨어 중심의 게이밍 시장에서 확고한 입지를 구축했다.

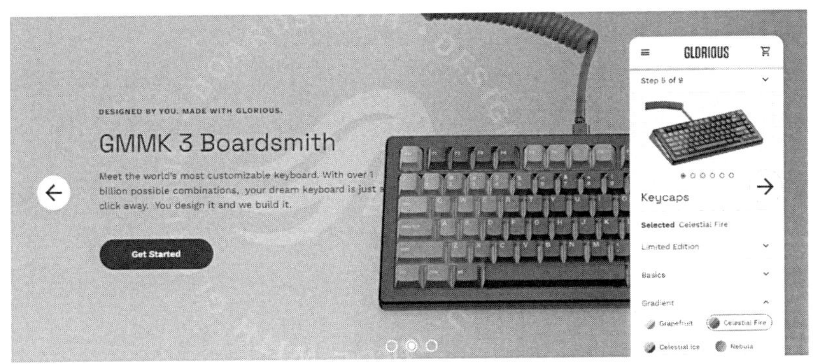

출처 : https://whop.com/blog/niche-market-examples/

4) 시장세분화에 대한 논의

시장세분화는 고객의 다양한 니즈를 충족시키기 위한 효과적인 전략이지만, 그 정도가 지나치면 오히려 부작용이 발생할 수 있다. 필립 코틀러는 세분화된 시장이 지나치게 작아질 경우 시장이 포화상태에 이르고, 결국 초세분화(hypersegmentation)된 작은 틈새시장에서는 이윤을 창출할 기회가 감소한다고 지적한 바 있다. 이는 시장을 세분화하는 전략에도 한계가 있음을 보여준다.

이러한 한계를 극복하기 위한 대안으로는 모든 고객층을 동시에 공략할 수 있는 본원적 상품(core product) 또는 플랫폼 상품의 개발이 있다. 이는 시장을 세분화하여 각각 공략하는 대신, 하나의 강력한 제품과 메시지를 통해 다양한 고객층에게 동시에 어필하는 전략이다. 애플의 아이폰, 카카오톡, SKT의 이동통신 서비스, T-map 내비게이션 서비스 등이 이러한 전략의 대표적인 사례이다. 이들은 특정 세분 시장이 아닌 전체 시장을 대상으로 폭넓게 활용되는 제품 및 서비스로 자리매김하였다. 결론적으로 시장세분화만이 마케팅의 전부는 아니다. 변화하는 시장 환경에 따라 세분화 전략에만 의존하지 않고, 창의적이고 혁신적인 마케팅전략을 수립하여야 한다. 기업은 시장을 쪼개는 것에 그치지 않고, 보다 넓은 시각에서 고객의 가치를 창출할 수 있는 새로운 접근 방식을 모색해야 한다.

2.3 표적시장 선정(Targeting)

1) 표적시장의 개념

표적시장이란 기업이 세분화된 여러 시장 중에서 마케팅 활동을 집중하여 공략하기로 결정한 특정 시장을 의미한다. 이는 모든 시장을 대상으로 하는 것이 아니라, 기업이 자사의 역량과 자원이 가장 효율적으로 활용될 수 있으며 고객과 기업 모두에게 가장 만족스러운 성과를 가져다줄 수 있는 시장을 선택하는 과정이다.

표적시장은 세분화된 시장들 가운데 기업이 목표로 삼은 영역으로, 이 시장에서 마케팅 활동을 집중함으로써 고객의 요구를 충족시키고 기업의 성과를 극대화하려는 전략적 대상이다. 표적시장은 전체 시장 전체가 될 수도 있고, 둘 또는 셋의 세분시장을 조합해 선택할 수도 있으며, 경우에 따라 전체 시장 중 단 하나의 세분시장만을 표적으로 삼을 수도 있다.

결국 표적시장은 기업이 자사의 제품이나 서비스가 가장 효과적으로 수요를 창출할 수 있는 고객 집단을 정의한 결과물이며, 이를 바탕으로 제품 개발, 가격 책정, 유통, 촉진 등 구체적인 마케팅전략이 수립된다.

2) 표적시장 선정의 과정

표적시장을 선정하기 위해서는 먼저 세분시장의 매력도를 평가해야 한다. 세분시장의 매력도는 시장규모, 성장률, 수익성과 같은 세분시장 요인과 현재 및 잠재 경쟁자 등 경쟁 요인, 그리고 기업의 사업목표, 자원, 마케팅 역량 등 기업과의 적합성 요소를 종합적으로 고려하여 판단한다.

이 과정에서는 특히 세분시장의 크기, 성장 가능성, 수익성 등을 중요하게 살펴야 한다. 기업이 마케팅 활동을 수행하기 위해서는 시장 규모가 충분해야 하고, 목표로 삼는 시장이 향후 성장 가능성이 있어야 하며, 수익 창출이 가능한 시장인지도 확인해야 한다. 이러한 분석을 통해 기업은 가장 적합한 표적시장을 선정하게 된다.

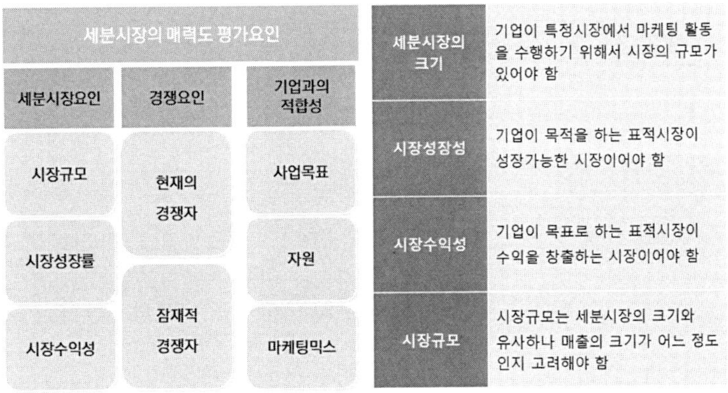

세분시장의 매력도 평가요인

세분시장요인	경쟁요인	기업과의 적합성
시장규모	현재의 경쟁자	사업목표
시장성장률		자원
시장수익성	잠재적 경쟁자	마케팅믹스

세분시장의 크기	기업이 특정시장에서 마케팅 활동을 수행하기 위해서 시장의 규모가 있어야 함
시장성장성	기업이 목적을 하는 표적시장이 성장가능한 시장이어야 함
시장수익성	기업이 목표로 하는 표적시장이 수익을 창출하는 시장이어야 함
시장규모	시장규모는 세분시장의 크기와 유사하나 매출의 크기가 어느 정도인지 고려해야 함

3) 표적시장 접근 전략

표적시장 접근 전략에는 차별화 전략, 비차별화 전략, 집중화 전략이 있다. 차별화 전략은 여러 세분시장을 각각 공략하는 방식으로, 고객 인식과 이미지를 강화할 수 있지만 마케팅 비용이 증가할 우려가 있다. 비차별화 전략은 대중시장을 대상으로 하나의 제품으로 접근하는 방법으로, 경제성과 규모의 경제를 기대할 수 있으며, 주로 생활필수품 시장에 활용된다. 집중화 전략은 하나의 세분시장에만 마케팅을 집중하는 방식으로, 한정된 자원을 효율적으로 사용하고 전문성을 높일 수 있지만, 고객 니즈 변화 시 위험이 크다. 기업은 자원과 시장 상황에 따라 적절한 전략을 선택해야 한다.

전략	특성	장/단점
차별화	*복수의 목표시장 접근법 *다양한 고객니즈에대한 다양한 대응 *각 세분시장 별 마케팅전략 수행	*고객인식과 이미지 강화 *마케팅 믹스의 복잡 *비용과다와 수익저하 우려 ➜각 세분시장의 구분이 명확한 경우
비차별화	*연결된 목표시장의 접근법 *대중시장 겨냥 *보편성 높은 제품	*경제적*규모의 경제 *시장기회 적음 ➜설탕, 야채 등의 생활필수품에 활용
집중화	*단일목표시장 접근법 *특정 세분시장에만 마케팅집중 *틈새시장(니치마켓) 개념	*한정된 자원으로 효율극대화 *마케팅활동의 전문화 *특정시장에서의 거점 확보 *고객니즈변화 시 위험 ➜기업자원이 제한적이거나 추가 세분, 시장 진출을 위한 교두보 확보 시 사용

① 표적시장 접근 차별화전략

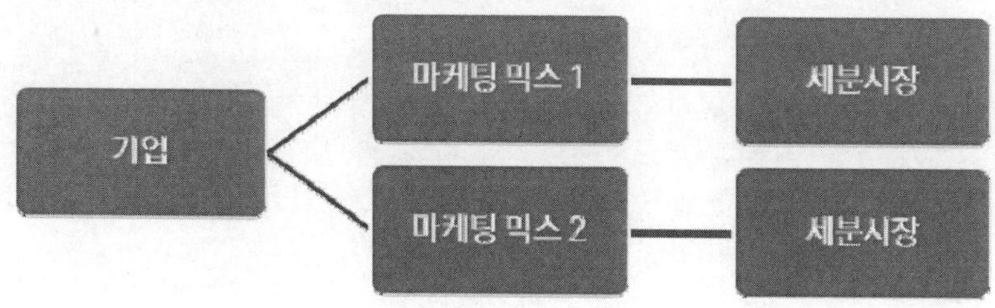

표적시장의 차별화 전략은 여러 세분시장에 각각 다른 제품을 출시하여 각 시장에 맞는 대표 제품을 육성하는 전략이다. 이를 통해 세분시장별로 매출을 극대화할 수 있지만, 마케팅 비용이 증가하는 단점이 있다. 이러한 전략은 대기업이나 선도기업처럼 마케팅 자원이 충분한 기업이 주로 활용한다.

세분시장을 추구할 경우 추가 연구개발 및 엔지니어링 비용, 생산 품목 다양화에 따른 생산·관리 비용, 각 시장별 마케팅 조사 및 계획 비용 등이 발생한다. 또한 차별화된 제품 관리 및 재고 유지 비용과 함께 세분시장별로 별도의 촉진비용이 추가된다.

<table>
<tr>
<td>차별화</td>
<td>*특징:
 여러 개의 세분화 시장에 각각 다른 제품을 출시해서
 각 세분시장에서 대표 제품을 육성하는 전략 -> 풀 라인 전략
*장점: 세분시장 별로 상품을 제공함으로써 매출을 최대할수 있다.
*단점: 마케팅 비용이 그 만큼 증대된다.
*활용: 마케팅 자원이 충분한 대기업이나 선도기업이 취하는 표적시장 전략

*세분시장을 추구할 경우 발생하는 비용
 1) 추가적인 연구개발과 엔지니어링 비용 등 제품 수정비용 발생
 2) 한 종류의 제품을 100개 생산하던 것이 10종류 제품을 10개 생산하는 것
 3) 각 세분시장 별로 마케팅 조사, 수요예측, 매출분석 등을 위한 개별적 지출
 4) 차별화된 제품의 제고관리 비용 요구
 5) 세분시장의 별도 마케팅 계획의 필요로 촉진비용이 증가</td>
</tr>
</table>

② 표적시장 접근 비차별화전략

비차별화 전략은 전체 시장을 하나의 시장으로 보고, 소비자의 세부 욕구 차이보다는 공통된 니즈에 초점을 맞추어 하나의 제품으로 시장 전체를 공략하는 방식이다. 이 전략은 대량생산, 대량유통, 대량광고를 통해 비용을 절감하고 원가 우위를 확보하는 데 중점을 둔다.

장점으로는 대량생산 및 제품 표준화를 통해 규모의 경제 효과를 누릴 수 있어 비용 절감이 가능하다. 그러나 단점으로는 과도한 가격 경쟁이 발생하고, 세분시장 고객들의 세부적인 니즈를 충족시키지 못해 고객 불만이 발생할 수 있다는 점이 있다. 결국 이 전략은 시장의 차이점보다는 공통점을 중시하며, 생활필수품과 같은 범용 제품에 주로 활용된다.

비차별화	*특징: 정체시장을 하나의 마케팅정책으로 접근하는 전략으로 구매자의 기본적 욕구보다는 '대량생산, 대량유통경로, 대량광고'를통한 무차별적 시장 접근 시도 *장점: 원가우위를 추구하는 전략 대량생산, 제품규격화로 인한 규모의 경제성으로 비용을 절감 *단점: 극심한 가격경쟁과 고객(세분시장 고객층)의 불만족을 초래 *방향: 세분시장의 차이를 무시하고 한 제품을 가지고 전체시장을 영업 -> 소비자의 욕구의 차이점보다는 공통점이 무엇인가에 초점

③ 표적시장 접근전략_집중화

집중화 전략은 하나 또는 소수의 세분시장만을 표적시장으로 삼고, 해당 시장에 마케팅 역량을 집중하는 전략이다. 이를 '단일 세분시장 전략'이라고도 한다. 이 전략

은 한정된 자원을 효율적으로 활용하고 마케팅 활동을 전문화하여 특정 시장에서 경쟁 우위를 확보할 수 있다는 장점이 있다. 반면, 시장 환경이나 고객의 욕구가 변화할 경우 대응이 어렵고, 도태될 위험이 존재한다. 따라서 기업의 자원이 제한적이거나 향후 추가적인 시장 진출을 위한 기반을 마련할 때 적합한 전략이다.

집중화	*특징: 일명 '단일세분시장전략' 이라고도 하며 하나(또는 제한된 수)의 세분 시장만을 표적시장으로 삼고 기업의 마케팅노력을 집중하는 전략을 말한다. *장점: 한정된 자원으로 효율을 극대화하고 마케팅활동의 전문화로 인해 특정 시장에서 거점을 확보가 가능 *단점: 시장변화와 고객의 욕구 변화 시에 도태 위험 *기업의 자원이 제한적이며 추가적인 세분시장 진출을 확보 시 전략

4) 표적시장 접근사례

표적시장 접근 전략은 비차별화, 차별화, 집중화 전략으로 구분되며, 실제 기업들은 각 전략을 시장 상황에 맞게 활용한다. 비차별화 마케팅 사례로는 전 세계 70개국에서 동일한 제품과 포장을 사용하는 신라면, 코카콜라, 애플 등이 있으며, 대중 시장을 하나의 시장으로 보고 공통된 니즈를 공략한다. 차별화 마케팅 사례로는 대한민국 1% 고급 자동차 광고나 삼성 래미안 광고처럼 특정 세분시장에 맞는 메시지를 통해 차별화된 가치를 제공한다. 집중화 마케팅은 컨디션 음료, 블루클럽, 초코파이와 같이 특정 시장에 마케팅 역량을 집중해 경쟁 우위를 확보하는 방식이다. 이처럼 기업들은 각기 다른 접근 방식을 통해 목표 시장에 맞는 전략을 수립하고 실행한다.

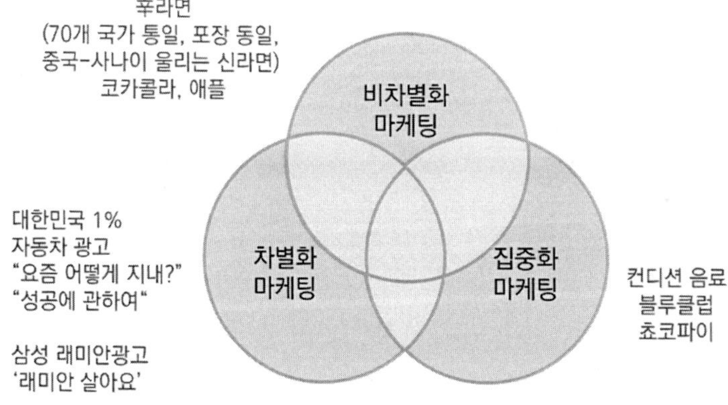

4. 포지셔닝(Positioning)

포지셔닝은 시장 분석을 통해 도출한 STP 전략의 마지막 단계로, 기업이 개발한 제품이나 서비스가 고객의 마음속에 어떻게 자리 잡을지를 결정하는 과정이다. 이를 위해 먼저 시장을 분석(3C 분석)하고, 시장을 세분화(segmentation)한 뒤, 목표시장(targeting)을 선정하며, 이를 기반으로 마케팅 콘셉트를 개발한다. 최종적으로 개발된 콘셉트는 포지셔닝 전략을 통해 시장 내 자사의 차별적 위치를 확립하게 되고, 이를 바탕으로 4P(제품, 가격, 유통, 촉진) 전략이 구체화된다.

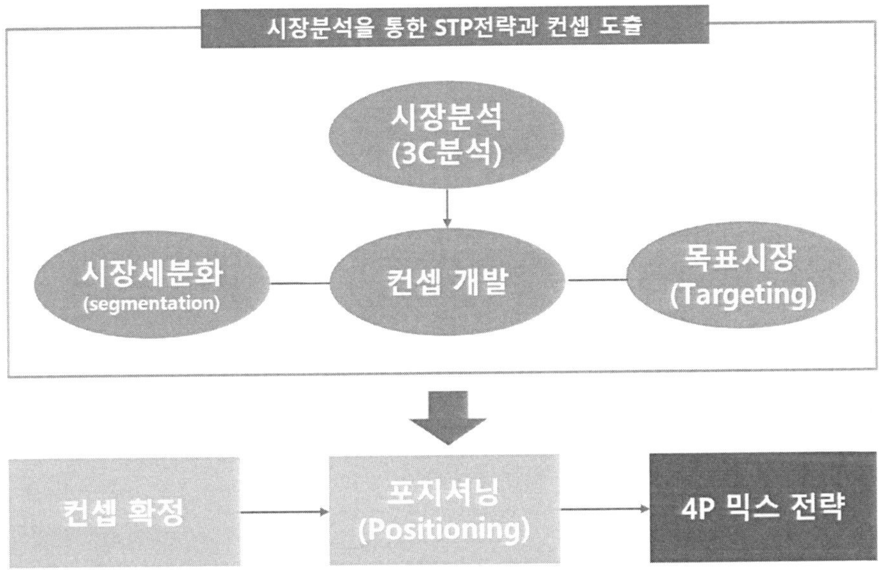

1) 포지셔닝의 개념

포지셔닝이란 자사의 제품이나 서비스가 경쟁 제품과 차별화되는 요소를 고객의 머릿속에 명확하게 인식시키는 전략이다. 이를 위해 소비자와 경쟁자를 분석하고, 경쟁 제품이 어떤 위치에 있는지 파악한 후 자사 제품의 포지셔닝을 개발한다. 이후 이를 시장에서 확인하고 필요에 따라 수정하는 과정을 거친다. 포지셔닝의 핵심은 고객의 니즈를 충족하면서도 자사의 강점을 부각시키고, 경쟁 제품 대비 차별적 우위를 확보하는 위치를 찾아내는 것이다.

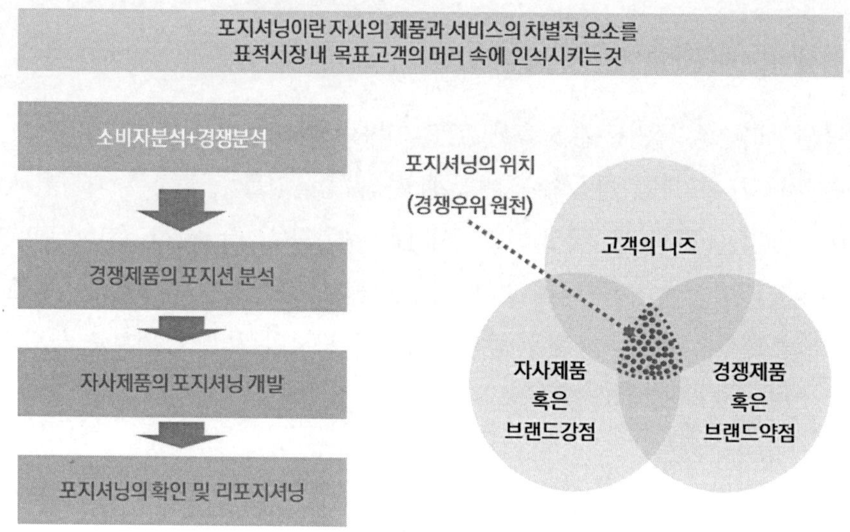

2) 포지셔닝 맵

포지셔닝 맵(Positioning Map)이란 시장 내에서 경쟁 제품과 자사 제품이 소비자의 인식 속에서 어떻게 위치하고 있는지를 시각적으로 나타낸 도구이다. 이는 고객이 중요하게 생각하는 두 가지 또는 그 이상의 속성을 기준으로 좌표축을 설정하고, 각 제품이 그 속성들에 따라 어느 위치에 있는지를 표시함으로써 시장 내 경쟁 구도를 한눈에 파악할 수 있게 한다.

포지셔닝 맵을 통해 기업은 자사 제품이 경쟁 제품과 어떤 차별성을 가지는지, 시장에서 어떤 위치에 있는지 명확히 이해할 수 있으며, 이를 바탕으로 향후 마케팅전략이나 제품 개선 방향을 설정할 수 있다. 결과적으로 포지셔닝 맵은 소비자의 인식 구조와 시장 내 경쟁 상황을 시각화하여 전략적 의사결정을 지원하는 분석 도구이다.

포지셔닝 맵 사례_1

① 고급적이고 스포티한 브랜드

BMW, Lexus, Honda: 고급스러우면서도 스포티한 이미지를 가진 브랜드로, 성능과 디자인 모두에서 역동적인 이미지를 강조한다.

② 고급적이고 전통적인 브랜드

Mercedes-Benz, Audi, Jaguar, Chrysler: 고급스러움을 강조하면서도 전통적인 브랜드 가치를 중시하는 자동차 브랜드이다. 주로 안정성과 품격을 중시하는 고객층을 타겟으로 한다.

③ 실용적이고 스포티한 브랜드
Volkswagen, Nissan: 스포티함을 강조하면서도 실용적인 측면을 부각하는 브랜드이다. 비교적 넓은 대중층을 대상으로 하며 가성비와 디자인 모두를 추구한다.

④ 실용적이고 전통적인 브랜드
Volvo, Land Rover, Ford: 실용성을 강조하면서도 전통적인 이미지가 강한 브랜드들이다. 안전성, 내구성 등 기본적인 기능에 충실한 자동차로 소비자들에게 인식되고 있다.

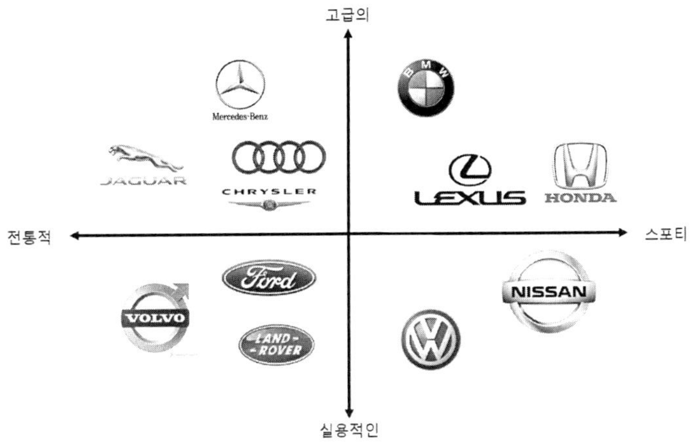

그림 : 자동차 브랜드 포지셔닝맵

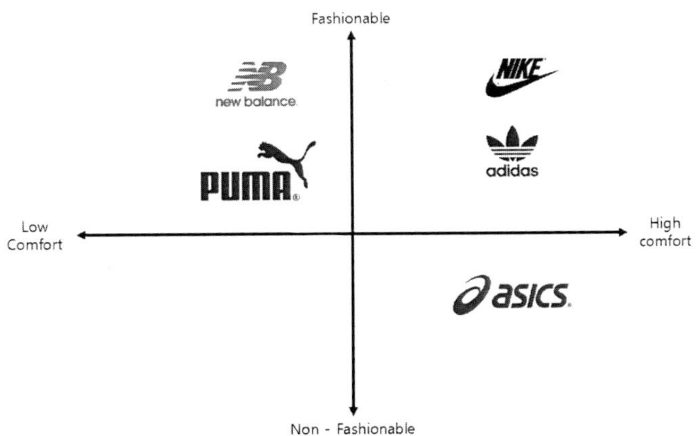

그림 : 스포츠브랜드 포지셔닝맵

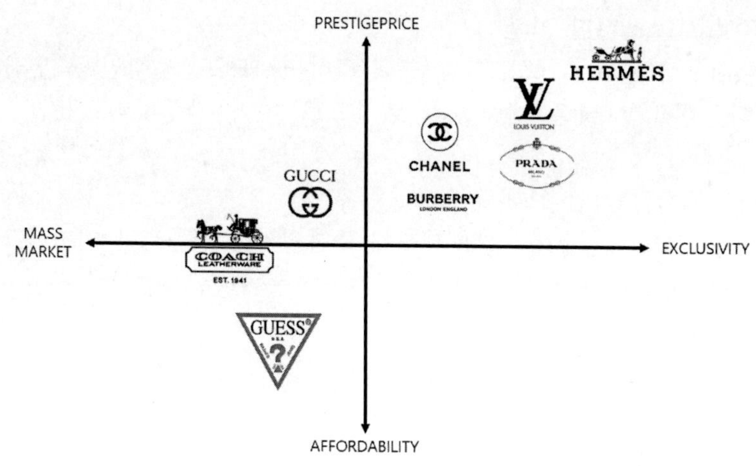

그림 : 패션브랜드 포지셔닝맵

3) 포지셔닝 전략유형

포지셔닝 전략은 소비자의 인식 속에 제품이나 브랜드의 차별적 가치를 효과적으로 전달하기 위해 다양한 방식으로 구분된다.

첫째, 이미지에 의한 포지셔닝은 제품이 고유한 이미지나 상징성을 통해 고객의 인식 속에 자리 잡도록 하는 전략이다. 이를 통해 제품이나 브랜드 자체가 상징하는 가치를 고객에게 각인시키며, 고급스러움, 신뢰성, 혁신성 등과 같은 이미지를 강조한다.

둘째, 사용자에 의한 포지셔닝은 제품이 특정 사용자층에게 적합한 제품으로 인식되도록 하는 전략이다. 이는 제품의 기능이나 성능보다는 사용자의 라이프스타일, 연령대, 취향 등을 기반으로 브랜드 가치를 형성하는 방식이다. 예를 들어, 몬스터 에너지는 젊은 층을 주요 타깃으로 하고, G-Shock 시계나 나이키는 젊음과 스포츠를 상징하며, 직방과 다방은 청년층의 주거 환경과 관련된 앱으로 포지셔닝된다.

셋째, 사용 상황에 맞는 포지셔닝은 제품이 사용될 특정 상황이나 환경을 강조하여 소비자에게 제품의 유용성을 인식시키는 전략이다. 예를 들어, 햇반은 캠핑과 같은 야외활동 시 간편하게 먹을 수 있는 제품으로, 삼성 올웨이즈 노트북이나 LG그램은 이동이 많은 상황에서 사용할 수 있는 가벼운 노트북으로 포지셔닝하고 있다.

넷째, 경쟁제품에 의한 포지셔닝은 소비자가 이미 인식하고 있는 경쟁 제품과의 비교를 통해 자사 제품의 차별성과 장점을 강조하는 전략이다. 예를 들어, 사이다 제품은 콜라와 비교하여 무색소, 무카페인, 무로열티 등 더 깨끗하고 부담 없는 이미지를 강조하며, 미국 렌트카 업체 에이비스(Avis)는 "우리는 2등입니다. 그래서 더 열심히 노력하고 있습니다."라는 메시지로 경쟁사 대비 고객 서비스에 더 많은 노력을 기울임을 강조하였다.

이처럼 포지셔닝 전략은 제품이나 브랜드의 차별적 가치를 소비자 인식 속에 효과적으로 전달하기 위한 다양한 접근 방식을 포함하고 있다. 기업은 제품의 특성, 경쟁 환경, 소비자 특성 등을 고려하여 적합한 포지셔닝 전략을 선택하고 실행해야 한다.

① 이미지에 의한 포지셔닝

② 사용자에 의한 포지셔닝

제품이 특정 사용자층에 적합한 것으로 포지셔닝하는 것을 말하는데 몬스터음료 - 젊은 층, G-Shock 젊음, 스포츠, 나이키 등, 직방, 다방 등의 사례가 있다.

③ 사용상황에 맞는 포지셔닝

제품이 사용될 수 있는 상황을 제시함으로써 포지셔닝

캠핑- 햇반, 올웨이즈삼성 노트북, LG그램

④ 경쟁제품에 의한 포지셔닝

소비자가 인식하고 있는 기존 경쟁제품과 비교함으로써 자사 제품의 편의를 강조하는 법

사이다제품 콜라와 비교- 무색소, 무카페인, 무로열티부각

미국 렌트카업체 Avis - 우리는 2등입니다. 그래서 더 열심히 노력하고 있습니다.

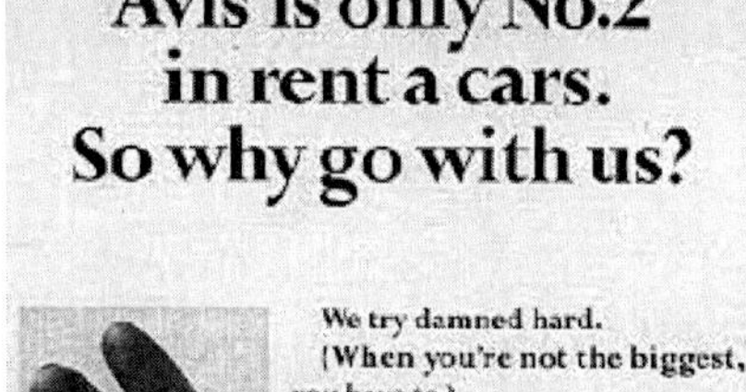

3. 4P에서 4C로

3.1. 4P Mix 마케팅전략

1) 4P의 정의

4P 마케팅전략은 제품(Product), 가격(Price), 유통(Place), 촉진(Promotion)의 네 가지 요소로 구성된다. 제품은 고객의 필요를 충족시키는 상품이나 서비스를 의미하며, 가격은 고객이 지불하는 금액이다. 유통은 제품이 고객에게 전달되는 경로이며, 촉진은 제품을 알리고 구매를 유도하는 활동이다. 이 네 가지 요소를 효과적으로 조합하여 기업은 시장에서 경쟁력을 확보하고 고객 가치를 높인다.

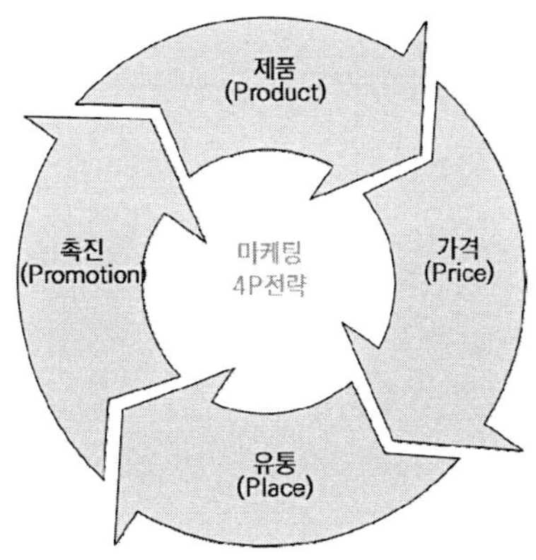

제품 Product	– 고객 욕구와 니즈를 해결할 수 있는 가치반영 – 제품 품질, 가지 수 등의 결정, 제품수명주기에 따른 전략적 접근
가격 Price	시장과 수요, 경쟁요인, 고객의 니즈, 상품특성,생산원가 등을 고려
유통 Place	상품이 최종고객에게 빠르고 편안하게 전달될 수 있도록 경로 설계
촉진 Promotion	고객에게 기업이 가지고 있는 다양한 가치요소를 전달하고 구매를 활성화할 수 있는 가치를 제안 (예) 특별 이벤트, 쿠폰, 할인행사, 로드쇼등

2) 4P전략

4P 전략은 제품(Product), 가격(Price), 유통(Place), 촉진(Promotion)의 네 가지 요소로 구성된 마케팅전략이다. 제품은 재화, 서비스, 사람, 장소, 조직, 아이디어 등 소비자에게 제공되는 모든 가치를 포함하는 개념이며, 브랜드는 이러한 제품이나 서비스를 구별하고 차별화하는 중요한 전략적 요소이다. 가격은 제품이나 서비스의 화폐적 가치를 나타내며, 소비자에게 가격으로 가치를 전달한다. 또한 세일 행사, 수량 할인, 보상 판매 등 다양한 판매 촉진 수단으로 활용된다. 유통은 제품이나 서비스가 생산자로부터 소비자에게 전달되는 과정으로, 이 과정에 참여하는 기업과 개인들의 네트워크를 통해 효율적인 공급이 이루어진다. 촉진은 소비자에게 기업과 제품에 대한 긍정적인 인식을 형성하기 위한 커뮤니케이션 활동으로, 광고, 홍보, 판촉 등의 방법을 통해 시장 경쟁 속에서 매우 중요한 역할을 한다. 이 네 가지 요소는 상호 유기적으로 작용하여 기업의 마케팅 성과를 극대화하는 데 기여한다.

① **제품** (Product): 제품, 재화, 서비스, 서비스. 사람, 장소, 조직, 아이디어 등의 포괄적인 개념으로 이를 대표하는 상표(브랜드)는 자신의 제품이나 서비스를 확인하고 차별화 시키므로 대단히 중요한 전략이 된다.
② **가격** (Price): 가격은 제품의 화폐가치, 즉 화폐적으로 표현된 제품의 가치가격은 재화나 서비스에 대한 가치 평가를 의미한다. 판매 촉진 수단으로서 유인 가격, 세일행사, 수량할인, 보상판매 등이 있다.
③ **유통** (Place): 유통 경로는 제품이나 서비스를 생산자로부터 최종 소비자에게 이동시키는 과정에 참여하는 기업과 개인들의 집합으로 정의 할 수 있다.
④ **촉진** (Promotion): 촉진은 표적 소비자로부터 기업이나 제품에 대하여 호의적인 반응을 얻기 위해 행해지는 커뮤니케이션 활동이다. 시장경쟁이 치열해짐에 따라 촉진은 더욱 중요해진다.

3.2 4P에서 4C로 전환

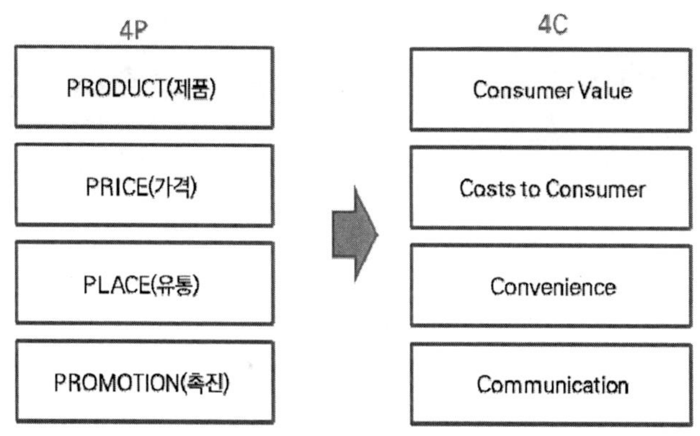

1) 4C의 개념

① 고객가치Consumer Value :
예전에는 마케터들이 자신들을 제품을 파는 사람으로 여기고, 과거의 고객들도 단순하게 제품을 산다는 개념이었던 반면, 오늘날 고객들은 자신들을 가치(value) 또는 어떤 문제에 대한 솔루션을 사는 사람으로 여긴다. 따라서, 오늘날 마케터들은 고객의 가치를 찾아내고 이를 해결해 주어야만 제품/기업이 성공적인 마케팅전략을 이루어낼수 있다.

② 고객비용Cost to the Consumer :
과거에는 제품의 가격에 중점을 두었으나, 오늘날 고객들은 가격 이상의 것에 관심을 갖고 있다. 즉, 그들은 제품 구매가격 뿐만 아니라 사용 및 처분비용을 포함하는 총비용에 관심을 갖게 되었다.

③ 고객편의 Convenience :
고객들은 제품/서비스로의 접근이 가능한 한 편리하기를 원하게 되었다.
이는 특히, 홈쇼핑과 인터넷의 등장으로 한층 더 필요해진 개념으로 자리잡아 가고 있다.

④ 소통 Communication :
오늘날 고객들은 생산자나 공급자의 일방적인 프로모션을 원하지 않으며, 자신들과의 쌍방향 커뮤니케이션을 원한다. 따라서, 고객들이 참여하는 상호적인 커뮤니케이션 전략이 요구되었다.

2) 4P에서 4C로의 전환이 갖는 의미

전통적인 마케팅전략인 4P(Product, Price, Place, Promotion)는 기업 중심의 시각에서 제품을 어떻게 만들고, 얼마에 팔며, 어디서 유통하고, 어떻게 홍보할 것인지를 중심으로 구성되어 왔다. 그러나 시장 환경이 변화하고 소비자의 힘이 강해지면서, 마케팅의 초점이 기업에서 고객으로 이동하게 되었습니다. 이에 따라 등장한 4C(Customer, Cost, Convenience, Communication) 전략은 고객의 관점에서 마케팅 활동을 재구성한다. 4P에서 4C로의 전환은 기업이 더 이상 일방적으로 제품과 서비스를 제공하는 것이 아니라, 고객의 니즈와 경험을 우선적으로 고려하여 마케팅전략을 수립해야 함을 의미한다. 즉, 제품(Product)은 고객의 필요(Customer needs and wants)로, 가격(Price)은 고객이 지불하는 총비용(Cost)으로, 유통(Place)은 고객의 편의(Convenience)로, 촉진(Promotion)은 쌍방향 소통(Communication)으로 대체된다. 이러한 변화는 기업이 시장에서 경쟁우위를 확보하기 위해 고객과의 관계를 중시하고, 고객 만족을 극대화하는 방향으로 나아가고 있음을 보여주고 있다.

3) 기업 마케팅전략에서 4C의 중요성

4C 전략은 고객 중심의 마케팅을 실현하는 데 필수적인 요소로 그 중요성은 다음과 같다.

✓ 고객 니즈 반영: 4C 전략은 고객의 요구와 기대를 정확히 파악하고 반영함으로써, 제품이나 서비스가 시장에서 성공할 가능성을 높인다.

✓ 고객 경험 강화: 가격이 아닌 고객이 느끼는 전체적인 비용을 고려하고, 구매 과

정의 편의성을 높임으로써 긍정적인 고객 경험을 제공한다.

✓ 지속적인 관계 구축: 일방적인 정보 전달이 아닌 쌍방향 커뮤니케이션을 통해 고객과의 신뢰를 쌓고, 장기적인 관계를 유지할 수 있다.

✓ 시장 변화에 유연하게 대응: 고객 중심의 사고방식은 시장의 변화와 트렌드에 빠르게 적응할 수 있도록 하여, 경쟁사보다 앞서 나갈 수 있는 기반을 마련한다.

결론적으로, 4C 전략은 기업이 고객의 가치를 중심으로 마케팅 활동을 전개함으로써, 고객 만족과 충성도를 높이고, 궁극적으로 기업의 지속 가능한 성장과 경쟁력 확보에 중요한 역할을 한다.

3.3 4P와 4C의 결합

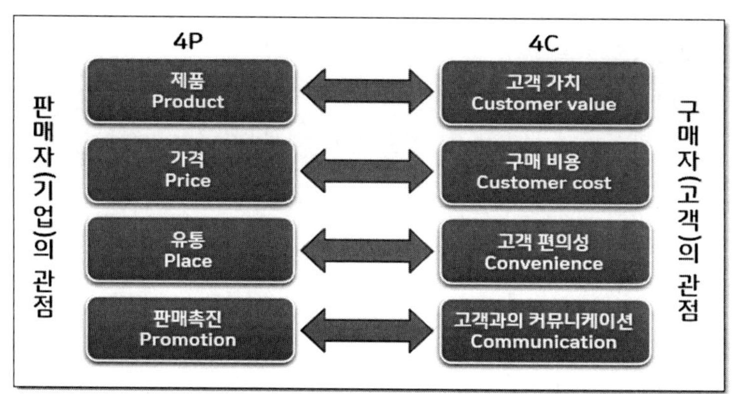

1) 4P와 4C의 결합

✓ Product(Consumer Value)는 고객이 가장 필요로 하는 것이 무엇인지, 고객이 어떤 것을 원하는지에 대한 욕구를 파악하여 고객의 가치를 찾아내고, 그것을 충족시킬 수 있는 제품 개발을 하는 것을 말함

✓ Price(Cost to consumer)는 과거엔 단순히 제품의 가격을 의미했지만, 고객이 충분히 지불할 용의가 있는 수준이 어느 정도인지를 판단하고 제품 구매가격 뿐만 아니라 사용 및 처분 비용을 포함하는 총비용을 고려해야 함

✓ Place(Convenience)는 소비자와 제품의 접점, 즉 어떤 유통망을 통하여 만나게 되는지를 고려해야 하며, 단순한 유통의 장소가 아닌, 고객의 편의와 배려를 중심으

로 이루어져야 함.

✓ Promotion(Communication)는 어떻게 광고, 홍보를 하고 판매를 촉진할 것인가에 대한 내용이지만, 기존의 매스미디어와 오프라인 행사를 통한 일방적인 프로모션이 아닌, 고객과 기업이 상호작용을 할 수 있는 구조를 갖추어야 함.

2) 프로모션과 커뮤니케이션 전략의 결합

프로모션과 커뮤니케이션 전략의 결합은 기업이 고객과의 효과적인 소통을 통해 브랜드 인지도와 제품의 가치를 극대화하는 데 중요한 역할을 한다. 프로모션 전략은 단순히 할인, 쿠폰, 사은품 제공 등 일시적인 판매 촉진 활동에 그치지 않고, 고객에게 브랜드와 제품의 차별화된 메시지를 전달하여 구매를 유도하고, 브랜드에 대한 긍정적인 이미지를 형성하는 것을 목표로 한다.

이 과정에서 커뮤니케이션 전략은 광고, PR, 이벤트, 소셜 미디어, 직접 마케팅 등 다양한 채널과 수단을 통합적으로 활용하여, 고객과의 쌍방향 소통을 강화하고 브랜드 메시지의 일관성을 유지한다. 즉, 프로모션과 커뮤니케이션 전략이 결합되면 기업은 단순한 정보 전달을 넘어, 고객의 니즈와 경험을 반영한 맞춤형 메시지를 다양한 접점에서 일관되게 제공할 수 있게 된다.

이러한 결합은 통합적 마케팅 커뮤니케이션(IMC, Integrated Marketing Communication) 전략으로 구체화되며, 각종 마케팅 활동과 채널이 하나의 목소리로 고객에게 전달되도록 한다. 이를 통해 브랜드 신뢰도와 고객 충성도를 높이고, 궁극적으로는 매출 증대와 시장 내 경쟁력 확보에 기여한다.

결론적으로, 프로모션과 커뮤니케이션 전략의 결합은 기업이 고객과의 관계를 강화하고, 지속적인 성장을 도모하는 데 필수적인 전략적 접근 방식이다.

3) 4P 믹스 사례

① 스타벅스 사례

✓ Product(제품)

스타벅스는 이국적인 브랜드 이미지를 강조하며, 고품질의 원두와 차별화된 커피 메뉴를 제공한다. 또한 고객 서비스에 중점을 두어, 매장 내에서 편안한 분위기와 다양한 부가 서비스를 통해 고객 만족을 높이고 있다.

✓ Price(가격)

스타벅스는 고가 전략을 채택하여, 프리미엄 커피 브랜드로서의 이미지를 유지한다. 이를 통해 단순한 커피 판매를 넘어 고급스러운 경험을 제공하며, 가격에 민감하지 않은 고객층을 타겟으로 한다.

✓ Place(유통)

스타벅스는 중심지역에 직영 매장을 집중적으로 운영한다. 도심의 주요 상권, 오피스가 밀집한 지역, 대학교 주변 등 접근성이 높은 위치에 매장을 배치하여 고객의 방문 편의성을 극대화한다.

✓ Promotion(촉진)

스타벅스는 커피 문화를 확산시키는 다양한 이벤트와 프로모션을 진행한다. 시즌별 한정 메뉴 출시, 멤버십 프로그램, 다양한 문화 이벤트 등을 통해 고객과의 소통을 강화하고, 브랜드 충성도를 높인다.

이처럼 스타벅스는 4P 전략을 통해 고급 브랜드 이미지를 구축하고, 고객 경험을 중시하는 마케팅 활동을 전개함으로써 글로벌 커피 시장에서 경쟁력을 확보하고 있다.

② 4P 믹스 사례_갤럭시 스마트폰

✓ Product(제품)

갤럭시는 고품질과 카메라 성능을 강조한다. 최신 모델인 갤럭시 S23 시리즈는 뛰어난 카메라 기능과 프리미엄 디자인을 통해 소비자들에게 차별화된 가치를 제공한다. 이를 통해 갤럭시는 스마트폰 시장에서 기술적 우위와 브랜드 이미지를 동시에 강화하고 있다.

✓ Price(가격)

갤럭시는 국내외 시장에서 가격 차별화를 두고, 프리미엄 가격 정책을 적용한다. 고급 사양과 혁신적인 기능을 바탕으로 일반 스마트폰보다 높은 가격대를 형성하며, 이를 통해 프리미엄 브랜드로서의 위치를 공고히 한다.

✓ Place(유통)

갤럭시는 자사 매장과 온라인 채널을 적극적으로 활용하며, 북미와 유럽 등 글로벌 주요 시장에 집중적으로 제품을 공급한다. 다양한 유통망을 통해 소비자들이 제품을 쉽게 접할 수 있도록 하여 접근성을 높이고 있다.

✓ Promotion(촉진)

갤럭시는 구글, 마이크로소프트와의 협업을 비롯해 오프라인 이벤트를 전개하며, 다양한 프로모션 활동을 실시한다. 이를 통해 소비자와의 접점을 확대하고, 브랜드 인지도를 높이는 데 주력하고 있다. 이처럼 갤럭시는 4P 전략을 통해 제품의 차별화, 프리미엄 가격 정책, 효율적인 유통망 구축, 그리고 적극적인 프로모션 활동을 바탕으로 글로벌 스마트폰 시장에서 경쟁력을 확보하고 있다.

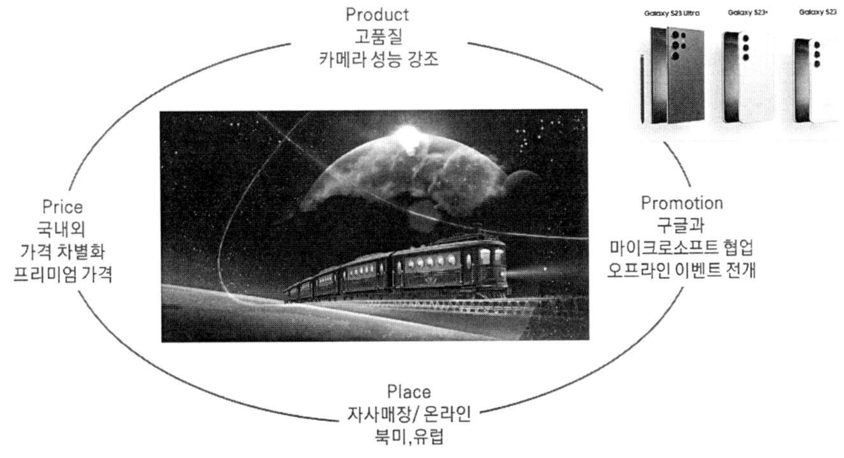

맺음말

창업마케팅은 Creativity로 결정된다.

마케팅은 단순한 판매 기술을 넘어서, 전략과 창의성을 결합한 '예술과 과학의 만남'이다. 하버드대학교의 테오도어 레빗(Theodore Levitt)은 "Creativity is thinking up new things. Innovation is doing new things"라고 정의하며, 새로운 생각이 혁신적 실행을 이끄는 힘임을 강조한다. 필립 코틀러(Philip Kotler)는 "Marketing is a discipline that combines strategy and creativity"라는 말로, 마케팅의 본질적인 원동력을 창의성에서 찾는다. 광고계 거장 빌 번백(Bill Bernbach)은 "Creativity is the most practical thing a businessman can employ"라며, 실질적 성과와 연결되는 창의성의 힘에 주목했다.

최근의 마케팅 연구자들은 창의성을 "the process of generating novel and appropriate solutions across areas like advertising, message strategy, product development and promotion"이라고 설명하며, 지속 가능한 경쟁우위와 기업 성과의 핵심 동력으로 평가하고 있다. 결국 마케팅에서의 창의성은 단순한 '아이디어 발상'을 넘어, 문제 해결, 실행, 그리고 비즈니스 성공을 이어주는 가장 강력한 열쇠라 할 수 있다.

세상을 변화시키는 힘은 항상 창의성에서 시작되어, 전략으로 다듬어지고, 실행을 통해 현실이 된다. 우리가 마케팅에서 추구하는 모든 가치와 변화는 바로 이러한 '창의성의 여정'과 함께 한다. "Creativity is thinking up new things. Innovation is doing new things."라는 철학은, 끝없는 도전과 가능성의 시작점이자, 모든 마케터가 가슴 깊이 새겨야 할 마지막 메시지다.

찾아보기

ㅇ

ㅈ

ㅊ

ㅋ

ㅌ

ㅍ

ㅎ

A

B

C

E

G

J

K

M

N

O

P

S

T

U

W

X

송민호

[학력]
광운대학교 행정학과 졸업
중앙대학교 일반대학원 신문방송학과 졸업 (석사)
중앙대학교 일반대학원 미디어커뮤니케이션학과 졸업 (박사)

[현직]
현) 경기대학교 부교수(2013~현재)
현) 경기대학교 창업지원센터장
현) 한국디지털포용협회 회장
현) 디지털포용뉴스 발행인

대학생 창업전략

초 판 발행 2025년 8월 25일
제2쇄 발행 2026년 3월 3일
지은이 송민호
펴낸이 오판근
펴낸곳 (주)교우
주 소 서울시 동대문구 약령시로 8 교우빌딩 2층 (주)교우
전 화 02-925-2861/ **팩 스** 02-925-2860, **편집부** 02-925-2825
홈페이지&북스토어 www.kyowoo.co.kr / **이메일** kyowoo@kyowoo.co.kr
등 록 1994년 3월 24일 제1994-000013호
ISBN 979-11-251-0468-1 (03320)

값 25,000원

교우미디어는 (주)교우의 Imprint사입니다.
수학정원 · 과학정원은 (주)교우의 새로운 브랜드명입니다.